全国高等教育自学考试指定教材
金融专业（独立本科段）

国际金融

（含：国际金融自学考试大纲）
（2016 年版）

全国高等教育自学考试指导委员会　组编
主　编　　李　玫
副主编　　聂利君

中国人民大学出版社
·北京·

图书在版编目（CIP）数据

国际金融/李玫主编. —北京：中国人民大学出版社，2016.3
全国高等教育自学考试指定教材
ISBN 978-7-300-22482-4

Ⅰ.①国… Ⅱ.①李… Ⅲ.①国际金融-高等教育-自学考试-教材 Ⅳ.①F831

中国版本图书馆 CIP 数据核字（2016）第 029424 号

全国高等教育自学考试指定教材
金融专业（独立本科段）
国际金融
（含：国际金融自学考试大纲）
（2016 年版）
全国高等教育自学考试指导委员会　组编
主　编　李　玫
副主编　聂利君
Guoji Jinrong

出版发行	中国人民大学出版社		
社　　址	北京中关村大街 31 号	邮政编码	100080
电　　话	010－62511242（总编室）		
网　　址	http://www.crup.com.cn http://www.ttrnet.com（人大教研网）		
印　　刷	北京市鑫霸印务有限公司		
规　　格	185 mm×260 mm　16 开本	版　　次	2016 年 3 月第 1 版
印　　张	24	印　　次	2019 年 10 月第 5 次印刷
字　　数	554 000	定　　价	43.00 元

组编前言

21世纪是一个变幻难测的世纪，是一个催人奋进的时代。科学技术飞速发展，知识更替日新月异。希望、困惑、机遇、挑战，随时随地都有可能出现在每一个社会成员的生活之中。抓住机遇，寻求发展，迎接挑战，适应变化的制胜法宝就是学习——依靠自己学习、终生学习。

作为我国高等教育组成部分的自学考试，其职责就是在高等教育这个水平上倡导自学、鼓励自学、帮助自学、推动自学，为每一个自学者铺就成才之路。组织编写供读者学习的教材就是履行这个职责的重要环节。毫无疑问，这种教材应当适合自学，应当有利于学习者掌握和了解新知识、新信息，有利于学习者增强创新意识，培养实践能力，形成自学能力，也有利于学习者学以致用，解决实际工作中所遇到的问题。具有如此特点的书，我们虽然沿用了“教材”这个概念，但它与那种仅供教师讲、学生听，教师不讲、学生不懂，以“教”为中心的教科书相比，已经在内容安排、编写体例、行文风格等方面都大不相同了。希望读者对此有所了解，以便从一开始就树立起依靠自己学习的坚定信念，不断探索适合自己的学习方法，充分利用自己已有的知识基础和实际工作经验，最大限度地发挥自己的潜能，达到学习的目标。

欢迎读者提出意见和建议。

祝每一位读者自学成功。

全国高等教育自学考试指导委员会

2014年12月

目　　录

国际金融自学考试大纲

国际金融

国际金融

自学考试大纲

出版前言

为了适应社会主义现代化建设事业的需要，鼓励自学成才，我国在 20 世纪 80 年代初建立了高等教育自学考试制度。高等教育自学考试是个人自学、社会助学和国家考试相结合的一种高等教育形式。应考者通过规定的专业考试课程并经思想品德鉴定达到毕业要求的，可获得毕业证书；国家承认学历并按照规定享有与普通高等学校毕业生同等的有关待遇。经过 30 多年的发展，高等教育自学考试为国家培养并造就了大批专门人才。

课程自学考试大纲是国家规范自学者学习范围、要求和考试标准的文件。它是按照专业考试计划的要求，具体指导个人自学、社会助学、国家考试、编写教材、编写自学辅导书的依据。

随着经济社会的快速发展，新的法律法规不断出台，科技成果不断涌现，原大纲中有些内容过时、知识陈旧。为更新教育观念，深化教学内容方式、考试制度、质量评价制度改革，使自学考试更好地提高人才培养的质量，各专业委员会按照专业考试计划的要求，对原课程自学考试大纲进行了修订或重编。

修订后的大纲，在层次上，专科参照一般普通高校专科或高职院校的水平，本科参照一般普通高校本科水平；在内容上，力图反映学科的发展变化，增补了自然科学和社会科学近年来的研究成果，对明显陈旧的内容进行了删减。

全国高等教育自学考试指导委员会经济管理类专业委员会组织制定了《国际金融自学考试大纲》，经教育部批准，现颁发施行。各地教育部门、考试机构应认真贯彻执行。

全国高等教育自学考试指导委员会
经济管理类专业委员会
2016 年 1 月

Ⅰ　课程性质与课程目标

一、课程性质和特点

“国际金融”是全国高等教育自学考试金融专业必考课程，是为培养自学应考者掌握和运用国际金融基本理论和实际业务而设置的一门专业基础课程。

在金融全球化和我国经济日益开放的背景下，国际金融学具有重要的地位。国际金融知识因与企业发展、居民生活息息相关而愈发受到重视，希望能够学习和掌握国际金融知识的人越来越多。本课程是适应经济和金融全球化的需要，为使自学者在对外贸易和金融领域内掌握应具备的基本知识和基本技能而设置的专业基础必修课。

国际金融是商品经济发展到一定阶段的产物，也是国际贸易和国际经济合作发展的直接结果，而国际金融的发展又极大地促进了国际贸易和国际经济合作的发展。在国际经济金融一体化和全球化的今天，国际金融不仅与一国的国际贸易和国际经济合作紧密联系，而且涉及一国宏观经济的平衡和稳定，以及国际经济金融的协调和合作。“国际金融”课程主要从货币金融的角度研究开放条件下国际金融领域的相关问题。本课程具有如下特点：

1. 新颖性。随着金融全球化和一体化的发展，国际金融涉及的范围不断扩大，国际金融研究的领域也不断拓宽。一方面，全球范围内国际金融活动极为活跃，新工具、新方法和新问题层出不穷；另一方面，我国开放程度的加深使国际收支和人民币汇率等一系列问题越来越引起关注，需要在实践中不断地摸索和总结。国际金融理论和实践处于不断发展与变化中，在自学考试中需不断加入国际金融新变化、新动向，注重国际金融乃至整个国际金融领域的发展新动向。

2. 基础性。理论与实践相结合是掌握知识和获取技能的一般途径，对于国际金融来说亦不例外。本课程注重学科知识的全面和系统，内容包括国际金融相关的基础知识，从而使自学者对国际金融有一个完整而系统的认识。

3. 操作性。学习“国际金融”课程的目的是：通过课程的学习，使考生了解和掌握与国际金融业务相关的具体业务、涉外工作所必备的国际金融理论与实务的应用。如针对人民币汇率制度改革以来，汇率变动的浮动和频率加大，如何强化外汇风险管理；如何实现储备资产的保值增值；如何调节国际收支以实现人民币汇率的稳定；如何在国际金融市场融资；如何综合运用国际贸易融资方式等问题都是国际金融理论在实践中的具体应用。

二、课程目标

通过对“国际金融”课程的系统学习，考生应该达到的基本要求是：系统地掌握国际收支、外汇汇率、外汇交易与外汇风险管理、国际贸易融资、国际结算、国际储备、国际收支、国际金融机构、国际金融市场、国际货币体系等的基本概念和基本理论，并能够将理论结合实际，对现实工作和生活中的国际金融现象和问题进行较为系统和正确的分析，熟练掌握国际金融活动中的各种基本实务操作程序和操作技巧。具体目标包括以下几方面。

（一）知识目标

1. 掌握国际收支、国际储备、国际货币体系、外汇与汇率、外汇交易、汇率风险防范、国际金融市场融资、国际贸易融资、国际结算业务等国际金融基本概念和基本理论知识。

2. 了解我国国际收支、国际储备历史与现状、我国的外汇管制现状。

3. 掌握分析国际金融现实问题的能力，掌握各种外汇交易的原理和方法，具备操作基本外汇交易的能力以及防范汇率风险的能力。

（二）能力的考核目标

1. 考核运用国际收支和国际收支平衡表的知识分析一国的国际收支状况。

2. 考核运用国际储备及其管理的知识分析中国的外汇储备管理问题。

3. 考核运用外汇及汇率的基本知识读懂汇率报价，判定正确的外汇交易价格。

4. 考核运用汇率制度及外汇管制的相关知识分析人民币自由兑换及国际化问题。

5. 考核运用外汇交易的基本知识进行即期、远期、套汇、套利、掉期等各种外汇交易。

6. 考核运用外汇期货交易、外汇期权交易原理进行外汇保值。

7. 考核运用汇率风险防范的方法优选汇率风险防范方案。

8. 考核综合运用国际金融市场融资和国际贸易融资方式的能力。

9. 考核熟练运用国际结算工具的能力。

10. 考核运用国际货币体系的知识分析当今国际货币体系存在的问题。

三、与相关课程的联系与区别

国际金融学是金融学研究领域的一个重要的分支，国际金融学是从货币金融角度研究开放经济下内外均衡同时实现问题的一门独立学科。国际金融学作为一门新学科，研究的对象是国际货币金融关系，揭示国际货币流通与国际资金融通的基本规律。它的萌芽可追溯到200多年前。它是在国际贸易学的基础上产生的，但作为一门独立的学科，它形成于20世纪60年代。第二次世界大战以后，随着生产和资本国际化迅速发展，国家之间的货币金融关系也日益发展。20世纪80年代以来，经济金融化和一体化趋势加速，国际金融的领域不断拓宽，几乎渗透到国际经济和各国经济的每个角落。国际金融在国际经济关系和国民经济运行中的地位日益重要。

从表面上看，国际金融学是对金融学（货币银行学）课程的国际延伸，但国际金融学与金融学（货币银行学）有本质区别。例如，国际金融学涉及不同的货币或第三国货币，进而又涉及汇率和国际货币体系问题；再如，国际金融学还涉及影响国际金融市场融资和国际资本流动的各国制度及政策问题，这些都使国际金融学的内涵远比金融学（货币银行学）丰富得多、复杂得多。

国际金融学作为一门具有交叉性质的边缘性学科，其综合性可从国际金融学与其他课程的横向比较与纵向比较两方面来认识。从横向看，尽管国际金融学是研究国际经济的货币面，但在实际研究中必定带有很强的综合性。例如，分析国际资本流动对经济的影响时，突破了货币银行学只对经济的货币面进行分析的做法，而是比较广泛地涉及宏观经济的各个方面；从纵向看，国际金融学的范围覆盖了一个开放经济体的内部、外部以及国际经济关系这一传统上由不同学科进行分工的领域，并且将这三者贯穿起来。

四、课程重点

本课程的重点章节包括：国际收支（国际收支与国际收支平衡表；国际收支平衡表的分析；国际收支的调节）；国际储备（国际储备概述；国际储备资产管理）；外汇与汇率；外汇实务；外汇风险管理；国际资本流动。次重点内容为：国际金融市场；国际贸易融资；国际结算；国际货币体系；全球化与互联网金融。

Ⅱ　考核目标

本大纲在考核目标中，按照识记、领会、简单应用和综合应用四个层次规定考生应达到的能力层次要求。四个能力层次是递进关系，各能力层次的含义是：

识记：要求考生能够识别和记忆本课程中有关国际金融的基本概念，并能够根据考核的不同要求，做出正确的表述、选择和判断。

领会：要求考生能够领悟和理解本课程中有关国际金融相关原理的内涵及外延，理解相关国际金融知识的区别和联系，并能根据考核的不同要求对国际金融问题进行逻辑推理和论证，做出正确的判断、解释和说明。

简单应用：要求考生能够根据已知的国际金融相关资料，对国际金融问题进行本领域的分析和论证，得出正确的结论或给出正确的判断。

综合应用：要求考生能够根据已知的国际金融发展状况，对现实中的国际金融问题进行多个章节的综合知识分析和论证，并得出解决问题的综合方案。

Ⅲ　课程内容与考核要求

第一章　国际收支

学习目的与要求

通过本章的学习，要求掌握国际收支、国际收支平衡表等相关的概念，熟悉国际收支平衡表的构成、主要内容、编制原则和方法，能够解读与分析国际收支失衡的原因及影响，掌握国际收支失衡的调节方法，结合我国国际收支状况，进一步加深对国际收支及国际收支平衡表的理解。

课程内容

第一节　国际收支与国际收支平衡表

一、国际收支

（一）国际收支的定义

（二）国际收支的特征

二、国际收支平衡表

（一）国际收支平衡表的定义

（二）国际收支平衡表的编制原则

1. 复式记账原理

2. 权责发生制原则

3. 市场价格原则

4. 单一记账货币原则

三、国际收支平衡表的结构

四、国际收支平衡表的内容

（一）经常账户

1. 货物和服务账户

2. 初次收入账户

3. 二次收入账户

（二）资本与金融账户

1. 资本账户

2. 金融账户

（三）误差与遗漏净额

第二节　国际收支平衡表的分析

一、分析国际收支平衡表的意义

（一）对编制国的积极意义

（二）对非编制国的积极意义

二、国际收支平衡表分析方法

（一）静态分析法

1. 贸易收支差额

2. 经常账户差额

3. 资本与金融账户差额

4. 综合账户差额

（二）动态分析法

（三）比较分析法

三、国际投资头寸表

（一）国际投资头寸表的概念

（二）我国国际投资头寸表的内容

1. 直接投资

2. 证券投资

3. 其他投资

4. 金融衍生工具

5. 储备资产

第三节　国际收支的调节

一、国际收支平衡表的平衡与失衡

（一）自主性交易账户

（二）调节性交易账户

二、国际收支失衡的原因

（一）周期性失衡

（二）收入性失衡

（三）货币性失衡

（四）结构性失衡

（五）偶发性失衡

三、国际收支失衡的经济影响

（一）国际收支逆差的影响

（二）国际收支顺差的影响

四、国际收支调节方法

（一）国际收支失衡的自动调节机制

1. 金本位制下的国际收支自动调节机制

2. 纸币本位的固定汇率制度下的国际收支自动调节机制

3. 纸币本位的浮动汇率制度下的国际收支自动调节机制

（二）国际收支的政策调节

1. 外汇缓冲政策

2. 需求管理政策

3. 国际经济合作政策

第四节　中国国际收支

一、我国国际收支平衡表的编制

（一）试编阶段

（二）建立统计制度

（三）建立申报制度

二、《国际收支和国际投资头寸手册（第六版）》内容等方面的重要修订

三、我国国际收支平衡表的编制原则

（一）国际收支平衡表

（二）国际投资头寸表

（三）国际收支平衡表编制和公布的频率

四、我国国际收支平衡表的总体分析

（一）双顺差

（二）货物贸易顺差增长较快

（三）服务贸易逆差继续扩大

（四）直接投资净流入小幅下降

（五）证券投资净流入快速增长

（六）其他投资由净流入转为净流出

考核知识点与考核要求

一、国际收支与国际收支平衡表

1. 识记：（1）国际收支；（2）国际收支平衡表；（3）经常账户；（4）资本与金融账户。

2. 领会：（1）国际收支的特征；（2）国际收支平衡表的编制原则。

3. 简单应用：国际收支平衡表的结构。

4. 综合应用：国际收支平衡表的内容。

二、国际收支平衡表的分析

1. 识记：（1）静态分析法；（2）动态分析法；（3）比较分析法；（4）贸易收支差额；（5）经常账户；（6）差额资本和金融账户差额；（7）综合账户差额。

2. 领会：国际收支平衡表分析的意义。

3. 简单应用：国际投资头寸表。

4. 综合应用：国际收支平衡表的分析。

三、国际收支的调节

1. 识记：（1）自主性交易；（2）调节性交易；（3）周期性失衡；（4）收入性失衡；

(5) 货币性失衡；(6) 结构性失衡；(7) 偶发性失衡；(8) 外汇缓冲政策；(9) 需求管理政策；(10) 汇率政策；(11) 直接管制政策；

2. 领会：(1) 国际收支平衡表平衡与失衡的具体含义；(2) 国际收支失衡的原因；(3) 国际收支逆差的影响；(4) 国际收支顺差的影响；(5) 国际收支失衡的自动调节机制；(6) 国际收支的政策调节。

3. 简单应用：国际收支失衡的经济影响。

4. 综合应用：国际收支调节方法。

四、中国国际收支

1. 领会：我国国际收支平衡表的编制。

2. 简单应用：我国国际收支平衡表的编制原则。

3. 综合应用：我国国际收支平衡表的总体分析。

本章重点

本章的重点是国际收支的概念、国际收支平衡表的构成、国际收支失衡及失衡的原因、国际收支不平衡的分析。

第二章　国际储备

学习目的与要求

通过本章的学习，掌握国际储备的概念、特点及构成，熟悉国际储备的来源、作用及国际储备管理的原则，理解国际储备多元化的原因及影响、国际储备资产的总量管理和结构管理，重点掌握适度国际储备量的影响因素。

课程内容

第一节　国际储备概述

一、国际储备

(一) 国际储备的概念

(二) 国际清偿能力

(三) 国际储备与国际清偿能力的比较

(四) 国际储备的特点

1. 官方持有性

2. 自由兑换及可接受性

3. 流动性

二、国际储备的构成

(一) 黄金储备

(二) 外汇储备

(三) 在国际货币基金组织的储备头寸

（四）特别提款权

三、国际储备的作用

（一）调节国际收支

（二）维护本币汇率的稳定

（三）保证本国货币的国际信誉

（四）增强国际竞争能力

四、适度国际储备量的影响因素

（一）对外经济活动

1. 对外贸易状况

2. 外债规模

3. 国际收支状况

4. 国际市场融资能力

（二）国家政策导向

1. 外汇和外贸管制程度

2. 汇率制度

3. 外汇政策

4. 货币当局的政策选择

（三）国际合作程度

（四）货币的地位

（五）持有国际储备的机会成本

（六）宏观经济规模

第二节　国际储备多元化

一、国际储备多元化的形成

（一）储备货币的演进

（二）国际储备多元化的表现

（三）国际储备多元化的原因

1. 储备货币自身职能的矛盾

2. 各国经济发展的消长

3. 固定汇率制度的崩溃

4. 国际金融组织创设了“篮子货币”

二、国际储备多元化的影响

（一）国际储备多元化的积极影响

1. 摆脱了对美元的过分依赖

2. 有利于储备国防范汇率风险

3. 促进了各国货币政策的协调

4. 有利于摆脱国际储备货币发行国的两难境地

（二）国际储备多元化的消极影响

1. 加剧了外汇市场的动荡

2. 影响一国经济的稳定发展
3. 不利于储备货币发行国贯彻本国经济政策
4. 增加了国际储备管理的难度
5. 加剧了世界性的通货膨胀

第三节 国际储备资产管理

一、国际储备资产管理原则

(一) 安全性
(二) 流动性
(三) 盈利性

二、国际储备结构管理

(一) 国际储备资产的结构管理
(二) 外汇储备货币的币种结构管理

1. 外贸结构
2. 对外投资与偿还外债的需要
3. 外国投资企业资金和收益的汇出
4. 汇率与利率走势
5. 外汇市场干预的需要
6. 货币发行国及国际金融市场的状况

(三) 外汇储备资产形式的结构管理

1. 一级储备
2. 二级储备
3. 三级储备

三、国际储备收益管理

(一) 投资

1. 投资信誉好的有价证券
2. 按不同比例投资到风险不同的资产中，尽量减少投资风险

(二) 处理好利率、汇率之间的关系，提高实际收益率
(三) 处理好流动性和收益性之间的关系

第四节 我国的国际储备

一、我国国际储备的回顾

二、我国国际储备的来源

(一) 黄金储备
(二) 储备头寸与特别提款权
(三) 外汇储备

三、我国国际储备规模的影响要素

(一) 我国对外贸易结构变化和经济发展规模
(二) 我国的外债状况和对外融资能力
(三) 汇率制度及调节手段

（四）进口贸易因素
（五）偿还外债的需要
（六）外汇平准基金的需要
（七）随机波动因素

考核知识点与考核要求

一、国际储备概述

1. 识记：(1) 国际储备；(2) 国际清偿能力；(3) 在国际货币基金组织的储备头寸；(4) 特别提款权；(5) 黄金储备；(6) 外汇储备。

2. 领会：(1) 国际储备与国际清偿能力的比较；(2) 国际储备的特点；(3) 作为储备货币需具备的条件。

3. 简单应用：(1) 国际储备的构成；(2) 国际储备的作用。

4. 综合应用：适度国际储备量的影响因素。

二、国际储备多元化

1. 识记：特里芬难题。

2. 领会：国际储备多元化的原因。

3. 简单应用：国际储备多元化的形成。

4. 综合应用：国际储备多元化的影响。

三、国际储备资产管理

1. 识记：(1) 国际储备资产安全性；(2) 国际储备资产流动性；(3) 国际储备资产盈利性；(4) 一级储备；(5) 二级储备；(6) 三级储备。

2. 领会：(1) 国际储备资产管理原则；(2) 国际储备资产的结构管理；(3) 外汇储备的币种结构管理；(4) 外汇储备资产形式的结构管理。

3. 简单应用：国际储备收益管理。

4. 综合应用：国际储备结构管理。

四、我国的国际储备

1. 简单应用：我国国际储备的来源。

2. 综合应用：我国国际储备规模的影响要素。

本章重点

本章的重点是国际储备与国际清偿能力的概念，国际储备的作用、构成。

第三章　外汇与汇率

学习目的和要求

通过本章的学习，理解外汇的静态和动态概念以及成为外汇必须具备的三大特征、外汇的分类和外汇在国际经济中的作用、汇率影响经济运行的主要方式；掌握外汇的标价方式以及套算汇率和远期汇率的计算、影响汇率波动的主要因素、固定汇率制度和浮动汇率制度的区别、汇率制度选择的主要考虑因素、汇率制度类型的划分。

课程内容

第一节　外汇

一、外汇的概念

（一）动态外汇

（二）静态外汇

1. 狭义的静态外汇

2. 广义的静态外汇

二、外汇的特征

（一）外汇必须是以外币表示的可以用作对外支付的金融资产

（二）外汇必须具有充分的可自由兑换性和普遍接受性

（三）外汇必须具有可偿性

三、外汇的种类

（一）贸易外汇和非贸易外汇

（二）即期外汇和远期外汇

（三）自由外汇和记账外汇

第二节　汇率及其标价方法

一、汇率的含义

二、汇率的标价方法

（一）直接标价法

（二）间接标价法

（三）美元标价法

三、汇率的种类

（一）买入汇率、卖出汇率、中间汇率、现钞汇率

（二）基本汇率、套算汇率

1. 基本汇率

2. 套算汇率

（三）固定汇率、浮动汇率

（四）官方汇率、市场汇率

（五）开盘汇率、收盘汇率

（六）电汇汇率、信汇汇率、票汇汇率

（七）即期汇率、远期汇率

1. 即期汇率

2. 远期汇率

3. 即期汇率与远期汇率报价

第三节　汇率的决定及影响因素

一、汇率决定的基础

（一）金本位制度下汇率的决定
（二）纸币制度下决定汇率的基础
二、影响汇率的经济因素
（一）经济增长率差异
（二）国际收支
（三）利率差异
（四）通货膨胀率差异
三、影响汇率的非经济因素
（一）政府干预
（二）国际储备
（三）预期因素
（四）外汇投机
（五）其他因素
第四节　汇率对经济的影响
一、汇率对国内经济的影响
（一）对物价水平的影响
（二）对国民收入的影响
（三）对产业结构的影响
（四）对就业水平的影响
（五）对证券市场的影响
二、汇率对一国涉外经济活动的影响
（一）对贸易收支的影响
（二）对非贸易收支的影响
（三）对资金流动的影响
（四）对外汇储备的影响
（五）对国际经济关系的影响
第五节　汇率制度
一、汇率制度的概念
二、汇率制度的类型
（一）传统汇率制度的划分
1. 固定汇率制度
2. 浮动汇率制度
（二）汇率制度的新划分
1. 无独立法定货币的汇率制度
2. 货币局制度
3. 传统的固定盯住汇率制度
4. 稳定化安排汇率制度
5. 水平区间的盯住汇率制度

6. 爬行盯住汇率制度
7. 爬行区间盯住汇率制度
8. 浮动汇率制度
9. 自由浮动汇率制度
10. 其他类型汇率制度
三、汇率制度的选择
(一) 固定汇率制度与浮动汇率制度优缺点比较
1. 固定汇率制度的优缺点
2. 浮动汇率制度的主要优缺点
(二) 影响汇率制度抉择的主要因素
1. 本国的经济发展状况
2. 对国内经济稳定的需求
3. 对外经济合作开展的情况
(三) 汇率制度选择理论
1. 经济论
2. 依附论
3. 最适度货币区理论
第六节 外汇管制
一、外汇管制的含义
二、外汇管制的类型
(一) 实行全面、严格的外汇管制
(二) 实行部分外汇管制
(三) 基本上取消外汇管制
三、外汇管制的对象
四、外汇管制的主要内容
五、外汇管制的方法
(一) 直接外汇管制
(二) 间接外汇管制
六、外汇管制的作用
(一) 外汇管制的积极作用
(二) 外汇管制的消极作用
七、我国的外汇管理体制
(一) 1950—1978 年：外汇统收统支制
(二) 1979—1993 年：外汇留成制
(三) 1994—2004 年：有管理的浮动汇率制度
(四) 2005—2011 年：有调节、有管理的浮动汇率制度
(五) 2012 年至今：货物贸易外汇管理制度改革

考核知识与考核要求

一、外汇

1. 识记：（1）国际货币基金组织对外汇的定义；（2）我国外汇的构成；（3）贸易外汇和非贸易外汇；（4）即期外汇和远期外汇；（5）自由外汇和记账外汇。

2. 领会：（1）外汇的特征；（2）一国货币要成为自由外汇必须具备的三个条件。

二、汇率及其标价方法

1. 识记：（1）汇率的含义；（2）直接标价法和间接标价法的定义；（3）买入汇率、卖出汇率和现钞汇率的定义；（4）关键货币；（5）套算汇率；（6）固定汇率与浮动汇率；（7）官方汇率与市场汇率；（8）即期汇率与远期汇率。

2. 领会：（1）直接标价法、间接标价法、美元标价法的特点；（2）双向报价法；（3）选择关键货币必须遵循的原则；（4）电汇汇率、信汇汇率与票汇汇率的区别；（5）升水、贴水、平价。

3. 简单应用：（1）计算中间汇率；（2）计算套算汇率；（3）计算远期汇率。

三、汇率的决定及影响因素

1. 识记：影响汇率的短期因素和长期因素。

2. 领会：（1）影响汇率的经济因素；（2）影响汇率的非经济因素；（3）金本位制度下汇率的决定；（4）纸币制度下决定汇率的基础。

3. 简单应用：能结合中国实际情况分析影响人民币汇率的因素。

四、汇率对经济的影响

1. 识记：（1）马歇尔—勒纳条件；（2）J 曲线效应。

2. 领会：（1）汇率变动对国内经济的影响；（2）汇率变动对一国涉外经济活动的影响。

3. 简单应用：分析近年来人民币汇率波动对我国物价和出口的影响。

五、汇率制度

1. 识记：（1）汇率制度的概念；（2）固定汇率制度；（3）浮动汇率制度；（4）货币局制度的含义；（5）固定盯住汇率制。

2. 领会：（1）货币联盟的优势与缺陷；（2）货币局制度的优势与缺陷；（3）固定汇率制度的优缺点；（4）浮动汇率制度的优缺点；（5）影响汇率制度选择的主要因素；（6）汇率制度选择的基本理论。

六、外汇管制

1. 识记：外汇管制的含义。

2. 领会：（1）外汇管制的类型；（2）外汇管制的对象；（3）外汇管制的方法；（4）外汇管制的作用。

3. 简单应用：外汇管制的主要内容。

4. 综合应用：我国的外汇管理体制。

本章重点

本章的重点是汇率的标价法、影响汇率变动的因素、汇率对一国经济的影响以及固定汇率制度和浮动汇率制度的优缺点。

第四章　外汇实务

学习目的和要求

通过本章的学习，理解外汇市场的定义和构成、中国外汇市场的发展历程，掌握外汇市场的参与者、外汇市场的层次、即期外汇交易的特点、远期外汇交易的套期保值原理、套汇原理、套利原理、期货套期保值原理、期权价格的决定因素。

课程内容

第一节　外汇市场及其构成

一、外汇市场

（一）外汇市场的概念

（二）外汇市场的特征

1. 外汇市场全球一体化

2. 外汇市场全天候运行

（三）外汇市场的种类

1. 根据有无固定场所，分为有形市场与无形市场

2. 根据外汇交易主体的不同，分为银行间市场和客户市场

二、外汇市场的结构

（一）外汇市场的参与者

（二）外汇市场的层次

1. 中央银行与银行之间的外汇交易

2. 银行间的外汇交易

3. 银行与顾客之间的交易

三、我国的外汇市场

（一）我国外汇市场的历史沿革

1. 1994 年以前的外汇调节市场

2. 1994 年建立中国外汇交易中心

（二）我国外汇市场的发展

1. 我国外汇市场交易主体扩大

2. 交易币种不断增加

3. 交易方式不断扩大

4. 交易系统不断发展

（三）我国外汇交易改进的方向

四、主要外汇市场概况

（一）纽约外汇市场

（二）伦敦外汇市场
（三）东京外汇市场
1. 交易规模随经济发展变化
2. 货币选择权交易增加
（四）香港外汇市场
第二节 外汇交易的类型
一、即期外汇交易
（一）即期外汇交易的概念
（二）即期外汇交易交割日的确定
1. 标准交割日
2. 隔日交割
3. 当日交割
（三）即期外汇交易的功能
1. 即期外汇交易可以满足客户对不同货币的临时性支付需求
2. 即期外汇交易可以帮助客户调整手中外币的币种结构，以避免外汇风险
3. 即期外汇交易是外汇投机的重要工具
（四）即期汇率的套算
二、远期外汇交易
（一）远期外汇交易的概念
（二）远期外汇交易的起息日和交割日
（三）远期外汇交易的种类
1. 固定交割日远期交易
2. 择期交易
（四）远期外汇交易的功能
1. 保值避险
2. 投机以赚取利润
3. 投机交易与保值避险交易的区别
（五）远期汇率的报价
1. 直接报价方式
2. 点数报价方式（掉期报价）
（六）远期汇率升水、贴水计算
1. 两国货币短期利率的差异
2. 两国货币远期外汇市场的供求关系
三、套汇交易
（一）两点套汇
（二）三角套汇
四、套利交易
（一）抵补套利

（二）不抵补套利

五、择期交易

（一）择期交易的概念

（二）择期交易的报价原则

六、掉期交易

（一）掉期交易的概念

（二）掉期交易的类型

1. 按交易对象划分，可分为纯粹掉期和制造掉期

2. 按掉期的期限划分，可分为一日掉期、即期对远期掉期和远期对远期掉期

（三）掉期交易的作用

第三节　进出口报价

一、进口报价接受依据

（一）按人民币汇价表折成人民币进行比较

（二）按国际外汇市场汇率折算报价

二、合理运用汇率的买入价与卖出价

（一）本币折算外币时，应该用买入价

（二）外币折算本币时，应该用卖出价

三、远期汇率与进出口报价

（一）汇率贴水数是延期收款的报价标准

（二）汇率的贴水年率是延期收款的报价标准

（三）远期汇率是确定加价幅度的根据

第四节　外汇衍生交易

一、外汇期货交易

（一）外汇期货交易的特点

1. 合约内容标准化

2. 交易价格具有竞争性

3. 在交易所内按照一定的规则进行

4. 合约一般通过对冲结束，很少实际交割

5. 交易当事人包括三方

6. 交易参加者范围广

（二）外汇期货交易的功能

1. 用外汇期货进行套期保值

2. 用外汇期货进行投机

二、外汇期权交易

（一）外汇期权合约

（二）外汇期权的种类

1. 根据期权购买者获得的权利分为看涨期权和看跌期权

2. 按行使期权的时限分为欧式期权和美式期权

（三）外汇期权的盈亏分析
（四）影响外汇期权价格的因素
1. 期权的内在价值
2. 期权的时间价值
3. 货币的潜在变动性
（五）外汇期权交易与远期外汇交易的比较
三、互换交易
（一）利率互换
（二）货币互换
四、外汇衍生交易出现的背景
（一）国际货币体系的重大变化：浮动汇率制度的出现
（二）各国国内金融自由化，特别是利率自由化
（三）金融理论的创新
（四）计算技术的重大突破
五、外汇衍生产品市场的发展特征
（一）从地区构成看，欧美市场仍然占据80%以上的份额
（二）市场发展更倾向于满足保值需要
（三）外汇衍生交易与金融危机

考核知识与考核要求

一、外汇市场及其构成

1. 识记：（1）外汇市场的定义；（2）外汇经纪人的含义。

2. 领会：（1）外汇市场的参与者；（2）外汇市场的三个层次；（3）我国外汇市场的发展。

二、外汇交易的类型

1. 识记：（1）即期外汇交易的定义；（2）即期外汇交易的特点；（3）远期外汇交易的定义；（4）远期外汇交易的种类；（5）套汇、两点套汇、三角套汇的含义；（6）抵补套利的含义。

2. 领会：（1）即期外汇交割日的确定；（2）即期外汇交易的功能；（3）远期外汇交易的特点；（4）远期外汇交易的功能；（5）抵补套利的原理。

3. 简单应用：（1）计算远期外汇交易交割日；（2）如何利用远期外汇交易保值避险；（3）如何判断三角套汇中是否有套汇机会。

三、进出口报价

简单应用：（1）即期汇率是确定进口报价的依据；（2）合理运用汇率的买入价与卖出价；（3）运用远期汇率确定进出口报价；（4）汇率贴水年率是延期收款的报价标准。

四、外汇衍生交易

1. 识记：（1）外汇期货的定义；（2）外汇期货的特点；（3）外汇期权的含义；（4）外汇期权的种类；（5）利率互换与货币互换的定义。

2. 领会：(1) 外汇期货与远期外汇交易的区别；(2) 外汇期货交易的功能；(3) 影响外汇期权价格的因素；(4) 外汇期权与远期外汇交易的比较；(5) 外汇衍生交易市场的发展特征。

本章重点

本章的重点是外汇市场的构成，传统外汇交易与外汇衍生交易的交易原理，外汇期货交易、外汇期权交易与远期外汇交易的区别，进出口报价的依据与方法。

第五章　外汇风险管理

学习目的与要求

通过本章的学习，理解外汇风险的概念、类型、构成以及外汇风险产生的原因，掌握外汇风险的管理方法，既要学会利用贸易谈判、合同商洽和经营决策来规避外汇风险，又要善于利用金融工具来规避外汇风险，重点掌握外汇风险的种类及防范方法。

课程内容

第一节　外汇风险概述

一、外汇风险

(一) 外汇风险的概念

(二) 外汇风险的构成

1. 外汇风险的对象

2. 外汇风险的构成因素

二、外汇风险的类型

(一) 交易风险

1. 外汇买卖风险

2. 外汇借贷风险

3. 交易结算风险

4. 影响交易风险的因素

(二) 会计风险

(三) 经济风险

三、外汇风险的经济影响

(一) 对对外贸易的影响

(二) 对国际资本流动的影响

(三) 对涉外企业经营的影响

1. 对涉外企业经营效益的影响

2. 对涉外企业经营战略的影响

3. 对涉外企业税收的影响

第二节 外汇风险管理方法

一、外汇风险管理概述

（一）外汇风险管理的概念

（二）外汇风险管理的原则

1. 稳妥防范原则

2. 全面重视原则

3. 风险最小化原则

二、外汇风险管理方法

（一）贸易类

1. 提早或延期结汇

2. 选择币种、优化货币组合

3. 保值条款

4. 贸易融资法

（二）金融类

1. 即期合同法

2. 远期合同法

3. 期货合同法

4. 期权合同法

5. 掉期合同法

6. 择期合同法

7. 借款法

8. 投资法

9. BSI 法和 LSI 法

考核知识点与考核要求

一、外汇风险概述

1. 识记：（1）外汇风险；（2）交易风险；（3）会计风险；（4）经济风险。

2. 领会：（1）外汇风险的构成因素；（2）外汇风险的对象；（3）影响交易风险的因素。

3. 简单应用：外汇风险的类型。

4. 综合应用：外汇风险的经济影响。

二、外汇风险管理方法

1. 识记：（1）外汇风险管理；（2）本币计价法；（3）平衡结汇法。

2. 领会：（1）外汇风险管理的原则；（2）保值条款的种类；（3）选择币种、优化货币组合；（4）提早或延期结汇。

3. 简单应用：外汇风险管理的贸易方法。

4. 综合应用：外汇风险管理的金融方法。

本章重点

本章的重点是外汇风险的概念、种类及外汇风险的防范方法。

第六章　国际金融市场

学习目的和要求

通过本章的学习，掌握国际金融市场的概念、国际货币市场的构成与特点、国际资本市场的特点及主要种类以及欧洲货币市场的概念、特点、形成和主要业务，了解目前主要的国际金融中心。

课程内容

第一节　国际金融市场概述

一、国际金融市场的概念

二、国际金融市场形成与发展的条件

（一）相对和平的国际政治环境

（二）国际经济的稳定发展

（三）比较自由的国际资本流动环境

（四）便捷的通信设施

（五）金融交易技术的创新

三、国际金融市场的主要发展阶段

（一）国际金融中心出现了多元化发展的格局

1. 第二次世界大战后至 20 世纪 60 年代："三足鼎立"时代

2. 20 世纪 60 年代至 80 年代：多元化时代

（二）国际金融市场由"在岸交易"为主转变为"离岸交易"为主

四、国际金融市场发展的新特点

（一）市场一体化趋势日趋明显

（二）交易速度显著提高

（三）金融创新层出不穷

（四）证券化趋势日趋明显

（五）在岸交易的比例有所回升

五、国际金融市场的构成

（一）传统的分类

1. 国际货币市场

2. 国际资本市场

3. 国际外汇市场

4. 国际黄金市场

（二）当前流行的分类

1. 国际信贷市场

2. 国际债务证券市场

3. 国际股票市场

4. 国际金融衍生产品市场

5. 国际外汇市场

6. 国际黄金市场

第二节　国际货币市场

一、国际货币市场的含义

二、国际货币市场的构成

（一）短期信贷市场

1. 基本类型

2. 贷款条件

（二）短期证券市场

1. 国库券

2. 商业票据

3. 银行承兑汇票

4. 大额可转让定期存单

（三）贴现市场

第三节　国际资本市场

一、国际资本市场的定义和功能

二、国际资本市场的构成

（一）银行中长期信贷市场

1. 基本类型

2. 贷款条件

（二）国际证券市场

1. 国际债券市场

2. 国际股票市场

第四节　欧洲货币市场

一、欧洲货币市场的含义和类型

（一）欧洲货币市场的含义

（二）欧洲货币和欧洲银行

（三）欧洲货币市场的三种类型

1. 伦敦型

2. 纽约型

3. 避税港型

二、欧洲货币市场的起源与发展

（一）起源：欧洲美元市场的出现

（二）欧洲货币市场发展及其主要原因

1. 欧洲货币市场的发展

2. 欧洲货币市场发展的主要原因

三、欧洲货币市场的运行机制

四、欧洲货币市场的作用

（一）为国际贸易、国际投资和各国国际收支的调节提供了一个高效运转的市场

（二）具有更为明显的信用扩张能力

（三）不利于西方国家国内金融政策的推行

（四）缺乏监管，信用风险较大

第五节 主要国际金融中心

一、纽约

二、伦敦

三、东京

四、香港

五、开曼群岛

考核知识点与考核要求

一、国际金融市场概述

1. 识记：（1）广义的国际金融市场的概念；（2）国际金融中心的概念；（3）债务证券；（4）国际外汇市场的参与者。

2. 领会：（1）国际金融市场与国际金融中心的区别；（2）国际金融市场形成与发展的条件；（3）国际金融市场发展的新特点；（4）国际金融市场的构成。

二、国际货币市场

1. 识记：（1）国际货币市场的含义；（2）国际货币市场的参与者；（3）LIBOR；（4）联邦基金利率；（5）大额可转让定期存单。

2. 领会：（1）国际货币市场的功能；（2）短期信贷市场的基本类型与贷款条件；（3）短期证券市场；（4）贴现市场。

三、国际资本市场

1. 识记：（1）国际资本市场的含义；（2）国际资本市场的参与者；（3）银团贷款的特点；（4）外国债券与欧洲债券；（5）存托凭证的含义；（6）QFII 的概念；（7）QDII 的概念。

2. 领会：（1）国际资本市场的构成；（2）中长期信贷市场的基本类型与贷款条件；（3）银团贷款的费用；（4）国际债券市场；（5）国际股票市场的特点。

四、欧洲货币市场

1. 识记：（1）欧洲货币的含义；（2）欧洲银行的含义；（3）欧洲货币市场的含义。

2. 领会：（1）欧洲货币市场的三种类型；（2）欧洲货币市场的起源与发展；（3）欧洲货币市场发展的原因；（4）欧洲美元市场存在的条件；（5）欧洲货币市场的作用。

3. 综合应用：举例说明欧洲货币市场的运行机制。

五、主要国际金融中心

1. 识记：世界上主要的国际金融中心。

2. 领会：(1) 国际金融中心形成和发展的模式；(2) 纽约国际金融中心；(3) 伦敦国际金融中心；(4) 香港国际金融中心；(5) 开曼群岛离岸金融中心。

本章重点

本章的重点是国际货币市场与国际资本市场的构成和功能、欧洲货币市场产生的原因与作用。

第七章　国际贸易融资

学习目的与要求

通过本章的学习，了解国际贸易短期融资的种类及程序，重点掌握国际贸易中长期融资的各种方式及特点，理解国际租赁与项目融资的具体方法，能够区别各种融资方式之间的差异，并结合各种融资方式的特点进行国际融资活动的分析。

课程内容

第一节　国际贸易短期融资

一、打包放款

(一) 打包放款的概念

(二) 打包放款的操作流程

(三) 打包放款需要向银行提供的资料

(四) 打包放款的金额和期限

二、出口押汇

(一) 出口押汇概念

(二) 出口押汇的对象及条件

(三) 出口押汇的币种、利率和期限

(四) 出口押汇的程序

三、进口押汇

(一) 进口押汇的概念

(二) 进口押汇的种类

(三) 进口押汇的对象

(四) 进口押汇的条件

(五) 进口押汇的币种、利率和期限

(六) 进口押汇的基本操作流程

四、保付代理

(一) 保付代理的概念

（二）保付代理的类型
（三）保付代理的费用
（四）保付代理的程序
第二节 国际贸易中长期融资
一、出口信贷
（一）出口信贷的概念
（二）出口信贷的特点
（三）出口信贷的主要类型
二、买方信贷
（一）买方信贷的概念
（二）买方信贷的条件
（三）买方信贷的程序和做法
1. 直接贷款给进口商（买方）
2. 直接贷款给进口商（买方）银行
（四）买方信贷的特点
（五）买方信贷的贷款原则
三、卖方信贷
（一）卖方信贷的概念
（二）卖方信贷的程序
四、福费廷
（一）福费廷的概念
（二）福费廷业务的条件
（三）福费廷业务的特点
（四）福费廷业务的程序和做法
（五）福费廷业务对进出口商的利弊
1. 福费廷业务对出口商的作用
2. 福费廷业务对进口商的利弊
（六）福费廷与一般贴现的区别
（七）福费廷业务与保付代理业务的区别
五、信用安排限额
（一）一般用途信用限额
（二）项目信用限额
六、混合信贷
七、签订存款协议
第三节 国际租赁与项目融资
一、国际租赁
（一）国际租赁的概念
（二）国际租赁的特点

（三）国际租赁的程序

（四）国际租赁的形式

1. 金融租赁

2. 经营租赁

3. 衡平租赁

4. 双重租赁

5. 回租租赁

6. 综合性租赁

二、国际项目融资

（一）国际项目融资的概念

（二）国际项目融资的特点

（三）国际项目融资的类型

（四）国际项目融资和世界银行项目贷款的区别

三、BOT 融资

（一）BOT 融资的含义

（二）BOT 融资方式的特点

（三）BOT 融资方式的种类

考核知识点与考核要求

一、国际贸易短期融资

1. 识记：（1）打包放款；（2）出口押汇；（3）进口押汇；（4）保付代理。

2. 领会：（1）打包放款的基本操作流程；（2）打包放款的金额和期限；（3）进口押汇的种类、对象和条件；（4）保付代理业务的类型；（5）保付代理的费用。

3. 简单应用：（1）申请打包放款需要向银行提供的资料；（2）出口押汇的对象及条件；（3）出口押汇的币种、利率和期限；（4）出口押汇的程序；（5）进口押汇的币种、利率和期限；（6）进口押汇的基本操作流程。

4. 综合应用：保付代理业务的程序。

二、国际贸易中长期融资

1. 识记：（1）出口信贷；（2）买方信贷；（3）卖方信贷；（4）福费廷；（5）混合信贷；（6）签订存款协议。

2. 领会：（1）出口信贷的特点；（2）出口信贷的主要类型；（3）买方信贷的条件；（4）买方信贷的主要特点；（5）买方信贷的贷款原则；（6）福费廷业务的条件；（7）福费廷业务对进出口商的利弊；（8）福费廷业务的特点；（9）福费廷与一般贴现的区别；（10）福费廷与保付代理业务的区别；（11）信用安排限额。

3. 简单应用：（1）买方信贷的程序和做法；（2）卖方信贷的程序。

4. 综合应用：福费廷业务的程序和做法。

三、国际租赁与项目融资

1. 识记：（1）国际租赁；（2）国际项目融资；（3）BOT 融资。

2. 领会：(1) 国际租赁的特点；(2) 国际项目融资的特点；(3) BOT融资方式的特点。

3. 简单应用：(1) 国际租赁的程序；(2) 国际项目融资的类型；(3) 国际项目融资和世界银行项目贷款的区别。

4. 综合应用：(1) 国际租赁的形式；(2) BOT融资方式的种类。

本章重点

本章的重点是国际贸易短期信贷中的保付代理业务、国际贸易中的长期融资方式。

第八章　国际结算

学习目的与要求

通过本章的学习，了解国际结算体系中银行的角色，熟悉相关的国际票据法律和惯例，掌握票据基础知识，重点理解票据的基本特征，掌握汇票、本票和支票的概念和基本使用方法，熟悉托收和信用证等结算方式的概念、性质及使用流程。

课程内容

第一节　国际结算体系

一、现代国际结算特征

(一) 从现金结算到票据结算

(二) 从买卖双方直接结算到通过银行进行结算

(三) 从凭实物结算到凭单据结算

(四) 从纸质单据结算到无纸单据结算

二、国际结算中的银行

(一) 银行的作用

1. 国际汇兑

2. 担保

3. 融资

4. 其他服务

(二) 银行的分支机构

1. 分行

2. 子行

3. 联行

4. 代表处

5. 代理行

(三) 账户行关系

三、国际票据法律

（一）西方各国的票据法律
（二）国际票据法系
1.《英国票据法》
2.《日内瓦统一票据法》
（三）中国票据法律
四、有关结算的国际惯例
（一）《国际贸易术语解释通则》
（二）《跟单信用证统一惯例》（2007 修订本，国际商会第 600 号出版物）
（三）《托收统一规则》（国际商会第 522 号出版物）
（四）与国际结算有关的其他常用国际惯例

第二节　国际结算工具

一、票据与票据权利
（一）票据
（二）票据权利
（三）票据功能
（四）票据的当事人
二、票据特征
（一）设权性
（二）无因性
（三）要式性
（四）文义性
（五）流通转让性
三、汇票
（一）汇票的概念
（二）汇票的必要记载项目
1. 绝对必要记载项目
2. 相对必要记载项目
3. 任意记载项目
（三）汇票的种类
1. 即期汇票和远期汇票
2. 银行汇票和商业汇票
3. 银行承兑汇票和商业承兑汇票
（四）票据行为
1. 出票
2. 提示
3. 承兑
4. 付款
5. 背书

6. 保证
7. 追索
四、本票
（一）本票的概念
（二）本票的记载项目
（三）本票的种类
1. 银行本票和商业本票
2. 即期本票和远期本票
五、支票
（一）支票的概念
（二）支票的内容
第三节　国际结算方式
一、汇款
（一）汇款的定义
（二）汇款的当事人
（三）汇款的流程
（四）汇款的种类
二、托收
（一）托收的概念
1. 托收的定义
2. 托收的当事人
（二）托收的类型
1. 光票托收
2. 跟单托收
（三）托收业务的流程
（四）托收的特点
三、信用证
（一）信用证的定义
（二）信用证的性质
（三）信用证当事人
1. 开证申请人
2. 开证行
3. 受益人
4. 通知行
5. 议付行
（四）信用证的种类
1. 光票信用证和跟单信用证
2. 不可撤销信用证和可撤销信用证

3. 即期信用证、远期信用证和假远期信用证
4. 保兑信用证和不保兑信用证
5. 即期付款信用证、延期付款信用证、承兑信用证、议付信用证
6. 可转让信用证与不可转让信用证
7. 循环信用证、对开信用证和对背信用证

（五）信用证的内容

1. 信用证本身的内容
2. 有关汇票的内容
3. 商品、运输及单据
4. 特别事项
5. 开证行保证付款的责任文句
6. 引用《跟单信用证统一惯例》文句

（六）信用证使用流程

考核知识点与考核要求

一、国际结算体系

1. 识记：（1）国际结算；（2）国际汇兑；（3）《日内瓦统一票据法》；（4）《英国票据法》；（5）中国票据法律；（6）代理行。

2. 领会：（1）现代国际结算特征；（2）银行的作用；（3）银行的分支机构；（4）西方各国的票据法律；（5）国际票据法系。

3. 简单应用：（1）国际结算中的银行；（2）国际票据法系。

4. 综合应用：有关结算的国际惯例。

二、国际结算工具

1. 识记：（1）票据；（2）票据权利；（3）汇票；（4）本票；（5）支票；（6）流通转让；（7）背书；（8）善意持票人；（9）票据行为；（10）票据抬头的写法。

2. 领会：（1）票据的功能；（2）票据的当事人；（3）票据的特征；（4）票据权利的内容；（5）汇票的种类；（6）背书的形式；（7）本票的种类；（8）支票的内容。

3. 简单应用：（1）汇票的必要记载项目；（2）票据的特征。

4. 综合应用：（1）汇票使用中的票据行为；（2）汇票的填制。

三、国际结算方式

1. 识记：（1）汇款；（2）托收；（3）跟单托收；（4）付款交单；（5）信用证；（6）信用证的种类；（7）信用证的当事人；（8）信用证的性质。

2. 领会：（1）汇款的当事人；（2）汇款的种类；（3）托收的当事人；（4）托收的类型；（5）托收的特点；（6）信用证的内容。

3. 简单应用：（1）汇款的流程；（2）托收业务的流程；（3）信用证当事人；（4）信用证的内容。

4. 综合应用：信用证使用流程。

本章重点

本章的重点是结算工具和国际结算方式。

第九章　国际资本流动

学习目的与要求

通过本章的学习，掌握国际资本流动的分类、原因、特点及对经济的影响，了解国际债务问题、利用外资方式和利用外资应注意的问题。

课程内容

第一节　国际资本流动概述

一、国际资本流动

（一）国际资本流动的概念

（二）国际直接投资的动机及特点

1. 动机

2. 特点

二、国际资本流动的类型

（一）长期资本流动

1. 直接投资

2. 证券投资

3. 国际信贷

（二）短期资本流动

1. 短期资本流动的概念

2. 短期资本流动的方式

3. 短期资本流动的特点

第二节　国际资本流动的原因及特点

一、国际资本流动的原因

（一）过剩资本的形成

（二）利率、汇率两大经济杠杆的影响

1. 利率

2. 汇率

（三）财政赤字与通货膨胀

（四）政治、经济风险

（五）发展中国家利用外资战略

（六）跨国公司发展

（七）其他因素

1. 资本预期收益
2. 外汇管制
3. 国际金融市场状况

二、国际资本流动的特点

（一）金融资本移动占据主导地位

（二）投资主体呈多元化发展

（三）国际投资结构发生转变

（四）国际资本流动产生逆流之势

（五）风险资本投资发展迅速

三、国际资本流动对经济的影响

（一）长期资本流动对经济的影响

1. 长期资本流动对资本输出国的影响
2. 长期资本流动对资本输入国的影响
3. 长期资本流动对世界经济的影响

（二）短期资本流动对经济的影响

1. 有利于国际贸易顺利进行
2. 对各国国际收支产生影响
3. 加剧国际金融市场动荡

第三节　利用外资

一、利用外资的作用

（一）弥补投资缺口

（二）促进经济增长

二、利用外资的方式

（一）国际金融机构贷款

1. 国际货币基金组织贷款
2. 世界银行贷款
3. 国际金融公司贷款
4. 国际开发协会贷款

（二）政府贷款

（三）直接投资

（四）市场筹资

1. 银行贷款
2. 发行债券
3. 吸收存款

（五）出口信贷

1. 卖方信贷
2. 买方信贷
3. 福费廷

(六) 补偿贸易
(七) 合资经营、合作开发
(八) 融资租赁
(九) BOT 方式
(十) 国际项目融资
三、利用外资应注意的问题
(一) 利用外资规模要适度
(二) 利用外资的货币和外汇收入的货币币种保持一致
(三) 利用外资的资金结构和债务结构比例保持一致
(四) 利用外资的资金结构和债务结构期限保持一致
第四节　国际债务危机
一、外债
(一) 外债的含义
(二) 外债的衡量指标
二、国际债务危机爆发的原因
(一) 债务危机爆发的内因
1. 债务国不切实际地盲目借取大量外债
2. 国内的经济政策失误
3. 外债利用率低
(二) 债务危机爆发的外部条件
1. 世界性经济衰退
2. 国际金融市场美元利率和汇率的上浮
3. 国际商业银行贷款政策的收紧
三、解决国际债务危机的方案
(一) 国际金融公司的设想
(二) 国际货币基金组织总裁的战略
(三) 美国前财政部长贝克的计划
(四) 二十四国集团的建议
(五) 布雷迪计划
(六) 宫泽计划
第五节　金融危机
一、金融危机及其起因
(一) 金融危机的含义
(二) 金融危机的起因
二、金融危机的效应与作用
(一) 金融危机的效应
(二) 金融危机的作用
三、国际金融危机

（一）墨西哥金融危机
（二）东南亚金融危机
（三）美国次贷危机

考核知识点与考核要求

一、国际资本流动概述

1. 识记：（1）国际资本流动；（2）证券投资；（3）政府贷款；（4）短期资本流动的概念。

2. 领会：（1）国际直接投资的动机及特点；（2）长期资本流动的形式；（3）国际信贷的形式；（4）国际金融机构贷款；（5）短期资本流动的主要方式；（6）短期资本流动的特点。

3. 简单应用：国际资本流动的类型。

二、国际资本流动的原因及特点

1. 识记：国际资本流动的特点。

2. 领会：国际资本流动的原因。

3. 综合应用：国际资本流动对经济的影响。

三、利用外资

1. 领会：国际资本流动对经济的影响。

2. 简单应用：利用外资应注意的问题。

3. 综合应用：利用外资的各种方式。

四、国际债务危机

1. 识记：（1）外债；（2）外债的衡量指标。

2. 领会：国际债务危机爆发的原因。

3. 简单应用：解决国际债务危机的方案。

五、金融危机

1. 识记：金融危机。

2. 领会：金融危机的起因。

3. 简单应用：金融危机的效应。

4. 综合应用：（1）金融危机的作用；（2）美国次贷危机的启示。

本章重点

本章的重点是国际资本流动的概念、国际短期资本及长期资本流动的内容、国际资本流动对经济的影响。

第十章　国际货币体系

学习目的和要求

通过本章的学习，理解国际货币体系的演变进程、国际金本位制最终崩溃的原因、布雷顿森林体系产生和崩溃的原因、三次美元危机的爆发和拯救方式、牙买加体系的主要内容和特点、现行国际货币体系存在的问题和欧洲货币体系的影响，了解当前对国际货币体系的研究内容和主要改革方向。

课程内容

第一节　国际货币体系概述
一、国际货币体系的概念
二、国际货币体系的发展
第二节　国际金本位制
一、国际金本位制的类型
（一）金币本位制
（二）金块本位制
（三）金汇兑本位制
二、国际金本位制的特点
（一）黄金充当国际货币是国际货币制度的基础
（二）各国货币由其法定平价决定，形成固定汇率制度
（三）具有自动调节国际收支的作用
三、国际金本位制的崩溃
第三节　布雷顿森林体系
一、布雷顿森林体系的建立
（一）“怀特计划”和“凯恩斯计划”
1.“怀特计划”
2.“凯恩斯计划”
（二）布雷顿森林体系的建立
二、布雷顿森林体系的内容及对其运行政策效果的评价
（一）布雷顿森林体系的基本内容
1. 建立了一个永久性的金融机构，即国际货币基金组织（IMF）
2. 实行以黄金—美元为基础的、可调整的盯住汇率制
3. 取消对经常账户交易的外汇管制，但是对国际资本流动进行限制
4. 制定了稀缺货币条款（Scarce-currency Clause）
（二）布雷顿森林体系的政策效果
三、布雷顿森林体系的崩溃
（一）对布雷顿森林体系的批评
（二）三次美元危机及其拯救
1. 第一次美元危机及其拯救
2. 第二次美元危机及其拯救
3. 第三次美元危机及其拯救
四、布雷顿森林体系时期的各种货币改革方案

（一）恢复金本位制
（二）彻底改革国际货币基金组织，把它变成中央银行
（三）建立“混合储备单位”（composite reserve unit）
（四）扩大金汇兑本位制

第四节　牙买加体系

一、牙买加体系的形成
二、牙买加体系的主要内容及政策评价
（一）牙买加体系的主要内容
1. 将业已形成的浮动汇率制度和其他浮动汇率制度合法化
2. 黄金非货币化
3. 国际储备资产多元化，并建议以特别提款权作为主要储备资产
4. 国际收支调节形式多样化
（二）对牙买加体系的评价
三、牙买加体系下的国际货币体系改革方案
（一）勃兰特委员会报告
1. 关于汇率体制
2. 关于储备制度
3. 关于国际收支的调节
（二）《阿鲁沙倡议》
（三）《二十四国集团公报》
（四）库珀的“单一通货制”（The Single Currency Regime）
（五）建立集中的国际信用储备制度
（六）设立汇率目标区

第五节　区域货币一体化

一、最适度货币区理论（The Theory of Optimum Currency Areas，OCA 理论）
（一）蒙代尔的要素流动性分析
（二）麦金农等人的发展与完善
二、欧元的出现对现行国际货币体系的影响
（一）对国际储备体系的影响
（二）挑战目前所谓的“无体系（nonsystem）”，为世界货币的发展起到示范作用

考核知识点与考核要求

一、国际货币体系概述
1. 识记：国际货币体系的定义。
2. 领会：国际货币体系的发展。
二、国际金本位制
1. 识记：（1）金币本位制的含义；（2）金汇兑本位制的含义；（3）法定平价。
2. 领会：（1）金币本位制的特点；（2）国际金本位制的特点；（3）金本位制下国际

收支的自动调节过程；（4）金汇兑本位制的内容；（5）国际金本位制的崩溃。

三、布雷顿森林体系

1. 识记：（1）特里芬难题；（2）史密森协定。

2. 领会：（1）“怀特计划”和“凯恩斯计划”的内容；（2）布雷顿森林体系的内容；（3）布雷顿森林体系的政策效果；（4）三次美元危机及其拯救。

四、牙买加体系

1. 识记：（1）汇率目标区；（2）汇率目标区的特点。

2. 领会：（1）牙买加体系的形成；（2）牙买加体系的主要内容；（3）多元化储备体系的优缺点。

3. 综合应用：对牙买加体系进行评价。

五、区域货币一体化

1. 识记：最适度货币区理论的内容。

2. 领会：（1）欧元对现行国际货币体系的影响；（2）在发挥国际清偿力方面欧元强于特别提款权的原因。

本章重点

本章的重点是三种国际货币体系的特点及缺陷。

第十一章　全球化与互联网金融

学习目的与要求

通过本章的学习，理解国际金融全球化发展的表现形式、程度和利弊，了解金融领域的新生事物——互联网金融的含义、原理和主要模式，重点掌握现有的主要国际金融组织及其功能。

课程内容

第一节　国际金融组织

一、国际金融组织概述

（一）国际金融组织的产生与发展

（二）国际金融组织的分类

1. 按地区范围划分

2. 按职能划分

（三）国际金融组织的目的及作用

1. 目的

2. 作用

二、国际货币基金组织

（一）国际货币基金组织的责任和宗旨

1. 责任
2. 宗旨
3. 基本职能

（二）国际货币基金组织的组织结构

1. 理事会
2. 执董会
3. 总裁及工作人员
4. 决策机制

（三）国际货币基金组织的资金来源

1. 会员国认缴的份额
2. 借款
3. 出售黄金

（四）国际货币基金组织的业务

1. 监督
2. 金融贷款
3. 技术援助和培训

三、世界银行集团

（一）国际复兴开发银行

1. IBRD 的宗旨
2. IBRD 的组织结构
3. IBRD 的资金来源
4. IBRD 的主要业务

（二）国际开发协会

1. IDA 的宗旨
2. IDA 的组织结构
3. IDA 的资金来源
4. IDA 的主要业务

（三）国际金融公司

1. IFC 的宗旨
2. IFC 的组织结构
3. IFC 的资金来源
4. IFC 的主要业务

（四）多边投资担保机构

（五）国际投资争端解决中心

四、国际清算银行

（一）BIS 的职责

（二）BIS 的组织机构

（三）BIS 的资金来源

1. 会员国中央银行缴纳的股本金
2. 吸收的存款
3. 发行金融市场融资工具
4. 储备基金
(四) BIS的主要业务活动
1. 处理国际清算业务
2. 办理或代理有关银行业务
3. 定期举办中央银行行长会议
第二节 区域性国际金融机构
一、亚洲开发银行
(一) ADB的宗旨
(二) ADB的组织结构
(三) ADB的资金来源
1. 普通资金
2. 专项基金
(四) ADB的主要业务
1. 贷款
2. 技术援助赠款
二、非洲开发银行
三、加勒比开发银行
四、欧洲复兴开发银行
五、欧洲投资银行
六、美洲开发银行
七、亚洲基础设施投资银行
第三节 金融全球化
一、金融全球化的内涵
(一) 金融自由化
(二) 金融国际化
(三) 金融一体化
二、金融全球化的表现形式
(一) 资本流动全球化
(二) 金融机构全球化
(三) 金融市场全球化
(四) 金融监管和协调全球化
三、金融全球化的利弊
(一) 积极作用
(二) 消极作用
四、金融全球化对不同国家的影响

（一）对发达国家的影响
（二）对新兴市场国家的影响
（三）对欠发达国家的影响
第四节　互联网金融
一、互联网金融
二、互联网金融的基本原理
（一）支付模式
1. 概念
2. 发展趋势
3. 特点
（二）信息处理
（三）资源配置
三、互联网金融的特点
（一）成本低
（二）效率高
（三）覆盖广
（四）管理弱
（五）风险大
四、互联网金融的主要模式
（一）传统金融互联网化
（二）移动支付与第三方支付
（三）众筹融资
（四）P2P 网贷
（五）互联网货币
（六）大数据金融
五、互联网金融的优势
（一）高普惠性降低融资门槛
（二）高脱媒化提高融资效率
（三）高信息化优化服务模式
六、互联网金融的主要风险
（一）互联网信息技术风险
（二）虚拟金融服务风险
（三）法律监管缺乏的风险

考核知识点与考核要求

一、国际金融组织

1. 识记：（1）国际金融组织；（2）国际货币基金组织；（3）国际复兴开发银行；（4）国际开发协会；（5）国际金融公司；（6）多边投资担保机构；（7）国际投资争端解决

中心；（8）国际清算银行。

2. 领会：（1）国际金融组织的分类；（2）国际金融组织发展的目的；（3）国际金融组织的作用；（4）国际货币基金组织的责任、宗旨及基本职能；（5）世界银行集团；（6）国际清算银行的职责。

3. 简单应用：（1）国际金融组织的产生与发展；（2）国际货币基金组织的组织结构；（3）国际货币基金组织的资金来源；（4）国际清算银行的资金来源。

4. 综合应用：（1）国际货币基金组织的业务活动；（2）世界银行集团各机构的业务；（3）国际清算银行的主要业务活动。

二、区域性国际金融机构

1. 识记：亚洲基础设施投资银行。

2. 领会：（1）亚洲开发银行的宗旨；（2）亚洲开发银行的资金来源；（3）亚洲开发银行的组织结构。

3. 简单应用：亚洲开发银行的主要业务。

4. 综合应用：所有区域性国际金融机构。

三、金融全球化

1. 识记：（1）金融自由化；（2）金融国际化；（3）金融一体化。

2. 领会：（1）金融全球化的内涵；（2）金融全球化的表现形式；（3）金融全球化的利弊。

3. 综合应用：金融全球化对不同国家的影响。

四、互联网金融

1. 识记：（1）互联网金融；（2）网上银行；（3）P2P网贷；（4）互联网货币；（5）大数据金融。

2. 领会：（1）互联网金融的发展趋势；（2）互联网金融的特点；（3）互联网货币的特征；（4）互联网金融的风险；（5）互联网金融的优势。

3. 简单应用：互联网金融的基本原理。

4. 综合应用：互联网金融的主要模式。

本章重点

本章的重点是各类国际金融组织和区域性国际金融机构。

Ⅳ 关于大纲的说明与考核实施要求

一、课程自学考试大纲的目的和作用

国际金融自学考试大纲是根据专业自学考试计划的要求，结合自学考试的特点而确定的。其目的是对个人自学、社会助学和课程考试命题进行指导和规定。

国际金融自学考试大纲明确了本课程学习的内容以及深、广度，规定了课程自学考试的范围和标准。因此，它是编写自学考试教材和辅导书的依据，是社会助学组织进行自学辅导的依据，是自学者学习教材、掌握课程内容知识范围和程度的依据，也是进行自学考试命题的依据。

二、课程自学考试大纲与教材的关系

国际金融自学考试大纲是进行学习和考核的依据，教材是学习掌握课程知识的基本内容与范围，教材的内容是大纲所规定的课程知识和内容的扩展与发挥。课程内容在教材中可以体现一定的深度或难度，但在大纲中对考核的要求一定要适当。

大纲与教材所体现的课程内容一致；大纲里面的课程内容和考核知识点，教材里一般也要有。反过来，教材里有的内容，大纲里并不一定体现。

三、关于自学教材

《国际金融》，全国高等教育自学考试指导委员会组编，李玫主编，聂利君副主编，中国人民大学出版社出版，2016 年版。

四、关于自学要求和自学方法的指导

本大纲的课程基本要求是依据专业考试计划和专业培养目标而确定的。课程基本要求还明确了课程的基本内容，以及对基本内容掌握的程度。基本要求中的知识点构成了课程内容的主体部分。因此，课程基本内容掌握程度、课程考核知识点是高等教育自学考试考核的主要内容。

为有效地指导个人自学和社会助学，本大纲已指明了课程的重点，在章节的基本要求中一般也指明了章节内容的重点。

关于自学方法建议如下：

1. 在学习每章内容之前，先认真阅读自学考试大纲中对该章的具体考核知识点，做到学习时有的放矢。

2. 从每章案例引出的问题入手，建立对各章的整体认识框架。

3. 要熟练掌握各章的基本概念、基本原理和基本知识，做到融会贯通，抓住重点，举一反三。

4. “国际金融”是一门实践性极强的课程，考生学习过程中应注重理论联系实际，紧密结合我国实际分析解决问题，通过学习提高分析和解决问题的能力。

五、对社会助学的要求

1. 社会助学者应根据大纲的考试内容和考核知识点，认真钻研教材，对自学应考者进行切实有效的辅导，把握好社会助学的正确导向。

2. 准确理解各知识点要求达到的认知层次和考核要求，并在辅导过程中帮助考生掌握这些要求。

3. 要帮助考生将识记、领会同应用联系起来，提高考生将基础知识、基础理论转化为应用能力的水平。

4. 助学单位在安排本课程辅导时，授课时间建议不少于 100 小时，具体各章所需学时的建议如下表所示。

章次	章名称	建议学时
第一章	国际收支	8
第二章	国际储备	8
第三章	外汇与汇率	12
第四章	外汇实务	18
第五章	外汇风险管理	12
第六章	国际金融市场	6
第七章	国际贸易融资	8
第八章	国际结算	8
第九章	国际资本流动	8
第十章	国际货币体系	8
第十一章	全球化与互联网金融	4

六、对考核内容的说明

1. 本课程要求考生学习和掌握的知识点内容都作为考核的内容。课程中各章的内容均由若干知识点组成，在自学考试中成为考核知识点。因此，课程自学考试大纲中所规定的考试内容是以分解考核知识点的方式给出的。由于各知识点在课程中的地位、作用以及知识自身的特点不同，自学考试将对各知识点分别按四个认知层次确定其考核要求。

2. 在考试之日起 6 个月前，由全国人民代表大会和国务院颁布或修订的法律、法规都将列入相应课程的考试范围。凡大纲、教材内容与现行法律、法规不符的，应以现行法律、法规为准。命题时，也会对我国经济建设和科技文化发展的重大方针政策的变化予以体现。

七、关于考试命题的若干规定

1. 本课程考核方式采用闭卷笔试形式，满分 100 分，60 分为及格。考试时间为 150 分钟。本课程内容涉及数学运算，因此允许考生携带无存储记忆及通信功能的计算器。

2. 本大纲各章所规定的基本要求、知识点及知识点下的知识细目，都属于考核的内容。考试命题既要覆盖到章，又要避免面面俱到。要注意突出课程的重点和章节重点，加大重点内容的覆盖度。

3. 命题不应有超出大纲中考核知识点范围的试题，考核目标不得高于大纲中所规定的相应的最高能力层次要求。命题应着重考核自学者对基本概念、基本知识和基本理论是否了解或掌握，对基本方法是否会用或熟练运用。不应出与基本要求不符的偏题或怪题。

4. 本课程在试卷中对不同能力层次要求的分数比例大致为：识记占 25%，领会占 35%，简单应用占 20%，综合应用占 20%。

5. 要合理安排试题的难易程度，试题的难度可分为易、较易、较难和难四个等级。每份试卷中不同难度试题的分数比例一般为 2∶3∶3∶2。

必须注意试题的难易程度与能力层次有一定的联系，但二者不是等同的概念。在各个能力层次中对于不同的考生都存在着不同的难度。

6. 课程考试命题的主要题型一般有单项选择题、多项选择题、简答题、计算题、论述题等。

附录　题型举例

一、单项选择题

1. 国际收支平衡表中最基本、最重要的账户是（　　）。

A. 经常账户　　B. 金融账户

C. 资本账户　　D. 误差与遗漏净额账户

2. 远期外汇合同到期前的任何一天，客户可以放弃合同执行的外汇业务是（　　）。

A. 择期业务　　B. 欧式期权业务

C. 远期外汇业务　　D. 美式期权业务

二、多项选择题

1. 某国进口商以美元计价从美国进口谷物，三个月后于某日支付货款，为避免汇率风险，他应在该国外汇市场（　　）。

A. 卖出三个月远期美元　　B. 卖出美元现汇

C. 买入三个月远期美元　　D. 购买三个月美元期权

E. 买入三个月择期美元

2. 若一国汇率采用的是间接标价法，则（　　）。

A. 外币数额变化　　B. 买入价在前

C. 外币数额固定　　D. 卖出价在前

E. 本币数额固定

三、简答题

1. 简述国际储备的特点。

2. 简述信用证的性质。

四、计算题

1. 若一家位于纽约的 A 银行给出的汇率报价是：

Spot：	£1＝$1.265 0～60
30days：	12～8
60days：	28～16
90days：	38～26

问：(1) B 银行买入一个月期美元的具体价格是多少？

(2) 客户买入两个月期英镑的具体价格是多少？

(3) 客户卖出两个月期美元的具体价格是多少？

2. 纽约外汇市场牌价为：1 美元＝117.76～117.86 日元；

法兰克福外汇市场牌价为：1 欧元＝1.281 0～1.282 0 美元；

东京外汇市场牌价为：1欧元＝146.38～146.48日元。

某机构用1亿欧元作套汇，试计算其套汇收益。

五、论述题

1. 试论国际收支的政策调节。
2. 试论影响汇率的经济因素。

后　记

2014 年 12 月，由全国高等教育自学考试指导委员会办公室召开了全国高等教育自学考试课程大纲、教材编前会，会上确定了“国际金融”课程自学考试大纲编写的指导思想、基本原则和要求。

本大纲由北京工业大学经管学院李玫、中央财经大学金融学院聂利君负责编写。大纲完成后，中国人民大学胡曙光副教授、范志勇副教授参加审稿工作，全国高等教育自学考试指导委员会经济管理类专业委员会审定。

全国高等教育自学考试指导委员会
经济管理类专业委员会
2016 年 1 月

国际金融

第一章　国际收支

学习目标

通过本章的学习，要求掌握国际收支、国际收支平衡表等相关的概念，熟悉国际收支平衡表的构成、主要内容、编制原则和方法，能够解读与分析国际收支失衡的原因及影响，掌握国际收支失衡的调节方法，结合我国国际收支状况，进一步加深对国际收支及国际收支平衡表的理解。

学习方法

（1）预习法。通过预习，了解本章的内容，对国际收支及国际收支平衡表有一个初步的把握。

（2）联系学习法。国际收支反映了一国国际金融的宏观状况，将国际收支与国际储备、外汇汇率、国际资本流动、国际贸易融资联系起来学习，有助于把握国际收支的变动及国际收支平衡表的构成，可以更好地理解一国对外经济交往的整体状况。

(3) 完成本章后面的思考题。

案例导读

住在美国路易斯安那州的萨拉·邦焦尔尼是一名女记者，她多次“痛下决心”抵制“中国制造”，尝试一年不买任何中国制造的产品，看看生活会是怎样。实验结束后，她感叹道：“你会意识到生活中巨大的不便。我们确实受益于中国的产品。”

邦焦尔尼把她全家这一年的经历如实记录下来，写成《没有“中国制造”的一年：一个家庭在全球化经济中的生活历险》。

邦焦尔尼没有明显的政治倾向，做这个实验并非出自道德或伦理标准，她甚至对盛传的“中国产品不安全”也并不在意。做此实验完全出于偶然因素：当年圣诞节，她收到的39件礼物中有25件是“中国制造”。她决定做个实验：与中国货告别。

这一年，有几个故事让她难以忘却。

故事一：一天早晨，她打电话给丈夫买一条裤子，询问产地时被告知是香港制造，于是她下了订单。挂了电话后，她觉得有点不对劲儿，于是上网查阅中情局的《世界概况》。让她郁闷的是，上面写着“香港是中国的特别行政区”。她不得不取消了订单。

故事二：她丈夫打算买一个充气游泳池，到了目标连锁超市（在美国仅次于沃尔玛的零售商），发现那里的充气游泳池全是中国制造。买还是不买？两人为此争论不休。最后，邦焦尔尼给她嫂子打电话，让她出面买了充气游泳池。

故事三：4岁儿子穿的鞋小了，邦焦尔尼逛了数家商场，除了中国制造的鞋外一无所获，只好作罢。两周后，她发现再不给儿子买鞋他的脚趾头就要露出来了，最终她在一家在线商店找到一双标价68美元的意大利产运动鞋。下订单前，她到邻居那里征询意见，邻居对她说：花68美元给孩子买双鞋，太奢侈了吧？

邦焦尔尼“抵制中国制造”时，美国正就贸易不平衡向中国频频施压。

邦焦尔尼的新书出版之际，恰逢中美经贸关系的微妙时期，中美战略经济对话已经进行了三轮，虽然取得了一些成果，但美国国会部分议员已经失去耐心，提议制裁中国。

邦焦尔尼长达一年没有政治倾向的抵制，表明了美国老百姓对中国产品的依赖，表明了中国产品给美国老百姓带来的实惠。“中国制造”进入美国，给美国老百姓提供了物美价廉的商品。

为了解决贸易不平衡，美国采取了压迫人民币升值、提高关税、向世贸组织起诉中国侵犯知识产权等种种措施，但这些不能解决根本问题。中美贸易不平衡是表象，其实质是两国彼此受益。中美互利的经贸关系，意味着两国的企业获得了良好的投资回报；增加了两国人民的福祉；推动了各自经济的增长和转型；贸易逆差是由同经济全球化相关的众多因素导致的，如储蓄和投资相关性、劳动力和投资配置的国际差异等。美国与中国的商品贸易逆差也是这些宏观因素的反映。

对此，美国的经济学家也有体会。爱德华·格莱瑟——美国进步政策研究所对外贸易问题专家，他认为，“中国制造”让美国老百姓受益，提高关税、人民币升值都不是解决问题的根本之策。他说：“要解决贸易不平衡，只能是使美国经济萧条，老百姓购买力减弱，但这样对双方都不好。有些产品美国根本不制造，不从中国进口也要从其他国家进口。”

思考：

1. 国际收支中最重要的项目是什么？
2. 一国出现国际收支不平衡的原因什么？
3. 如何调节一国的国际收支？

第一节 国际收支与国际收支平衡表

一、国际收支

（一）国际收支的定义

国际收支的概念产生于17世纪。1948年，国际货币基金组织（IMF）成立初期出版了《国际收支手册（第一版）》，国际收支正式成为统计项目。按照IMF规程要求，其所有成员（国家或经济体）有义务定期向其报送国际收支统计数据。随着国际社会和经济的发展，IMF也在不断修改和完善该手册内容，并于2009年推出最新的《国际收支和国际投资头寸手册（第六版）》。2015年，我国开始按照最新的第六版标准编制国际收支平衡表。

国际收支是特定时期内一个经济体（或国家、地区，下同）居民与非居民之间全部经济交易的系统记录，它反映了一个经济体与其他经济体之间发生的进出口贸易、投融资往来等各类经济交易的经济过程，以及对外金融资产负债的存量变化。国际收支统计数据是全面反映一个经济体对外的贸易、金融投资及其收益的变动、金融资产负债存量等情况的重要统计信息。国际收支统计数据通过汇总整理最终形成国际收支平衡表和国际投资头寸表。

国际收支包括三个方面：(1) 一个经济体与其他经济体之间商品、劳务和收益等的交易行为；(2) 该经济体所持有的货币黄金、特别提款权的变化以及与其他经济体债权债务关系的变化；(3) 不需要偿还的单方面转移的项目和相对应的项目，会计上必须用来平衡的、尚未抵消的交易以及不易互相抵消的交易。

国际收支有狭义与广义两个层面的概念。狭义的国际收支是指一个经济体在一定时期内，由于经济、文化等各种对外经济交易而发生的，必须立即结清的外汇收入与支出。它建立在现金支付基础上，可以简单地理解为一国的外汇收支，只要涉及外汇收支的经济交易都属于国际收支。广义的国际收支是指一个经济体居民与非居民之间发生的所有经济交易活动的汇总。它以交易为基础，不仅包括贸易收支和非贸易收支，也包括资本的输入和输出；不仅包括已实现的外汇收支交易，也包括未实现的外汇收支交易。这是因为在国际经济交易中，并非所有的交易都必须涉及货币的支付，如补偿贸易、以实物形式提供的无偿援助和投资等只是单方面转移，不属于狭义的国际收支范畴。在这种情况下，国际货币基金组织建议采用广义的国际收支概念。

（二）国际收支的特征

国际收支具有以下几个方面的特征：

（1）国际收支记载的是一个经济体居民与非居民之间发生的经济交易。强调的是居民与非居民之间的交易，同一个经济体的居民之间的交易不属于国际收支，参与者是不同经济体的居民，不是公民。

一国居民是在该国长期从事生产和消费的自然人或法人，符合上述情况的他国的公民也可能属于该国居民。居民有自然人居民和法人居民之分，自然人居民是在该国居住时间长达一年以上的个人，不包括官方外交使节、驻外军事人员；法人居民是在该国从事经济活动的各级政府机构、企业和非营利团体，不包括联合国、国际货币基金组织等国际性机构组织。

（2）国际收支是在特定时期内经济交易的系统的货币记录。强调的是在特定时期内发生的所有国际经济交易，不论其是否已经支付或结清。这些经济交易既包括直接以外汇资金收付实现的交易，也包括没有外汇资金收付而只是以货币表示的资产转移。

（3）国际收支是一个流量概念，不是存量概念。国际收支记载的是特定时期内的发生额，而不是某一时点的余额或持有额。它是按期统计的国际经济交易量，并对已经发生的交易进行统计、记录，统计期可以是一个季度、半年或一年，通常为一年。

二、国际收支平衡表

（一）国际收支平衡表的定义

国际收支平衡表是一国对一定时期（一年、半年、一个季度、一个月）内的国际经济交易，根据交易的特征和经济分析的需要，分类设置账户，并以复式记账原则进行系统记录的报表。国际货币基金组织于 2009 年出版的《国际收支和国际投资头寸手册（第六版）》对国际收支平衡表的标准作了统一的规定。该平衡表由经常账户、资本和金融账户以及误差与遗漏净额三部分组成。国际收支平衡表的标准格式如表 1—1 所示。

表 1—1　　国际收支平衡表

国际收支	贷方	借方	差额
经常账户			
货物和服务			
货物			
服务			
初次收入			
雇员报酬			

续前表

国际收支	贷方	借方	差额
利息			
公司的已分配收益			
投资收益			
租金			
二次收入			
对所得等征收的经常性税收			
非寿险净保费			
非寿险索赔			
经常性国际转移			
其他经常转移			
养老金权益变化调整			
经常账户差额			
资本账户			
非生产、非金融资产的取得/处置			
资本转移			
资本账户差额			
净贷出（+）/净借入（-）			
金融账户（按职能类别）	金融资产净获得	金融负债净产生	差额
直接投资			
证券投资			
金融衍生产品和雇员认股权			
其他投资			
储备资产			
资产/负债变化总额			
净贷出（+）/净借入（-）			
误差与遗漏净额			

国际收支平衡表反映和说明了一个经济体的国际收支状况。它是对一定时期内该经济体国际收支的具体地、系统地统计和记录，可综合反映该经济体的对外经济发展情况、国际收支平衡状况、收支结构及储备资产的增减变动情况，为其制定开放经济下的宏观经济政策、采取相应的调控措施提供基本依据。

（二）国际收支平衡表的编制原则

1．复式记账原理

国际收支平衡表是采用复式记账法进行登记的。复式记账法是国际会计的通行标准，它的基本原理是：任何一笔交易要求同时作借方记录和贷方记录，即“有借必有贷，借贷必相等”。

国际收支中每笔交易的记录均由两个金额相等但方向相反的分录组成，反映了每笔交换的流入和流出。对于每笔交易，各方都记录一个与之相应的贷方分录和借方分录：

贷记（CR.）——货物和服务出口、应收收入、资产减少或负债增加

借记（DR.）——货物和服务进口、应付收入、资产增加或负债减少

一切收入账户或负债增加、资产减少的账户都列入贷方；一切支出账户或资产增加、负债减少的账户都列入借方；每笔交易由两个金额相等、方向相反的会计分录组成，贷方分录合计金额与借方分录合计金额相等。贷方表示实际资源出口和对外资产减少或对外负债增加，借方表示实际资源进口和对外资产增加或对外负债减少。例如：货物出口收入在国际收支平衡表中贷记货物贸易出口增加、借记对外存款资产增加，外商来华直接投资现汇流入在国际收支平衡表中贷记直接投资负债增加、借记对外存款资产增加。如果交易属于单向转移，记账的账户只有一方，不能自动成双匹配，就要使用某个特种账户记账以符合复式记账的要求。具体如表1—2所示。

表1—2 国际收支平衡表的编制

<table>
<tr><th colspan="4">项目</th><th>借方</th><th>贷方</th></tr>
<tr><td rowspan="5">经常账户</td><td colspan="3">货物</td><td>进口</td><td>出口</td></tr>
<tr><td colspan="3">服务</td><td>输入</td><td>输出</td></tr>
<tr><td rowspan="2">初次收入</td><td colspan="2">雇员报酬</td><td>外国居民受雇本国所获收入</td><td>本国居民受雇国外所获收入</td></tr>
<tr><td colspan="2">再投资收益</td><td>外国居民购买本国证券所获收入</td><td>本国居民购买国外证券所获收入</td></tr>
<tr><td colspan="3">二次收入</td><td>移出</td><td>移入</td></tr>
<tr><td rowspan="9">资本与金融账户</td><td rowspan="2">资本账户</td><td colspan="2">资本转移</td><td>移出</td><td>移入</td></tr>
<tr><td colspan="2">非生产、非金融资产的取得/处置</td><td>取得</td><td>处置</td></tr>
<tr><td rowspan="7">金融账户</td><td rowspan="2">直接投资</td><td>外国对本国直接投资</td><td>减少</td><td>增加</td></tr>
<tr><td>本国对国外直接投资</td><td>增加</td><td>减少</td></tr>
<tr><td rowspan="2">证券投资</td><td>资产</td><td>本国居民购买外国证券</td><td>本国居民出售外国证券</td></tr>
<tr><td>负债</td><td>本国非居民出售本国证券</td><td>本国非居民购买本国证券</td></tr>
<tr><td rowspan="2">其他投资</td><td>资产</td><td>增加</td><td>减少</td></tr>
<tr><td>负债</td><td>减少</td><td>增加</td></tr>
<tr><td colspan="2">储备资产</td><td>增加</td><td>减少</td></tr>
<tr><td>平衡账户</td><td colspan="3">误差与遗漏净额</td><td colspan="2">与上述各项余额数值相等、符号相反</td></tr>
</table>

2. 权责发生制原则

按照会计原则，交易的记录时间原则上采用权责发生制确定。即当经济价值被创造、转换、交换、转移或消失时，反映经济所有权变更的流量是在所有权转移的时点记录，而服务是在提供时记录。对于实际资源、金融债权和债务等各项交易，可能存在签约日、所有权变更日、结算日等多个日期，在记录时需要统一。按照国际货币基金组织的规定，记录日以商品、劳务和金融所有权变更的日期为准。所以，国际收支平衡表中按照日期分类

的各类经济交易包括：在统计期内已全部结清的部分；在统计期内已经到期必须结清的部分（不管实际上是否结清）；在统计期内已经发生（所有权已变更）但是需要跨期结清的部分（如预付货款、延期付款等）。如在货物已出口但未收回货款的情况下，应借记其他投资项下的贸易信贷，同时贷记货物出口。

3. 市场价格原则

市场价格原则是指按照交易时的市场价格记录。一项国际经济交易可能存在多个价格，在国际收支平衡表中，以成交时的市场价格作为交易计价的基础。对于进出口商品，除了商品本身的价格外，还应包括运输、装卸和保险的费用，采用离岸价格（FOB）记录。在没有市场价格的情况下，以同等条件下形成的市场价格为准。

4. 单一记账货币原则

所有记账单位要折合为同一种货币单位。国际收支平衡表中的各项交易所采用的货币或价值尺度各不相同，在记账时必须将这些价值量折算成同一记账单位。记账货币可以是本币也可以是外币。在将各种计价的币种转换为国际收支记账单位时，最合适的汇率就是交易日的市场汇率，而非记账时的汇率。如果市场汇率不存在，应使用最短时期内的平均汇率。

专栏 1—1：国际收支平衡表的记账实例

国际收支平衡表是按照会计的复式记账原理编制的，要遵守"有借必有贷，借贷必相等"原则，任何一笔交易都要同时作借方和贷方分录。为了正确掌握国际收支平衡表的记账原则，了解国际收支账户的记账方法，更好理解账户间的关系和区别，下面举几个涉及经常账户、资本和金融账户的国际经济交易，具体说明国际收支平衡表的编制方法。

[例 1—1] A 国企业出口价值 3 000 万美元的机器设备，付款方式是国外进口商从银行提出活期存款支付。

该笔交易包含两方面内容：一是 A 国企业出口，出口实际资源导致 A 国资产减少，应记录在平衡表贷方的经常账户的货物出口账户中；二是 A 国资金来源增加，应记入平衡表借方的资本与金融账户中的其他投资账户中。记账方法如下：

借记（DR.）：资本与金融账户——金融账户——其他投资　　3 000 万美元

贷记（CR.）：经常账户——货物出口　　3 000 万美元

[例 1—2] A 国企业进口价值 6 000 万美元的商品，进口商以本国银行活期存款支付货款。

该笔交易同样包含两方面内容：一是 A 国企业进口，进口商品引起 A 国资产增加，应记录在平衡表借方的经常账户中的货物进口账户中；二是 A 国资金来源减少，应记入平衡表贷方的资本与金融账户中的其他投资账户中。记账方法如下：

借记（DR.）：经常账户——货物进口　　6 000 万美元

贷记（CR.）：资本与金融账户——金融账户——其他投资　　6 000 万美元

[例 1—3] 国外旅行者在 A 国旅游，支付了 30 万美元的费用。

该笔交易包含两方面内容：一是 A 国向外国居民提供了服务，为服务输出，应记录在贷方的经常账户的服务账户中；二是 A 国资金来源增加，应记入借方的资本与金融账户中的其他投资账户中。记账方法如下：

借记（DR.）：资本与金融账户——金融账户——其他投资　　30 万美元

　贷记（CR.）：经常账户——服务　　30 万美元

［例 1—4］某外国企业向 A 国投资价值 9 000 万美元的设备，成立合资企业。

该笔交易包含两方面内容：一是 A 国接收价值 9 000 万美元的设备，应记录在借方的经常账户的货物进口账户中；二是外国企业对 A 国进行直接投资，应记入贷方的资本与金融账户中的直接投资账户中。记账方法如下：

借记（DR.）：经常账户——货物进口　　9 000 万美元

　贷记（CR.）：资本与金融账户——金融账户——直接投资　　9 000 万美元

［例 1—5］A 国企业获得对外投资收益 500 万美元，其中，用 300 万美元进行了再投资，150 万美元汇回国内，50 万美元进口当地商品。

该笔交易分为进口商品、境外长期投资和储备资产三项。记账方法如下：

借记（DR.）：经常账户——货物进口　　50 万美元

资本与金融账户——金融账户——储备资产　　150 万美元

——金融账户——境外长期投资　　300 万美元

　贷记（CR.）：经常账户——初次收入——境外投资收入　　500 万美元

［例 1—6］A 国居民使用其在国外的存款购买了 80 万美元的某国国债。

记账方法如下：

借记（DR.）：资本与金融账户——金融账户——证券投资　　80 万美元

　贷记（CR.）：资本与金融账户——金融账户——其他投资　　80 万美元

［例 1—7］A 国政府用外汇储备 200 万美元向某国提供无偿援助。

记账方法如下：

借记（DR.）：经常账户——经常转移　　200 万美元

　贷记（CR.）：资本与金融账户——金融账户——储备资产　　200 万美元

根据以上经济交易为 A 国编制国际收支平衡表，如表 1—3 所示。

表 1—3　　国际收支平衡表　　单位：万美元

账户	借方	贷方	差额
一、经常账户	15 250	3 530	－11 720
1. 货物	6 000＋50＋9 000	3 000	－12 050
2. 服务		30	30
3. 初次收入		500	500
4. 二次收入	200		－200
二、资本与金融账户	3 560	15 280	11 720
1. 资本账户			
2. 金融账户	3 560	15 280	11 720
（1）直接投资	300	9 000	8 700
（2）证券投资	80		－80
（3）其他投资	3 000＋30	6 000＋80	3 050
（4）储备资产	150	200	50
三、误差与遗漏净额			

三、国际收支平衡表的结构

由于各国国情和特点不同，各国编制的国际收支平衡表也不尽相同，但其基本结构大致一样。基于国际货币基金组织出版的《国际收支和国际投资头寸手册（第六版）》的规范要求，国际收支平衡表一般包括经常账户、资本与金融账户以及误差与遗漏净额三部分。

（1）经常账户，包括货物、服务、初次收入和二次收入四个子账户。

（2）资本与金融账户，包括资本账户和金融账户两个子账户。资本账户又包括非生产、非金融资产的取得/处置、资本转移；金融账户又包括直接投资、证券投资、金融衍生产品（储备除外）和雇员认股权、其他投资以及储备资产。

（3）误差与遗漏净额是作为残差项推算的，于轧平账户时使用。

四、国际收支平衡表的内容

根据国际货币基金组织出版的《国际收支和国际投资头寸手册（第六版）》的规范要求，国际收支平衡表主要包括以下内容。

（一）经常账户

经常账户显示的是国际收支平衡表中最基本、最重要的账户类别，记录的是居民与非居民之间货物、服务、初次收入和二次收入的流量。包括货物、服务、初次收入和二次收入四个子账户。经常账户及其各个子账户通常都列出贷方总额和借方总额，以便计算差额。经常账户差额又称为经常账户收支，显示的是出口和应收收入之和与进口和应付收入之和之间的差额。经常账户盈余指的是其贷方总额大于借方总额，表示经常账户交易的收入大于支出；反之，为经常账户赤字。

1. 货物和服务账户

货物和服务账户的侧重点是居民与非居民之间货物和服务的交换环节。

（1）货物。通常称为贸易收支或有形收支，货物的进出口包括绝大多数可移动商品在国际经济交易中所有权的转移。主要包括一般商品、转手买卖货物、非货币黄金。

货物为有形的生产性项目，对其可建立所有者权益，并且其经济所有权可以通过交易由一个经济体转移至另一个经济体。它们可以用来满足居民或社会的需求，或者用来生产其他货物或服务。货物的生产可以与其随后的销售或转售分离开来。

（2）服务。又称为无形贸易，记录的是服务的输出和输入，是改变消费单位条件或促进产品或金融资产交换的生产活动成果。服务一般不是可以单独对其建立所有者权益的项目，通常无法与生产分离开来。主要包括加工服务、维修、运输、旅行、建设、保险服务、金融服务、计算机和信息服务、其他商业服务、知识产权、个人文化和娱乐服务、政府服务共 12 个方面。输出记入贷方，输入记入借方。

2. 初次收入账户

显示的是居民与非居民机构单位之间的初次收入流量。主要包括雇员报酬、投资收益和其他初次收入等。雇员报酬是与生产过程相关的收入，仅在居民个人由非居民聘用或者居民聘用非居民个人时才发生，如非居民工作人员以现金或类似现金的形式获得的工资、薪金福利等。投资收益是与金融资产和其他非生产资产所有权相关的收入，是提供金融资产所得的回报，包括直接投资收益、证券投资收益、其他投资收益、储备资产收益。其他初次收入包括租金、对产品和生产的税收和补贴。

3. 二次收入账户

二次收入账户记录不发生对等偿付的单方面支付，表示居民与非居民之间的经常转移。各种不同类型的经常转移记入本账户，表明其在经济体间收入分配过程中的作用。转移可以为现金或实物，但应为不计入资产所有权的转移（如固定资产所有权转移、债权人放弃债券且不要求任何补偿等）。主要包括个人转移、对所得和财富等征收的经常性税收、社保缴款、社会福利、非寿险和标准化担保净保费、非寿险索赔和标准化担保下的偿付要求、经常性国际合作、其他经常转移。

（二）资本与金融账户

资本与金融账户反映了金融资产在不同经济体之间的转移，也就是国际资本的流动。它包括资本账户和金融账户。输入本国记贷方，输出本国记借方。

1. 资本账户

资本账户记录的是居民与非居民之间的应收和应付资本转移，以及居民与非居民之间非生产、非金融资产的取得和处置。包括非生产、非金融资产的取得或处置和资本转移两部分。

（1）非生产、非金融资产的取得或处置。是指各种无形资产如专利权、经营权、特许权以及各种知识产权的交易。

（2）资本转移。包括：固定资产所有权的转移；与固定资产的处置或取得相关的，或以固定资产的取得或处置为条件的资金转移；债权人对债务进行豁免且不要求任何补偿。非人寿保险索赔通常划分为经常转移，但对于部分因灾难引起的异常大额索赔，可以记为资本转移，而非通常的经常转移。

2. 金融账户

金融账户记录的是居民与非居民之间涉及金融资产与负债的交易。主要包括直接投资、证券投资、金融衍生产品（储备除外）和雇员认股权、其他投资、储备资产。

（1）直接投资。是跨境投资的一种，其特征是投资者对非居民企业实施了管理上的控制或重要影响。直接投资可以采取在国外直接设立新企业的形式，也可以采用购买非居民企业一定比例股权的形式，或采取将投资收益进行再投资的形式。外部资金流入记为贷方，内部资金流出记为借方。

（2）证券投资。是指投资者购买非居民政府的长期债券、非居民公司的股票和债券等。持有的国外证券资产增加记为贷方，持有的国外证券资产减少记为借方。

（3）金融衍生产品（储备除外）和雇员认股权。指的是居民与非居民之间开展的金融衍生产品及雇员认股权交易。金融衍生产品是一种金融工具，该金融工具可与另一个特定的金融工具、指标或商品相联系，也可以独立在金融市场上针对特定金融风险（例如利率风险、外汇风险、股权和商品价格风险、信用风险等）进行交易。

（4）其他投资。该项为剩余类别，包括没有列入直接投资、证券投资、金融衍生产品和雇员认股权以及储备资产的头寸和交易。如其他股权、货币和存款、贷款（包括基金组织信贷的使用，以及来自基金组织的贷款）、非人寿保险技术准备金、人寿保险和年金权益、养老金权益、启动标准化担保的准备金、贸易信贷和预付款、其他应收/应付款、特别提款权分配（特别提款权持有列入储备资产）。

（5）储备资产。又称为官方储备或国际储备，是由货币当局控制，并随时可供货币当局用来满足国际收支资金需求，用以干预外汇市场，以及用于其他相关目的（例如，维护人们对货币和经济的信心，作为向外国借款的基础）的对外资产。储备资产必须是外币资产和实际存在的资产，不包括潜在的资产。由货币当局"控制"和"可供使用"是储备资产的基本特征。储备资产包括货币黄金、特别提款权持有、在基金组织的储备头寸、货币和存款、证券（包括债务和股本证券）、金融衍生产品和其他债权（贷款和其他金融工具）。

（三）误差与遗漏净额

在编制国际收支平衡表时，由于资料不完整、数据来源不一、统计时间和计价标准不一致以及货币换算等因素，因此会造成误差和遗漏。误差与遗漏净额是为了使国际收支平衡表保持平衡而设置的平衡账户。根据复式记账原理，国际收支平衡表中的借贷双方应相互平衡，两者之差应该等于零。当贷方总计大于借方总计时，差额数列在"误差与遗漏净额"的借方，当借方总计大于贷方总计时，差额数则列在"误差与遗漏净额"的贷方。表1—4是我国2015年编制的国际收支平衡表。

表 1—4　　中国国际收支平衡表（2012—2014 年度表）　　单位：亿元人民币

账户	2012	2013	2014
1. 经常账户	13 602	9 190	13 510
1.A　货物和服务	14 636	14 552	17 463
1.A.a　货物	19 670	22 205	26 739
1.A.b　服务	−5 034	−7 653	−9 276
1.B　初次收入	−1 251	−4 822	−2 095*
1.B.1　雇员报酬	964	996	1 582
1.B.2　投资收益	−2 215	−5 818	−3 678
1.B.3　其他初次收入	0	0	0
1.C　二次收入	217	−540	−1 858
2. 资本与金融账户	−8 107*	−5 331*	−4 885
2.1　资本账户	270	190	−2
2.2　金融账户	−8 376	−5 522	−4 883
2.2.1　非储备性质的金融账户	−2 289*	21 227*	2 326
2.2.1.1　直接投资	11 121	13 473	12 813*
2.2.1.1.1　直接投资资产	−4 100	−4 522	−4 942
2.2.1.1.2　直接投资负债	15 221	17 996	17 754
2.2.1.2　证券投资	3 013	3 267*	5 062
2.2.1.2.1　资产	−406	−335	−665

续前表

账户	2012	2013	2014
2.2.1.2.2 负债	3 419	3 603	5 727
2.2.1.3 金融衍生工具	0	0	0
2.2.1.3.1 资产	0	0	0
2.2.1.3.2 负债	−3	−3	−3
2.2.1.4 其他投资	−16 424	4 486	−15 549
2.2.1.4.1 资产	−14 617	−8 771	−18 623
2.2.1.4.2 负债	−1 807	13 257	3 074
2.2.2 储备资产	−6 087	−26 749	−7 209
3. 净误差与遗漏	−5 495	−3 859	−8 624*

数据来源：国家外汇管理局。

注：标注“*”的受尾数四舍五入影响。

第二节 国际收支平衡表的分析

一、分析国际收支平衡表的意义

国际收支平衡表可综合反映一国的国际收支平衡状况、收支结构及储备资产的增减变动情况，为分析经济体的国际经济，如国际经济表现、汇率政策和储备管理等，提供了一个综合框架。分析国际收支平衡表的积极作用主要体现在编制国和非编制国两方面。

（一）对编制国的积极意义

（1）可以通过对国际收支平衡表的分析，使管理当局充分了解本国的外汇资金来源和运用方面的问题，以及储备资产的增减情况，管理当局可以更好地据以编制切实可行的外汇预算计划等。

（2）可以通过对国际收支平衡表的分析，使管理当局全面了解本国的国际经济地位，从而制定出与本国国力相称的对外经济政策，如国际贸易、国际投资、经济援助、国际借贷等对外经济政策。

（3）可以通过对国际收支平衡表的分析，使管理当局正确、及时地掌握本国的国际收支综合情况，找出产生国际收支顺差或逆差的原因，采取合理的调节对策，使得本国国际收支恢复平衡。

（二）对非编制国的积极意义

（1）通过对编制国国际收支平衡表的分析，可以掌握该制表国家的国际收支顺差、逆差、储备资产增减情况，有助于了解该国国际收支、汇率变化和对外经济政策动向。

（2）通过对主要编制国国际收支平衡表的分析，有助于了解各国经济实力以及世界各国对外贸易发展情况，更好地预测世界贸易的发展趋势。

（3）通过对大多数编制国国际收支平衡表的分析，可以更好地了解世界各国的国际经济发展情况，掌握世界经济的发展趋势，为本国制定合理的经济政策提供科学的依据。

二、国际收支平衡表分析方法

分析国际收支平衡表可以采用静态分析法、动态分析法和比较分析法。只有将这三种分析方法结合起来，才能对一国国际收支情况进行全面、正确、深入地分析。

（一）静态分析法

静态分析法是指对一个国家某一时期国际收支平衡表进行账面上的分析。主要是计算和分析平衡表中各个账户数据及其差额，分析各个账户差额形成的原因与对国际收支的影响。

国际收支平衡表是由经常账户、资本与金融账户和错误与遗漏净额账户构成的，每一账户下又分为若干子账户，其中的某些账户可能会出现盈余或赤字，需要由其他账户的赤字或盈余来抵消，这就形成了不同的账户差额。账户差额主要包括贸易收支差额、经常账户差额、资本与金融账户差额以及综合账户差额。

1. 贸易收支差额

贸易收支差额指的是一国商品和货物进出口收支差额。尽管贸易收支仅是国际收支的一部分，但由于某些国家的贸易收支在全部国际收支中所占的比重比较大，也经常用贸易收支替代国际收支。而且，由于商品和货物的进出口情况也综合反映了一国的产业结构和经济效益的状况，反映了该国产品的国际竞争力，因此那些资本与金融账户所占比重较大的发达国家也仍然非常重视贸易收支差额。

货物出口等于进口，称为贸易收支平衡；如果出口小于进口，则称为贸易收支逆差；如果出口大于进口，则称为贸易收支顺差。一国贸易收支出现顺差或逆差，受多个方面的因素影响，主要有：本国产品的国际竞争力；经济周期的更替、财政与货币政策变化引起的总供给与总需求的变化；气候与自然条件的变化；本国货币的汇率水平；国际市场的供求关系等。结合这些方面进行综合分析，有助于找出贸易收支差额形成的原因。

2. 经常账户差额

经常账户包括货物和服务、初次收入和二次收入，前两项构成经常账户收支的主体。经常账户是国际收支中最基本、最重要的账户类别，被世界各国广为使用，并被当作制定国际收支政策和产业政策的重要依据。国际经济协调组织也经常采用这一指标对会员国经济进行衡量，例如国际货币基金组织就特别重视会员国经常账户的收支状况。在开放宏观经济中，经常账户差额能反映出一国内外经济的紧密联系以及债务人或债权人的地位，所以经常账户差额被国际银行家视为信用评级的重要变量之一。

如果经常账户贷方总额等于借方总额，表示经常账户平衡；如果经常账户贷方总额大于借方总额，表示经常账户顺差；如果经常账户贷方总额小于借方总额，表示经常账户逆差。经常账户差额是国际收支分析中最重要的收支差额之一。如果出现经常账户顺差，则意味着由于有货物、服务、初次收入和二次收入的贷方净额，该国的国外资产净额增加，也意味着该国对外净投资增加。反之，则意味着由于有货物、服务、初次收入和二次收入的借方净额，该国的国外资产净额减少，也意味着该国对外净投资减少。

3. 资本与金融账户差额

资本与金融账户差额由资本账户差额和金融账户差额构成，反映了该账户下直接投资、证券投资、金融衍生产品和雇员认股权、其他投资交易以及储备资产交易的差额，它记录了世界其他国家对本国的投资净额或贷款/借款净额。分析资本与金融账户的作用在于：

（1）资本与金融账户和经常账户之间具有融资关系，资本与金融账户的流量总额可以反映出一国经常账户的状况。按照国际收支平衡表的复式记账原理，在国际收支中，一笔贸易收支通常会对应一笔金融账户收支，可以说，经常账户中实际资源的流动和资本与金融账户中资产所有权的流动是一个活动的两个方面。因此，当不考虑误差与遗漏因素时，经常账户差额必然引起数量相同、方向相反的资本与金融账户差额。

在不考虑误差与遗漏净额的情况下，当经常账户出现顺差时，资本与金融账户为等额逆差，导致资本流出，该国外国净资产增加；当经常账户出现逆差时，资本与金融账户为等额顺差，导致资本流入，对外资产减少或负债增加。所以，可以把资本与金融账户称为经常账户融资机制。这一融资机制的存在，使得经常账户的逆差可以在一定时期内存在。例如，本国政府减少储备资产为经常账户逆差融资，或者通过外国资本以直接投资、证券投资或其他投资的形式流入为经常账户逆差融资。但是，这种融资关系受诸多因素限制，例如，当一国很难吸引国外资本流入时，只能用官方储备进行融资，但一国官方储备是有限的。另外，当一国提供融资的主要是国外资本时，就会出现这种融资方式的稳定性和偿还性问题，可能导致资金链断裂和债务危机。

（2）通过资本与金融账户规模可以看出一个国家资本市场和金融市场的发达程度。一般而言，资本市场越开放，金融市场越发达，资本与金融账户的流量总额就越大。

随着国际金融一体化发展，资本与金融账户和经常账户的融资关系正在弱化，资本与金融账户不再被动地由经常账户决定，资本流动存在自身独立的运动规律，资本流动越来越多地受到国内外的投资收益率、利率、汇率、通胀率、税率、税收政策和风险因素等方面的影响，其流量也大大超过了国际贸易的流量，从根本上摆脱了与贸易收支的融资关系。

4. *综合账户差额*

综合账户差额是指经常账户加上资本与金融账户中的资本转移、直接投资、证券投资、其他投资后的余额，也就是将国际收支账户中官方储备剔除后的余额。所以，分析综合账户差额，可以综合反映自主性国际收支的状况，全面衡量和分析国际收支状况。当一国实行的是非自由浮动汇率制时，通过综合账户差额的分析，可以衡量国际收支对一国官方储备造成的压力，对维持汇率稳定有重要意义。国际收支的各种行为会直接导致外汇市场上本币与外币的供求变动，影响汇率的稳定性。为了保持外汇市场汇率的稳定，政府可能需要动用官方储备干预外汇市场以实现供求平衡。所以，分析综合账户差额在政府有义务维护汇率稳定时是非常重要的。

（二）动态分析法

动态分析法是对一个国家若干连续时期的国际收支平衡表进行分析，是一种纵向分析方法。

国际收支平衡表虽只反映某一特定时期的情况，但它是与前后发展过程紧密联系的，不是孤立存在的。它既是前一时期演变的结果，又是后一时期状况的原因。因此，要研究一国国际经济和国际金融状况，必须结合动态分析法，连续分析不同时期的国际收支平衡表，掌握其长期变化情况。只有这样，才能得出比较正确的结论。

采用动态分析法，要对国际收支变动的实际过程进行分析，包括分析有关账户在一定时期中的变动，这些账户在变动过程中的相互影响和彼此制约的关系，以及在每一个时点上变动的速率等。它的特点是考虑时间因素的影响，并且把经济现象的变化当作一个连续的过程来看待。

（三）比较分析法

比较分析法也称对比分析法，是将本国和其他国家的国际收支平衡表进行对比的分析方法。通过比较分析，可以发现本国与其他国家的差距以及在国际经济领域的互补性，进而为弥补差距和开展国际经济合作提供依据。由于各国的国际收支平衡表在账户分类与差额统计上可能存在差异，故国际收支平衡表的比较分析常采用联合国或国际货币基金组织公布的主要指标。通过比较分析不同国家的国际收支，有助于了解各国在国际经济中的地位，把握国际金融的格局和走势。

三、国际投资头寸表

（一）国际投资头寸表的概念

国际投资头寸表是国际收支核算中的另一个重要统计表。与国际收支平衡表不同，它是有关某个时点的统计报表，该报表反映的是一经济体居民对非居民的债权和作为储备资产持有的黄金等金融资产，以及一经济体居民对于非居民的负债。一经济体对外金融资产与负债之间的差额为该经济体的净国际投资头寸，可以为正值，也可以为负值。

国际投资头寸表与国际收支平衡表一起构成了一经济体完整的国际账户体系。前者反映的是特定时期内一经济体与世界其他经济体发生的一切经济交易，后者反映的是特定时点上一经济体相对于世界其他经济体的金融资产和负债存量状况。国际投资头寸表在记账单位、计价和折算等核算原则上均与国际收支平衡表一致。

（二）我国国际投资头寸表的内容

根据国际货币基金组织的标准，国际投资头寸表的账户按资产和负债设置。资产细分为直接投资、证券投资、其他投资、金融衍生工具和储备资产五部分；负债细分为直接投资、证券投资、其他投资、金融衍生工具四部分。净头寸是指对外资产减去对外负债的差额。国际投资头寸表的格式如表1—5所示。

表1—5　　国际投资头寸表

国际投资头寸	期初	交易 （金融账户）	其他数量 变化	重新定值	期末
资产（按职能类别）					
直接投资					
证券投资					
其他投资					
金融衍生工具					
储备资产					
资产总额					

续前表

国际投资头寸	期初	交易（金融账户）	其他数量变化	重新定值	期末
负债（按职能类别）					
直接投资					
证券投资					
其他投资					
金融衍生工具					
负债总额					
国际投资头寸净额					

国际投资头寸表中各项目的含义如下。

1. 直接投资

直接投资是指以投资者寻求在本国以外运营企业获取有效发言权为目的的投资，包括直接投资资产和直接投资负债两部分。相关投资工具可划分为股权和关联企业债务。股权包括股权和投资基金份额，以及再投资收益。关联企业债务包括关联企业间可流通和不可流通的债权和债务。直接投资资产包括本国境内非金融部门对外直接投资存量、境内银行在境外设立分支机构所拨付的资本金、营运资金存量、境内外母子公司间的贷款和其他应收及应付款的存量等。直接投资负债包括本国非金融部门吸收国际直接投资存量、金融部门吸收境外直接投资存量（包括外资金融部门设立分支机构、本国金融部门吸收外资入股和合资金融部门中外方投资存量），以及境内外母子公司间的贷款和其他应收及应付款的存量等。

2. 证券投资

证券投资包括证券投资资产和证券投资负债，相关投资工具可划分为股权和债券。

(1) 股权。包括股权和投资基金份额。记录在证券投资项下的股权和投资基金份额均应可流通（可交易）。股权通常以股份、股票、参股、存托凭证或类似单据作为凭证；投资基金份额是指投资者持有的共同基金等集合投资产品的份额。

(2) 债券。是指可流通的债务工具，是证明其持有人（债权人）有权在未来某个（些）时点向其发行人（债务人）收回本金或收取利息的凭证。包括可转让存单、商业票据、公司债券、有资产担保的证券、货币市场工具以及通常在金融市场上交易的类似工具。

3. 其他投资

其他投资是指除直接投资、证券投资、金融衍生工具和储备资产之外的所有金融资产或负债，包括其他投资资产和其他投资负债。相关投资工具可划分为其他股权、货币和存款、贷款、保险准备金、贸易信贷、其他应收或应付款、特别提款权等形式。

(1) 其他股权。是指不以证券投资形式（上市和非上市股份）存在的、未包括在直接投资项下的股权。通常包括：在准公司或非公司制企业中的、表决权小于10%的股权（如分支机构、信托、有限责任和其他合伙企业，以及房地产和其他自然资源中的所有权名义单位），在国际组织中认缴的股本金等。

(2) 货币和存款。货币包括由中央银行或政府发行或授权的，有固定面值的纸币或硬币。存款是指对中央银行、中央银行以外的存款性公司以及某些情况下其他机构单位的、由存单表示的所有债权。

（3）贷款。是指通过债权人直接借给债务人资金而形成的金融资产，其合约不可转让。贷款包括普通贷款、贸易融资、透支、金融租赁、证券回购和黄金掉期等。

（4）保险准备金。全称为保险、养老金和标准化担保计划，主要包括非人寿保险技术准备金、人寿保险和年金权益、养老金权益以及启动标准化担保的准备金。

（5）贸易信贷。又称贸易信贷和预付款，是因款项支付与货物所有权转移或服务提供非同步进行而与直接对手方形成的金融债权债务。如相关债权债务不是发生在货物或服务的直接交易双方，即不是基于商业信用，而是通过第三方或银行信用形式发生的，则不纳入本项统计，应纳入贷款或其他账户统计。

（6）其他应收/应付款。是指除其他股权、货币和存款、贷款、保险准备金、贸易信贷、特别提款权以外的其他应收、应付款等。

（7）特别提款权。是指作为基金组织会员国分配的特别提款权，是会员国的负债。

4. 金融衍生工具

全称为金融衍生工具和雇员认股权，包括金融衍生工具资产和金融衍生工具负债。金融衍生工具是一种金融工具，该金融工具与另一特定的金融工具、指标或商品相联系，可以独立在金融市场上针对特定金融风险（如利率风险、外汇风险、股权和商品价格风险、信用风险等）进行交易。雇员认股权是指向公司雇员提供的一种购买公司股权的期权，通常作为公司对其雇员的一种报酬。

5. 储备资产

储备资产是指我国中央银行可随时动用和有效控制的对外资产，包括货币黄金、特别提款权、在基金组织的储备头寸和外汇。

（1）货币黄金。指我国中央银行作为储备持有的黄金。

（2）特别提款权。指国际货币基金组织根据会员国认缴的份额分配的，可用于偿还国际货币基金组织债务、弥补会员国政府之间国际收支逆差的一种账面资产。

（3）在基金组织的储备头寸。指我国在国际货币基金组织普通账户中可自由动用的资产。

（4）外汇。指我国中央银行持有的可用作国际清偿的流动性资产和债权。

我国 2012—2014 年的国际投资头寸表如表 1—6 所示。

表 1—6　　中国国际投资头寸表（2012—2014 年度）　　单位：亿美元

项目	2012 年末	2013 年末	2014 年末
净头寸	186 65	19 960	17 764
资产	52 132*	59 861	64 087
1. 直接投资	5 319	6 605	7 443
1.1 股权	—	—	—
1.2 关联企业债务	—	—	—
2. 证券投资	2 406	2 585	2 625
2.1 股权	1 298	1 530	1 613
2.2 债券	1 108	1 055	1 012
3. 金融衍生工具	—	—	—

续前表

项目	2012 年末	2013 年末	2014 年末
4. 其他投资	10 527*	11 867*	15 026
4.1 其他股权	—	—	—
4.2 货币和存款	3 906	3 751	5 541
4.3 贷款	2 778	3 089	3 747
4.4 保险和养老金	—	—	—
4.5 贸易信贷	3 387	3 990	4 677
4.6 其他应收款	457	1 038	1 061
5. 储备资产	33 879	38 804	38 993
5.1 货币黄金	567	408	401
5.2 特别提款权	114	112	105
5.3 在国际货币基金组织的储备头寸	82	71	57
5.4 外汇储备	33 116	38 213	38 430
负债	33 467	39 901	46 323*
1. 直接投资	20 680	23 312	26 779
1.1 股权	—	—	—
1.2 关联企业债务	—	—	—
2. 证券投资	3 361	3 865*	5 143*
2.1 股权	2 619	2 977	3 693
2.2 债券	742	889	1 449
3. 金融衍生工具	—	—	—
4. 其他投资	9 426*	12 724*	14 402
4.1 其他股权	—	—	—
4.2 货币和存款	2 446	3 466	5 030
4.3 贷款	3 680	5 642	5 720
4.4 保险和养老金	—	—	—
4.5 贸易信贷	2 915	3 365	3 344
4.6 其他应付款	384	252	308
4.7 特别提款权	—	—	—

数据来源：国家外汇管理局。

注：从 2015 年一季度开始，我国国际投资头寸表按照国际货币基金组织出版的《国际收支和国际投资头寸手册（第六版）》中规定的标准进行编制和列示。标注“*”的受尾数四舍五入影响。

第三节　国际收支的调节

一、国际收支平衡表的平衡与失衡

由于采用复式记账法，国际收支平衡表上借贷双方总额总是相等的。所谓的国际收支不平衡、国际收支失衡、国际收支恶化等问题应从经济意义上理解。为了深入了解国际收支失衡，按照国际经济交易的动机和目的，将国际收支账户分成自主性交易账户和调节性交易账户。

（一）自主性交易账户

自主性交易账户又称事前交易项目，是指经济主体自主地为某种经济目的进行的交易。如金融机构、进出口商、国际投资者等出于自主的经济动机或自身特别的目的，为追求利润、减少风险、资产保值、逃税避税、逃避管制或投机等而进行的交易活动。交易活动体现的是各经济主体的意志，具有自发性和分散性的特点，不代表国家或政府，也不以国家或政府的意志为转移。从动机上看，这些交易完全没有考虑到一国国际收支是否会因此发生失衡。国际收支平衡表中的经常账户、资本与金融账户中除储备资产外的其他账户所代表的交易活动都属于自主性交易项目。

（二）调节性交易账户

调节性交易账户又称事后项目、补偿项目。调节性交易是指中央银行或货币当局出于维持国际收支平衡、调整国际收支差额、维持汇率稳定的目的而进行的各种交易。通常，它是在自发交易账户出现差额时，由政府出面，动用本国的黄金、外汇等官方储备，或通过中央银行、国际金融机构借入资金，弥补自发性交易带来的收支差额。这种交易活动具有事后性、补偿性和被动性的特点，体现了国家或政府的意志。错误与遗漏也是调整账户，它可以使国际收支平衡表最终在账面上达到平衡。

综上所述，国际收支的平衡与国际收支平衡表的平衡是两个不同的概念。国际收支平衡表的账面平衡是通过调整账户来实现的，并不意味着该国国际收支平衡，真正能够反映国际收支状况的是自主性交易账户，通常意义上的国际收支状况实际上是指自主性交易账户收支的平衡或失衡。

所以，国际收支失衡是指国际收支的自主性交易的失衡，即自主性交易支出不等于自主性交易收入。当自主性交易收入大于自主性交易支出时，称为国际收支顺差；当自主性交易收入小于自主性交易支出时，称为国际收支逆差。

二、国际收支失衡的原因

一国国际收支反映着该国与其他各国之间全部的经济交易，一国国际收支失衡的原因多种多样，一般来说，可概括为以下几种原因。

（一）周期性失衡

国际收支周期性失衡是指一国经济周期波动所引起该国国民收入、价格水平、生产和就业发生变化而导致的国际收支失衡。经济周期包括繁荣、衰退、萧条和复苏四个阶段。发达国家经济周期不同阶段对国际收支会产生不同的影响。

从经常项目来看，在经济繁荣阶段，国内消费需求增长，本国对外国产品的需求旺盛，使得出口减少、进口增加，国际收支可能出现逆差；在经济萧条时期，国内消费需求减弱，对进口需求下降，产品出口增加，这些因素一般会导致国际收支出现顺差。

从资本与金融项目来看，在经济繁荣时期，投资前景看好，国际投资增加，资本流入增加；在经济萧条时期，投资前景黯淡，资本投资减少，资本流出增加。

经济周期的变化不仅影响本国国际收支状况，还会影响他国的国际收支。发达国家经济周期的变化会对发展中国家的国际收支产生影响。例如，发达国家处于经济衰退时期，对发展中国家产品的需求减弱，使得发展中国家出口下降，过度依赖出口的发展中国家的国际收支就会出现逆差。

发展中国家对发达国家经济周期变化具有较高的敏感度。由于当今经济全球化进程的加速，只要一国的国际收支受到影响，就会波及一系列国家。例如，美国金融危机时期，由于经济萧条导致进口订单大幅缩减，从而使得我国的一些出口企业的出口收入剧减。

（二）收入性失衡

国际收支收入性失衡是指国民收入变化使进出口贸易发生变动，从而造成国际收支失衡。

引起国民收入发生变化的原因很多，可能是经济周期，也可能是经济增长速度，还可能是国家的经济政策、国民收入的变化对国际收支的影响，主要是通过对外需求的增减来实现的。

通常，当一国国民收入相对快速增长时，会导致进口需求的大幅增长，进而出现国际收支顺差减小或逆差增大；反之，当一国国民收入相对减少时，会导致出口增加、进口减少，于是国际收支出现了逆差减小或顺差加大。

（三）货币性失衡

国际收支货币性失衡是指由于一国的价格水平、成本、汇率、利率等货币性因素的变化引起的国际收支失衡。

在一定的汇率条件下，当一国货币供应量增长较快，出现通货膨胀时，国内货币成本上升，出口商品价格相对上升而进口商品价格相对下降，导致出口减少、进口增加，引起国际收支失衡，顺差减小或逆差增加；反之，当一国货币供应量减少，出现通货紧缩时，国内货币成本下降，出口商品价格相对下降而进口商品价格相对上升，导致出口增加、进口减少，引起国际收支失衡，顺差增加或逆差减小。

（四）结构性失衡

国际收支结构性失衡是指国内经济、产业结构不能适应世界市场的变化而发生的国际收支失衡。结构性失衡有两方面原因：一方面是产业结构调整滞后；另一方面是本身产业结构单一、落后，产品类型没有竞争力。国家分工结构发生变化，而本国产业结构不能及时调整以适应国际市场产业结构发展变化，就会引起国际收支失衡。

一国产业结构与国际分工结构失调，会引起该国国际收支的失衡。另外，一国的产业结构比较单一，或者其产品出口的需求弹性低，或者出口的需求弹性高但进口的需求弹性低，都会引起国际收支失衡。如发展中国家初期，劳动密集型产品由于生产力成本低的优势，大量出口引起国际收支顺差。但随着工资水平大幅提高，生产成本提高，产品国际竞争力下降，出口受到抑制，国际收支顺差减小或出现逆差。

一国产业结构的变化会引起国际收支失衡，同样，一国产业结构的改善、技术革新、成本下降、质量提高、品种增加也会促进国际收支的改善。但是，结构性失衡与临时性失衡不一样，具有长期的性质，扭转起来相对困难。

（五）偶发性失衡

偶发性失衡是由偶然原因造成的国际收支不平衡，如自然灾害、战争等。季节性失衡则是由于进出口结构随着季节的不同而不同造成的国际收支不平衡，例如，某国以生产农产品为主，当出现农产品淡季时，国际收支就可能出现不平衡。

此外，外汇投机和国际资本流动也会造成一国国际收支失衡。在浮动汇率制下，资本为了规避汇率变动的风险而频繁移动常常会造成一国国际收支的不稳定。

三、国际收支失衡的经济影响

国际收支失衡有逆差和顺差两种状态，它对经济的影响也要从这两个方面来分析。

（一）国际收支逆差的影响

（1）持续的国际收支逆差使积累的对外负债增加，可能超出本国偿债能力，进而引起偿还外债困难。如果严重到陷入债务困境不能自拔，最终将陷入债务危机。20 世纪 80 年代初期发展中国家爆发的国际债务危机在很大程度上就是因为债务国出现长期国际收支逆差，不具备足够的偿债能力所致。

（2）持续的国际收支逆差使得外汇储备减少，造成外汇汇率上升，本币汇率下跌。一旦本币汇率过度下跌，货币信用的下降会削弱本币在国际上的地位和信誉，进而导致国际资本大量外逃，引发货币危机。

（3）持续的国际收支逆差使得获取外汇的能力减弱，影响所需的生产资料的进口，使国民经济增长受到抑制，进而影响一国的国内财政以及充分就业。

（4）调整国际收支逆差的政策会引起经济衰退。当一国国际收支出现逆差时，可行的调节措施是实行紧缩的财政、货币政策，但这往往会引起国内经济大衰退。

（二）国际收支顺差的影响

国际收支顺差在一定程度上可克服逆差带来的负效应，但持续巨额的国际收支顺差同样会给一国经济带来消极影响。

（1）持续性国际收支顺差在国际金融市场上会使得对本国货币需求量的增加，本国货币升值，不利于本国商品的出口，对本国经济的增长产生不良影响。

（2）持续性国际收支顺差会使国内总供给与总需求平衡遭到破坏，通货膨胀压力加大。国际收支出现顺差，也就意味着大量商品被用于出口，可能导致国内市场商品供应短缺，带来通货膨胀压力。另外，出口商将获得的大量外汇兑换成本币又增加了本币供应量，也会带来通货膨胀压力。而且，如果资本账户出现顺差，流入大量的资本，该国政府就必须投放相应的本币来购买这些外汇，从而会增加本币货币供应量，带来通货膨胀压力。

（3）持续性国际收支顺差容易引起国际经济摩擦，不利于国际经济关系的发展。因为一国国际收支出现顺差也就意味着其他国家国际收支出现逆差，从而影响这些国家的经济发展，顺差国若不采取必要的措施缩减过大的顺差，必然导致国际经济摩擦。

综上所述，持续的国际收支不平衡，无论是顺差还是逆差，都会给该国经济带来危害，一国政府应采取适当的调节措施，尽量维持国际收支平衡，使得经济处于平衡、协调、均衡的发展状态，保持经济平稳较快增长。

四、国际收支调节方法

持续的、巨额的国际收支失衡，无论是顺差还是逆差，都可能给经济发展造成不利影响，必须进行必要的调节。国际收支失衡的调节包括两个方面，即市场机制对国际收支失衡的自动调节和政府可能采取的政策引导措施。

(一) 国际收支失衡的自动调节机制

在市场经济条件下，国际收支失衡的自动调节是依靠市场机制来实现的，即在政府没有干预的情况下，由市场经济中的其他变量与国际收支相互作用和相互影响来实现国际收支调节。

1. 金本位制下的国际收支自动调节机制

在金本位制下，一个国家的国际收支可通过价格水平的变化而自动地得到调整。这一自动调节规律称为“价格—铸币流动机制”，又称“休谟机制”，它是由英国经济学家休谟·大卫（Hume David）在1752年提出的。“价格—铸币流动机制”认为：在金本位制下，如果一国的国际收支出现逆差，意味着该国黄金的净输出。由于黄金外流，导致国内黄金存量减少，本国货币发行量、存款和银行信用紧缩，货币供应量减少，于是物价下跌。而物价下跌使得出口商品成本降低，出口竞争力增强。接着，出口增加，进口减少，直至国际收支改善。反之，一国国际收支出现顺差，则黄金内流，本国货币供应量增加，物价上涨，出口商品竞争力下降，出口减少，进口增加，顺差逐渐消失。

2. 纸币本位的固定汇率制度下的国际收支自动调节机制

固定汇率制度是指在纸币本位下货币当局通过货币供应量变动干预外汇市场以维持汇率不变。在这种制度下，如果国际收支出现不平衡，就会造成外汇供求变化，加大外汇汇率变化压力，为了维持固定汇率不变，中央银行就会干预外汇市场，这种外汇干预会自动调节国际收支。

当国际收支出现逆差时，外汇市场上外汇需求上升，本币贬值压力加大。为了维持固定汇率稳定，中央银行在外汇市场上抛售外汇以维持汇率稳定，造成本国货币供应量减少。货币供应量减少又会通过以下过程自动调节国际收支：

(1) 货币供应量减少会带来银根紧缩，利率随着市场供求关系的变化而上升。利率上升会导致本国资本不再外流；同时外国资本也纷纷流入本国以谋求高收益，资本账户的逆差得以向顺差方向转化。这是国际收支的利率效应。

(2) 货币供应量减少，国民收入水平下降，引起国内总需求和进口需求下降，进而改善国际收支的经常账户收支。这是国际收支的收入效应。

(3) 货币供应量减少，引起国内总需求下降，物价总水平下降，商品价格下降，增加了出口需求，同时改善了经常账户收支。这是国际收支的相对价格效应。

反之，当国际收支出现顺差时，中央银行会在外汇市场上购入外汇，从而导致本国货币供应量增加，利率降低，物价上涨，会增加进口需求，减少出口供应，国际收支失衡得以自动调节。

如前所述，固定汇率制度下的国际收支自动调节机制，虽然通过中央银行对外汇市场的干预使得国际收支得以自动调节，但是内部经济变量也发生了变化。也就是说，外部均衡得以实现的同时也牺牲了内部均衡。

3. 纸币本位的浮动汇率制度下的国际收支自动调节机制

在浮动汇率制度下，汇率由外汇市场供求决定，货币当局对外汇市场不加干预。如果国际收支出现逆差，外汇需求大于供给，外汇汇率上升，本币贬值，引起本国商品相对价格下降，外国商品相对价格上升。在满足马歇尔—勒纳条件（进出口商品价格需求弹性之和大于1）的情况下，本国货币贬值会有利于本国商品出口、抑制进口，随着出口增加、进口减少，国际收支逆差减少或消除。反之，如果国际收支出现顺差，本币需求大于供给，本币升值，本国货币升值会有利于本国商品进口、抑制出口，随着出口减少、进口增加，国际收支顺差减少或消除。

（二）国际收支的政策调节

国际收支自动调节机制会促进国际收支恢复平衡，但作用程度和效果有限，自动调节过程可能需要较长的时间。所以，当国际收支出现不平衡时，不能单纯地依靠自动调节机制来自动调节国际收支，而需要利用各种政策措施来调节国际收支的失衡，这些政策和措施不仅会改变国际收支，而且会给国民经济带来其他影响。因此，政府在对国际收支失衡进行调节时，应当根据不同的情况采取不同的对策。可供选择的调节政策主要有：外汇缓冲政策、需求管理政策、国际经济合作政策。

1. 外汇缓冲政策

外汇缓冲政策是指政府通过外汇储备的变动或短期的对外借款来干预外汇市场，调节国际收支失衡。中央银行通过在外汇市场上买卖外汇、改变外汇供求对国际收支进行调节，主要作用是抵消国际收支失衡带来的消极影响，只用于解决暂时性的国际收支失衡。

如果国际收支失衡不是暂时性的，运用外汇缓冲政策就可能带来严重的问题。中央银行在外汇市场上长期大量买卖外汇，将导致外汇储备过多或枯竭，进而引发新的矛盾和问题。对于逆差国来说，可能导致外汇储备被消耗完，外汇储备下降又会引起本国政府信用评级下降，官方对外借款将会难以为继。对于顺差国来说，外汇缓冲政策同样无法解决长期性的失衡问题。长期的国际收支顺差意味着外国对本国的货币需求增加，从而使得本国货币的价格升高，导致本国货币升值，同时大量的顺差也意味着大量外币的流入，导致外币供应增加，外币相对贬值。如果政府试图控制本币升值，本币升值预期就会刺激投机行为。而且，官方储备的过量增长会给经济运行带来不良的影响。

2. 需求管理政策

需求管理政策也称改变支出政策，即通过运用财政政策和货币政策改变国内总需求，来调节国际收支失衡的政策。需求管理政策主要有财政和货币政策、汇率政策和直接管制政策。

（1）财政和货币政策。

当国际收支失衡时，政府或货币当局可以运用宏观经济政策来对国际收支进行调节。

1）财政政策。在财政政策方面，可以通过增减财政开支和调整税率，影响社会总需求，来调节国际收支的顺差或逆差。

当国际收支出现逆差时，政府可以实施紧缩的财政政策，消减财政支出，或提高相关税率，抑制消费和投资，使国内总需求减少，物价下降，导致出口增加，进口减少，逐步消除国际收支逆差，使之恢复平衡。

当国际收支出现顺差时，政府可以采用扩张性的财政政策，增加财政支出，或降低税率、减少税收，鼓励消费和投资，使国内总需求增加，进而导致出口减少、进口增加，达到逐步缩小顺差、使国际收支趋于平衡的目的。

2）货币政策。在货币政策方面，可以采取调整再贴现率、存款准备金率以及公开市场操作等进行调节，这些是西方国家普遍、频繁采用的调节国际收支的政策措施。

再贴现率是中央银行实施货币政策的三大手段之一。作为一国基准利率，再贴现率制约和影响着市场利率水平。当一国发生国际收支逆差时，可以通过提高再贴现率来提高市场利率，吸引资本流入，改善资本与金融账户收支。另外，也可以抑制国内投资和消费，减少进口支出，改善贸易收支，促进国际收支逆差减少或消除。

存款准备金是银行为保证客户提取存款和资金清算需要而存在中央银行的现金准备，中央银行要求的存款准备金占其存款总额的比例就是法定存款准备金率。中央银行控制的商业银行准备金的多少和准备金率的高低影响着银行的信贷规模和货币供应量。当一国国际收支出现逆差时，可以提高法定存款准备金率，减少货币供应量，减少总需求以促使进口减少，改善国际收支逆差。

公开市场操作是中央银行吞吐基础货币，调节市场流动性的主要货币政策工具。当一国国际收支出现顺差时，中央银行可以在公开市场上买进有价证券，向市场投放流动性，银行信贷规模扩大，总需求增加，进口增加，使得贸易收支顺差减少；同时利率下降，引起资本外流，资本与金融账户顺差减少。

货币政策主要是利用利率机制，控制货币供应量，引起资本的流动，进而调节国际收支。但货币政策会对国内经济产生影响，所以常与其他政策搭配使用，以实现宏观经济的内外均衡。

（2）汇率政策。

汇率政策是货币当局运用汇率的变化来实现国际收支平衡的政策。在其他条件不变的情况下，国内产品与外国进口产品的市场价格会发生变动，由此会导致社会需求的转换。当一国处于国际收支逆差时，可以实行货币贬值，促进出口、抑制进口，改善该国的贸易收支。同样，当一国长期存在国际收支顺差时，政府可以实行货币升值，抑制出口、刺激进口，从而促使国际收支平衡。

汇率政策操作简便且见效快，所以一些国家的政府为了刺激本国产品的出口，增加就业机会，会故意将本国货币的价值贬到均衡汇率以下。但一国货币贬值要达到促进出口、抑制进口的目的，还需具备一定的条件，其中最重要的制约因素是进出口商品的价格需求弹性和竞争对手国家不采取报复措施。

（3）直接管制政策。

直接管制政策是政府直接干预对外经济活动以实现国际收支调节的政策措施。直接管制是政府调节国际收支的基本手段，包括贸易管制、外汇管制和财政管制。直接管制主要是对进出口贸易进行干预，其基本措施包括通过关税、各种非关税壁垒来限制进口，以及对本国的出口给予政策上的鼓励等。

1）贸易管制。是指政府直接鼓励或限制进出口商品数量的政策。政府可以通过加强贸易管制缓和国际收支逆差。常用的贸易管制手段有进口许可证制、进口配额制、进口技术标准等。

2）外汇管制。是指政府直接通过有关机构对外汇买卖和国际结算进行行政干预。外汇管制又分为外汇的数量管制和成本管制。数量管制是国家外汇管理机构对外汇买卖的数量直接进行限制和分配，通过控制外汇总量达到限制出口的目的；成本管制是国家外汇管理机构对外汇买卖实行复汇率制，利用外汇买卖成本的差异来调节进口商品结构。当一国的国际收支状况十分严重时，可能采取的外汇管制就是：限制资本输入；限制资本输出；限制私人持有外汇；限制私人购买外汇；实行复汇率制；禁止黄金输出；限制个人携带本币进出国境的数量等。

3）财政管制。是指一国政府通过调整税收和财政支出，来控制总需求和物价水平，从而调节国际收支的政策手段。财政管制机构包括财政部、海关、官方金融机构等。常用的财政管制手段包括进口关税政策、出口补贴政策、出口信贷政策。

直接管制见效快、成本低、易操作，但它也有诸多弊端：首先是采用直接管制容易遭受其他国家的报复，给国际贸易和国际金融带来消极影响。其次是采用直接管制可能会出现寻租行为，如配额分配中经常出现权力与金钱的交换。再次是采用直接管制在一定程度上限制了竞争，削弱了国内企业创新的动力。最后是采用直接管制可能扭曲市场价格信号，使市场机制作用不能充分发挥，导致该国资源配置不够合理，不能充分利用国际分工发挥自身优势。

3. 国际经济合作政策

各国的国际收支是联系在一起的，一国的逆差往往是另一国的顺差。国际收支不平衡的根本原因在于各国之间经济发展的不平衡以及各种制度安排的不合理。各国国际收支调节政策只能起到暂时缓和本国国际收支困境的作用，而不能从根本上解决国际收支不平衡的问题。调节政策都是以本国利益为出发点，调节措施可能对其他国家的经济产生不利的影响，并引发其他国家采取相应的调节措施，结果是出现国际经济摩擦、贸易战、汇率战等。

为了缓解各国国际收支之间的矛盾，需要加强国际合作，协调各国经济政策，消除自由贸易障碍，促使生产要素自由移动，更好地改善一国的国际收支。各国应加强对国际收支调节政策的国际协调，通过各种国际经济协定确定国际收支调节的一般原则。例如，关贸总协定规定了非歧视原则、关税保护和关税减让原则、取消数量限制原则、禁止倾销和限制出口补贴原则、磋商调解原则等。《国际货币基金协定》规定了多边结算原则、消除外汇管制和制止竞争性贬值原则等。

第四节　中国国际收支

一、我国国际收支平衡表的编制

1979 年以前，我国一直没有编制国际收支平衡表，只编制了外汇收支平衡表。1980 年，我国正式恢复了在 IMF 和世界银行的合法地位，由此开始建立国际收支统计体系。

到目前为止，我国国际收支统计工作大体经历了三个阶段。

（一）试编阶段

改革开放以来，我国对外交往日益增多，国际收支在国民经济中的作用越来越大，我国的国际收支对世界经济的影响也越来越显著。1980 年，由国家外汇管理局和中国银行在外汇收支统计制度的基础上，开始试编国际收支平衡表。

（二）建立统计制度

1981 年国际收支统计制度建立，1982 年开始正式编制国际收支平衡表并对外公布。采取的是以行业为特点的国际收支统计办法，根据《国际收支手册（第四版）》并结合我国实际情况进行分类、设置和编制。1984 年，对原有国际收支统计制度进行了修改和完善，制定了新的国际收支统计制度并一直沿用到 1995 年。

（三）建立申报制度

1995 年 9 月，中国人民银行颁布了《国际收支统计申报办法》，并从 1996 年开始实施。1997 年，开始采用《国际收支手册（第五版）》的原理和格式编制国际收支平衡表。2006 年 5 月，国家外汇管理局首次公布年度中国国际投资头寸表。2010 年开始编制季度国际投资头寸表，2011 年开始公布季度国际投资头寸表。

2009 年，IMF 推出最新的《国际收支和国际投资头寸手册（第六版）》。2015 年，国家外汇管理局开始按照《国际收支和国际投资头寸手册（第六版）》编制和发布国际收支平衡表。

二、《国际收支和国际投资头寸手册（第六版）》内容等方面的重要修订

《国际收支和国际投资头寸手册（第六版）》基本保留了第五版国际收支统计的基本原则、统计范围等方面的重要内容，在框架结构、统计分类、项目名词解释等多方面进行了改进和全面细化，内容更全面，解释表述更具体，同时加强了与联合国《国民账户体系（2008）》（SNA）、经合组织《外国直接投资基准定义（第四版）》（BD4）等相关国际统计标准之间的协调。以下是我国按照《国际收支和国际投资头寸手册（第六版）》编制国际收支平衡表在内容等方面的重要修订。

（1）储备资产并入金融账户下。在第五版中，储备资产作为一级账户与经常账户、资本与金融账户并列列示。从第六版开始，将按照国际标准将储备资产列于金融账户下。同时，为兼顾公众的阅读习惯，将在金融账户下设“非储备性质的金融账户”和“储备资产”两个大项，前者口径与目前公布表中的金融账户相同，之下再细分为直接投资、证券投资等。在新的表式下，如果不考虑误差与遗漏，当经常账户出现顺差时，资本与金融账户必然出现逆差，不会再出现“双顺差”。

（2）账户名称有所变化。一种是英文名称未变而中文翻译改变，如“经常项目”改为“经常账户”，“资本与金融项目”改为“资本与金融账户”，“旅游”改为“旅行”（包括商务旅行和私人旅行），建筑改为“建设”（主要考虑是“建筑”一词意义相对较窄，实际上该项服务不仅包括建筑物的建设，还包括道路、桥梁及水坝等的建设）等。

另一种是账户的英文名称变化，以便与国民账户体系等其他国际统计标准的相关概念

相协调，如经常账户下的“收益”改为“初次收入”，“经常转移”改为“二次收入”，“贸易信贷”改为“贸易信贷与预付款”等。

（3）调整了国际收支平衡表中金融账户的列示结构及编制方法，列示栏由原来的“贷方”和“借方”调整为“金融资产的净获得”和“金融负债的净产生”，以显示金融资产、金融负债的获得和处置的交易净额，这样可以更直观地比较国际投资头寸表中金融资产和金融负债存量的对应关系。另外，金融账户按差额列示而不分别列示借贷方。这主要是因为金融交易买卖往往非常频繁，规模非常大，分析资产和负债的净变化比分析总流量更有意义。并且，总流量通常很难统计，很多时候需根据存量变化推算流量。

（4）“金融衍生工具和雇员认股权”调整为金融账户的一级子账户，从原证券投资中单列出来，变为与证券投资并列的分类，增加了一个大类。

（5）调整货物和服务贸易下的部分子账户，如将加工贸易由货物贸易调整为服务贸易，转手买卖由服务贸易调整为货物贸易且只记录差额增值部分，货物修理由货物贸易调整为服务贸易。

（6）调整个别服务贸易子账户分类的归属，如将“研发服务”记入服务贸易中的其他商业账户，而不再记入资本项目账户。

（7）将“拖欠”和“移民转移”等原来在国际收支交易流量中统计的内容调整到国际投资头寸的存量统计范围。

（8）使用一列方式列示经济数据且借方记负值。目前，在公布国际收支平衡表时按贷方、借方、差额三列列示经济数据，未来将按照一列列示经济数据。这种列示方法有助于进行时间序列分析。在第六版中，按照国际标准，在平衡表中将以负值来表示借方经济数据。

三、我国国际收支平衡表的编制原则

（一）国际收支平衡表

国家外汇管理局编制并公布国际收支季度数据，从 2015 年开始按《国际收支手册（第六版）》规定的标准分类。

原则上，国际收支平衡表涵盖中国居民和非中国居民之间进行的全部交易。

在可以得到市场价格的情况下，按市场价格对交易定值，债务工具大多按面值定值，货物出口按离岸价格定值。来自海关的进口数据是到岸价格数据，采用 5%的调整系数，以便得到离岸价格数据。

出口和进口在货物通过海关边境时记录。其他国际收支交易按权责发生制记录。

在 1996 年以前，国家外汇管理局在编制国际收支平衡表时，从各种来源收集数据。这些来源包括政府机构、银行和国家外汇管理局的记录。国际收支平衡表的编制符合国际货币基金组织颁布的《国际收支手册（第四版）》规定的方法。

从 1996 年开始，中国的国际收支统计根据国际货币基金组织颁布的《国际收支手册（第五版）》编制，以国家外汇管理局 1996 年 1 月实行的国际收支统计申报系统为基础，辅以海关统计、外汇管理局的外债统计等相关部门的统计。该申报系统以从银行交易记录中得到的信息为基础，以调查为补充，收集有关旅游、直接投资、证券投资以及金融机构交易的数据。

通过外汇管理局官方网站、新华社、《金融时报》、《中国金融》（月刊）和中国其他主要媒体分别发布中国国际收支平衡表。同时，在外汇管理局的《国家外汇管理局年报》（1997 年第一次以中、英文公布）、《中国国际收支报告》（2005 年第一次以中、英文公布）、《中国外汇》（半月刊）、《国家外汇管理局文告》上公布国际收支平衡表。所公布的国际收支平衡表以亿美元表示，其统计范围涵盖中国的所有国际收支交易。不编制地区表或其他地理分类的国际收支平衡表。

（二）国际投资头寸表

国家外汇管理局（外汇局）编制并公布国际投资头寸表。该表按《国际收支手册（第五版）》规定的标准分类。

原则上，国际投资头寸表涵盖中国对世界其他国家和地区的金融资产和负债。在可以得到市场价格的情况下，国际投资头寸表按季度末市场价格对对外金融资产及负债定值。

国家外汇管理局在编制国际投资头寸表时，从各种来源收集数据。这些来源包括政府机构、银行、国家外汇管理局的记录以及国际组织的统计。国际投资头寸表的编制采用基金组织颁布的《国际收支手册（第五版）》规定的方法。

2006 年 5 月 25 日，国家外汇管理局首次公布年度中国国际投资头寸表。之后，每年 5—6 月发布上年度末的中国国际投资头寸表。2010 年开始编制季度国际投资头寸表，2011 年开始公布季度国际投资头寸表。所公布的国际投资头寸表以亿美元表示，统计范围涵盖中国对世界其他国家或地区金融资产和负债存量。

（三）国际收支平衡表编制和公布的频率

按季度编制和公布国际收支平衡表初步数和修订数。在季度结束后的第 5 周公布上季度国际收支平衡表初步数，第 14 周公布上季度国际收支平衡表正式数。

按季度编制和公布国际投资头寸表。在季度结束后的第 16 周公布上季度末国际投资头寸表。

四、我国国际收支平衡表的总体分析

2014 年，我国经常账户顺差 2 197 亿美元，资本与金融账户（不含储备资产）顺差 383 亿美元，国际储备资产增加 1 178 亿美元。

2014 年，我国经常账户顺差 2 197 亿美元，其中，货物贸易顺差 4 350 亿美元，服务贸易逆差 1 510 亿美元，初次收入逆差 341 亿美元，二次收入逆差 302 亿美元。资本与金融账户顺差 383 亿美元，其中，直接投资净流入 2 087 亿美元，证券投资净流入 824 亿美元，其他投资净流出 2 528 亿美元。国际储备资产增加约 1 178 亿美元，其中，外汇储备资产增加 1 188 亿美元，特别提款权及在基金组织的储备头寸减少约 11 亿美元。

（一）双顺差

所谓双顺差，是指国际收支平衡表中的经常账户和资本账户均为顺差。2014 年，我国国际收支呈现双顺差。国际收支总顺差 2 579 亿美元，较 2013 年下降 48%。其中，经常账户顺差 2 197 亿美元，增长 48%；资本与金融账户顺差 382 亿美元，下降 89%。

(二) 货物贸易顺差增长较快

2014 年，我国货物贸易出口 23 541 亿美元，进口 18 782 亿美元，分别较 2013 年增长 6%和 1%；顺差约 4 760 亿美元，增长 32%。

(三) 服务贸易逆差继续扩大

2014 年，服务贸易收入 1 909 亿美元，较 2013 年下降 7%；支出 3 829 亿美元，增长 16%；逆差 1 920 亿美元，扩大 54%，其中，运输账户逆差较 2013 年微增 2%，旅游账户逆差延续扩大态势，增长 40%。

(四) 直接投资净流入小幅下降

2014 年，直接投资顺差 2 087 亿美元，较 2013 年下降 4%。其中，我国对外直接投资净流出 804 亿美元，增长 10%；外国来华直接投资净流入 2 891 亿美元，下降 1%。

(五) 证券投资净流入快速增长

2014 年，证券投资项下净流入 824 亿美元，较 2013 年增长 56%。其中，我国对外证券投资净流出 108 亿美元，扩大 102%；境外对我国证券投资净流入 932 亿美元，增长 60%。

(六) 其他投资由净流入转为净流出

2014 年，其他投资项下净流出 2 528 亿美元，而 2013 年净流入为 722 亿美元。其中，我国对外的贷款、贸易信贷和资金存放等资产净增加 3 030 亿美元，较 2013 年增长 113%；境外对我国的贷款、贸易信贷和资金存放等负债净增加 502 亿美元，下降 77%。

我国 2012—2014 年国际收支平衡表如表 1—7 所示。

表 1—7　　中国国际收支平衡表（2012—2014 年度）　　单位：亿美元

账户	2012 年	2013 年	2014 年
1. 经常账户	2 154	1 482	2 197
贷方	23 933	25 927	27 299
借方	−21 779	−24 445	−25 102
1. A 货物和服务	2 318*	2 354	2 840*
贷方	21 751	23 556	24 758
借方	−19 432	−21 202	−21 917
1. A. a 货物	3 116	3 590	4 350*
贷方	19 735	21 486	22 438
借方	−16 619	−17 896	−18 087
1. A. b 服务	−797	−1 236	−1 510
贷方	2 016	2 070	2 320
借方	−2 813	−3 306	−3 830
加工服务	256	232	213
贷方	257	233	214
借方	−1	−1	−1
维护和维修服务	0	0	0

续前表

账户	2012年	2013年	2014年
贷方	0	0	0
借方	0	0	0
运输	−469*	−567	−579*
贷方	389	376	382
借方	−859	−943	−962
旅行	−519*	−769	−1 079*
贷方	500	517	569
借方	−1 020	−1 286	−1 649
建设	86	68	105
贷方	122	107	154
借方	−36	−39	−49
保险和养老金服务	−173	−181	−179
贷方	33	40	46
借方	−206	−221	−225
金融服务	0	−5	−4
贷方	19	32	45
借方	−19	−37	−49
知识产权使用费	−167	−201	−219
贷方	10	9	7
借方	−177	−210	−226
电信、计算机和信息服务	108*	95	94*
贷方	162	171	202
借方	−55	−76	−107
其他商业服务	87*	99	155
贷方	510	572	689
借方	−424	−473	−534
个人、文化和娱乐服务	−4*	−6*	−7
贷方	1	1	2
借方	−6	−8	−9
别处未提及的政府服务	−1*	0	−10*
贷方	10	12	11
借方	−10	−12	−20
1.B 初次收入	−199	−784	−341
贷方	1 670	1 840	2 130
借方	−1 869	−2 624	−2 471
雇员报酬	153	161	258*
贷方	171	178	299
借方	−18	−17	−42
投资收益	−352*	−945	−599*

续前表

账户	2012年	2013年	2014年
贷方	1 500	1 662	1 831
借方	−1 851	−2 607	−2 429
其他初次收入	0	0	0
贷方	0	0	0
借方	0	0	0
1.C　二次收入	34*	−87	−302*
贷方	512	532	411
借方	−477	−619	−714
2. 资本与金融账户	−1 283	−853	−795
2.1　资本账户	43*	31	0*
贷方	45	45	19
借方	−3	−14	−20
2.2　金融账户	−1 326	−883	−795
资产	−3 996	−6 517	−5 120
负债	2 670	5 633	4 325
非储备性质的金融账户	−360	3 430	383
资产	−3 030	−2 203	−3 942
负债	2 670	5 633	4 325
直接投资	1 763	2 180	2 087
直接投资资产	−650	−730*	−804
股权	−728	−882	−997
关联企业债务	78	153	193
直接投资负债	2 412	2 909	2 891
股权	2 145	2 654	2 576
关联企业债务	267	255	315
证券投资	478	529	824
资产	−64	−54*	−108
股权	20	−25	−14
债券	−84	−28	−94
负债	542	582	932
股权	299	326	519
债券	243	256	413
金融衍生工具	0	0	0
资产	0	0	0
负债	0	0	0
其他投资	−2 601	722	−2 528
资产	−2 317*	−1 420*	−3 030*
其他股权	0	0	0

续前表

账户	2012 年	2013 年	2014 年
货币和存款	−1 048	−74	−1 597
贷款	−653	−319	−738
保险和养老金	0	0	0
贸易信贷	−618	−603	−688
其他应收款	3	−423	−8
负债	−284*	2 142*	502
其他股权	54	0	52
货币和存款	−594	758	814
贷款	−168	934	−343
保险和养老金	0	0	0
贸易信贷	423	449	−21
其他应付款	0	0	0
特别提款权	0	0	0
储备资产	−966	−4 314	−1 178*
货币黄金	0	0	0
特别提款权	5	2	1
在 IMF 的储备头寸	16	11	10
外汇储备	−987	−4 327	−1 188
3. 净误差与遗漏	−871	−629	−1 401*

注：标注“*”的受尾数四舍五入影响。

专栏 1—2：西方国际收支的主要理论

各国在国际收支出现不平衡时，都会采取一些调节措施。西方经济学者对国际收支调节的分析，按照历史顺序可以分为弹性分析、乘数分析、吸收分析以及货币分析。这些分析各有侧重，为一国政府调节国际收支失衡提供了相应的理论依据。

一、弹性论

弹性论又称弹性分析法。20 世纪 30 年代，英国经济学家琼·罗宾逊和 A. 勒纳在马歇尔的供求弹性局部均衡分析方法的基础上，系统地提出了国际收支的弹性论。弹性论主要研究在收入不变的条件下汇率变化在国际收支调节中的作用，着重考虑货币贬值取得成功的条件及其对贸易收支和贸易条件的影响。

弹性论的基本假定是：进出口的供给弹性趋于无穷大；其他条件不变，只考虑汇率变化对进出口商品的影响；收入水平不变，进出口商品的需求就是这些商品及其替代品的价格水平的函数；不考虑国际资本流动，国际收支等同于贸易收支。

弹性论认为，汇率变动引起进出口商品价格的变动，价格的变动引起进出口数量的变动，从而导致国际收支的变化。如一国国际收支出现逆差，该国可采取货币贬值的办法增加出口额、减少进口额，贬值的效果取决于一国进出口商品的需求弹性。

如前所述，需求弹性是指需求量对价格的反应程度。各种商品在商品价格变动后，需求量的变化是不一样的。需求量的变动幅度小于价格的变动幅度，称为需求弹性小于1；反之，称为需求弹性大于1；需求量的变动幅度等于价格的变动幅度，则称为需求弹性等于1。在汇率发生变动后，进出口商品的需求弹性不同，对贸易收支状况的影响也不同。货币贬值后可能出现三种情况：

(1) 出口商品的需求弹性和进口商品的需求弹性之和大于1。在这种情况下，外汇收入的增加量和外汇支出的减少量之和大于由于出口商品价格下跌而减少的外汇收入量和由于进口商品价格上涨而增加的外汇支出量之和，贬值可以改善贸易收支状况。

(2) 出口商品的需求弹性和进口商品的需求弹性之和小于1。在这种情况下，外汇收入的增加量和外汇支出的减少量之和小于由于出口商品价格下跌而减少的外汇收入量和由于进口商品价格上涨而增加的外汇支出量之和，贬值反而会导致贸易收支状况恶化。

(3) 出口商品的需求弹性和进口商品的需求弹性之和等于1。在这种情况下，外汇收入的增加量和外汇支出的减少量之和等于由于出口商品价格下跌而减少的外汇收入量和由于进口商品价格上涨而增加的外汇支出量之和，贬值对贸易收支状况没有影响。

马歇尔—勒纳条件（Marshall-Lerner condition）是指：货币贬值后，只有出口商品的需求弹性和进口商品的需求弹性之和大于1，贸易收支状况才能改善，即贬值取得成功的条件是：出口商品的需求弹性和进口商品的需求弹性之和大于1。

在货币贬值对贸易收支状况的调节过程中，存在一定的时滞效应，即在货币对外贬值之后的一段时期中，贸易收支状况没有得到改善，反而会进一步恶化，经过一段时间之后，待出口供给和进口需求做了相应的调整后，贸易收入才会逐步增加，贸易收支状况才逐步得到改善。整个过程用曲线描绘出来，呈字母J形。故在马歇尔—勒纳条件成立的情况下，货币贬值对贸易收支状况改善的时滞效应称为J曲线效应，如图1—1所示。

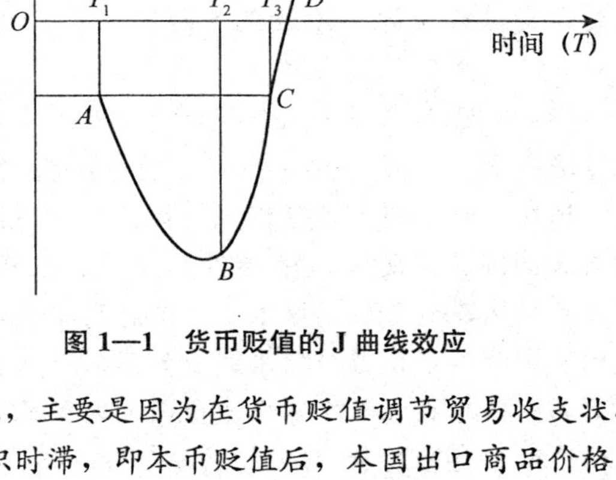

图1—1 货币贬值的J曲线效应

J曲线效应之所以存在，主要是因为在货币贬值调节贸易收支状况的过程中，存在以下几个时滞因素：(1) 认识时滞，即本币贬值后，本国出口商品价格降低的信息并不能立即被进口商所了解，而是需要一个过程；(2) 决策时滞，即进出口商在掌握了进出口商品价格变动的信息之后，需要对价格变动的重要性进行分析，以便做出正确的决策；(3) 生产时滞，即面对增加的出口需求，国内出口部门从组织资源到生产出产品需要一个过程；(4) 取代时滞，即以前的合同不能取消，进出口商都需要一定的时间来处理以前的存货；(5) 交货时滞，即出口商将商品生产出来后，要交到买方手中，需要经过货物的运输过程。只有经过这些环节和过程之后，出口方的外汇收入才会增加。

二、吸收论

吸收论又称支出分析法，它是1952年由詹姆斯·爱德华·米德和当时在国际货币基金组织工作的西德尼·亚历山大在凯恩斯宏观经济学的基础上提出的。它从凯恩斯的国民收入方程式入手，着重考察总收入与总支出对国际收支的影响，在此基础上，提出了国际收支调节的相应政策主张。

按照凯恩斯的理论，国民收入与国民支出的关系可以表述如下：

$$\text{国民收入}(Y)=\text{国民支出}(A)$$

在封闭经济条件下：

$$\text{国民支出}(A)=\text{消费}(C)+\text{投资}(I)$$

在开放经济条件下，把对外贸易也考虑进去，则：

$$\text{国民收入}(Y)=\text{消费}(C)+\text{投资}(I)+\{\text{出口}(X)-\text{进口}(M)\}$$

移动恒等式两边，得到：

$$X-M=Y-C-I=Y-(C+I)$$

$X-M$ 为贸易收支差额，以此作为国际收支差额的代表。$C+I$ 为国内总支出，即国民收入中被国内吸收的部分，用 A 来表示。由此，国际收支差额实际上就可由国民收入 (Y) 与国内吸收 (A) 之间的差额来表示。设国际收支差额为 B，则有：

$$B=Y-A$$

当国民收入大于总吸收时，国际收支为顺差；当国民收入小于总吸收时，国际收支为逆差；当国民收入等于总吸收时，国际收支平衡。

一国国际收支最终要通过改变收入或吸收来调节，或增加收入或减少吸收（支出）。因此吸收论的政策主张是：增加收入 Y 或减少支出 A。

吸收论所主张的国际收支调节政策，无非是改变总收入与总吸收（支出）的政策，即支出转换政策与支出增减政策。当国际收支出现逆差时，表明一国的总需求超过总供给，即总吸收超过总收入，这时，就应当运用紧缩性的财政、货币政策来减少对贸易商品（进口）的过度需求，以纠正国际收支逆差。紧缩性的财政、货币政策在减少进口需求的同时，会减少对非贸易商品的需求和降低总收入，因此，还必须运用支出转换政策来消除紧缩性财政、货币政策的不利影响，使进口需求减少的同时收入能增加。这样，使贸易商品的供求相等，非贸易商品的供求也相等，需求减少的同时收入增加，就整个经济而言，总吸收等于总收入，从而达到内部平衡和外部平衡。

三、货币论

20世纪60年代后期，罗伯特·蒙代尔、约翰逊和弗兰克尔等人将封闭条件下的货币主义原理引申到开放经济中来，发展了国际收支货币论。货币论是从货币的角度而不是商品的角度来考察国际收支失衡的原因并提出相应的政策主张的。货币论的基本假定是：在充分就业均衡状态下，一国的实际货币需求是收入和利率等变量的稳定函数；从长期看，货币需求是稳定的，货币供给变动不影响实物产量；贸易商品的价格是由世界市场决定的，从长期看，一国的价格水平和利率水平接近世界市场水平。

货币论的政策主张是：第一，所有的国际收支不平衡在本质上都可归结为货币的原因，因此，国际收支的不平衡都可以用国内货币政策来解决。第二，国内货币政策主要指货币供应政策。因为货币需求是收入、利率的函数，而货币供应则在很大程度上可由政府操纵，所以扩张性的货币政策可以减少国际收支顺差，而紧缩性的货币政策可以减少国际收支逆差。第三，为平衡国际收支而采取的贬值、进口限额、关税、外汇管制等贸易和金融干预措施，只有当它们的作用是提高货币需求，尤其是提高国内价格水平时，才能改善国际收支状况，而且这种影响是暂时的。如果在施加干预措施的同时伴有国内信贷膨胀，则国际收支状况不一定能改善，甚至可能恶化。

货币论政策主张的核心是：在国际收支发生逆差时，应注重国内信贷的紧缩。

本章小结

1. 国际收支是特定时期内一个经济体（或国家、地区）居民与非居民之间全部经济交易的系统记录，它反映了一个经济体与其他经济体之间发生的进出口贸易、投融资往来等各类经济交易的经济过程，以及对外金融资产负债的存量变化。国际收支具有以下几个方面的特征：国际收支记载的是一个经济体居民与非居民之间发生的经济交易；国际收支是在特定时期内经济交易的系统的货币记录；国际收支是一个流量概念，不是存量概念。

2. 国际收支平衡表是一国对一定时期（一年、半年、一个季度、一个月）内的国际经济交易，根据交易的特征和经济分析的需要，分类设置账户，并以复式记账原则进行系统记录的报表。国际收支平衡表由经常账户、资本与金融账户以及误差与遗漏净额三部分组成。

3. 国际收支平衡表可综合反映一国的国际收支平衡状况、收支结构及储备资产的增减变动情况，为分析经济体的国际经济，如国际经济表现、汇率政策和储备管理等，提供了一个综合框架。分析国际收支平衡表可以采用静态分析法、动态分析法和比较分析法。只有将这三种分析方法结合起来，才能对一国国际收支进行全面、正确、深入地分析。

4. 按照国际经济交易的动机和目的，将国际收支账户分成自主性交易账户和调节性交易账户。持续的、巨额的国际收支失衡，无论是顺差还是逆差，都可能给经济发展造成不利影响，必须进行必要的调节。国际收支失衡的调节包括两个方面，即市场机制对国际收支失衡的自动调节和政府可能采取的政策引导措施。

思考题

1. 名词解释

国际收支；国际收支平衡表；居民；经常账户；资本与金融账户；国际收支失衡；自主性交易；调节性交易；货币性失衡；结构性失衡；收入性失衡。

2. 简答题

（1）如何全面理解国际收支的含义？

（2）国际收支平衡表主要包括哪些内容？

（3）简述国际收支平衡表的主要内容、编制原则和记账方法。

（4）简述国际收支失衡的原因。

（5）简述调节国际收支的主要政策措施。

第二章 国际储备

学习目标

通过本章的学习，掌握国际储备的概念、特点及构成，熟悉国际储备的来源、作用及国际储备管理的原则，理解国际储备多元化的原因及影响、国际储备资产的总量管理和结构管理，重点掌握适度国际储备量的影响因素。

学习方法

（1）预习法。通过预习了解本章的内容，对国际储备的概念及构成有一个初步的把握，并能结合中国目前的国际储备状况，分析中国国际储备水平及构成的合理性。

（2）联系学习法。将国际储备与上一章国际收支联系起来学习，有助于理解和掌握国际储备的来源及变动原因。国际储备与一个国家的国际收支调节能力和稳定货币汇率的能力有着十分密切的关系，了解这一点有助于对下一章外汇与汇率的进一步理解。

(3) 完成本章后面的思考题。

完成本章的学习后，可以巩固上一章国际收支的相关知识，掌握国际储备的概念及构成，对国际储备需求的影响因素有较为全面、深入的认识。

案例导读1

哥伦比亚和墨西哥在1975—1984年的不同经历生动地说明了国际储备的作用。在这几年中，两个国家都有一段非常有利的外部环境。1977—1979年，世界市场上咖啡价格上涨使哥伦比亚的外汇收入增加，此外，哥伦比亚还是一个毒品走私最猖獗的国家，毒品价格上涨使哥伦比亚外汇收入大增。1977—1981年，石油价格第二次大幅度提价，使墨西哥由于出口石油赚取了大量的外汇。面对当时国际收支的有利形势，哥伦比亚和墨西哥两国政府采取了截然不同的政策。哥伦比亚政府决定保持经济稳定增长，把增加的外汇收入储存起来。在1980年，该国的外汇储备为48.31亿美元，当年的进口额为47.39亿美元，外汇储备已经超过了12个月的进口额，而1975年，该国的外汇储备仅为4.75亿美元。在这5年里，哥伦比亚的外汇储备翻了10倍。墨西哥1980年的平均外汇储备为29.60亿美元，进口额平均为183.39亿美元，外汇储备仅为两个月左右的进口额，墨西哥外汇储备从未超过两个月的进口额。墨西哥政府借助出口增长，大量举债增加消费，并且其速度超过了收入的增长。

两种相反的政策产生了两种不同的结果。哥伦比亚政府由于积累了外汇储备，在20世纪80年代前5年，在美元升值及国际利率提高、外债负担加重的外部环境下，能从容地应付外债冲击，避免了重新安排债务，没有发生外债危机，维持了经济的稳定增长。而墨西哥没有保留足够的国际储备。在美元升值及国际利率提高、石油价格下跌时，无法应付外部冲击。在1982年不得不宣布无力对外按期偿还利息和本金，要求对外债重新安排，在国内实行紧缩政策，使墨西哥经济陷入了衰退。

一般情况下，国际储备分为两个部分：一部分基于日常弥补赤字和干预外汇市场的需要，称为交易性储备；另一部分基于不可预测的突发的内外部冲击，称为预防性储备。正是由于墨西哥没有将一部分外汇储备留存作为交易性储备而使得当面对美元涨价、利率提高、石油价格下跌时无法应对外部的冲击。

资料来源：根据百度文库资料整理。

思考：

1. 什么是国际储备？
2. 国际储备对一国有何作用？
3. 一国留有多少国际储备是合理的？

案例导读2

拥有并保持充足的国际储备特别是外汇储备，对维护一国货币的汇率、稳定外汇和货币市场具有重要的作用。1997 年爆发于泰国，后波及马来西亚、菲律宾、印度尼西亚、新加坡的东南亚货币危机，正是体现这一点的现实事例。1997 年 7 月 2 日，泰国货币泰铢在经历了数月汇率动荡之后，泰国政府终于放弃了实行了 13 年的泰铢与美元的盯住汇率制度，宣布实行自由浮动的汇率制度。政策公布后，泰铢应声下跌，泰铢兑美元的汇率由 1∶25 跌为 1∶68，涌动已久的泰国货币危机终于爆发。紧随其后，菲律宾央行也因无法承受投机力量的冲击，于 7 月 11 日宣布允许比索兑美元的汇价在不指明的“更广阔”的范围内波动，比索兑美元的汇率也即贬值一成。印度尼西亚当局于 8 月 14 日宣布，放弃维持其货币与美元之间比价的努力，让印尼盾与美元的比价由市场决定。马来西亚、新加坡的货币因受此影响发生“多米诺骨牌效应”，汇率纷纷顺势而下。东南亚货币危机由此爆发了。

由于东南亚国家外汇储备普遍不足，因此，当货币危机来临，本币受到强大的冲击时，便没有足够的力量去捍卫本国的货币。面对强大的投机攻势，这些国家的中央银行不顾实力，不断动用外汇储备干预市场，结果因外汇储备不足导致干预效果甚微，不仅没有达到打击投机活动的目的，反而使储备资产遭受损失。

东南亚货币危机给了我们这样一个启示：一个经济基础较薄弱、市场管理水平较低，而又正在不断加大开放力度的国家和地区，必须保持较多的外汇储备，以备不测，捍卫已取得的经济发展成果。

资料来源：韩玉珍：《现代国际金融理论与实务》，北京，首都经济贸易大学出版社，2000。

思考：

1. 一国国际储备资产的管理原则是什么？
2. 一国应如何确定合理的外汇储备量？
3. 管理外汇储备的币种结构时需注意什么问题？

第一节　国际储备概述

一、国际储备

（一）国际储备的概念

国际储备又称官方储备，是一国货币当局所持有的，国际上普遍可以接受的，用于平衡国际收支、维持汇率稳定和作为偿还对外债务保证的各种对外流动资产的总称。根据国际货币基金组织的界定，一国的国际储备包括黄金储备、外汇储备、在国际货币基金组织的储备头寸（即普通提款权）和国际货币基金组织分配给会员国尚未动用的特别提款权。

当一个国家的对外支付大于收入，出现国际收支逆差时，可以动用国际储备来弥补出现的逆差。当一国货币对外汇率涨落过度时，也可以动用国际储备来干预外汇市场，维持汇率的稳定。国际储备有广义和狭义之分，狭义的国际储备如上文介绍是指官方持有的国际储备，通常所说的国际储备包括本章所分析均为狭义的国际储备。广义的概念是指凡一国官方可以动用的，用于弥补国际收支逆差和维持汇率稳定的外币资产都可算作国际储备。也就是说，国际储备不仅包括官方持有的储备资产，还包括一国官方可以利用的非官方持有的其他储备资产，如企业或个人存放在官方银行的外汇资产，非官方金融机构持有的储备资产等。

（二）国际清偿能力

国际清偿能力又称国际流动性，是一国官方所能动用的一切对外金融资产的总和，包括该国的官方储备和借入储备。国际清偿能力代表了一国的对外支付能力，反映了一国货币当局干预外汇市场的总体水平。

（三）国际储备与国际清偿能力的比较

（1）国际储备与国际清偿能力的共同点表现在：两者都是一国对外支付能力及金融实力的标志。

（2）国际储备和国际清偿能力的区别是：第一，国际清偿能力不仅包括狭义和广义的国际储备，而且包括从境外筹借资金的能力。例如：签订了两国央行间互惠信贷协定的国家，在甲国发生逆差时，协议方的乙国中央银行会向甲国及时提供一定数额的贷款以弥补逆差。这笔贷款虽不属于甲国的国际储备，但构成了甲国的清偿能力。第二，国际储备是一国具有的现实的对外清偿能力。国际清偿能力是一国现实的和可能的对外清偿能力的总和，而且是一国对外资信的重要标志。

国际储备的内涵是一国官方可以无条件动用的对外支付手段；而国际清偿能力还应包括有条件使用的清偿手段，即包括由债权方所提供的资金。国际储备与国际清偿能力的关系可以形象地用同心圆来表示，如图 2—1 所示。其中：核心层 L1 为狭义的国际储备；第二层 L2 为广义的国际储备；第三层 L3 为国际清偿能力。

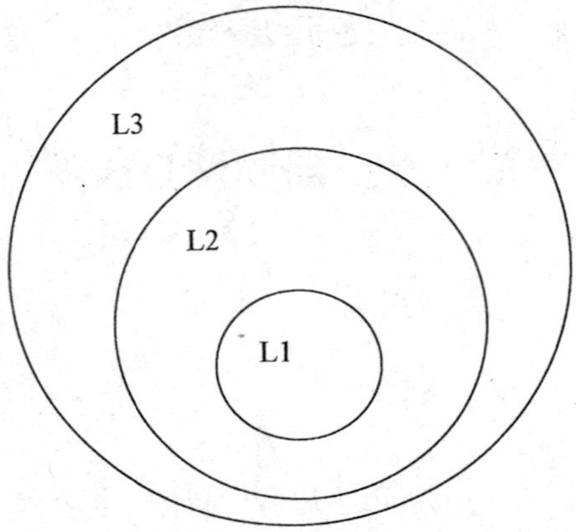

图 2—1　国际储备与国际清偿能力的关系

（四）国际储备的特点

国际储备资产主要用于平衡国际收支、维持汇率稳定和作为对外偿债的保证，因此，用于国际储备的资产必须具有如下特点。

1. 官方持有性

作为国际储备资产，必须为一国货币当局所持有和直接掌握并可使用的资产，而不是被其他机构或经济实体所持有。非官方金融机构、企业和私人持有的黄金、外汇等资产，不能算作国际储备。因此，国际储备又称为官方储备。1992 年 9 月以前，我国的外汇储备一直由国家外汇库存和中国银行外汇库存两部分组成。1992 年 9 月以后，我国启用了新的外汇储备统计口径，外汇储备仅包括国家外汇库存部分。

2. 自由兑换及可接受性

一国从事国际交易需要有对外流通手段或支付手段，而能够用于国际交易的流通手段或支付手段必须是国际上普遍可以接受的用于清偿债务的资产。因此，国际储备必须能够自由地兑换成任何一国的货币，并且能为世界各国普遍认同、接受和使用。

3. 流动性

作为国际储备的资产必须是随时能够动用的资产，各国政府或货币当局可无条件地获得并在必要的时候动用这些资产。如存放在国外银行的活期外币存款，或随时可以变现的以可兑换货币标明面值的有价证券等。若一种储备资产不具有流动性，无法随时用于弥补国际收支逆差，也不能随时用来维持汇率的稳定，则不能算是国际储备资产。

二、国际储备的构成

国际储备的构成随经济发展不断变化。金本位时期，各国都把黄金作为国际储备资产。随着经济发展和国际贸易的扩大，黄金已无法满足世界市场对国际流通手段的需要，许多国家开始把能兑换为黄金的外汇储备作为储备资产。国际货币基金组织成立后，各国在国际货币基金组织的储备头寸和国际货币基金组织分配的特别提款权也先后被列为储备资产。目前，外汇储备是国际储备的主体。

国际货币基金组织对一国的国际储备做了明确界定，包括以下四个部分：黄金储备、外汇储备、在国际货币基金组织的储备头寸、特别提款权。

（一）黄金储备

黄金储备是指由一国的货币当局所持有的货币性黄金数量的总和。

黄金作为国际储备资产有着较长历史。从 19 世纪初到第一次世界大战爆发，在国际金本位制度下，黄金储备是国际储备的典型形式。到第二次世界大战结束前夕的 1944 年，布雷顿森林体系下建立的双挂钩制度规定：美元同黄金挂钩，其他国家的货币同美元挂钩；黄金仍是决定一国货币汇率的基础，具有一般支付手段职能，并且是重要的国际储备形式。虽然自 1976 年起实施的《牙买加协议》中规定，黄金和国际货币制度分离，并且 1978 年 4 月 1 日生效的《国际货币基金协定》第二修正案中进一步规定黄金“非货币化”，但由于黄金是有价值的实体，故仍是各国国际储备资产中不可缺少的组成部分。

（二）外汇储备

外汇储备是一国货币当局持有的国际储备资产中流动性较强的外汇资产，包括在国外可兑换的银行存款和其他可变现的金融资产等。外汇储备是国际储备中最重要、最活跃的部分，是国际储备的主体，也是国际储备资产管理的主要对象。

一种货币作为储备货币，需具备以下条件：(1) 在国际货币体系中占有重要地位；(2) 能自由兑换其他储备资产；(3) 是国际贸易的主要结算和计价货币；(4) 市场对该货币的稳定性具有信心。外汇储备货币在不同时期会发生变化，第二次世界大战之前，占统治地位的储备货币是英镑，美元次之。第二次世界大战结束后，美元成为国际储备的主要货币。目前，主要储备货币有美元、欧元、英镑、日元等，其中美元仍为主要的储备货币。

(三) 在国际货币基金组织的储备头寸

在国际货币基金组织的储备头寸亦称普通提款权，是指国际货币基金组织的会员国在国际货币基金组织中拥有的储备头寸，在国际货币基金组织普通账户中会员国可自由提取使用的资产。具体包括会员国向基金组织认缴份额中25%的外汇部分；基金组织为支付其他会员国的借款而使用的会员国认缴份额中的本国货币持有量；基金组织从该会员国的借款净额。

(四) 特别提款权

国际储备中的特别提款权（special drawing rights，SDRs）是指由国际货币基金组织分配给会员国但尚未使用的特别提款权余额。

特别提款权是国际货币基金组织于 1969 年创设的一种记账单位，是由基金组织无偿分配给会员国的一种资金使用的权利，作为会员国原有的提款权即普通提款权的一种补充。特别提款权按会员国在国际货币基金组织中的份额比例分配给会员国，可用于归还国际货币基金组织贷款和会员国政府之间弥补国际收支逆差。特别提款权实际上是一种记账单位，会员国无条件享有该项权利，但在使用上仅限于政府之间的结算，以弥补会员国国际清偿能力不足，不能用于贸易和非贸易的结算和支付。作为一种观念货币和国际储备的一种形式，特别提款权的创立是国际货币基金组织对国际社会的一大贡献。

特别提款权与普通提款权的区别表现在：(1) 普通提款权必须在 3 年～5 年内偿还，而特别提款权归会员国无条件所有；(2) 特别提款权仅限于在会员国的官方转账中使用，私人和企业不得持有和使用；(3) 特别提款权被严格限于解决国际收支失衡问题，不能用于贸易和非贸易支付，更不能用于兑换黄金；(4) 特别提款权是一种信用发行的账面资产，本身并无内在价值，但能作为国际清算的合法手段。特别提款权的价值按美元、英镑、欧元、日元、人民币五种货币币值加权平均定值。

专栏 2—1：SDR 的分配

特别提款权的核心问题是份额分配问题而非数量和价格问题，会员国持有特别提款权的比例决定于其在 IMF 的投票权大小。根据《国际货币基金协定》，特别提款权由 IMF 根据会员国在世界经济中的相对地位进行无成本的按配额分配，并关系到其从 IMF 获得贷款的最高限额。特别提款权也可以在限额内由 IMF 指定在会员国间进行买卖，会员国可以从持有额和配额差额中获得利息。持有额超过配额，则该国可从超出部分获取利息；反之，则需对不足部分支付利息。

该制度建立以来，IMF 一共做出三次特别提款权普遍分配的决定。第一次是在

1970—1972 年分配和拨付了 93 亿特别提款权，第二次是在 1979—1981 年分配和拨付了 121 亿特别提款权，第三次是 2009 年通过的 1 612 亿特别提款权分配。此外，为给予不断增加的新会员国平等地位，IMF 于 1997 年提出了特别提款权的一次性特别分配方案，并于 2009 年实施。截至 2015 年 3 月 17 日，基金组织创造并向会员国分配了 2 040 亿特别提款权（约相当于 2 800 亿美元）。

“特别提款权的分配是基金组织应对全球危机的关键措施，在困难时期可以向会员国提供重要支持。”IMF 前总裁多米尼克·施特劳斯-卡恩表示。

资料来源：根据《人民日报（海外版）》及国际货币基金组织中文网站资料整理。

专栏 2—2：特别提款权的定价

特别提款权通过“篮子货币”币种和权重选择决定其估价水平，并根据“篮子货币”的汇率变动确定当日价格。权重由“篮子货币”的贸易结算和国际储备量决定。

自创立以来，特别提款权定价经历了三个阶段：第一个阶段自创立至 1974 年，特别提款权创立时与金价挂钩，与美元等值，即 35 特别提款权折合 1 盎司黄金，之后随着美元的贬值，仅在 1971 年和 1973 年做过两次微调。第二个阶段自 1974 年 7 月至 1980 年底，在美元持续贬值，主要货币纷纷实行浮动汇率制的背景下，特别提款权改用 16 种货币组成的“篮子货币”计价，“篮子货币”的选择以商品和服务贸易总额五年内平均达到全球 1%以上为准则，包括美元、英镑、日元、法国法郎、德国马克、意大利里拉、加拿大元、荷兰盾、比利时法郎、瑞典克朗、挪威克朗、丹麦克朗、西班牙比塞塔、奥地利先令、南非兰特和澳大利亚元。在此期间，曾在 1976 年进行微调，以沙特里亚尔和伊朗里亚尔替代丹麦克朗和南非兰特。第三个阶段是 1981 年至今，为简化计算，稳定币值，特别提款权缩减为仅与美元、德国马克、法国法郎、英镑和日元五种货币挂钩，2001 年调整周期内由于欧元的使用，进一步缩减为与美元、欧元、英镑、日元四种货币挂钩。2015 年 11 月 30 日，国际货币基金组织在其华盛顿总部举行执董会会议，会议决定将中国的人民币纳入国际货币基金组织特别提款权“篮子货币”，人民币成为继美元、欧元、英镑、日元之后的第五个成员。

自 1978 年以来，特别提款权形成了相对稳定的定价机制。计算“篮子货币”权重则遵循如下两条原则：货币权重反映其在国际金融和贸易领域的重要程度；单一货币权重不应过度影响特别提款权的稳定性。具体来说，IMF 以“篮子货币”国在国际货物和服务贸易结算中的比例（五年平均值），以及该币种在国际储备中的比例（五年平均值）两个指标来计算权重。

新的“货币篮子”于 2016 年 10 月 1 日正式生效。人民币将在 SDR 基准“货币篮子”中占据 10.92%的权重。SDR 的新比重将为：美元占 41.73%；欧元占 30.93%；日元占 8.33%；英镑占 8.09%；人民币占 10.92%。

数据来源：根据凤凰网相关资料整理。

专栏 2—3：人民币获批加入特别提款权“货币篮子”

国际货币基金组织总裁拉加德于 2015 年 11 月 30 日在华盛顿举行新闻发布会宣布，国际货币基金组织当日在其华盛顿总部举行执董会会议，会议决定将中国的人民币纳入国际货币基金组织特别提款权“货币篮子”，人民币成为继美元、欧元、英镑、日元之后的第五个成员，人民币成为真正的“世界货币”。

执董会决定认为，人民币符合所有现有标准，自 2016 年 10 月 1 日起，人民币被认定为可自由使用货币，并将作为第五种货币，与美元、欧元、日元和英镑一起构成特别提款权“货币篮子”。为确保基金组织、基金组织会员以及其他特别提款权使用方有充足时间进行调整以适应新的变化，新的“货币篮子”于 2016 年 10 月 1 日正式生效。

拉加德表示：“执董会关于将人民币纳入特别提款权‘货币篮子’的决定是中国经济融入全球金融体系的一个重要里程碑。它是对中国过去多年来在改革其货币和金融体系方面取得的成就的认可。中国在这一领域的持续推进和深化将推动建立一个更加充满活力的国际货币和金融体系。”

据新华社北京 2015 年 12 月 1 日电，中国人民银行凌晨发布声明，欢迎国际货币基金组织执董会关于将人民币纳入特别提款权（SDR）“货币篮子”的决定。人民银行声明说，这是对中国经济发展和改革开放成果的肯定。人民币加入 SDR 有助于增强 SDR 的代表性和吸引力，完善现行国际货币体系，对中国和世界是双赢的结果。

资料来源：根据凤凰网相关资料整理。

三、国际储备的作用

（一）调节国际收支

如果一国的国际收支失衡得不到及时地调整，将不利于本国国内经济和对外经济关系的发展，因此政府必须采取措施予以纠正。如果国际收支失衡是暂时的、小额的，可通过增减国际储备予以解决，而不必采取影响整个宏观经济的财政货币政策来调节。如果国际收支失衡是长期的、巨额的，则国际储备的调节可以起到缓冲作用。

（二）维护本币汇率的稳定

一国经济实力的消长必然会在该国货币汇率或货币地位的变化上反映出来。国际金融市场汇率的不正常波动会严重影响一国的经济发展和稳定。在固定汇率制度时期，一国为使本国货币汇率波动控制在固定汇率制所规定的幅度内，不得不对市场汇率的大幅度波动进行干预。实行浮动汇率制度后，各国为了本国的利益，需动用国际储备来干预外汇市场以稳定汇率，国际储备是维持货币汇率的干预资产。

（三）保证本国货币的国际信誉

国际储备作为备用的国际支付手段，是对外举债、还本付息的保证。在发放国际信贷时，不仅要分析借款国的对外信誉、偿债能力和国家风险，还要考察一国的国际储备量。一国的国际储备比较充足时，可以提高该国的国际信誉，特别是金融资信程度。可见，国际储备既是一国向外借款的保证，也是债务国到期还本付息的基础。

一国持有国际储备的多少表明一国干预外汇市场和维持汇率的实力。一国拥有雄厚的国际储备不仅可以保证当局客观上提供干预资产，而且可以增强对本国货币市场的信心，以维持本币在外汇市场的坚挺走势。一国国际储备雄厚，外汇市场对该国货币的信心就充足。充足的国际储备是支持与加强本国货币信誉的保证。

（四）增强国际竞争能力

一国的经济发展保持均衡的良性循环，外贸与国际收支基本平衡并有一定顺差，国际储备稳定增长，国际竞争能力提高；反之，国际经济活动的竞争能力则会减弱。因此，国际储备状况是一国金融实力和经济地位强弱的象征。

一国金融当局若持有充足的国际储备资产，则具有高估或低估本币价值的能力。在特定的条件下，本币高估可以使同一货币量购买更多的外国商品或清偿更多的外国债务；而本币低估可以提高本国商品的出口竞争能力。

四、适度国际储备量的影响因素

国际储备的需求是国际储备管理的核心内容，一国究竟保持多少国际储备对一国经济发展具有重要意义。如果一国国际储备规模过小，在国际贸易发生突然变化时会出现支付危机和汇率大幅度波动，不利于经济的稳定和发展。同样，若一国国际储备过多，则意味着资源的大量闲置，同时大量的国际储备意味着需要发行大量的货币，会给国内带来通货膨胀的压力。一般来说，国际储备量的确定需考虑以下因素。

（一）对外经济活动

1. 对外贸易状况

对外贸易状况包括外贸在一国国民经济中的地位和作用、贸易条件和出口商品在国际市场上的竞争能力等。由于贸易收支是决定一国国际收支的最重要因素，国际储备最基本的作用是弥补国际收支逆差，因而对外贸易状况对于一国的国际储备量具有极其重要的影响。

一个国家的进出口额在国民总收入所占的比重越大，即外贸依存度越大，对外开放程度越高，国际经济活动的规模越大，对外需求也就越大，这必然产生对国际储备的高需求。但如果出口商品的竞争能力很强，占有国际市场的份额较大，贸易收入较稳定，所需的国际储备则可少些。

美国经济学家特里芬教授在《黄金和美元危机》一书中指出，一国的国际储备与它的贸易进口额之比应保持一定的比例，这个比例以40%为最高，以20%为最低，合理比例是25%，即大致相当于三个月贸易进口额。该比率被称为特里芬比率。但是，特里芬分析的国际经济背景是20世纪60年代以前的情况。在那个时代，进出口贸易是国际经济交往的主要活动，国际资本流动规模较小，考察国际经济活动的主要变量是进出口贸易等实物指标，主要是从贸易支付的角度来考虑国际储备规模问题。随着国际资金流动越来越频繁，这种确定方法的局限性也日益凸显。

2. 外债规模

一国所欠外债越多，还本付息期限越近，所需的国际储备也就越多。国际债务是很多经济不发达国家面临的具体问题。而国际储备除了是还本付息的重要来源外，还是在国际资本市场上借新还旧的信誉保证。倘若一国对国际债务爽约，则会丧失国际信誉，诱发债务危机。

3. 国际收支状况

国际储备量是与一国的国际收支状况紧密相连的。国际收支顺差国，国际储备量可以适当降低；国际收支逆差国，国际储备量则应适当提高。而且，国际收支不平衡的规模和国际收支调节政策的效率与速度也是影响国际储备需求量的重要因素。如果国际收支调节机制和调节效率高，需要动用的国际储备就少；反之，则需要大量的国际储备。

4. 国际市场融资能力

一个国家在国际金融市场上筹措资金的能力与国际储备需求间有较为密切的联系。一般来说，国际信誉好的国家，临时对外筹措应急资金的能力就强，所需的国际储备量可少些；反之，则需要较多的国际储备。但国际储备如果过低，会降低国际信誉，即使能筹到款项，其筹资的成本也会相应提高。

（二）国家政策导向

1. 外汇和外贸管制程度

从理论上说，一国如果经济开放程度低，实行较为严格的外汇和外贸管制，汇率、进口用汇、资本流动及进口配额均受到管制，进口支付受到严格的管制，可在一定程度上控制和利用居民的私有外汇，则可保持较少的国际储备；反之，则需保持较多的国际储备。

2. 汇率制度

在浮动汇率制度下，汇率随外汇市场供求的变化而上下波动，各国不必承担用国际储备维持固定汇率的义务。因此，实行浮动汇率制度所需的国际储备比实行固定汇率制度所需的国际储备少。但有管理的浮动汇率制度也需要一定的外汇储备来调节市场，其需求量在相对自由的浮动汇率制度和固定汇率制度之间。

3. 外汇政策

一国货币当局要使其货币具有一定的地位并实行稳定的汇率政策，同时为了不因汇率变动伤及本国经济，就必须保有足够的国际储备，以适应干预外汇市场和稳定汇率的需要；反之，如果一国货币当局允许汇率自由浮动，对外汇市场的干预越少，所需的国际储备就越少。

4. 货币当局的政策选择

调节国际收支逆差有多种途径，包括：(1) 影响经常项目的支出转换或吸收政策；(2) 影响资本项目的政策；(3) 以国际储备形式提供融资的政策；(4) 采用替代国际储备的双边或多边结算制度和结算工具。但当一国的政府当局倾向迅速地解决国际收支逆差时，就会选择动用国际储备。这种情况会对国际储备产生较高的需求。当选用其他政策来调节国际收支逆差时，则可减少对国际储备的需求。

（三）国际合作程度

如果一国在经济、金融领域里与世界上其他国家存在良好的合作关系，各有关国家联合干预以协调国际经济、金融事务，那么不论是国际收支问题还是外汇汇率问题，都比较容易得到解决，所需国际储备就可少些。

（四）货币的地位

一国货币若为自由兑换货币且为其他国家的储备货币，该国则无须保有太多的国际储备。因为该国可直接用本国货币平衡短期逆差，也可通过对外直接投资获取更高的回报。对储备货币发行国来说，尽管其货币可以作为国际储备来使用，为防止通货膨胀也应控制其货币供给量。但对于非储备货币发行国来说，则需要保持较多的国际储备。

（五）持有国际储备的机会成本

一国的国际储备代表了对国外资源的购买力，一国持有国际储备的机会成本等于因保有国际储备而放弃的投资收益与保有国际储备的利息之差。这一差额越大，表明拥有国际储备的机会成本越高；这一差额越小，则表明持有国际储备的机会成本越低。一国对国际储备的需求数量一般与其持有国际储备的机会成本负相关。

另外，当一国的国际收支出现严重的失衡时，往往要采用财政政策、货币政策、外汇与外贸管制等手段进行调节。而这种调节往往又会引起经济震荡，带来损失。因此，避免这种调节的损失可称为国际储备的持有利益。国际储备的持有利益越大，所需的国际储备也就越多。

（六）宏观经济规模

一般来说，一个国家国民生产总值越大、固定资产投资越多、经济发展速度越快，国际储备水平就相应地要高一些；反之，则需较少的国际储备。

此外，还有国际资金流动状况等也影响一国的国际储备水平。总之，影响一国国际储备水平的因素很多，不能仅凭一个因素就确定一国的国际储备水平，需要综合各方面因素，根据本国国情进行多方面考虑以确定合适的国际储备规模。即使一个国家在不同的发展阶段，不同国家在相同的发展阶段，适度的国际储备量也会有所差异。

第二节　国际储备多元化

一、国际储备多元化的形成

（一）储备货币的演进

19 世纪金本位实行时期，英国在国际贸易中居于主导地位，黄金和英镑是主要的国际清偿手段。英国只需通过对外国政府，特别是英联邦国家的英镑账户提供信贷，便可购买大量的原材料和进口商品。英镑作为国际储备货币，意味着英国能够通过增发英镑来平衡国际收支逆差。19 世纪 60 年代中期以后，英国的经常项目出现了结构性失衡，英镑的信誉逐步下降。抛售英镑的风潮加重了对英镑汇率的压力，导致英国国际收支全面恶化，最终引起了英镑贬值。

第二次世界大战后建立的布雷顿森林体系，美元代替了英镑的地位并逐渐成为各国的主要储备货币，黄金和美元成为主要国际储备资产。在布雷顿森林体系中，美元成为价值标准、干预货币和国际流通手段。美国的国际收支赤字为盈余国提供了美元资产，形成了各国的国际储备。

布雷顿森林体系崩溃后，美元继续作为主要的国际储备货币。但各国为了避免美元贬值而造成的储备资产损失，纷纷调整储备货币，国际储备货币多元化的趋势开始形成。

（二）国际储备多元化的表现

国际储备多元化表现为储备资产的形式和储备货币的种类不断增加的趋势。

（1）黄金在国际储备中的比重下降，外汇储备比重上升。在第二次世界大战结束前，黄金储备曾一度占世界总储备的90%以上。由于黄金不能满足商品流通的需要，黄金作为货币的职能大大降低。

（2）外汇储备构成多元化。外汇储备由单一储备货币逐渐向多种储备货币过渡，如美元在1973年初在官方外汇储备中占84.6%，德国马克占5.8%，日元尚不是储备货币，而到2010年，美元在官方储备中占比降到了61.3%，英镑占4%，日元占3.6%，欧元占26.9%。以中国为例，中国外汇储备的结构没有对外明确公布过。据估计，截至2014年，美元资产占70%左右，日元约占10%，欧元和英镑约占20%，依据来自国际清算银行的报告、路透社报道以及中国外贸收支中各币种的比例。

（3）出现了新的储备资产。如特别提款权、在国际货币基金组织的储备头寸以及欧元等。

在国际储备多元化进程中，最主要的是外汇储备多元化，因为外汇储备已成为国际储备的主体。

（三）国际储备多元化的原因

1. 储备货币自身职能的矛盾

储备货币既是一国的本位货币，又是一种国际货币。作为一种本位货币，要求其适应本国宏观经济政策的目标，促进本国经济增长、对外经济平衡或略有节余，这种职能要求本币稳定或坚挺，而国际经济贸易的稳定，更需要国际货币币值的稳定和坚挺；国际经济贸易的发展，又要求支付媒介增加，这只有通过储备货币发行国国际收支逆差实现，但会反过来影响国际货币币值的稳定，削弱国际储备货币的地位和人们对其的信心，这就潜伏着难以解脱的危机。这也是理论上一国货币无法独占国际储备货币地位的根本原因。

2. 各国经济发展的消长

国际储备多元化的另一个原因是美国和其他发达国家相对经济实力发生变化。

（1）美国经济实力相对削弱。

第二次世界大战以后，1945年美国黄金储备量占到世界黄金储备量的59%，到1948年增加到87%，美国在经济、政治等方面均处于绝对优势地位。布雷顿森林体系赋予美元以主要国际支付手段和储备货币的职能，就是由美国的经济实力决定的。

20世纪50年代后期一直到整个60年代，美国国际收支持续逆差，最终导致从1971年8月开始，美国不再承担美元与黄金的兑换义务。70年代初期美元两次贬值，使美元危机加剧。

（2）其他国家经济实力相对加强。

从20世纪50年代末期开始，西欧和日本的经济实力迅速崛起，国际收支由第二次世界大战后初期的连年逆差转为顺差，日元等货币开始坚挺。各国在调整国际储备时，自然要增加英镑、日元比重，减少美元比重。尤其是欧元诞生后，各国开始在储备货币中增持欧元。

3. 固定汇率制度的崩溃

1971年8月，美元停止按固定价格兑换黄金及美元危机的爆发导致了固定汇率制度的崩溃。在浮动汇率制度下，汇率更加动荡不定，黄金价格亦大起大落。20世纪70年代初期，美元两次正式宣布贬值，使许多国家持有的美元储备蒙受相当大的损失。国际储备货币的多元化在浮动汇率制度下逐步形成。

4. 国际金融组织创设了"篮子货币"

为缓和美元危机，国际货币基金组织于1969年创设了特别提款权，并分配给各会员国。由于这种"篮子货币"的产生，其保值和示范作用使国际储备资产更加多样化了。为避免汇率风险和减少损失，各国货币当局更加愿意采用储备货币多元化战略。

二、国际储备多元化的影响

（一）国际储备多元化的积极影响

1. 摆脱了对美元的过分依赖

储备资产的外汇种类增多，减少了因美国经济衰退和国际收支恶化对各国储备资产变动的直接影响。美国经济状况的消长对各国国际储备价值的影响已减弱。

2. 有利于储备国防范汇率风险

在国际储备多元化的情况下，可供选择的币种增多，各国可随时根据外汇市场汇率的变化调整其国际储备的货币币种结构，以防范或减轻外汇风险和损失，并增加收益。同时，各种储备货币的升值或贬值相互抵消，可有效分散国际储备可能遇到的外汇风险，避免在单一储备货币体制下储备货币贬值带来的损失。

3. 促进了各国货币政策的协调

在国际储备多元化的情况下，国际市场汇率很难受一国控制和操纵。同时，储备货币的多元化也拓宽了国际金融合作与协调的余地。

4. 有利于摆脱国际储备货币发行国的两难境地

国际储备货币满足世界各国对储备货币的需求，是以储备货币发行国的国际收支逆差为前提的。而储备货币发行国的国际收支逆差又会降低储备货币的信誉，导致储备货币的危机。储备货币多元化可以减轻世界各国对单一储备货币需求的压力，使储备货币发行国有可能摆脱两难困境。

（二）国际储备多元化的消极影响

1. 加剧了外汇市场的动荡

1973年实行浮动汇率制度以后，各国货币当局面对外汇市场汇率的变化，灵活调整储备货币币种以减缓和避免外汇风险。货币当局调整某种储备货币的持有会导致该种货币的稳定性降低，也诱使私人银行、私人投资者和外汇投机者闻风而动，追随货币当局买进或卖出该种储备货币，进一步加剧了外汇市场的动荡。

国际储备的稳定需要各种储备货币的稳定，而所有储备货币发行国的政治和经济状况同时保持稳定和发展是很难做到的。由于目前的金融体系尚未建立储备多元化的有效协调、约束机制，因此，当任何一个主要储备货币发行国的经济发生波动时，都会影响其他货币的波动，从而加剧了国际市场货币汇率的波动。

2. 影响一国经济的稳定发展

在多种储备货币体系下，当某种储备货币汇率上升时，各国货币当局可能将其储备调换成该种货币，因该种货币需求剧增，促使该种货币更加坚挺。同时由于币值坚挺，又吸引大量国际流资涌入，对该国造成通货膨胀的影响。反之，当某种货币疲软时，则会带来经济紧缩的影响。

3. 不利于储备货币发行国贯彻本国经济政策

当储备货币发行国为抑制通货膨胀而采取紧缩性经济政策时，由于利率的提高会促进境外资本流入，不同程度地抵消了紧缩性经济政策的效果。当该国为刺激经济增长而采取扩张性经济政策时，由于扩张性经济政策降低了利率，又会引起资本的流出，产生紧缩性的影响，其效果同扩张性经济政策希望产生的结果相左。

4. 增加了国际储备管理的难度

在储备货币多元化的情况下，各储备货币发行国经济发展的不平衡，储备货币持有国需求的不一致，以及国际上经济、贸易发展情况的不同，都会影响货币地位和汇率的变化。在调整国际储备资产结构时，要及时处理多变的各种国际经济信息并协调各种币种结构；要不断调整各种储备货币的比例，这都增加了管理国际储备资产的难度。

5. 加剧了世界性的通货膨胀

国际支付手段必须与世界经济、贸易的发展相适应，否则会引起世界性通货膨胀。在多种储备货币体系下，欧元、英镑、日元等硬通货与传统储备货币美元一同被用作国际储备，导致储备货币发行国家增多。一国货币作为国际储备货币，又是该国的本位货币，一旦该国经济需要过多地发行其货币时，可能会导致世界性的通货膨胀。

第三节　国际储备资产管理

一、国际储备资产管理原则

国际储备资产管理是指一国政府及货币当局根据一定时期内本国的国际收支状况和经济发展规律的要求，对国际储备的规模、结构及储备资产的运用等进行调整、控制，以实现储备资产规模适度化、结构最优化的过程。在国际储备资产管理过程中应遵循以下原则。

（一）安全性

安全性是指储备资产本身的价值稳定且存放可靠。主要考虑以下几个方面：首先，一个国家要持有某种资产，必须先考虑这种资产的价值是否稳定。如果一种资产的价值经常受到汇率的冲击而贬值，则表明该种资产缺乏安全性，应当减少该种资产的储备。其次，一个国家在确定外汇资产存放的国家与银行时，必须考虑这个国家的经济是否发达，银行资信是否可靠。若经济欠发达，银行资信不可靠，则不宜存放。

（二）流动性

流动性是指储备资产随时能够获得与运用。不同形态的储备资产具有不同的流动性。一般来说，活期存款、商业汇票等资产的流动性较高，可作为一级储备。外国中期国债等资产的流动性较弱，只能作为二级储备。一国在权衡得失时，一方面应保持较多的一级储备，以利于日常的国际支付；另一方面应把流动性强弱不同的各种储备资产用于不同期限的投资，使各种资产的期限与对外支付的日期相衔接，保证资产充分流动。

（三）盈利性

盈利性是指储备资产在保值的基础上有较高的收益。一国在管理储备资产时，一般应在满足安全性和流动性的前提下，尽可能提高储备资产的盈利性，以降低持有储备资产的机会成本。

上述三条原则从表面上看是相互矛盾的，如活期存款的盈利性较差，但其流动性较好；国债的安全性较好，但其流动性较差；软货币价值不稳定，但其盈利性往往较好；硬货币安全性好，但其盈利性较差等。各国在管理储备资产时，应坚持以上三条基本原则，处理好各个原则间的矛盾关系，在实现安全性和流动性的前提下尽量获得较高收益。

二、国际储备结构管理

（一）国际储备资产的结构管理

国际储备资产的结构管理是指一国如何合理地分配储备资产，从而使黄金储备、外汇储备、普通提款权和特别提款权的持有量之间保持适当的比例关系，并考虑储备货币结构优化的问题。

普通提款权和特别提款权的数量取决于一国向国际货币基金组织缴纳份额的多少，受基金组织控制，数量相对固定，这两项资产占储备资产总额的比重较小。在布雷顿森林体系垮台后，黄金储备已退居二线储备地位，其本身不能作为直接支付手段，而需要通过卖出换取外汇的方式弥补国际收支逆差，流动性较差。由于持有黄金非但不能获取利息，还要支付保管费用，故黄金在整个国际储备中所占比重较小。在实践中，各国政府对黄金储备的管理倾向于保持原来的储备量不变。储备货币已成为国际储备资产的主要形式，实行浮动汇率制度以来，汇率的频繁波动使储备货币价值变动的风险不断加大。因此，国际储备结构的管理主要是储备货币结构的管理。

（二）外汇储备货币的币种结构管理

储备货币币种结构及其优化是指根据外汇市场汇率变化调整各币种的储备货币在外汇储备中的比例。一般来说，储备货币币种结构优化要考虑以下因素。

1．外贸结构

一国外汇储备货币结构应满足该国外贸结构所需币种及其数量，以减少货币兑换环节，防范汇率风险，使储备货币具有充分的流动性。

2．对外投资与偿还外债的需要

一国的经济实力和国外的投资环境决定了该国对外投资的数量和币种；国际融资渠道和债务负担的状况又决定了偿债本息的数量和币种。储备货币的币种结构必须满足偿还外债的币种需求。

3. 外国投资企业资金和收益的汇出

外汇储备币种结构的配置需要结合外资企业的国别及盈利水平的具体状况考虑。

4. 汇率与利率走势

储备货币的风险主要来自汇率和利率的变动。在一般情况下，硬货币的利率较低，软货币的利率较高。只有合理地权衡汇率风险和利率收益间的关系，才能保证外汇储备的稳定。因此，要增加有升值趋势的硬货币及汇率波动幅度小的货币比重，以减少贬值风险。对利率水平较高的国家，则可动用该国货币储备对该国进行投资，以获取较大收益。

5. 外汇市场干预的需要

即使一些储备货币的发行国能够用本国货币支付逆差，也需要保持多种货币作为外汇储备，以备外汇市场干预之需。

6. 货币发行国及国际金融市场的状况

一般来说，储备货币发行国的政治、经济、金融状况良好，其货币汇率走势就趋于上升；国际金融市场的利率变动对储备货币发行国的影响较小，该国的币值就趋于稳定。在这种情况下，可适当增加该币种的持有量。

（三）外汇储备资产形式的结构管理

外汇储备资产形式的结构是指外币现金、外币存款、外币短期证券和外币长期证券等资产在储备货币中的比重。为了使储备货币的运用兼顾流动性、安全性、盈利性的要求，通常将外汇储备根据不同的变现能力进行分级管理，并确定各等级的合理比例。外汇储备一般可分为以下三级。

1. 一级储备

一级储备是指用于一国经常性或临时性对外支付所需的外汇储备。这部分储备必须保持高度的流动性，随时可以变现。这部分储备资产形式包括外币现金、在国外银行的活期存款、短期存款、短期债券、商业票据等。一级储备的盈利性较低，但风险较低、流动性强。

2. 二级储备

二级储备主要是补充性的流动资产，作为应付临时性、突发性等不时之需时对外支付的保证。二级储备的管理以盈利性为主，兼顾适度的流动性和风险性，这部分储备资产形式包括外国中期国债等金融资产。

3. 三级储备

三级储备主要是用于长期投资的国际储备资产，包括各种形式的具有高收益的外国长期有价证券。三级储备流动性弱，但收益高，可以弥补一级储备的不足。

三、国际储备收益管理

在满足不同时期外汇支付的前提下，有一部分国际储备可以说在相当长时期内是不会动用的，要尽可能提高这部分储备资产的收益。

（一）投资

1. 投资信誉好的有价证券

应主要投资于外国政府债券、准政府债券、银行存款等市场规模大、信用级别高的金融资产。

2. 按不同比例投资到风险不同的资产中，尽量减少投资风险

国际储备投资时要处理好平均收益、风险和方差（短期收益和长期平均收益之差）之间的关系：平均收益高，方差小，则风险小，收益高；平均收益低，方差小，则风险小，收益稳定；平均收益高，方差大，则风险大，收益不稳定。

（二）处理好利率、汇率之间的关系，提高实际收益率

以中国为例，我国过去的外汇储备币种结构单一，以美元居多。我国以美元为主要货币的格局，非常容易受到汇率风险的影响。当美元贬值和美国国内出现通货膨胀时，我国外汇储备都会随之贬值，造成外汇储备损失。同时，我国外汇储备主要投资于固定收益类金融债券，这些债券只有4%～5%的名义收益率。如果考虑到美国通货膨胀率和美元贬值，这些债券的实际收益率更低。据测算，扣除通货膨胀率和对冲成本后，实际收益率只有0.7%～1.7%，而同期国内资本平均回报率约在5%以上。

（三）处理好流动性和收益性之间的关系

按照IMF外汇储备管理指南，外汇储备达到充足性、流动性和安全性目标之后，应着重考虑收益性。据美国财政部统计，中国官方的外汇储备中约有4 500亿美元是以美国政府部门发行的各种证券和其他长期金融资产保有，另外还可能持有500亿美元存款和其他短期头寸。由此可见，中国外汇储备具有较好的充足性、流动性和安全性。但是，中国外汇储备的收益性明显不足。因此，提高外汇储备收益已成为中国外汇储备管理的重要任务。

第四节　我国的国际储备

改革开放以来，随着对外经济交往步伐的加快和规模的扩大，我国对外贸易、利用外资及国际储备投资均迅猛发展，国际储备问题备受关注，迫切需要加强和完善国际储备的总量管理和结构管理。

一、我国国际储备的回顾

1949—1979年，我国对内实行高度集中的计划经济体制，较少参与国际经济交往。在国际收支上实行“量入为出，以收定支，收支平衡，略有节余”的方针，国际储备在我国的经济生活中并不重要。

我国实行对外开放政策后，不断扩大同世界各国的经济往来，国际储备在国民经济中的重要性日益增强。1979年3月，国家外汇管理局正式成立，主要行使管理外汇、国际储备和外债的职能。与此同时，中国银行从中国人民银行中分设出来，成为当时唯一的一家

外汇专业银行。

1980 年 4 月，我国恢复了在国际货币基金组织和世界银行的合法席位后，按规定缴纳了应缴的份额，享有在国际货币基金组织的普通提款权和基金组织分配的特别提款权，从而被纳入了世界储备体系。

1981 年，我国正式对外公布国家黄金储备。在国家黄金库存中划出 4 吨（约合 1 267 万盎司）黄金作为国际储备中的黄金储备部分，并将历年贸易和非贸易外汇收支结存及中国银行可动用的外汇头寸作为国际储备。

1983 年 9 月 17 日，国务院决定让中国人民银行专门行使中央银行职能。1985 年以后，各专业银行也相继开始经营外汇业务。1990 年 6 月，国家外汇管理局在上海试行“外汇移存制”。改变了各专业银行在进行外汇业务中所垫付的人民币资金需通过中国银行进行再结汇的方式。一方面，保证了国家的外汇收入能通过移存渠道被纳入国家的国际储备范围；另一方面，使各专业银行能从中国人民银行及时获得结汇用的人民币流动资金。

1995 年 3 月 18 日，《中华人民共和国中国人民银行法》颁布，从法律上明确了中国人民银行“持有、管理、经营国家国际储备”的职责。

二、我国国际储备的来源

（一）黄金储备

我国的黄金储备是从国家黄金总库中划拨出来的，并根据国家黄金总库的增长及我国对外经济贸易发展的需要进行逐步调整。因此，国际储备中的黄金储备仅仅是整个国家黄金库存总量的一部分。我国的黄金储备多年来变化不大。这是由于我国一般不动用黄金来调节国际收支，也不通过买卖黄金的方式进行金价波动时的避险和赚取收益。这与世界上大多数国家的做法也是一致的。当然，国家黄金库存逐年处于增长趋势中。

（二）储备头寸与特别提款权

1980 年我国恢复在国际货币基金组织的席位时，分到的在国际货币基金组织的储备头寸和特别提款权分别为 1.5 亿和 0.75 亿特别提款权单位。随着国际货币基金组织增加特别提款权的发行，我国的这两项储备有了很大幅度的增加。

（三）外汇储备

1992 年以前，我国的储备货币一直由国家外汇库存和中国银行外汇结存两部分组成。中国银行的外汇结存是指中国银行自有外汇资金，加上其在国内外吸收的外币存款，再加上发行国际债券或以其他方式在国际金融市场上筹集的外汇资金，减去中国银行在国内外的外汇贷款和投资。但按照国际惯例，国家外汇库存和中国银行外汇库存不能混为一谈。国家外汇库存是我国货币当局持有的对外债权，国家对其拥有所有权，可以无条件地随时动用。而中国银行外汇结存则是该银行的本金和对外负债，国家不能无条件动用。为与国际惯例接轨，我国从 1992 年起启用新的国际储备统计口径，即国际储备中仅包括国家外汇库存部分。

我国外汇储备规模（1950—2014 年）、官方储备资产（2004—2014 年、2015 年 6—8 月）见表 2—1～表 2—3。

表 2—1　　　　国家外汇储备规模（1950—2014 年）　　　　单位：亿美元

年度	金额	年度	金额	年度	金额
1950	1.57	1972	2.36	1994	516.20
1951	0.45	1973	－0.81	1995	735.97
1952	1.08	1974	0.00	1996	1 050.29
1953	0.90	1975	1.83	1997	1 398.90
1954	0.88	1976	5.81	1998	1 449.59
1955	1.80	1977	9.52	1999	1 546.75
1956	1.17	1978	1.67	2000	1 655.74
1957	1.23	1979	8.40	2001	2 121.65
1958	0.70	1980	－12.96	2002	2 864.07
1959	1.05	1981	27.08	2003	4 032.51
1960	0.46	1982	69.86	2004	6 099.32
1961	0.89	1983	89.01	2005	8 188.72
1962	0.81	1984	82.20	2006	10 663.44
1963	1.19	1985	26.44	2007	15 282.49
1964	1.66	1986	20.72	2008	19 460.30
1965	1.05	1987	29.23	2009	23 991.52
1966	2.11	1988	33.72	2010	28 473.38
1967	2.15	1989	55.50	2011	31 811.48
1968	2.46	1990	110.93	2012	33 115.89
1969	4.83	1991	217.12	2013	38 213.15
1970	0.88	1992	194.43	2014	38 430.18
1971	0.37	1993	211.99		

数据来源：国家外汇管理局官网。

表 2—2　　　　**2004—2014 年我国官方储备资产**　　　　单位：亿美元

项目	2004 年末	2005 年末	2006 年末	2007 年末	2008 年末	2009 年末	2010 年末	2011 年末	2012 年末	2013 年末	2014 年末
储备资产	6 186	8 257	10 808	15 473	19 662	24 532	29 142	32 558	33 879	38 804	38 993
货币黄金	41	42	123	170	169	371	481	530	567	408	401
特别提款权	12	12	11	12	12	125	123	119	114	112	105
储备头寸	33	14	11	8	20	44	64	98	82	71	57
外汇储备	6 099	8 189	10 663	15 282	19 460	23 992	28 473	31 811	33 116	38 213	38 430
其他储备资产	—	—	—	—	—	—	—	—	—	—	—

数据来源：国家外汇管理局官网。

表 2—3　　　　**2015 年 6—8 月我国官方储备资产**　　　　单位：亿美元

项目	2015.06	2015.07	2015.08
1. 外汇储备	36 938.38	36 513.10	35 573.81
2. 储备头寸	45.67	43.73	47.27
3. 特别提款权	105.45	104.60	105.29
4. 黄金	623.97	592.38	617.95
5. 其他储备资产	0.00	0.68	－2.48
合计	37 713.47	37 254.48*	36 341.84

数据来源：国家外汇管理局官网。

注：标注“*”的受尾数四舍五入影响。

专栏 2—4：国际货币基金组织通过份额改革方案　我国份额占比排名跃居第三

国际货币基金组织执董会于北京时间 2010 年 11 月 6 日晨 7 时 30 分就份额和治理改革一揽子方案达成一致。根据该方案，我国份额占比将增加 2.398 个百分点，为 6.394%，排名从并列第六跃居第三。该方案将实现向有活力的新兴市场和发展中国家转移份额达 6 个百分点，基本满足 G20 匹兹堡峰会所要求的目标。

根据该方案，发达国家份额整体将降至 57.7%，发展中国家升至 42.3%，发达国家向新兴市场和发展中国家整体转移份额 2.8 个百分点。其中美国降 0.263 个百分点至 17.407%，日本降 0.092 个百分点至 6.464%，仍排名第一、第二。德国降 0.524 个百分点至 5.586%，降至第四。法国、英国调整后份额水平为 4.227%，并列第五。意大利降 0.145 个百分点至 3.161%，仍排第七。印度增 0.309 个百分点至 2.751%，从第十一位升至第八位。俄罗斯增 0.212 个百分点至 2.706%，从第十位升至第九位。巴西增 0.533 个百分点至 2.316%，从第十四位升至第十位。该方案要求各会员国尽最大努力，加快各项审批程序，2012 年国际货币基金组织年会前本轮份额改革方案正式生效。

资料来源：牛娟娟：《我国在国际货币基金组织投票权升至第三位》，载《金融时报》，2010-11-08，有改动。

交通银行首席经济学家连平点评：

应该看到，这项具有历史意义的协议是 IMF 历史上一次带有根本性意义的治理改革，也是一次最大规模的有利于新兴市场和发展中国家的权利调整。该份额改革方案获得通过不仅是中国等新兴经济体经济地位提升、对全球经济的影响日益重要的体现，也表明了发达国家对这一变化的认可。该方案通过有利于在一定程度上改变长期以来在国际经济金融事务中，发达国家一直占据主导地位的不均衡局面，有效提升中国等发展中国家和新兴市场国家的投票权和话语权，有利于世界经济进一步向多极化、均衡化发展。

但与此同时，我们也应对此保持清醒的认识。一方面，权利和责任是对等的。投票权上升、话语权增加意味着发展中国家和新兴市场国家要承担更多的责任和义务，这不仅表现在向 IMF 提供更多的资金和在国际上提供更多的救助，还表现在对国际规则的遵守上。美国等发达国家很可能会以遵守“国际共识”为借口向中国等新兴经济体施加压力。另一方面，发展中国家和新兴市场国家投票权增加并未从根本上改变 IMF 现有的、以美国为主导的格局。尽管 IMF 的投票权配额得到调整，中国的投票权明显提升，但 IMF 的重大决策需要 85%的支持率才能通过；而美国目前的投票权仍在 17%左右，美国享有实际否决权，IMF 的主导权仍在美国手中。

未来我们既要充分利用在 IMF 投票权扩大的机会，积极在国际经济秩序重建和国际货币体系改革中发挥自身影响力，进一步提升人民币的国际地位，勇于承担大国责任；同时要时刻保持警惕，主动研究和适应新的国际环境，熟练运用国际规则，避免“受制于人”。最重要的是，中国还应继续“苦练内功”，坚定不移地推进经济体制改革，加快经济结构调整和经济发展方式转变，以自身经济实力的持续、稳定提升来进一步提高国际地位和扩大影响力。

三、我国国际储备规模的影响要素

合理确定我国国际储备的规模是一个非常重要的理论与实践问题。它既关系到我国宝贵的外汇资源能否得到有效、节约地运用，又涉及国家的对外信誉与对内经济稳定。根据我国国情，影响我国国际储备规模的因素主要有以下几个。

（一）我国对外贸易结构变化和经济发展规模

外贸收支在我国国际储备来源和运用中占有非常重要的地位。从出口商品看，初级产品和附加值较低的初级加工品在我国出口商品中占有一定的比重，工业制成品尤其是高新技术产品和精加工产品的出口比重偏低。我国出口商品的竞争能力主要来自价格，从这个意义上看，我国应保持中等偏高的国际储备。

（二）我国的外债状况和对外融资能力

偿还外债的需要是确定国际储备规模的重要因素，我国的外债总额基本适宜，属于中等偿债率国家。

国际融资能力也是影响我国国际储备规模的因素。由于我国的国际政治、经济地位不断提高，根据国际权威资信评级公司对我国资信评定的级别，我国基本上保持了中上等水平。我国高速的经济增长，丰富的资源条件，巨大的市场潜力，较强的出口创汇能力，加上一贯坚持按期如数偿还外债的政策，使我国在国际金融市场上有着较强的融资能力。

（三）汇率制度及调节手段

自 1994 年 1 月 1 日起，人民币汇率并轨，实行以市场供求为基础的、单一的、有管理的浮动汇率制度。中国人民银行通过向外汇交易市场吞吐外汇保持汇率的稳定。在这种制度下，中央银行必须拥有足以影响汇率变动的国际储备。从现状和发展看，人民币在经常项目下的自由兑换使我国已经开始了人民币分阶段地实现自由兑换的进程。当人民币彻底实现自由兑换后，国际储备通过稳定汇率来实现国际收支平衡的作用将更加突出。因此，我国的国际储备水平不宜太低。

（四）进口贸易因素

按照国际惯例，国际储备应当满足 3 个月的进口需要量，或全年进口额的 25%。2014 年我国进口额为 12.04 万亿美元，若满足 3 个月的进口需要量，需保有的国际储备应在 3 万亿美元左右。

（五）偿还外债的需要

一般认为，外债偿还基金占外债总额的 10%～20%为宜，这部分外汇资金应包括在国际储备之中。2014 年我国的外债余额为 54 793 亿元人民币左右，因此这部分的外汇储备应为 5 479.3 亿元人民币到 10 958.6 亿元人民币为宜。

（六）外汇平准基金的需要

根据外汇市场外汇交易量的大小确定国际储备的需要量，以保证干预外汇的资金需要。统计显示，2014 年，我国银行间外汇市场交易量保持较快增长，全年共成交 8.9 万亿美元，同比增长 16.7%，连续两年保持了两位数的增长。其中，人民币外汇市场成交 8.8 万亿美元，增长 16.9%；外币市场成交 605.6 亿美元，同比下降 5.7%。2014 年，外汇即期成交4.2万亿美元，同比增长1.4%；外汇衍生品成交4.7万亿美元，同比增长34.8%。外汇衍生品成交占比53.0%，较2013年增长7.1个百分点，首次超过外汇即期成交。

（七）随机波动因素

我国国际储备相对于进口需要量的月数波动很大。考虑到这种波动对国际储备的影响，应预留出相当于进口需求量3个月左右的国际储备。

任何事情都有两面性，国际储备过多也会产生一系列弊端。主要表现在：(1) 国际储备总量的提高，往往是以牺牲国内经济的发展为代价的。我国属于发展中国家，这就减少了国内建设急需的物资和技术的资金来源，对经济发展不利。(2) 国际储备的增长在一定程度上形成了货币供给与通货膨胀的压力，这主要表现为外汇占款形式中基础货币投放的增加。

我国国际储备的管理尚存在不够完善之处，如外汇储备调整机制有待健全等。我国国际储备的管理应审时度势，不断改革和完善。

本章小结

1. 国际储备又称官方储备，是一国货币当局所持有的，国际上普遍可以接受的，用于平衡国际收支、维持汇率稳定和作为偿还对外债务保证的各种对外流动资产的总称。

2. 根据国际货币基金组织对国际储备构成的规定，一国的国际储备应主要包括：黄金储备、外汇储备、会员国在国际货币基金组织的储备头寸、会员国所持有的特别提款权。

3. 国际储备的作用包括调节国际收支、维护本币汇率的稳定、保证本国货币的国际信誉、增强国际竞争能力。

4. 在国际储备多元化的情况下，可供选择的币种增多，各国可根据外汇市场汇率的变化，灵活机动地调整其国际储备的货币币种结构，以防范或减轻外汇风险和损失，并增加收益。各种储备货币的升值或贬值相互抵消，可有效分散国际储备可能遇到的外汇风险，避免了在单一储备货币体制下储备货币贬值带来的损失。

5. 国际储备管理是指一国政府及货币当局根据一定时期内本国的国际收支状况和经济发展规律的要求，对国际储备的规模、结构及储备资产的运用等进行调整、控制，以实现储备资产规模适度化、结构最优化的过程。

6. 国际储备管理包括量的管理和质的管理两个方面。量的管理是指对国际储备适度规模的确定；质的管理是指对国际储备运营的管理。

思考题

1. 名词解释

国际储备；国际清偿能力；黄金储备；外汇储备；储备头寸；特别提款权；特里芬比率；一级储备；二级储备；三级储备。

2. 简答题

（1）简述国际储备的概念及特点。

（2）简述国际储备与国际清偿能力的关系。

（3）简述国际储备的构成。

（4）简述国际储备的作用。

（5）简述影响国际储备量的因素。

（6）简述国际储备资产管理。

第三章　外汇与汇率

学习目标

通过本章的学习，理解外汇的静态和动态概念以及成为外汇必须具备的三大特征、外汇的分类和外汇在国际经济中的作用、汇率影响经济运行的主要方式；掌握外汇的标价方式以及套算汇率和远期汇率的计算、影响汇率波动的主要因素、固定汇率制度和浮动汇率制度的区别、汇率制度选择的主要考虑因素、汇率制度类型的划分。

学习方法

（1）预习法。通过预习，对本章主要内容有初步了解，了解外汇的概念，以及如何进行套算汇率和远期汇率的折算等。

（2）实例学习法。外汇并不像其他的概念一样看不见摸不着，它和我们的生活息息相关。外汇影响我们生活的具体案例处处存在，平常多注意对这些案例的分析能够加深对外汇和汇率的理解，从而具体掌握外汇和汇率相关的知识，主要涉及外汇、汇率标价、汇率的影响因素、汇率对经济的影响以及汇率制度等方面。

（3）完成课后思考题，认真阅读相关资料。

案例导读1

张同学今年大学毕业，已经被美国一所知名大学录取攻读金融硕士研究生。还有几个月就要开学了，一切需要的东西还没有准备妥当，学费还没交，住宿还没有搞定，这几天为了这些事情他有些焦头烂额，其中他最关心的事情莫过于兑换美元了。有人和他说人民币处在升值通道中，近几年趋势都不会改变，不用急于兑换美元，如果允许的话，必要的支出可以用信用卡支付。还有人和他说中国目前经济状况不乐观，未来降息、降准的空间很大，而美国经济复苏态势明显，未来将进入加息通道，美元升值是板上钉钉的事情。

思考：

1. 什么是外汇？为什么不是所有的外国货币都能称为外汇？
2. 什么是汇率？影响汇率的因素有哪些？
3. 汇率为什么那么受人关注？它到底对经济有什么样的影响？
4. 什么是汇率制度？一国如何选择其施行的汇率制度？

案例导读2

2006年12月19日，泰国股市在一天之内下跌15%，市值蒸发了229亿美元，约合8 200亿泰铢。这次“海啸”缘于泰国政府为保护本国币值而使出的外汇管制措施。12月18日，泰国央行突然宣布，要求金融机构从即日起扣留所有流入资本的30%，与贸易及服务相关的资本流入或泰国居民汇回的投资收益不会被扣留。只要外商直接投资的项目得到证实，扣留资金就予以归还。除此之外，流入资金被扣留的部分将在一年后归还，前提是可以证明流入资金一年内都在泰国境内。若流入资金不满一年即撤出，投资者将仅能收回被扣留部分的三分之二。由此可见，一个国家的外汇管制措施不仅会影响汇率的变化，同时会影响整个国家的经济。

思考：

1. 什么是外汇管制？
2. 一个国家在何种情况下会实行外汇管制？

第一节 外汇

一、外汇的概念

外汇（foreign exchange），是指能用来清算国际收支差额的外国货币或以外国货币表示的各种资产的总称。它是一个国家涉外金融领域中最普遍、最常见的概念，可以从动态（dynamic）和静态（static）两个角度进行描述。

（一）动态外汇

动态外汇是国际汇兑的简称，即把一国货币兑换成另一国货币，以清偿国际上债权债务的行为。在现代信用制度下，其实质是以非现金方式进行的国际支付。例如，我国某公司从英国进口一批货物，约定采用英镑进行结算，其支付过程如下：我国进口商用人民币从中国银行购入一张英镑的银行即期汇票，然后寄给英国出口商，出口商收到汇票后，即可以在英国当地银行兑取英镑，从而获得清偿。这个结算过程就是国际汇兑，或称国际汇款。国际汇兑的主要方式有电汇、信汇、票汇（上例采用的是票汇）等。早期的外汇概念一般指的就是这种国际汇兑活动，它实际上等同于国际结算。

（二）静态外汇

静态外汇是指以外国货币表示的资产。静态外汇有狭义的静态外汇和广义的静态外汇之分。

1. 狭义的静态外汇

狭义的静态外汇是指以外国货币表示的，可以直接用于国际上债权债务清偿的各种支付手段和工具，它强调的是外汇作为金融资产的属性。

根据上述定义，狭义的静态外汇隐藏着一个前提条件，即可直接用于国际结算。以外币表示的债券、股票等有价证券由于不能直接用于国际结算，因此不属于狭义的静态外汇的范畴。另外，美元等外币现钞也不能算作狭义的静态外汇，只有将其携带回发行国，并贷记在当地银行账户上，才能算作外汇。从这个意义上说，只有存放在国外银行的外币存款（主要是活期存款）以及索取这些存款的票据或凭证才是外汇。狭义的静态外汇主要包括：国外银行外币存款；外币面值的银行汇票、本票、支票；电汇凭证等。

2. 广义的静态外汇

广义的静态外汇是指一切以外国货币表示的资产，其强调对外债权，适用于国家的外汇管理。广义的静态外汇包括外币现钞、外币支付手段和外币有价证券。

国际货币基金组织对外汇的解释是："外汇是货币行政当局（中央银行、货币管理机构、外汇平准基金及财政部）以银行存款、财政部库券、长短期政府证券等形式保有的在国际收支逆差时可以使用的债权。"

2008 年 8 月 5 日颁布的《中华人民共和国外汇管理条例》（修订版）规定，外汇是指下列以外币表示的可以用作国际清偿的支付手段和资产：

（1）外币现钞，包括纸币、铸币；

（2）外币支付凭证或者支付工具，包括票据、银行存款凭证、银行卡等；

（3）外币有价证券，包括债券、股票等；

（4）特别提款权；

（5）其他外汇资产。

现代社会各国普遍采用的是静态的、广义的外汇概念。

二、外汇的特征

一说到外汇，还会经常提及另一个概念：外币。事实上，外汇与外币是两个既相互联系又相互区别的范畴。首先，外汇包括外币，但外汇并不等同于外币，外汇还包括其他的内容，外汇的主要内容是各种外币支付凭证。其次，并不是所有外国货币都能成为外汇。一般来说，一种外币要成为外汇必须同时具备以下三个特征。

（一）外汇必须是以外币表示的可以用作对外支付的金融资产

外汇是以外币表示的金融资产，它通常包括外币现钞和外币现汇，以及外币有价证券。任何以外币计价的实物资产和无形资产均不构成外汇。所以对中国居民而言，其所持有的外国房产不是外汇，持有的国外专利权也不是外汇。

另外，本国货币及本币存款等本币资产不能被视为外汇。如美元对美国以外的其他国家而言是外汇，但在美国不是。

（二）外汇必须具有充分的可自由兑换性和普遍接受性

外汇必须具有充分的可自由兑换性和普遍接受性。在纸币流通条件下，一国货币只有可以不受限制地按照一定的比例兑换成其他国家的货币及其他形式的支付手段，才能被其他国家普遍认可为外汇。如果一国货币由于法规限制不能自由兑换，或者不被其他国家居民普遍接受，那么就不能算作外汇。如越南盾是一种外国货币，但由于不能在国际上自由兑换成其他国家的货币及其他形式的支付手段，因此越南盾不是外汇。

（三）外汇必须具有可偿性

可偿性意味着外汇必须是在国外能够得到偿付的债权，能确保其持有人拥有对该外币发行国商品和劳务的要求权。按照这一特征，空头支票、遭退票的汇票由于债权得不到清偿，因而均不能视为外汇。

三、外汇的种类

在各国国际收支和外汇管理中，可以依据不同的标准将外汇划分为若干种类。

（一）贸易外汇和非贸易外汇

根据外汇的来源和用途不同，可将外汇分为贸易外汇和非贸易外汇。

贸易外汇是指与进出口贸易有关的外汇，即有形贸易收支所使用的外汇。贸易外汇包括货款及运费、保险费、仓储费、佣金等贸易从属费用，它是一国国际收支的主要项目。

非贸易外汇是指进出口贸易以外所收支的各项外汇，即无形贸易收支所使用的外汇。

非贸易外汇包括对外提供劳务、投资收益汇回和侨汇、捐赠等途径取得的外汇。

(二) 即期外汇和远期外汇

按照买卖交割期限的不同，可将外汇分为即期外汇和远期外汇。

即期外汇又称为现汇，是指外汇买卖成交后必须在两个交易日内交割的外汇。

远期外汇又称为期汇，是指外汇买卖成交后，双方约定到一定的日期后按照事先约定的汇价进行交割的外汇。这个"一定的日期"可以是1个月、3个月、6个月，最长可达1年。

(三) 自由外汇和记账外汇

自由外汇是指不需要经过货币发行国批准，在国际金融市场上可以自由兑换成其他国家货币，并可随时向第三国办理支付的外国货币及其支付手段。如以美元、英镑、欧元、日元、加拿大元、澳大利亚元等货币表示的外汇就属于自由外汇。《国际货币基金协定》第8条"会员国的一般义务"规定，一国货币要成为自由外汇，必须符合以下三个条件：

(1) 对本国国际收支中的经常往来项目（贸易和非贸易的付款）和资金转移不加限制；

(2) 不采取歧视性的货币措施或多种货币汇率；

(3) 在另一个会员国要求下，随时有义务购回对方经常项目往来中所结存的本国货币。

记账外汇又称为双边外汇或清算外汇，是指未经货币当局批准，不能自由兑换成其他国家货币或对第三国进行支付的外汇。记账外汇主要是用于签订了贸易协定或支付协定的友好国家之间进行双边清算，以节省自由外汇。其做法是在双方中央银行或指定外汇银行设立双边清算账户，以互相抵消债权债务的方式进行国际结算。协定中要规定记账货币和支付货币。记账货币可以是双方任何一国的货币，也可以是第三国货币，而支付货币必须是自由外汇。到年终结算时，债权债务相抵后的差额可以转至下一年度，也可以用自由外汇结清。我国于20世纪50年代与苏联开展过记账贸易，当时采用的记账外汇是英镑。

常见的自由兑换货币及符号如表3—1所示。

表3—1　　常见的自由兑换货币及符号

货币中文名称	货币英文名称	货币国际标准代码①	货币符号
美元	US Dollar	USD	\$或US\$
欧元	Euro	EUR	€
英镑	Pound Sterling	GBP	£
日元	Japanese Yen	JPY	¥或J¥
瑞士法郎	Swiss Franc	CHF	SF
加拿大元	Canadian Dollar	CAD	Can\$
澳大利亚元	Australian Dollar	AUD	\$A
新西兰元	New Zealand Dollar	NZD	\$NZ
新加坡元	Singapore Dollar	SGD	S\$
香港元	Hong Kong Dollar	HKD	HK\$

① 在SWIFT平台上必须使用ISO三字符货币国际标准代码，其他业务中两者任选其一即可。在三字符代码中，前两个字符代表该种货币所属的国家和地区，第三个字符表示货币单位。

续前表

货币中文名称	货币英文名称	货币国际标准代码	货币符号
澳门元	Macao Pataca	MOP	P或PAT
瑞典克朗	Swedish Krona	SEK	SKr
丹麦克朗	Denmark Krona	DKK	DKr
挪威克朗	Norwegian Krona	NOK	NKr
韩国元	Korea Won	KRW	W
泰国铢	Thai Baht	THB	B
马来西亚林吉特	Malaysian Dollar	MYR	M$
菲律宾比索	Philippine Peso	PHP	Ph. Pes
特别提款权	Special Drawing Right	SDR	SDRs

资料来源：根据百度文库整理。

第二节 汇率及其标价方法

当国际上进行债权债务的清偿以及资本跨国流动时，由于各国使用的货币不同，就要将一国货币兑换成另一国货币，这其中就有一个兑换比率的问题，这个兑换比率通常称为汇率。

一、汇率的含义

外汇作为一种资产，如同商品一样，可以在国际上进行买卖。商品买卖的价格用货币表示，而外汇买卖的价格用汇率表示。

汇率又称汇价，是外汇市场上一国货币与他国货币相互交换的比率，也可以理解为以一种货币表示的另一种货币的价格。

二、汇率的标价方法

确定两国货币的比率，首先要确定用哪个国家的货币作为标准，到底是用本国货币表示外国货币的价格，还是用外国货币表示本国货币的价格？由于确定的标准不同，于是便产生了几种不同的汇率标价方法。常用的标价方法包括直接标价法、间接标价法、美元标价法。

（一）直接标价法

直接标价法又称应付标价法，是指以一定单位（1个、100个）的外国货币为标准，折算成若干数量的本国货币的汇率标价方法。直接标价法是以本币来表示外币的价格，在直接标价法下，外国货币的数额固定不变，本国货币的数额随着外国货币或本国货币币值的变化而改变。

目前，世界上除了英国和美国，包括我国在内的绝大多数国家都采用直接标价法来表示汇率。

例如，2014 年 7 月 21 日，在我国银行间外汇市场上美元兑人民币的汇价为：

USD100＝CNY615.47

在直接标价法下，等号左边的外国货币数额是一定的，汇率变化表现为等号右边的本国货币数额发生变动。当一定单位的外国货币折算的本国货币数额增大，表明外币币值上升，这时称外币升值，本币贬值；反之，当一定单位的外国货币折算的本国货币数额减少，表明外币币值下降，这时称外币贬值，本币升值。

例如，2005 年 7 月 21 日，在我国银行间外汇市场上：

USD100＝CNY827.45

2014 年 7 月 21 日，在我国银行间外汇市场上：

USD100＝CNY615.47

说明：同样单位的美元在 9 年间能兑换的人民币减少了，外币美元贬值，本币人民币升值。据官方统计，自汇率制度改革以来，人民币兑美元的汇价上升近 30％。

（二）间接标价法

间接标价法又称应收标价法，是指以一定单位的本国货币为标准，折算成若干数量的外国货币的汇率标价方法。间接标价法是以外币来表示本币的价格，外国货币的价格是间接表现出来的，所以称作间接标价法。在间接标价法下，本国货币的数额固定不变，外国货币的数额随着本国货币或外国货币币值的变化而改变。

例如，2014 年 7 月 21 日，在纽约外汇市场上美元兑日元的汇价为：

USD1＝JPY101.41

在间接标价法下，等号左边的本国货币数额是一定的，汇率变化表现为等号右边的外国货币数额发生变动。当一定单位的本国货币折算的外国货币数额增大，表明外币币值下降，这时称外币贬值，本币升值；反之，当一定单位的本国货币折算的外国货币数额减少，表明外币币值上升，这时称外币升值，本币贬值。

例如，2010 年 7 月 21 日，在纽约外汇市场上：

USD1＝JPY86.95

2014 年 7 月 21 日，在纽约外汇市场上：

USD1＝JPY101.41

说明：同样单位的美元在 4 年后能兑换的日元比以前多了，外币日元贬值，本币美元升值。

目前，采用间接标价法的主要是英国和美国。英国在国际金本位制时期及其前后，在国际经济及金融领域一直处于支配地位，长期以来，伦敦外汇市场上的英镑兑任何货币都是采用间接标价法。第二次世界大战以后，由于美国的经济实力跃居世界第一，美元的国际影响力大为增强，从 1978 年 9 月 1 日开始，纽约外汇市场改用间接标价法，但是对英镑仍采用直接标价法。此外，欧元、澳大利亚元、新西兰元在外汇市场上也采用间接标价法报价。

其实，直接标价法和间接标价法是相对而言的，它们只是标价的形式相反而已，代表的实际内容是一样的。例如：USD100＝RMB615.47，在中国市场上看是直接标价法，在美国市场上看是间接标价法，但是代表的含义是一样的，即 100 美元可兑换 615.47 元人民币。

（三）美元标价法

直接标价法和间接标价法是针对本国货币和外国货币而言的，但经常可以看到，在外汇市场上交易的币种非常多，而且并不只是本国货币与外国货币之间的交易，还大量涉及外国货币与外国货币之间的交易，那么这时应如何进行报价？自 20 世纪 50 年代起，西方各大银行在外汇市场上报价时都纷纷采用美元标价法，即以一定单位的美元为标准来表示各国货币（欧元、英镑等货币除外）的价格，非美元货币之间的汇率则通过各自对美元的汇率套算出来。例如，2014 年 7 月 21 日，苏黎世外汇市场上有如下报价：

USD100＝HKD775.17
USD1＝JPY101.41

直接标价法、间接标价法主要用于客户市场，美元标价法主要用于同业市场。

有时，我们在生活中会听到别人议论汇率涨了多少点或跌了多少点。外汇汇率中的“点”（基本点）的准确含义按国际市场惯例应解释为：外汇汇率的标价通常由五位有效数字组成，从右往左数，第一位称为“几个点”，它是构成汇率变动的最小单位；第二位称为“几十个点”，依此类推。如假设：美元兑人民币汇率为 USD1＝RMB 6.175 0，若汇率变为 USD1＝RMB 6.177 0，就称美元汇率上升了 20 个点；若汇率变为 USD1＝RMB 6.172 5，就称美元汇率下降了 25 个点。

三、汇率的种类

在实际应用中，可以从不同的角度对汇率进行不同的分类。

（一）买入汇率、卖出汇率、中间汇率、现钞汇率

从银行买卖外汇的角度，汇率可以分为买入汇率、卖出汇率、中间汇率和现钞汇率。

买入汇率又称买入价，是指外汇银行从同业或客户手中买进外汇时所使用的汇率。卖出汇率又称卖出价，是指银行向同业或客户卖出外汇时所使用的汇率。特别注意：无论是买入价还是卖出价，都是站在银行的角度而言的，这是后面进行各种分析的起点。

买入价和卖出价之间的差额，就是银行从事外汇买卖的收益，这个收益一般为 1‰～5‰。通常来说，银行同业间由于外汇买卖的金额比较大，这个差额就会比银行同一般客户的买卖差价小。

外汇银行在对外报价时通常采用双向报价法，即既报买入价又报卖出价，中间用“～”或者“/”分开，这就是通常所说的双向报价法。不过到底哪个是买入价、哪个是卖出价，还要根据不同的标价法来进行具体的判断。例如，某日上海外汇市场和纽约外汇市场有外汇银行如下报价：

上海：USD100＝CNY617.32～617.97

纽约：USD1＝JPY101.17～101.65

可以看到，采用双向报价法，“～”左边的数值小，“～”右边的数值大，按照贱买贵卖的原则，是否左边小的就一定是买入价，右边数值大的就一定是卖出价呢？答案是否定的。首先来分析上海市场，它采用的是直接标价法，美元是外汇，其价格可以直接用本币表示出来。银行希望从客户手上买入100美元时少花人民币，而卖给客户100美元时能够多收回人民币，这样它才有利可图。所以在上例中，左边的617.32是买入价，右边的617.97是卖出价。其次分析纽约市场，它采用的是间接标价法，日元是外汇，其价格是间接表现出来的。银行希望用1美元本币能买入更多的外汇日元，而卖给客户时希望从客户手上回收1美元本币少花外汇日元，这样它才有利可图。所以在上例中，右边的101.65是买入价，而左边的101.17是卖出价。

总之，在直接标价法下，左边数值小的是买入价，右边数值大的是卖出价。而在间接标价法下，左边数值小的是卖出价，右边数值大的是买入价。

中间汇率又称中间价，是买入价和卖出价的算术平均数，即：中间汇率＝(买入价＋卖出价)/2。银行一般不挂牌公布中间汇率，而电台、电视台、报纸等媒体上通常公布的汇率就是中间汇率，它常被居民用作分析汇率的指标。

此外，银行在对外挂牌公布汇率时，还经常会提到一个汇率——现钞汇率。现钞汇率是银行买卖外国钞票时使用的汇率。由于外国钞票在本国不能流通使用，需要运到国外存入银行才能进行对外支付，在这个过程中，要支付运费、保险费、包装费等。因此，现钞的买入价要低于外汇的买入价，而现钞的卖出价一般与外汇的卖出价相同。

(二) 基本汇率、套算汇率

按照制定汇率的方法不同，可以分为基本汇率和套算汇率。

1. 基本汇率

由于外国货币的种类很多，故依次制定本国货币与所有外国货币之间的比率既不方便也没有必要。事实上，各国通行的做法是选择某一种货币，制定或报出本国货币与该种货币之间的兑换比率，这个比率就是基本汇率，选定的这种货币称为关键货币。

基本汇率是一国的核心汇率，因此选择关键货币必须非常慎重。一般来说，选择关键货币时必须遵循以下原则：(1) 必须是该国国际收支，尤其是贸易收支中使用最多的货币；(2) 必须是该国外汇储备中比重最大的货币；(3) 该种货币必须可自由兑换，并且在国际上能被普遍接受。

由于第二次世界大战后美元在各国国际收支、国际结算、国际储备中占据了绝对的比重，所以许多国家都将美元作为关键货币，把兑美元的汇率作为基本汇率。

2. 套算汇率

套算汇率又称交叉汇率，是根据基本汇率和国际金融市场行情套算出来的汇率。各国在基本汇率制定后，对其他国家货币的汇率就可以逐一套算出来。

例如，某日港元与美元的基本汇率是USD100＝HKD775.12，同期伦敦国际金融市场上GBP100＝USD156.10，这样就可以套算出港币与英镑之间的汇率：

GBP100＝HKD(156.10×7.751 2)＝HKD1 209.96

如果采用双向报价法，既报买入价又报卖出价，那么计算套算汇率就比较复杂。其基本原理是：如果基准货币（即标价法中等号左边的那个固定不变的货币）相同，那么采用交叉相除的方法；如果基准货币不同，那么采用同边相乘的方法。

[例 3—1] 某日银行报价 USD100＝CNY615.23～615.78，USD100＝HKD775.34～775.95。求港元兑人民币的套算汇率。

在例 3—1 中，由于两个报价采用的基准货币相同，都是美元，因此计算套算汇率时要将左右数字交叉相除，得到 HKD1＝CNY(615.23/775.95～615.78/775.34)，即 HKD1＝CNY0.792 9～0.794 2。

[例 3—2] 某日银行报价 USD1＝CNY6.152 3～6.157 8，GBP1＝USD1.511 7～1.516 6。求英镑兑人民币的套算汇率。

在例 3—2 中，由于两个报价采用的基准货币不同，一个是美元，另一个是英镑，因此计算套算汇率时采用同边相乘的方法，得到 GBP1＝CNY(6.152 3×1.511 7～6.157 8×1.516 6)，即 GBP1＝CNY9.300 4～9.338 9。

通常情况下，外汇投机者会利用三个不同地点的外汇市场的汇率差异，同时进行三种货币的即期买卖，以获取投机利润。由于涉及三个市场、三种货币，因此进行三角套汇时首要的是识别间接套汇的机会。在业界一种常用的方法是：将三地的有关汇率按统一的标价方法表示，然后将它们相乘，若乘积为 1，则不存在机会；否则就有机会，而且乘积与 1 的距离背离越远，说明套汇的收益越高。

例如，某日在纽约外汇市场上，USD1＝JPY92.75，在伦敦外汇市场上，GBP1＝USD1.578 2，在东京外汇市场上，GBP1＝JPY136.32。

分析上例，纽约和伦敦外汇市场上采用的是间接标价法，而东京外汇市场上采用的是直接标价法，因此先统一标价法，将东京外汇市场上的表示方法转化为间接标价法，即 JPY1＝GBP1/136.32，然后将三个汇率的等号右边相乘，92.75×1.578 2×1/136.32＝1.073 8≠1，说明在这三个市场间存在套汇的机会。从市场差价看，英镑在伦敦最贵，而通过纽约和东京外汇市场套取的英镑较便宜。于是，套汇者便在纽约和东京外汇市场套取英镑，然后将其在伦敦出售，从而获利（即在纽约以美元购买日元，并以此日元在东京购买英镑，最后在伦敦出售英镑并购回美元）。若以 1 美元为本金，不计交易费用，则可以获利 0.073 7（1×92.75÷136.32×1.578 2－1）美元，利润率为 7.37%。

如果采用的是双向报价法，那么计算三角套汇的收益时就要考虑交易中买卖价格的问题。

[例 3—3] 2010 年 7 月某日，纽约、伦敦和苏黎世三个外汇市场的汇率分别是：

纽约外汇市场：GBP1＝USD1.573 0/42

伦敦外汇市场：GBP1＝CHF1.636 5/76

苏黎世外汇市场：USD1＝CHF1.031 0/20

如果不考虑其他费用，某美国投机商以 157.42 万美元进行套汇，可获利多少？

计算方法是：该美国投机商用 157.42 万美元在纽约外汇市场上买入 100 万英镑，然后用这 100 万英镑在伦敦外汇市场买进 163.65 万瑞士法郎，再用这 163.65 万瑞士法郎在苏黎世外汇市场买入 163.65÷1.032 0＝158.58（万美元），假定没有其他费用的存在，则该外汇投机商通过三角套汇赚取了 158.58－157.42＝1.16（万美元），收益率为 0.74%。与两点套汇道理相同，通过三角套汇，能够使各地外汇市场的外汇供求产生变动，引起外汇汇率的波动，并导致各地汇率趋于一致。也就是说，套汇交易的增加，会促使各地外汇市场的不同货币的汇率逐步达到均衡状态。

（三）固定汇率、浮动汇率

按照汇率制度的不同，分为固定汇率与浮动汇率。

固定汇率是指一国货币与其他货币的兑换比率保持基本固定的汇率。当汇率上涨或下跌超过一定的幅度时，中央银行有义务进行干预，使其回到规定的范围内。在国际金本位时期和布雷顿森林体系时期，各国普遍实行的是固定汇率制度。

浮动汇率是指随外汇市场供求状况变动而波动的汇率，该汇率可以自由浮动。20 世纪 70 年代后期，各国纷纷将浮动汇率制度合法化，货币当局对货币汇率波动可以不进行干预，政府没有义务维持汇率的稳定。

（四）官方汇率、市场汇率

按照外汇管制的程度不同，分为官方汇率和市场汇率。

官方汇率又称法定汇率，是在外汇管制比较严格的国家，由外汇管理当局（财政部、中央银行、外汇管理局）制定并公布的汇率。在外汇管制比较严格的国家，通常禁止自由外汇市场的存在，一切外汇交易都采用官方汇率。官方汇率一经制定就不能经常变动，汇率比较稳定。

市场汇率是由外汇市场供求状况决定的汇率。目前，发达国家都实行市场汇率。政府要想对汇率进行调节，必须通过干预外汇市场来实现。

（五）开盘汇率、收盘汇率

按照银行营业时间不同，分为开盘汇率和收盘汇率。

开盘汇率又称开盘价，是外汇银行在一个营业日刚开始营业时进行外汇买卖使用的汇率。收盘汇率又称收盘价，是外汇银行在一个营业日外汇交易终了时使用的汇率。由于外汇交易系统的技术日新月异，全球外汇市场已经连成一体，各大外汇市场汇率相互影响，所以一个外汇市场的开盘汇率往往受到上一时区外汇市场收盘汇率的影响。

（六）电汇汇率、信汇汇率、票汇汇率

根据银行汇兑方式的不同，分为电汇汇率、信汇汇率、票汇汇率。

电汇汇率是指银行卖出外汇时，以电讯方式（如电报、电传、SWIFT）通知国外分行或代理行解付款项时所使用的汇率。电汇的优点是速度快、准确，银行不能占用客户的在途资金，外加国际电讯费用较高，所以电汇汇率一般较高。由于准确、快捷，能减少汇率波动的风险，在外汇资金调拨中大量使用电汇，电汇汇率已经成为基础汇率，其他汇率的制定都是以电汇汇率为基准的。目前，各国银行公布的外汇牌价一般也都是电汇汇率。

信汇汇率是指银行卖出外汇时，以航空信函的方式通知国外分行或代理行解付款项时所使用的汇率。信汇的时间比较长，银行可以占用客户一个邮程的利息，因而信汇汇率比电汇汇率要低。信汇业务目前基本被票汇业务取代，使用的比例比较低。

票汇汇率是银行采用票汇方式卖出外汇时所使用的汇率。票汇是指银行签发以国外分行或代理行为付款人的银行即期汇票，由汇款人自行携带或邮寄出国，再由汇票持票人向国外银行提示汇票收取款项的一种汇款方式。票汇非常灵活，只要抬头允许，可以自由流通转让，时间上也可快可慢，因此成为目前个人客户最常采用的汇款方式。票汇汇率与信汇汇率差不多，要低于电汇汇率。

（七）即期汇率、远期汇率

根据交割时间的不同，分为即期汇率和远期汇率。

1. 即期汇率

即期汇率又称现汇汇率，是在即期外汇交易时所使用的汇率。即期汇率是由交易时外汇市场的供求状况决定的，是外汇市场上的基本汇率。

2. 远期汇率

远期汇率又称期汇汇率，是指买卖双方事先签订合约，在合约中约定在将来某个日期进行交割时所使用的汇率。这个汇率是现在对将来汇率的一个预测，不管交割时现汇市场上即期汇率是多少，买卖双方都必须按照合约上约定的远期汇率进行交割。

3. 即期汇率与远期汇率报价

在外汇市场上，即期汇率的报价方法比较简单，通常是采用前面介绍的直接双向报价法。

远期外汇交易的报价方式通常有两种：直接报价方式和掉期报价方式。

（1）直接报价方式。就是直接完整地报出各种期限的远期外汇的买入价和卖出价。银行对客户的远期外汇交易的报价通常采用这一形式。在日本、瑞士等国，银行同业之间的远期外汇交易也采用这种报价方式。

表 3—2 是 2014 年 3 月 10 日东京外汇市场上某银行美元兑日元的即期汇率和远期汇率的报价。

表 3—2　　东京外汇市场上美元兑日元报价

USD/JPY	买入价	卖出价
即期汇率	120.65	120.98
1 个月期远期汇率	134.32	134.66
3 个月期远期汇率	130.21	130.73
6 个月期远期汇率	115.55	115.97

由表 3—2 可以看到，1 个月期远期美元能兑换的日元比 3 月 10 日这一天要多（134.32＞120.65），说明美元升值，称为美元升水；6 个月期远期美元能兑换的日元比 3 月 10 日这一天要少（115.55＜120.65），说明美元贬值，称为美元贴水。习惯上，如果一种货币的远期汇率比即期汇率高，则称该货币升水，其汇率差称为该货币的远期升水；如果一种货币的远期汇率比即期汇率低，则称该货币贴水，其汇率差称为该货币的远期贴水；如果即期汇率与远期汇率相等，则称为平价。

（2）掉期报价方式。掉期报价方式又称报换汇点数方式，就是只报出相应货币的即期汇率以及该货币的远期汇率与即期汇率的价差，即远期差价，也称远期汇水。升水是远期汇率高于即期汇率的差额，贴水是远期汇率低于即期汇率的差额。

在不同的汇率标价方式下，远期汇率的计算方法不同：

在直接标价法下，远期汇率＝即期汇率＋升水；或远期汇率＝即期汇率－贴水。

在间接标价法下，远期汇率＝即期汇率－升水；或远期汇率＝即期汇率＋贴水。

现在从直接标价法与间接标价法两个角度举例说明。

例如，2014 年 7 月 2 日，我国香港市场上美元与港元的即期汇率和 1、3、6 个月的远期差价的报价如表 3—3 所示。

表 3—3　　**我国香港市场上美元兑港元报价**

USD/HKD	买入价	卖出价
即期汇率	7.746 5	7.752 5
1 个月期	8*	10
3 个月期	10	12
6 个月期	13	16

注：标注“*”表示这里的 8 代表 8 个基本点（BP），即 0.000 8，其余类推。

在直接标价法下，外汇的买入价数字小，卖出价数字大，银行是“低买高卖”。如果排列在买入价位上的数字小于卖出价，表明这是一个升水的远期差价，即远期汇率高于即期汇率，那么在计算远期汇率时使用加法。计算过程如下：

1 个月期　　7.746 5～7.752 5
　　　　　＋ 0.000 8～0.001 0
　　　　　　7.747 3～7.753 5

3 个月期　　7.746 5～7.752 5
　　　　　＋ 0.001 0～0.001 2
　　　　　　7.747 5～7.753 7

6 个月期　　7.746 5～7.752 5
　　　　　＋ 0.001 3～0.001 6
　　　　　　7.747 8～7.754 1

因此，以美元表示的港元即期汇率和远期汇率如表 3—4 所示。

表 3—4　　**以美元表示的港元即期汇率和远期汇率**

USD/HKD	买入价	卖出价
即期汇率	7.746 5	7.752 5
1 个月期远期汇率	7.747 3	7.753 5
3 个月期远期汇率	7.747 5	7.753 7
6 个月期远期汇率	7.747 8	7.754 1

但在间接标价法下，情况正好相反。

例如，2014 年 7 月 2 日，法兰克福外汇市场上欧元兑美元的汇率如表 3—5 所示。

表 3—5　　法兰克福外汇市场上欧元兑美元的汇率

EUR/USD	卖出价	买入价
即期汇率	1.365 5	1.365 8
1 个月期	20	15
3 个月期	35	28
6 个月期	45	60

在间接标价法下，卖出价报在前，买入价报在后，买入价数字大于卖出价数字，即“高买低卖”。如果排列在买入价位上的远期差价的数字小于卖出价位上的数字，则这是一个升水的远期差价，在计算远期汇率时使用减法。计算过程如下：

1 个月期
$$\begin{array}{r} 1.3655\sim1.3658 \\ -\quad 0.0020\sim0.0015 \\ \hline 1.3635\sim1.3643 \end{array}$$

3 个月期
$$\begin{array}{r} 1.3655\sim1.3658 \\ -\quad 0.0035\sim0.0028 \\ \hline 1.3620\sim1.3630 \end{array}$$

6 个月期
$$\begin{array}{r} 1.3655\sim1.3658 \\ +\quad 0.0045\sim0.0060 \\ \hline 1.3700\sim1.3718 \end{array}$$

因此，以欧元表示的美元即期汇率和远期汇率如表 3—6 所示。

表 3—6　　以欧元表示的美元即期汇率和远期汇率

EUR/USD	买入价	卖出价
即期汇率	1.365 5	1.365 8
1 个月期远期汇率	1.363 5	1.364 3
3 个月期远期汇率	1.362 0	1.363 0
6 个月期远期汇率	1.370 0	1.371 8

在间接标价法下，如果排列在买入价位上的远期差价的数字大于卖出价位上的数字，就表明远期汇率贴水，在计算远期汇率时使用加法，即用即期汇率加上远期贴水数得出远期汇率。

在实际业务中，有一个简便法则：不管是直接标价法还是间接标价法，只需看远期差价，远期差价“前小后大往上加，前大后小往下减”，即可算出远期汇率。算出以后，可以对照即期汇率来判断是升水还是贴水。另外，在直接标价法下，左边比较小的数字是买入价，右边比较大的数字是卖出价；在间接标价法下，情况正好相反，左边比较小的数字是卖出价，右边比较大的数字是买入价。读者可以去进行验证，验证时严格把握一条原则，即“银行贱买贵卖，从中获利”，就可以明白这个简便法则了。

第三节　汇率的决定及影响因素

汇率的形成受到多方面因素的影响，其中既有客观的经济因素，如经济增长、国际收支、利率变化、通货膨胀等，又受到外部投机、政府干预、国际协调等人为非经济因素的影响。从短期来看，某国货币兑换外币的需求和供给决定汇率变化走势，即人为因素影响较大；但从长期来看，两国之间的汇率主要取决于商品在本国的价格与在外国的价格的对比关系，即客观经济因素的影响较大。

一、汇率决定的基础

汇率是两国货币之间的兑换比率。从总体上讲，两种货币所具有或所代表的价值比例关系是决定汇率的基础，但是，由于在不同的货币制度下，货币的发行基础、货币的种类和形态，以及货币所代表的价值量都不同，因此决定汇率的基础也有所不同。

（一）金本位制度下汇率的决定

金本位制是以黄金为本位货币的货币制度，它包括金币本位制、金块本位制和金汇兑本位制，其中金币本位制是典型的金本位制。金币可以自由铸造，银行券可以自由兑换黄金，黄金可以自由输出或输入国境，是这一货币制度的典型特征。

在金币本位制下，各国都规定了货币的法定含金量，两种不同货币之间的汇率是由它们各自的含金量之比——铸币平价（mint parity）来决定的。换言之，铸币平价或两种货币含金量之比是决定两种货币兑换率的物质基础和标准。例如，英国货币 1 英镑的重量为 123.274 47 格令，成色为 22K金，即含金量为 113.001 6 格令（123.274 47×22/24＝113.001 6 格令＝7.323 38 克）纯金；美国货币 1 美元的重量为 25.8 格令，成色为 90%，即含金量为 23.22 格令（25.8×90%＝23.22 格令＝1.504 63 克）纯金。根据含金量的对比，英镑与美元的铸币平价是 4.866 6（113.001 6/23.22），这说明 1 英镑的含金量是 1 美元含金量的 4.866 6 倍，因此，1 英镑＝4.866 6 美元。可见，英镑与美元的汇率是以它们的铸币平价为基础或标准计算出来的。

然而，由铸币平价决定的汇率只是基础汇率或法定汇率或名义汇率，还不是实际汇率。由于受外汇供求关系的影响，实际汇率有时要高于或低于铸币平价，实际汇率总是与基础汇率略有差异。

实际汇率一定不会偏离铸币平价太远，或者说，金本位制下的汇率或称由铸币平价决定的汇率是比较稳定的。这是因为，在金本位制下，进行国际支付或结算总有两种手段——外汇和黄金可供选择，加之黄金的价值相对比较稳定，因此，受供求关系影响的实际汇率就不会偏离铸币平价太远，总是在一定的界限或范围之内围绕铸币平价上下波动。这个界限或范围是由黄金输送点（gold transport point）决定或左右的。如果由于汇率变动而对以外币结算方式进行交易的一方不利，交易的这方就可以采用直接运进黄金的办法来结算，这样也就约束了汇率的波动幅度。然而，运送黄金是需要费用的，如运费、包装费、保险费及运送期间的利息等。假定在英国和美国之间运送1英镑黄金的费用为0.03美元，那么铸币平价加上或减去运送黄金的费用就是英镑和美元两种货币的黄金输送点。铸币平价4.866 6美元加黄金运送费0.03美元等于4.896 6美元，这就是美元兑英镑的黄金输出点。如果1英镑的汇价高于4.896 6美元，美国债务人就会认为购买外汇不合算，而宁愿在美国购买黄金运送到英国偿还其债务。铸币平价4.866 6美元减去运送费0.03美元等于4.836 6美元，这就是美元兑英镑的黄金输入点。如果1英镑的汇价低于4.836 6美元，美国的债权人就不会出售英镑外汇，而宁愿在英国用英镑购买黄金运回美国。黄金输出点和黄金输入点统称为黄金输送点。汇价的波动总是以黄金输出点为上限，即铸币平价加上黄金运送费是汇价上涨的最高点；总是以黄金输入点为下限，即铸币平价减去黄金运送费是汇价下跌的最低点。可见，黄金输送点限制了汇率的波动幅度，在金本位制度下汇率是比较稳定的。

第一次世界大战爆发以后，参战各国的金币本位制均趋于瓦解。战后，它们分别实行了金块本位制和金汇兑本位制。此时，由于黄金的输出与输入受到了政府的控制，故两种货币的汇率由这两种货币法定代表的含金量之比即金平价来决定。现实的市场汇率波动则由政府来规定和维护。

（二）纸币制度下决定汇率的基础

纸币制度下决定汇率的基础是纸币实际代表或具有的价值量。纸币是价值符号，最初是金属货币的代表，代表金属货币执行流通手段的职能。在目前世界各国普遍实行的纸币本位货币制度下，纸币已经与贵金属或黄金脱钩，不再代表或代替金币流通。

纸币是国家发行的强制通用的货币。在纸币本位制下，任何纸币，只有在它现实地作为价值的代表，发挥交易媒介功能，实现自己的购买力时，它的货币作用才能得以充分体现。正是由于不同货币都具有这种现实的购买力，才奠定了不同货币之间可以比较、兑换的基础。在纸币流通条件下，汇率实质上是两国货币以各自代表的价值量为基础而形成的交换比例。纸币价值量的具体表现就是在既定的世界市场价格水平上购买商品的能力，即纸币的购买力。因此，在纸币制度下或纸币本位制下，纸币所代表的价值量或纸币的购买力是决定汇率的基础。

在纸币制度下，黄金不能继续成为决定汇率的基础，其根本原因在于黄金已经退出了流通领域，黄金的货币作用已经不复存在。黄金作为货币退出历史舞台，是经济发展的客观要求，是商品生产高度发展的必然结果。尽管黄金是具有国际通用性的高价值的“贵”商品，在各国的国际储备中仍占有重要的地位，对稳定汇率仍具有重要的作用，但稳定汇率与决定汇率是不相同的。

二、影响汇率的经济因素

（一）经济增长率差异

各国经济增长因素是影响汇率的最基本、最主要的因素。经济增长对一国货币汇率的影响需要从多方面来观察。一方面，一国经济的正常增长，往往意味着生产率大幅提高使得生产成本相应降低，从而增强本国产品在国际市场上的竞争力，从而有利于增加出口并抑制进口；另一方面，一国实体经济的正常增长反映其经济实力的提升，这会增强人们在外汇市场上对该国货币的信心，使得人们更愿意持有该国货币或将一部分其他国家货币转化为该国货币，促使该国货币升值。2002 年以来人民币持续升值的根本原因，也可以归结为中国经济的长期快速增长，高经济增长率是支持人民币成为国际货币的有利因素。

此外，值得注意的是，在一国经济高速增长的情况下，该国货币有时也可能贬值。其原因在于此时国内需求水平大幅提高导致进口支出和对外币需求快速增长，如果进口增长的速度大于出口增长的速度，该国国际收支的经常项目盈余可能急剧减少甚至出现逆差，从而引起人们对该国货币信心的下降。

（二）国际收支

国际收支的差额直接影响外汇市场上的供求关系从而影响汇率。国际收支是一国在对外经济活动中的综合反映，当一国国际收支出现顺差时，意味着国内外汇供给大于需求，使得本币升值，外币贬值；当一国国际收支出现逆差时，该国国内的外汇供给小于需求，从而使得外币供不应求，外币升值而本币贬值。

国际收支对于一国汇率的影响是长期的。在固定汇率制度下，国际收支是决定汇率的特别重要的因素，此时国际收支逆差往往是本币贬值的先导。在浮动汇率制度下，一定程度的国际收支逆差可以被通货膨胀率差异和利率差异所抵消，但长期的巨额国际收支逆差一般都会导致本币汇率的下降。20 世纪 80 年代后期，美国长期存在国际收支逆差，而日本长期存在国际收支顺差，从而使得两国出现美元长期贬值而日元不断升值的情况。

（三）利率差异

利率和汇率都是资金价格的表现形式，前者是借贷资金的价格（由国内货币市场上的供求关系决定），后者是两国货币的比价或外国货币的价格（由外汇市场上的供求关系决定）。

利率变动对汇率的影响主要表现在以下两个方面：

首先，利率政策通过影响进出口对汇率产生影响。当利率上升时，信用紧缩，贷款减少，投资和消费减少，物价下降，在一定程度上抑制进口，促进出口，减少外汇需求，增加外汇供给，促使外币贬值，本币升值。与利率上升相反，当利率下降时，信用扩张，货币供应量增加，刺激投资和消费，促使物价上涨，不利于出口，有利于进口，这种情况会加大对外汇的需求，促使外币升值，本币贬值。

其次，通过影响国际资本流动间接地对汇率产生影响。当一国利率上升时，就会吸引国际资本流入，从而增加对本币的需求和外汇的供给，促使本币升值、外币贬值。与利率上升相反，当利率下降时，可能导致国际资本流出，增加对外汇的需求，促使本币贬值。

（四）通货膨胀率差异

在浮动汇率制度下，任何影响两国货币相对供求的因素都将灵敏地反映到汇率的变动上。因此，通货膨胀的国别差异对汇率产生重要影响。通货膨胀水平是衡量一国一定时期内物价总水平持续上升的变量，体现了该国商品市场上货币供过于求的情形。通常情况下，如果两国同时发生通货膨胀，通货膨胀水平的国别差异会引起两国货币代表的价值量的变化，进而引起货币汇率的变动。例如，由于英国和意大利的通货膨胀率经常高于其他西方国家的平均水平，所以这两国货币的汇率一直处于跌势。受通货膨胀最直接影响的是货币购买力，继而影响中央银行货币政策以及经济的其他方面。最终反映到外汇市场上，就是引起一国货币汇率的变动。

三、影响汇率的非经济因素

（一）政府干预

目前，世界主要发达国家都实行浮动汇率制度，但是这种浮动汇率制度并不是一种完全由市场来决定汇率的制度，各国管理当局出于宏观经济目标和抑制汇率异常波动的考虑，也可能采取某些干预措施。政府干预汇率的途径主要有四种：第一，直接在外汇市场上买卖外汇，将汇率维持在一定区间；第二，调整国内货币和财政政策，间接达到影响汇率的目的；第三，在国际范围内发表表态性言论以达到影响市场信息的目的；第四，与其他国家开展国际合作，共同维护汇率稳定。例如，中央银行为了实现宏观经济目标，可以通过货币政策对外汇市场进行间接干预，这种干预将会影响汇率的中长期变动。而为了抑制汇率异常剧烈波动，可以通过买卖外汇对外汇市场进行直接干预，这种干预对平抑汇率波动有立竿见影的效果。

（二）国际储备

一国中央银行所持有的国际储备是否充足反映了该国干预外汇市场和维持汇率稳定能力的大小，因而外汇储备的高低对该国货币稳定起到了重要作用。外汇储备过少，往往会使得市场对于该国稳定汇率的能力产生担忧，从而使得市场不愿意持有和使用该国货币，导致其贬值；与此相反，充足的外汇储备将使得该国货币币值稳定，保持坚挺。进入21世纪以来，中国的外汇储备呈现爆炸式增长，2011年3月，中国外汇储备突破3万亿美元，中国积累的大量外汇储备也使得国际社会对于人民币币值稳定充满信心，也为“汇改”之后人民币坚挺的走势打下了基础。

（三）预期因素

汇率的走势与交易者对于汇率未来走势的预期有很大的关系。当市场上的大多数交易者预期某国的货币会贬值时，便会在市场上大量抛售该国货币，从而造成该国货币如预期一样贬值；同样，当市场上的大多数交易者预期某国货币会升值时，该国货币也会大幅升值。当今国际金融市场上短期游资的规模巨大，投机性很强，对世界政治、经济事件的反应都非常敏感，而偶然事件的发生往往会对投资者的心理预期产生比较大的影响，从而造成汇率波动。

但是，我们应当看到，影响投资者预期的因素很多，既与一国经济的增长率、货币供应量、利率、通货膨胀等经济因素有关，也与国际政治形势、偶然事件冲击有关。因此，预期对汇率的影响较为复杂，令人难以确定，从而增加了汇率预测的难度。

（四）外汇投机

随着经济全球化和金融一体化步伐的加快，穿梭在外汇市场间的巨额投机资本，能够在一段时期内积累起巨大的买方或卖方力量，进而左右一国货币汇率的走势。根据国际清算银行（BIS）的统计，在全球外汇交易额中，有80%的交易属于投机性交易。因此，投机因素是影响汇率变动的主要因素。

(五) 其他因素

汇率的变动除了受到前面提到的经济因素和投机因素的影响以外，就短期而言，还受到政治因素、自然因素等非经济因素的影响。

政治因素对外汇市场的影响要比股票市场和债券市场大得多。政治因素的出现往往带有突发性、难以预测性，这会在短期内急速改变投资者的市场预期和心理，所以对外汇市场的冲击极大，经常造成汇率短时间内的大起大落。

一些破坏性较大的自然因素（如地震、飓风、流行病毒等）突然肆虐，往往对一国经济和金融市场造成较大的冲击，进而使该国货币在外汇市场上面临贬值的压力。不过对于某些具有“国际资金避难所”效应的国家，其发行的货币从短期看反而可能出现升值。例如，2009 年 4 月下旬，当媒体曝出墨西哥爆发的甲型 HIN1 型流感（疫情刚开始被称为“猪流感”）向若干国家蔓延时，避险资金纷纷追捧美元。2009 年 4 月 27 日，外汇市场上美元兑换其他货币的价格普遍上涨，美元指数大涨 1.11%。

第四节　汇率对经济的影响

汇率是联系一个国家国内外商品和金融市场的纽带。汇率受到多方面经济因素的影响，同时汇率对国际收支、物价水平、外汇储备等经济因素产生影响，进而影响一个国家的经济运行。

一、汇率对国内经济的影响

汇率变动对一个国家的国内经济运行一般通过国内物价、居民收入等渠道产生影响。物价与收入发生变动，进而影响该国国内的资源配置和产业结构，从而对该国的经济运行产生深远的影响。

(一) 对物价水平的影响

本币贬值将导致通货膨胀，引起物价上涨，其影响物价的途径主要有以下三种：

(1) 从进口角度来看，本币贬值将提高进口商品的本币价值，如果进口商品为生产用原材料或中间产品，那么将会导致使用这些原材料进行加工生产的国内产成品价格提高，引起成本推动型通货膨胀；而如果进口产品为生活用消费品，这将带动消费品市场物价上涨，另外，这也会对国内的替代产品产生示范效应，进而提高其销售价格，引起通货膨胀。

(2) 从出口角度来看，本币贬值将降低本国出口商品的外币价值，从而导致国外对本国出口商品的过度需求，在短时间内无法提高产量的情况下，导致本国出口商品供不应求，从而导致其国内价格升高，引发通货膨胀，尤其是当出口产品本来就是国内短缺的初级产品时，将会对国内以此为原料的制成品及其相关产品带来价格上涨的压力。

(3) 货币贬值能够改善一个国家的国际收支，从而使得该国的外汇储备不断增加，进而导致该国的外汇占款增加，使得央行被动投放大量货币，造成货币供给宽松，推动物价上涨。21世纪以来，中国外汇储备激增，外汇占款大量增加，这种被动的货币供给为中国的物价水平带来了巨大的上升压力。

本币贬值将导致物价上涨，引起通货膨胀，同时通货膨胀会进一步加速本币的贬值，如果这种情况不能被有效地加以控制，那么将会陷入“贬值—通货膨胀—贬值”的恶性循环当中。

（二）对国民收入的影响

本币贬值后，本国贸易状况往往会得到改善。一方面，根据贸易乘数原理，当边际储蓄倾向和边际进口倾向之和小于1，即出口增加的国民收入当中有一部分是用于购买本国的产品，出口就会对国民收入的增加起到推动作用。另一方面，本币贬值导致进口商品价格上涨，使得国内消费者将对进口商品的支出转移到国内消费品，这样也会使得国民收入增加。

但是通过本币贬值使得国民收入增加是有前提条件的，即边际储蓄倾向和边际进口倾向之和小于1，从实际情况来看是这样的：首先，本币贬值之前，国内生产资料充足，劳动力供给充沛，这样当本币贬值后，国外对国内出口商品消费增加，国内闲置资源得到利用，在本国商品价格没有大幅上升的情况下，出口增加，本国收入增加；其次，本国不存在对于国外的过度依赖，否则当本币贬值后，本国对于国外商品的进口并不能随着本币的贬值而下降，这样反而增加了本国进口国外商品的支出，如果进口商品为原材料，还会导致企业生产成本上升，企业利润下降，使得经济增长减缓，反而限制了国民收入的增加。

（三）对产业结构的影响

本币贬值使得本国出口商品的国外价格变得便宜，提升了出口商品的国际竞争力，出口扩大，出口产品的生产企业、贸易部门的收入增加，这就会导致这些企业扩大生产，也会使得其他行业的资本进入出口产品行业，从而引起资金和劳动力从其他行业流向出口产品制造和贸易部门。从进口角度来看，本币贬值使得进口产品国内价格提高，这一方面会使得过度依赖这种进口材料的产业利润降低，从而导致该产业规模收缩，另一方面对于进口替代品来说，进口商品价格提高使得需求转向进口替代品，从而使得进口替代品行业繁荣。本币贬值使得资源流向出口贸易部门和进口替代品部门，这在一定程度上促进了这些行业的发展。

但是从另一个角度来看，本币过度贬值使得一些效率低下的企业能够继续生存，长久来看这种对于落后产业的保护不利于提高企业的竞争力，同时会使得国内的资源配置出现扭曲，使得一些高效率产业得不到应有的资金和人力的支持。在进口方面，本币过度贬值使得进口国外高科技产品的成本高昂，这使得国外的高新技术无法进入国内，不利于通过技术引进实现经济结构的调整和劳动生产率的提高。

（四）对就业水平的影响

由前面可知，在本币贬值带动贸易收支改善的条件下，一方面，通过贸易乘数效应的影响使得总需求扩大，出口部门和进口替代品部门能够创造更多的就业机会，这将带动本国就业水平的提高；另一方面，本币贬值后，贸易收支改善，本国投资机会增多，这会吸引国外长期直接投资，也能够创造很多的就业机会。

但是本币贬值改善就业仍然有前提，即本国需要处在未充分就业状态，如果本国处在充分就业状态，对于本国产品需求的提高在短时间内可能提高就业水平，但是由于充分就业，产出无法大幅增长，需求将直接导致产品价格提高，当产品价格提高幅度大于或等于汇率贬值幅度时，本币贬值所带来的贸易条件的改善被破坏，本国产品的贸易优势消失，需求也会回到最初水平，这将抵消掉最初对于劳动力的需求，使得就业水平无法继续提高。

（五）对证券市场的影响

外汇市场与股票市场之间存在着密切的联系。一般来说，本币升值有利于以本币标价资产价值的提高，会刺激股票市场的上涨，而且如果本币升值的预期是持续性的，在资本账户开放的条件下会刺激国外资金流入国内，股票市场和房地产市场都是国外资金较为青睐的投资市场，这也会刺激股价的上涨。

汇率变动对证券市场的影响因企业性质而异。对于从事进出口贸易的股份公司，公司的产品相当大的一部分销往国外，本币升值，使得该产品的外币价格提高，降低了该产品的市场竞争力，从而使得公司盈利水平受到削弱，反而不利于公司长久成长，使得股价下跌。而对于依赖进口较强的企业来说，本币升值，进口材料的成本降低，有利于企业盈利能力提升，导致股价上涨。

二、汇率对一国涉外经济活动的影响

（一）对贸易收支的影响

汇率变化的一个最为直接也是最为重要的影响就是对贸易收支的影响。汇率变动对贸易收支的影响一般体现为：一方面，当一国货币对外贬值后，本国商品的外币价格下降，提高本国商品的国际竞争力，有利于本国商品的出口；另一方面，本币贬值使得进口商品成本提高，从而限制了外国商品的进口，以及促进了进口替代行业的发展，这样就使得贸易收支条件改善，贸易顺差扩大或者贸易逆差减少。

但是本币贬值使得贸易收支条件改善是有前提的，这里需要注意“弹性”和“时间滞后”两个问题。

“弹性”问题指的是在进出口商品价格变化的条件下，进出口商品的数量只有朝着有利的方向变动，才能使贸易收支条件得到改善。对于出口来说，本币贬值后，出口商品的数量有所增加，但是出口商品的外币价格在下跌，因此随着本币贬值，出口商品数量虽然增加，但是出口的整体外币收入并不一定是增加的，有可能被商品外币价格下跌的影响抵消，因此只有出口需求的价格弹性大于1，才能够提高出口外汇收入；对于进口而言，本币贬值会使得进口商品的数量减少，但是同时进口商品的外币价格不一定降低，因此总体的进口支出不一定减少，同样需要满足进口商品的需求价格弹性大于1。综合考虑进出口两方面的影响，一国货币贬值能否改善贸易收支条件，需要看进出口商品价格需求弹性之和的绝对值是否大于1，这就是著名的“马歇尔—勒纳条件”。

“时间滞后”问题指的是即使进出口商品需求价格弹性满足“马歇尔—勒纳条件”，但是由于本币贬值后，由于一系列条件使得贸易收支不会立即得到改善，而是在经历一段贸易收支变差的情况下才会得到改善的一种现象。在本币贬值之初，本国出口商品的外币价格已经下降，进口商品的本币价格已经提高，但是本国的进出口规模并不能够马上改变，其原因主要有：

(1) 贸易进出口合同都有一定的期限，在本币贬值初期，进出口商品有可能还是按照之前的汇率进行结算，即新的汇率变动并没有影响贬值初期的进出口商品价格。

(2) 即使汇率变化使得进出口商品价格发生变化，但是人们认识和决策、信息传导、生产计划等过程也有可能存在延迟。

(3) 如果贸易合同签订时约定了进出口商品的数量，那么由于贬值初期进出口商品的数量受到合同约定的限制，故不能产生相应变化，这就使得进口商品的数量没有减少，而出口商品的数量也没有增加，而且如果合同约定进口商品的价格以外币计算，出口商品的价格以本币计算，这就使得进口外币支出没有减少，而出口外币收入降低，反而使得贸易收支发生恶化。

(4) 如果进口商预测汇率会进一步降低，就会加速进口商品的订货，并且缩短订货期限，造成短期内进口需求被异常放大，使得贸易收支发生恶化。

所以从以上四方面来看，在本币贬值初期，一国的贸易收支状况会出现先恶化，而后经历一段时间才得到改善的现象，这种时间滞后的现象被称为“J 曲线效应”。另外，货币贬值后，贸易收支改善时滞的长短主要取决于国内传导机制的完善程度及国内市场的完善程度，因而会存在国别差异。根据一般统计经验，发达国家时滞一般在 9 个月左右，而类似中国的发展中国家，时滞则超过 1 年。

(二) 对非贸易收支的影响

当本国货币贬值后，一方面，外国货币购买力相对提高，本国的商品、劳务、交通、旅游等非贸易行业的产品价格将会变得相对便宜，这会刺激外国游客来本国购物、旅游、求学乃至定居，因此本币贬值会促进国内包括旅游业在内的一系列非贸易行业的发展。

另一方面，由于本币购买力相对下降，外国的商品、劳务、旅游等的价格将变得相对昂贵，这就会抑制本国居民出国旅游和求学的欲望，限制了本国的服务进口。在不考虑贬值国国内物价水平变动的条件下，贬值所形成的国内外相对价格水平的变化，将有利于本国非贸易收支的改善。

(三) 对资金流动的影响

汇率变动将在短时间内引起投机资本在不同国家之间流动。本币将要贬值之际，以本币资产计价的金融资产的相对价值会下跌，投机者为了避免损失发生，往往会在外汇市场上将本币兑换为汇率坚挺的货币，将资金调出本国。

汇率变动对资本流动的影响程度，受到一个国家资本管制程度的影响。资本管制较严的国家，由于国际资金进出的渠道受到限制，因此汇率变动并不会造成国际资金的大量流动；但是对于资本管制较松的国家，汇率变动对资本流动的影响则非常大。目前，中国资本账户并非完全开放，仍然存在着资本管制，国外资金仅能通过 QFII、RQFII 和沪港通进入中国股市，而中国的债券市场对于外资来说仍然有较多限制，所以近年来虽然人民币一直处于升值通道，而且以美国为首的主要国家都在推行宽松的货币政策，但是由于中国资本管制的存在，中国目前仍然能够在很大程度上保持货币政策的自主性。

(四) 对外汇储备的影响

本币汇率变动，通过影响进出口贸易以及非贸易的资本流动，直接影响了国际收支账户，从而影响了外汇储备的增减。本币贬值使得本国贸易收支改善，从而使得本国贸易顺差扩大或者贸易逆差减少，增加了本国的外汇储备。

储备货币升值或者贬值，这将影响持有该种货币国家外汇储备的实际价值。如果某种储备货币贬值，则以该种货币持有的外汇储备资产价值降低，使得保有该种储备货币的国家遭受损失，而储备货币发行国则减轻了债务负担，转嫁了货币贬值的损失并从中获利。近年来，中国持有大量的美国国债，一度曾经超过日本成为美国最大的债主，但是随着美国量化宽松货币政策推出，美元相对人民币贬值，使得中国的外汇储备价值缩水。目前，各国在外汇储备管理的过程中，都尽可能地选择币值稳定的储备货币，而且尽量做到储备货币的多元化，通过分散化投资保持储备资产的稳定。

（五）对国际经济关系的影响

当浮动汇率制度成为全球主流汇率制度之后，外汇市场上各种汇率之间的波动对各国之间的经济关系产生了一系列重大影响。假如一国实行以促进出口、改善贸易收支为目的的货币贬值措施，这会使得本国出口商品竞争力上升，本国商品的国际市场占有率会有所提高，但是其他国家为了维持自己商品的国际竞争力，同样会实施货币贬值政策，直接或者间接地抵制贬值商品的侵入，“汇率战”由此产生。进行货币贬值以促进各自国家商品出口是国际上很普遍的现象，由此造成的不同利益国家之间的分歧和矛盾也层出不穷。

近年来，国际贸易与国际金融合作越来越频繁，各个国家之间的相互影响也日趋加深。2008 年全球金融危机始于美国房地产次贷市场，但是这场危机最终演变成了一次全球性的金融危机，其影响范围是以往历次危机中最为广泛的。在危机的传导过程中，汇率起到了非常重要的作用，美国的国内危机导致国际游资出逃美国从而推动美元贬值，美元贬值以及美国国内需求市场的萎靡进而使得全球总需求低迷，危机向全球传导。而且在美联储量化宽松货币政策的背景下，各国为了维持自身经济发展也都被迫采取了宽松货币政策，各国汇率竞相贬值，一时间全球流动性过剩，这也直接导致了 2009—2011 年中国物价水平的快速提高。

专栏 3—1：日元大幅度升值重创日本经济

《广场协议》的签订使得日元极速升值，从而吸引大量境外热钱涌入日本，造成日本经济发展严重受阻并出现大量泡沫。随后的 10 年中，日元升值成了日本国民挥之不去的梦魇。

在美国的压力下，1985 年 9 月日本签订了《广场协议》。协议签订后的 17 个月内，日元升值了 57%。日元升值吸引境外热钱大量涌入日本，一方面形成了推动日元进一步升值的市场力量，另一方面也为房价、股价的疯涨提供了资金层面的强大动力。

协议签订前，美元兑日元汇率在 1∶250 上下波动，协议签订后，在不到 3 个月的时间里，快速下跌到 200 日元附近，跌幅为 20%。在这之后，以美国财政部长贝克为首的美国政府当局和以美国国际经济研究所所长为代表的经济学专家们不断地对美元进行口头干预，表示当时的美元汇率水平仍然偏高，还有下跌空间。在美国政府强硬态度的暗示下，美元兑日元汇率继续大幅度下跌。1986 年年底，1 美元兑 152 日元；1987 年，最低到达 1 美元兑 120 日元。在不到 3 年的时间里，美元兑日元贬值达 50%，也就是说，日元兑美元升值1倍。

1987年2月，西方7国财长在法国罗浮宫签订《罗浮宫协议》，日本迫于美国压力实施了1987年2月至1989年5月的超低利率，超低利率虽然降低了日元升值带来的热钱涌入速度，但银行为了盈利，在利率降低的情况下，开始大量放贷。20世纪80年代初，日本金融机构贷款与GDP的比例为50%左右，到80年代末已升至100%。1987—1989年，日本货币供应量年增长速度分别为10.8%、10.2%和12%，持续保持较高水平。长期的低利率政策使得本来资金充裕的日本到处充斥着廉价的资金，但由于企业的创新能力不足，利润空间小，资金大都投向股票、房地产，引发了泡沫经济。

日元升值以及超低利率导致的结果就是：1987—1989年，日本股票价格平均上涨94%，城市土地价格平均上涨103%。日元升值带来国内房价和股价的飙升，在《广场协议》签订后的10年里，日元币值平均每年上升5%以上，无异于给国际资本投资日本的股市和房市一个稳赚不赔的保险。在《广场协议》签订后近5年的时间里，股价每年以30%、地价每年以15%的幅度增长，而同期日本名义GDP的年增幅只有5%左右。泡沫经济离实体经济越来越远，虽然当时日本人均GNP超过美国，但国内高昂的房价使得拥有自己的住房变成普通日本国民遥不可及的事情。

直到此时，瞄准日本的"子弹"已经初步具备击发的条件，但美国的金融界仍在忍耐，他们在等待日本经济进入疯狂的阶段，才射出致命的"子弹"。为了让日本的楼市和股市尽快进入疯狂状态，美国的金融机构又开始在日本安放"特洛伊木马"——股指期货。股指期货的创立，把日本股市助推到了疯狂的高度，1989年日本股市大幅上涨，同一时期股指期货也开始大幅上涨。虽然这一年的5月，日本开始实施紧缩货币政策，但这个利空消息公布之后，日经225指数却反常地继续上升。

泡沫即使再绚丽，终究有破灭的时候。当日本泡沫经济离实体经济越来越远的时候，经济危机不可避免地爆发了。1990—1996年，日本破产企业年均高达14 000家左右。有统计数据显示，日本因股市和房地产暴跌而造成的损失达6万亿美元。同时，日本的银行也损失惨重，不少银行甚至倒闭。1995年7月，日本大藏省银行厅公布日本银行业不良资产高达50万亿日元。大批日本企业难以应对资金困局，不得不把以往购买的美国资产廉价出售。在随后的20年里，日本经济陷入停滞，被称为"失去的20年"。

第五节 汇率制度

一、汇率制度的概念

汇率制度又称汇率安排，是指一国货币当局对本国汇率水平的确定，对汇率水平变动方式等问题所做的一系列安排或规定。其构成的主要内容包括：第一，确定合理汇率的原则和依据，如是以货币本身的价值为依据，还是以法定代表价值为依据等。第二，维持和调整汇率的原则和办法，如是采用法定升值或贬值的办法，还是采用浮动汇率制度并辅以适当的外汇干预。第三，管理汇率所参考的法律、法令等规章制度。第四，进行汇率管理和维持的金融机构，如中央银行、外汇管理局、外汇平准基金委员会等。各个国家的汇率制度并不是一成不变的，各国会根据自身实际情况对汇率制度进行调整。

二、汇率制度的类型

(一) 传统汇率制度的划分

传统上，按照汇率变动的幅度，汇率制度被分为固定汇率制度和浮动汇率制度两大类型。

1. 固定汇率制度

固定汇率制度是指现实汇率受固定比价的制约，只能围绕固定的比价进行小范围波动的汇率制度。在固定汇率制度下，各国货币间保持固定比价，允许市场汇率围绕固定比价（也称中心汇率）上下自由波动，波动被限制在一定的幅度之内，而且政府有义务采取相应措施维持汇率稳定。

在19世纪中后期开始的金本位体制下，两国货币间的固定比价由铸币平价确定，此时两国的汇率取决于两国货币的法定含金量之比，现实的汇率受到外汇供求关系影响产生波动，有可能偏离铸币平价。但是此时由于受到黄金输入、输出点的限制，汇率波动十分有限。在金本位体制下，现实汇率是相对固定的，它总是围绕着铸币平价在黄金输送点的上下区间内波动。

第二次世界大战之后，布雷顿森林体系引导了国际货币合作的新秩序，其实质是以美元为中心的一种固定汇率制度。固定汇率制度是通过国际上的协议建立起来的。各国当局通过规定虚设的金平价来制定中心汇率，而现实汇率则是通过外汇干预或国内经济政策等措施被迫维持在规定的狭小范围内波动，当一国国际收支被认为出现根本性失衡的时候，固定比价可以通过国际货币基金组织的核定而准予变更。

可见，金本位体制下的固定汇率制度是典型的固定汇率制，而布雷顿森林体系下的固定汇率制，只能称为可调整的盯住汇率制。

2. 浮动汇率制度

随着布雷顿森林体系的崩溃以及牙买加体系的建立，浮动汇率制度取代固定汇率制度成为历史的主流。浮动汇率制度的具体内涵是：一国货币当局并不规定本国货币对外国货币的中心汇率和现实汇率的波动幅度，货币当局亦不再承担维持汇率稳定的义务，现实汇率随外汇市场上外汇的供求关系变动而自由波动。

在浮动汇率制度下，汇率的变动主要取决于一国国际收支状况的变动，国际收支状况变动进而引起外汇供求关系变动，最终体现为汇率的波动。一国中央银行不直接在外汇市场上对汇率进行干预，而是通过各种政策来调节国际收支，对外汇供求进行间接的影响，进而使汇率发生变化。

(二) 汇率制度的新划分

1973年2月布雷顿森林体系崩溃，固定汇率制度开始瓦解，随后的一段时期各个国家的汇率制度多种多样，传统的汇率制度划分方式已经无法反映各国汇率制度的实际情况。

在《IMF 协定第二修订案》（1976 年 1 月牙买加会议）的基础上，1982 年 IMF 根据各国官方宣布的汇率安排对各会员国的汇率制度进行了分类，主要有盯住汇率制、有限灵活汇率制和更加灵活汇率制三大类。

东南亚金融危机以及欧元诞生等一系列国际金融重大事件，使得上述汇率制度分类也无法真实反映各国的汇率制度情况。因此，1999 年 IMF 重新根据各国实际施行的汇率调控制度而不是其官方宣布的汇率安排对各会员国汇率制度进行了新的分类，主要包括八类。2009 年 IMF 又根据一些国家的具体情况，将这八种分类进行细化形成十种新的分类，见表 3—7。

表 3—7　　**2014 年各国（地区）汇率制度选择情况**

	汇率制度类型	国家（地区）数
1	无独立法定货币的汇率制度	13
2	货币局制度	12
3	传统的固定盯住汇率制度	44
4	稳定化安排汇率制度	21
5	水平区间的盯住汇率制度	1
6	爬行盯住汇率制度	2
7	爬行区间盯住汇率制度	15
8	浮动汇率制度	36
9	自由浮动汇率制度	29
10	其他类型汇率制度	18

资料来源：IMF，Annual Report on Exchange Arrangements and Exchange Restrictions，2014。

其中，前三类属于盯住汇率制，后七类属于弹性汇率制。下面对上述汇率制度进行详细介绍。

1．无独立法定货币的汇率制度

无独立法定货币的汇率制度是指一国采用另外一个国家的货币作为法定货币，或者会员国属于某一货币联盟，所有会员国共用同一法定货币。典型的无独立法定货币的汇率制度有美元化和货币联盟。

（1）美元化。

美元化是指一国或地区采用美元逐步取代本国法定货币并最终放弃法定货币和金融主权的过程。美元化国家使用美元作为本国的流通货币，而本国并没有相应的法定货币，这样的国家主要集中在拉美地区和非洲的一些不发达地区，如巴拿马、波多黎各和津巴布韦等。美元化的形成主要是因为这些国家的公民已经对该国的中央银行完全失去信心，对本国货币失去信心，从而放弃本币持有美元，导致美元被动地成为国内流通货币，货币当局面对这一情况无法采取有效措施，最终使得货币当局也抛弃本币。

美元化的主要优势是：第一，减少了外汇交易的成本和汇率风险，增加了对外贸易，吸引了国外投资，最大限度地规避了国际游资的冲击；第二，降低通货膨胀和通胀预期，在一定程度上对本国的经济平稳增长起到了保障作用；第三，降低国内利率水平及其波动，增强了国内金融市场、金融体系的稳定和深化；第四，促进了本国经济和世界经济的融合，减轻了经济周期的影响，促进了本国经济的发展。

相对于美元化的优势，美元化也存在着很大的缺陷：第一，本国货币当局丧失了独立制定货币政策的权力，无法充当最后贷款人的角色；第二，损失了铸币税，使得铸币税收入流向美国；第三，本国经济发展会受到货币发行国货币政策的影响；第四，退出成本高昂，一旦发生银行挤兑，货币当局将别无选择，只能采取冻结美元提款的方式。

目前，采取美元化制度的国家多是一些经济、金融实力不强，而且国内资源匮乏，经济发展对外依赖程度较高的小国家。由于其经济对外依存度较高，国内外经济发展同步性较强，汇率波动风险对其经济影响较大，美元化才有了存在的基础。

（2）货币联盟。

货币联盟是指货币联盟内所有会员国共同使用同一法偿货币。欧元区是目前世界上最为重要的货币联盟，其他货币联盟还包括东加勒比美元区、非洲法郎区等。货币联盟也是一种彻底而不可逆转的严格固定汇率制。

货币联盟的优势主要有：第一，实现了区域内市场安全一体化，推动生产要素在区域内的自由流动，实现资源的最优配置；第二，降低了外汇交易成本和汇率风险，促进了会员国之间相互贸易及区域外贸易，并吸引区域外投资，最大限度地规避游资的威胁；第三，谋求政治和经济上的趋同性以获取所期望的共同利益。

货币联盟的主要缺陷是：第一，联盟区内的会员国丧失了独立制定货币政策的权力；第二，由于汇率灵活性丧失，会员国调整贸易收支失衡的手段变得匮乏，这使得会员国遭受非对称冲击的成本将非常高昂；第三，货币联盟要求会员国货币政策和财政政策相当程度的协调，如《马斯特里赫特条约》中就严格规定了五个趋同标准：低通货膨胀率、低利率、稳定的汇率、低赤字和低公债额，这就要求某些会员国不得不做出较大的牺牲。

2. 货币局制度

货币局制度是指在法律中明确规定本国货币与某一外国可兑换货币保持固定的交换比率，并且对本国货币的发行做出特殊限制的汇率制度。其运作特征是：一国或地区的货币与某一可兑换货币保持固定比率，而所发行的货币保证完全以外汇储备作为后盾，以使货币局制度下的国家负债具有足够的信用保证。这对本国储备货币的创造来源进行了严格的法律限制，货币局只有在拥有了外国货币之后才能够发行本币。货币局制度实际上是“最为坚硬的盯住汇率制形式”。

货币局制度的优势有：第一，管理与操作非常简便。货币局制度是高度规则化了的金融制度，它的运行规则可以被公众所监督，货币局制度对于缺乏中央银行管理经验和环境的小型开放经济体特别具有吸引力；第二，赋予了货币政策高度可信性，由于货币局制度对货币当局的货币发行以及融通政府赤字做了一个限制，因此可以向公众清楚表明政府的意向，从而调整公众的预期，使政府政策发挥作用。

货币局制度的缺陷有：第一，名义汇率僵硬，货币局制度中的盯住汇率是名义汇率，当两国出现通货膨胀率差异时，必然导致实际汇率变动，这种实际汇率变动会引起本国国际收支的变动，并进而容易招致国际游资的冲击；第二，货币局当中的中央银行不能执行最后贷款人的职能，中央银行已经丧失了货币发行的权力；第三，货币当局发行的基础货币具有外汇储备 100%的支撑，但是经过商业银行的信用创造，流通中的现金和存款数量则多倍于最初的外汇储备，当本国居民对本币丧失信心，进行大规模挤兑或抛售时，固定汇率比价将难以维持。

目前，实行货币局制度的主要有中国香港、多米尼加等 12 个国家和地区，但是货币局制度很重要，因为国际金融市场上的几次重大事件如索罗斯量子基金对香港联系汇率的冲击、阿根廷金融危机等都与货币局制度有关。

3. 传统的固定盯住汇率制度

传统的固定盯住汇率制度又称固定但可调整的盯住制，即一国货币与某一种货币（盯住单一货币）或“一篮子货币”（盯住“一篮子货币”）保持固定比价关系，随其波动而波动，并且波动幅度很小。

在该汇率制度下，货币当局通过干预、限制货币政策灵活度来维持汇率固定平价，但是被盯住的中心汇率可进行一次性调整，以保证货币当局可以通过调控汇率来调整货币政策，但是这种调整很少发生。

传统的固定盯住汇率制度的优势有：第一，汇率水平稳定，降低了交易成本和汇率风险，能够促进一国的对外贸易和投资；第二，投资者对汇率保持稳定的预期能够自动熨平汇率波动；第三，利用固定盯住汇率的传递效应可以抑制通货膨胀，使得货币政策能够得到有效的抑制，防止货币当局超发货币。

4. 稳定化安排汇率制度

稳定化安排汇率制度又称类似盯住制度，该制度要求无论该国货币是对单一货币还是对“一篮子货币”，即期市场汇率的波动幅度要能够保持在 2%的范围内至少 6 个月，并且不是浮动汇率制度。该制度与传统的固定盯住汇率制度的区别在于国家货币当局并没有维持固定汇率的承诺，但事实上采取了类似盯住汇率的制度。

5. 水平区间的盯住汇率制度

水平区间的盯住汇率制度是指汇率被保持在官方承诺的汇率带内波动。政府首先确定一个中心汇率，并允许现实汇率在一个水平区间内波动，如图 3—1 所示。

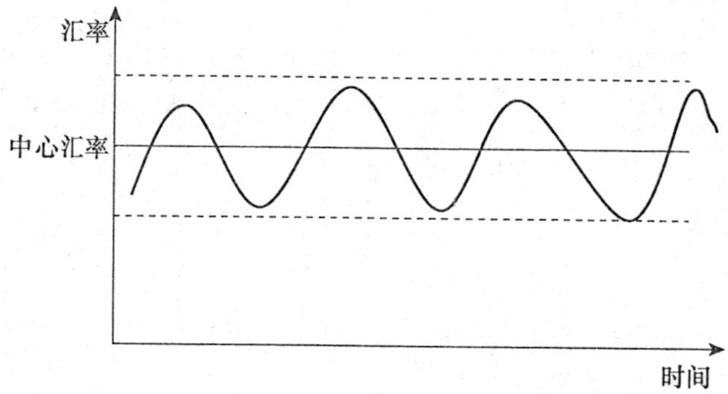

图 3—1　水平区间的盯住汇率制度

水平区间的盯住汇率制度既具有浮动汇率制度的灵活性，又具有固定汇率制度的稳定性，并且由于汇率波动的上下限公开，有助于形成合理的市场预期。该汇率制度的关键在于如何确定合理的汇率波动带。过窄的汇率波动范围会使汇率僵化，与固定盯住汇率制度无异，而过宽的汇率波动范围则会使汇率波动过于剧烈，无法达到稳定汇率的目的。

6. 爬行盯住汇率制度

爬行盯住汇率制度是指一国定期、小幅度且依照事先规定的固定比率来调整，或根据选择性的量化指标来改变。爬行盯住是一种自动调整的汇率制度安排，货币当局首先确定本币与盯住货币的平价，同时规定每次调整的幅度，汇率制度定期按照官方制定的公式进行调整。当市场汇率偏离最近发布的平价值时，中央银行就会对汇率进行干预。爬行盯住汇率制度的特点在于允许对货币平价进行持续的、定期的以及小幅度的调整，从而降低固定汇率一次性大幅度调整对经济的震动。

爬行盯住汇率制度的优点有：第一，它提供了一种更有效的内外均衡调节机制。在爬行盯住汇率制度下，能够定期地对汇率进行调整，这就使得国际收支失衡问题可以通过调整汇率的方式解决，不会出现在固定汇率制度下，因汇率调整的滞后而带来的国际投机冲击。第二，它可以使一国抵制境外通货膨胀的输入。爬行盯住汇率制度具有部分浮动汇率制度的特征，一国货币当局可以通过汇率的调整来抵消国外通货膨胀的影响，从而可以保持本国货币政策的独立性。第三，它可以减少一国必须持有的外汇储备数量。因为汇率水平可以定期调整，因此中央银行在公开市场上干预汇率的情况大大减少，这就可以减少中央银行必须持有外汇储备的数量。

爬行盯住汇率制度的缺陷有：第一，国内货币政策仍然受到外部的制约。在爬行盯住汇率制度下，短期的本国货币的贬值措施将要求本国利率相应上升以维持国际收支平衡。因此，在经常进行汇率调整的情况下，本国的货币政策将受外部均衡制约，频繁进行调整，无法达到满足内部均衡的目的。第二，面对突然冲击时，汇率调整仍然不够迅速。在爬行盯住汇率制度下，汇率的调整是小幅度的，当国民经济遭受突然的外部冲击时、汇率需要进行大幅度的调整时，这一制度又显得不够及时和不够到位。第三，汇率的调整极易转化为国内的通货膨胀。与固定汇率制度下汇率调整的偶然性以及浮动汇率制度下汇率调整的频繁性不同，爬行盯住汇率制度下的汇率调整是相对有规律的，这就使国内的物价体系、工资体系容易采取与汇率挂钩的方式，使货币贬值迅速转化为国内价格水平的上升，从而抵消了贬值的效果。

7. 爬行区间盯住汇率制度

爬行区间盯住汇率制度是指中心汇率变化较为频繁，同时货币当局确定一定的爬行幅度和汇率波动范围，实际汇率在一定的波动区间内沿着不断调整的中心汇率进行波动，如图 3—2 所示。

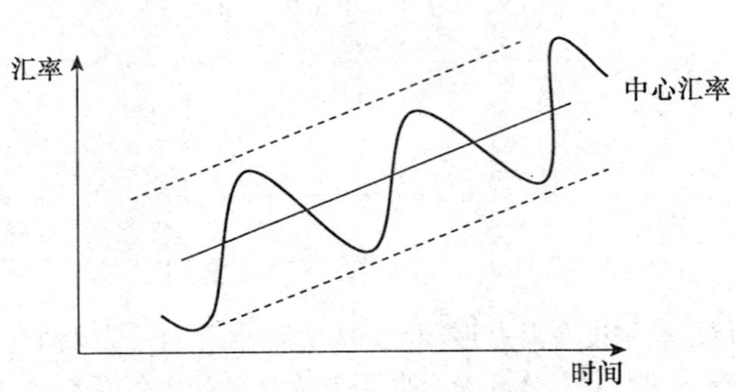

图 3—2　爬行区间盯住汇率制度

爬行区间盯住汇率制度与其他汇率制度的不同点包括：

它与管理浮动汇率制度的区别在于：第一，在目标区中，当局在一定时期内对汇率波动制定出比较确定的区间限制；第二，在目标区中，当局更为关注汇率变动，必要时要利用货币政策等措施将汇率变动尽可能地限制在目标区内。

它与可调整盯住汇率制度的区别主要在于：在爬行区间盯住汇率制度下，政府并不严格承诺在任何情况下都对外汇市场进行干预以将汇率维持在目标区内；同时，在爬行区间盯住汇率制度下，汇率变动的范围更大。

8. 浮动汇率制度

浮动汇率制度是由之前的管理浮动汇率制度细化分解出来的。它是指货币当局事先并不宣布汇率的中间水平，也不对汇率变动路径做出承诺，但是当汇率出现不利于其调控目的的变动时，在外汇市场上进行积极干预。中国目前采取的汇率制度就是管理浮动汇率制度。货币当局用来管理汇率的指标有国际收支状况、国际储备等。

在浮动汇率制度下，央行的干预可以通过公开市场操作与外汇管制来完成，即直接管制；也可以通过利率调整以及其他经济政策和措施来完成，即间接调整。值得注意的是，央行的干预虽然可以避免汇率的大起大落，但这需要该国具有充足的外汇储备和可供选择的货币政策工具，并且需要准确把握干预的时机和力度；否则，干预效果难以达到。

9. 自由浮动汇率制度

自由浮动汇率制度也称清洁浮动，汇率基本上由市场决定，货币当局偶尔会进行外汇干预，旨在减轻汇率波动，防止过度投机。

自由浮动汇率制度的优势有：第一，央行具有独立制定货币政策的权力，能够担当最后贷款人的角色，从而能够有效的规避投机性货币攻击；第二，汇率依据市场供求力量自动调整，从而避免了实体经济变动造成国内经济失衡；第三，不需要大量的外汇储备，极大地降低了外汇储备的持有成本。

自由浮动汇率制度也有自身的缺点：第一，如果贸易缺乏弹性，那么汇率会产生经常性的剧烈波动，直接对国际贸易和投资造成负效应；第二，不能促进各国经济政策的相互协调；第三，没有稳定的汇率预期，金融市场发展不完全的发展中国家无法规避汇率投机造成的汇率大幅波动。

汇率变动对一国经济影响较大，因此，实行自由浮动汇率制度的国家主要是美国、日本、瑞士等经济发达国家。

10. 其他类型汇率制度

如果一国汇率安排不属于上述各项，将被列入此类。

三、汇率制度的选择

汇率制度的选择是一个非常复杂的问题，各国政府会综合本国各方面的实际情况选择适合本国经济发展的汇率制度。无论是长期以来有关固定汇率制度和浮动汇率制度的争论，还是选择某种介于两者之间的汇率安排，都反映出各国政府对于汇率制度“可信度”与“灵活性”的权衡。国际货币基金组织会员国多样化的现实汇率制度安排说明，汇率制度本身并不存在绝对的优劣，只有适合与不适合的区别。

（一）固定汇率制度与浮动汇率制度优缺点比较

1. 固定汇率制度的优缺点

（1）固定汇率制度的主要优点。

第一，固定汇率制度具有内在的稳定机制。在固定汇率制度下，政府具有维持汇率稳定的职责，因此当市场上的汇率偏离政府制定的中心汇率过大时，市场投资者会预期政府将会在市场上进行干预，这会使得市场投资者的投机交易有助于市场汇率的稳定。

第二，固定汇率制度能够减少国际贸易和国际投资的不确定性。在固定汇率制度下，现实汇率将会围绕中心汇率进行上下波动，现实汇率较为稳定，从而避免了频繁大幅度波动带来的市场风险，为国际贸易和国际投资提供了一个平稳的国际环境。

第三，固定汇率制度能够对政府的财政货币政策产生自我约束。由于政府具有稳定汇率的职责，因而政府在制定相关经济政策时将会更加审慎，这种自我约束机制有助于抑制通货膨胀和稳定汇率。如果政府实施大规模的货币宽松政策，这将会使本币供给过多，在资本管制较松的情况下，将招致国际投机资本的冲击，最终导致固定汇率制度难以维持。

(2) 固定汇率制度的主要缺点。

第一，汇率制度缺乏弹性，通常情况下无法成为政策工具来调节国际收支。在浮动汇率制度下，当本国处于国际收支逆差时，这意味着本币在国际市场中的供给大于需求，本币将会贬值，而通过前面介绍的汇率对经济的影响的知识可知，本币贬值将有利于国际收支的改善，因此浮动汇率制度能够成为政策工具而调节国际收支，而固定汇率制度则没有这个效果。

第二，固定的汇率削弱了货币政策的有效性和独立性。在固定汇率制度下，本国有维持汇率稳定的职责，这使得货币政策受到维持汇率的掣肘，无法有效独立地发挥作用。当一国面临经济低迷、通货紧缩的情况时，本国有必要采取宽松的货币政策以刺激经济发展，但是宽松的货币政策将导致本币有贬值的倾向，这使得当局不得不再次通过抛售外币回收本币以维持汇率稳定，而这将抵消宽松的货币政策对货币的投放。

第三，经济发展的不同步性增加了汇率管理的难度。这在实行盯住汇率制度或货币局制度的国家最为突出，新兴市场国家爆发的危机，如墨西哥金融危机、东南亚金融危机和阿根廷金融动荡都是典型的案例。发达国家也存在类似的问题，20 世纪 90 年代的英镑危机，就是因为英国与德国经济发展现状和实施的政策存在差异，导致大量国际资本流向德国，德国面临高通货膨胀和资本内流，而英国面临国际收支逆差上升，最终使得英镑放弃维持与马克的固定比价，退出欧洲货币体系。近年来，由希腊债务危机引发的一系列事件也有力地说明了这一问题，希腊本国经济产业结构单一，旅游业是其支柱产业，随着全球经济低迷，希腊国际收支大幅恶化，而欧元区核心国家德国和法国，产业结构完整，经济抵御危机的能力远远强于希腊，这就造成生产要素向这些核心国家集聚，同时在使用单一货币的情况下，造成希腊无法使用货币政策刺激经济，而只能通过财政举债，但是财政政策无法完全限制资本从希腊继续流向欧元区核心国家，这使得举债也无法刺激经济发展，这就将希腊一步一步地拖向了债务的深渊。

第四，固定汇率制度容易引发破坏性投机冲击，最终导致货币危机。固定汇率制度是建立在政府承诺的基础之上的，市场信心的强弱取决于政府维持汇率稳定的能力。如果市场投资者认为政府具有维持汇率稳定的能力，那么市场投资者的投机行为就会起到稳定汇率的作用；如果投资者认为政府稳定汇率的能力不足，这反而会招致国际游资大鳄的投机冲击，最终导致货币危机和金融危机。

2. 浮动汇率制度的主要优缺点

（1）浮动汇率制度的优点。

第一，浮动汇率制度具有自动调节国际收支的能力。在浮动汇率制度下，汇率能够发挥调节进出口商品价格的杠杆作用，当本国出现国际收支逆差时，外汇市场上本币的供给相对大于需求，本币倾向于贬值。本币贬值后，以外币衡量的本国商品的出口价格变得更便宜，而以本币衡量的进口商品价格变得更贵，这就使得本国出口增加而进口减少，从而有力地改善了本国的国际收支，这就是浮动汇率制度下国际收支的自动调节机制。

第二，货币政策的有效性增强。当汇率承担起调节国际收支的作用后，货币政策就可以和财政政策相配合，一起作为实现内部均衡的政策工具。在固定汇率制度下，货币政策调节内部均衡的能力让位于调整外部均衡，而当汇率可以自由浮动后，外部均衡的问题由汇率解决，这样货币政策就被解放，能够用于调整内部均衡。

第三，减少国际储备的保有量，节约储备成本。在固定汇率制度下，国际储备是维持国际收支平衡和汇率稳定的最后一道防线，因此施行固定汇率制度的国家需要积累大量的国际储备以巩固和增强市场信心。在浮动汇率制度下，政府不负有维持汇率稳定的职责，因此政府不需要保有大量的国际储备，从而节约了储备成本。

第四，可避免汇率在短时间内大起大落，缓解汇率波动对经济的冲击。在浮动汇率制度下，汇率波动的不确定性增加了对汇率走势预期的难度，反而有助于熨平汇率的大幅波动，从而缓解汇率波动对内部经济的冲击。

（2）浮动汇率制度的缺点。

第一，浮动汇率制度加大了国际贸易和投资的不确定性。汇率频繁波动会导致进出口商品和服务的价格波动，不利于对外经济贸易关系的发展；同时，汇率的剧烈波动会带来外汇风险，抑制国际投资，阻碍国际贸易。

第二，浮动汇率制度加剧了国际金融市场的动荡。汇率的波动容易引发讨回行为，在资本账户开放的情况下，国内金融市场更容易受到国际游资的冲击；更近一步说，外汇市场上金融资产的供求受预期变化的影响，在一个投机气氛浓烈的市场中，汇率的微调会引发更大的波动压力，使得国际金融市场更加动荡不定。可见，完善有效的金融市场和金融体系，是实施浮动汇率制度的基础。

（二）影响汇率制度抉择的主要因素

汇率制度应相机抉择，因为没有任何一种汇率制度对于所有国家或者一个国家的所有时期都是最优的。一国选择何种汇率制度主要取决于以下几个因素。

1. 本国的经济发展状况

本国的经济发展状况包括本国的经济规模、经济开放程度等一系列方面。

大国比较适宜采取浮动性较强的汇率制度，而小国则实行固定汇率制度比较适宜。这是因为：对于大国来说，国内均衡的重要性要更强，大国倾向于追求独立的经济政策以保持本国国内的经济发展稳定；而对于小国来说，其经济发展往往与一些国家的贸易关系联系密切，汇率的频繁波动会给它们的贸易带来非常大的不便。

经济开放程度高、对外依存度较高的国家倾向于采取盯住汇率制度。由于经济开放，贸易占整个国内价格水平的比重会比较大，因此汇率的波动对国内价格波动会产生较大影响，同时贸易开放程度较大，汇率波动也会对对外贸易产生很大影响，使得本国经济发展不稳定。如果一国对外贸易大部分集中在单一国家，则将汇率单一盯住该国，对于稳定本国经济发展会有很大的帮助。

与贸易伙伴的通货膨胀率差异较大的国家较为适合采用浮动汇率制度。如果一国通货膨胀率高于贸易伙伴，其汇率在短期内需要经常性进行调整以维持两国之间的贸易平衡，而如果单方面追求汇率稳定，则很容易造成两国贸易上的失衡，从而产生较大的经济风险。

2. 对国内经济稳定的需求

国内经济稳定是许多国家所追求的经济目标，为了这一目标的实现，这些国家会在汇率制度上大做文章。如果一国决策者追求国内物价波动尽可能的小，则应该选择能满足该目标的汇率制度。

例如，若有较大的贸易价格波动，那么就适合采用浮动汇率制度，在进口原材料价格发生大幅度波动的情况下，汇率做出相应的调整后使得进口原材料的国内价格不发生变化，从而隔绝了国外价格波动对国内经济的干扰；如果国内存在较大的货币供给波动，那么就适合采取固定汇率制度，因为固定汇率制度能够对货币当局的货币供给行为产生一定的约束作用。

3. 对外经济合作开展的情况

一国与其他国家的经济合作情况对汇率制度的选择有着重要影响。例如，当两国存在非常密切的贸易往来时，两国的货币保持固定汇率有利于相互间经济关系的发展。又如，在国际资金流动数量非常大的背景下，对于一国内部金融市场和外界联系非常紧密的国家来说，如果本国对外汇市场干预的实力和各种条件限制不强，那么采用浮动汇率制度，任汇率自由浮动则是一种较为合适的选择。

（三）汇率制度选择理论

1. 经济论

在如何选择汇率制度上，美国经济学家罗伯特·赫勒提出了“经济论”。这一理论认为，一国汇率制度的选择主要是由经济方面的因素决定，这些因素主要包括经济规模、经济开放程度、进出口贸易结构、国内金融市场的发展程度及与国际金融市场的联系程度、相对通货膨胀率等。如果一国对外经济开放程度高，经济规模小，进出口的商品结构单一或进出口地相对集中，则该国倾向于采用盯住汇率制度；而如果一国进出口商品多样化而且进出口地比较分散，本国经济能够在很大程度上抵御外部干扰，则倾向于实行浮动汇率制度。

2. 依附论

在有关发展中国家汇率选择理论的讨论中，一些经济学家提出了有关汇率选择的“依附论”。该理论认为，发展中国家汇率制度的选择，主要取决于它们在政治、经济、军事等方面的对外联系特征。发展中国家在实行盯住汇率制度的时候，选择哪种货币作为它们的“参考货币”，主要取决于它们在政治、经济等方面的依附关系。例如，目前一些东南亚国家与中国之间存在较大规模的贸易往来，这些国家虽然名义上并没有将人民币作为其盯住货币，但是在现实货币政策调控中，这些国家都会参考中国未来的货币政策调整，如果人民币在短时间内出现贬值的情况，这些国家有可能纷纷效仿。

3. 最适度货币区理论

最适度货币区理论最早由经济学家蒙代尔在 1961 年提出，这一问题的关注点在于在什么情况下实行固定汇率制度安排和货币一体化才是最佳决策。蒙代尔主张用生产要素的流动性作为最适度货币区域的标准。此后，麦金农、肯南、英格姆等多位经济学家针对同一问题展开了多角度的深入分析，相继提出了经济开放性、低程度产品多样性、国际金融一体化、政策一体化程度、通货膨胀相似性等研究方法，使最适度货币区理论逐渐完善。欧洲货币一体化进程是迄今为止最适度货币区理论的一次伟大实践，该理论伴随欧洲货币一体化实践而越来越受到关注（最适度货币区内容详见第十章）。

第六节 外汇管制

一、外汇管制的含义

外汇管制是指一个国家为防止资金的大量外逃或流入，维持国际收支的平衡和本币汇率稳定，通过法律、法令或法规对外汇资金的收支、买卖、借贷、转移及国际结算、本国货币的兑换和汇率所进行的管理。

二、外汇管制的类型

根据各国对外汇管制的松紧程度的不同，可以将外汇管制分为以下三种类型。

（一）实行全面、严格的外汇管制

对国际收支的所有项目，即经常项目和资本与金融项目都实行严格控制，而且不实行自由浮动的汇率制度。外汇极端缺乏、经济不发达或对外贸易落后的发展中国家大多采用这种制度。

（二）实行部分外汇管制

原则上对经常项目不加管制，但对资本项目的收支仍加以不同程度的管制。实行部分外汇管制的国家一般实行浮动汇率制度。一些发达国家或开放度较高的发展中国家经济比较发达，对外贸易规模较大，经济及金融状况较好，一般采取这种制度。

（三）基本上取消外汇管制

准许本国和本地区货币自由兑换成其他国家和地区的货币，对经常项目和资本与金融项目的收支都不加限制。一些工业发达国家和一些国际收支盈余的石油生产国常采用这种类型。

从世界范围来看，经济发展水平越低的国家，其外汇管制越严；反之，经济发展水平越高的国家，其外汇管制越松甚至完全取消。目前，我国采用的是第二种外汇管制类型。

三、外汇管制的对象

（1）对人的管理。包括对法人和自然人，根据法人和自然人在外汇管制国家内外的不同划分为居民和非居民，对居民和非居民的外汇管制措施不同。由于居民的外汇支出涉及居住国的国际收支问题，故管制较严；对非居民的管制则较松。

（2）对物的管理。主要涉及国际支付手段，如货币、铸币、黄金、有价证券和票据等。

（3）对地区的管理。这是指对本国不同地区实行的外汇管制的要求有所区别，例如，对特别行政区、经济特区、出口加工区、保税区等的管理通常较为宽松。

（4）对行业的管理。这主要是指国家根据产业政策，对不同的进出口商品采取不同的政策待遇，以及实行复汇率制等。

（5）对国别的管制。这是指针对不同国家和地区实行不同的资本输出输入、商品进出口的管制办法。

四、外汇管制的主要内容

（1）对出口外汇的管制。在出口外汇管制中，最严格的规定是出口商必须把全部外汇收入按官方汇率结售给指定银行。出口商在申请出口许可证时，要填明出口商品的价格、数量、结算货币、支付方式和支付期限，并交验信用证。

（2）对进口外汇的管制。对进口外汇的管制通常表现为进口商只有得到外汇管理当局的批准，才能在指定银行购买一定数量的外汇。外汇管理当局根据进口许可证决定是否批准进口商的买汇申请。有些国家将进口批汇手续与进口许可证的颁发同时办理。

（3）对非贸易外汇的管制。对非贸易外汇的管制类似于对出口外汇的管制，即规定有关单位或个人必须把全部或部分贸易外汇收支和资本输出输入收支以外的外汇收支（包括运费、保险、佣金、利润、版税、驻外机构经费，以及个人所需的旅费、医疗费、留学费用等）按官方汇率结售给指定银行。为了鼓励人们获取非贸易外汇收入，各国政府可能实行一些其他措施，如实行外汇留成制度，允许居民将个人劳务收入和带入款项在外汇指定银行开设外汇账户，并免征利息所得税。

（4）对资本输出输入的外汇管制。发达国家一般采取鼓励资本输出的政策，但是它们在特定时期，如面临国际收支严重逆差时，也采取一些限制资本输出的政策。主要措施包括：规定银行对外贷款的最高额度；限制企业对外投资的国别和部门；对居民境外投资征收利息平衡税等。

（5）对黄金、现钞输出输入的管制。实行外汇管制的国家一般禁止个人和企业携带、托带或邮寄黄金、铂金或白银出境，或限制其出境的数量。对于本国现钞的输入，实行外汇管制的国家往往实行登记制度，规定输入的限额并要求用于指定用途。对于本国现钞的输出，则由外汇管理机构进行审批，规定相应的限额。不允许货币自由兑换的国家禁止本国现钞输出。

（6）汇率管制。所谓汇率管制，是指以法定汇率代替自由汇率，并允许市场存在或实行复汇率的一种制度，其目的是扭转国际收支逆差和稳定对外汇率。汇率管制包括法定汇率制和复汇率制两个方面。

五、外汇管制的方法

（一）直接外汇管制

这是指国家运用行政手段和限制性措施对外汇交易、汇率、外汇资金的来源和运用实行直接管制。主要有行政管制、数量管制和汇率管制三种方式。

（1）行政管制。是指政府全面垄断外汇交易，强制居民申报并出售所拥有的外汇资产，管制进口贸易，限制资本和贵金属的输出输入，限制本币与外汇的自由兑换，以及决定是否给予境内金融机构、企业外汇经营权和境内外金融机构能否经营本币业务及经营范围等。

（2）数量管制。是指政府对外汇买卖和进出国境的外汇数量实行控制。主要是通过进口限制、许可证制和管制贸易与非贸易外汇，以及限定外汇市场交易数额，甚至对资本输出输入和银行账户存款调拨进行审批管理等，来实现对进出口外汇数量和非贸易外汇的统筹调节与管制。

（3）汇率管制。是由外汇管制机构以行政方式直接规定和控制汇率水平。一些国家在其经济发展的某些阶段还采取复汇率制。

（二）间接外汇管制

这是指外汇管理机构通过入市买卖外汇和对国际收支各项目的控制，间接影响外汇供求关系及价格的管制方法。一般做法是，各国中央银行建立外汇平准基金或外汇稳定基金。基金构成包括外汇、本国货币及黄金等。中央银行利用这个缓冲体进行市场操作，即利用基金进入外汇市场买卖外汇、本币或黄金，由此影响或调节外汇供求。

六、外汇管制的作用

（一）外汇管制的积极作用

（1）实现本国国际收支平衡，改善国际收支状况。长期的国际收支逆差会给一国经济带来显著的消极影响，维持国际收支平衡是政府的基本目标之一。政府可以用多种方式来调节国际收支，但是对于发展中国家来说，其他调节措施可能意味着需要付出较大代价。

（2）稳定本币汇率，减少涉外经济活动的外汇风险。汇率频繁地大幅度波动所造成的外汇风险会严重阻碍一国对外贸易和国际借贷活动的进行。拥有大量外汇储备的国家或有很强借款能力的国家可以通过动用或借入储备来稳定汇率。对于缺乏外汇储备的国家来说，外汇管制是稳定本币兑换外币汇率的重要手段。

（3）防止资本外逃或大规模的投机性资本流动，维护本国金融市场的稳定。经济实力较弱的国家存在着非常多的可供投机资本利用的缺陷。投机性资本外逃，又会引发一系列连锁反应，造成经济局势迅速恶化。外汇管制是这些国家维护本国金融市场稳定运行的有效手段。

（4）增加本国的国际储备。任何国家都需要持有一定数量的国际储备。国际储备不足的国家可以通过多种途径来增加国际储备，但是其中多数措施需要长期施行才能取得明显成效。外汇管制有助于政府实现增加国际储备的目的。

（5）有效利用外汇资金，推动重点产业优先发展，增强本国产品的国际竞争能力。外汇管制使政府拥有更大的对外汇运用的支配权。政府可以利用它限制某些商品进口，以保护本国相对不成熟的产业；或者向某些产业提供外汇，以扶持重点产业优先发展。在本国企业不足以保证产品的国际竞争能力的条件下，政府可以借助外汇管制为企业开拓国外市场。例如，规定官方汇率是外汇管制的重要手段之一，当政府直接调低本币汇率时，或限制短期资本流入时，都有助于本国增加出口。

（6）增强金融安全性。金融安全性是指一国在金融国际化条件下具有抗拒内外金融风险和外部冲击的能力。开放程度越高，一国维护金融安全性的责任和压力越大。影响金融安全性的因素既包括国内不良贷款、金融体制改革和监管等内部因素，也涉及外债规模和使用效益、国际游资冲击等涉外因素。发展中国家经济发展水平较低，经济结构有种种缺陷，特别需要将外汇管制作为增强本国金融安全性的手段。

（二）外汇管制的消极作用

（1）严格的外汇管制会导致汇率扭曲，从而扭曲国际贸易商品的相对优势，在世界范围内降低资源最佳配置的效率。无论是政府规定官方汇率还是政府限制外汇买卖，都会使汇率偏离市场均衡汇率。从长远来看，这不利于该国的经济发展、技术进步和国际竞争能力的提高。

（2）在一定程度上影响国际贸易的发展和对外开放的进程。从世界范围来看，外汇管制阻碍着自由的多边结算体系的形成，自然阻碍了国际贸易和国际资本流动的正常进行。要打破国际收支逆差、外汇储备不足、外汇管制、对外开放程度低、经济发展速度慢之间的恶性循环，需要在逐步取消外汇管制上寻找突破口。

（3）出现外汇黑市，而且外汇官价和黑市并存可能带来权钱交易。当外汇牌价被显著压低时，就很难避免外汇黑市的出现。当外汇黑市规模较大时，政府甚至不得不开放外汇调剂市场，使该国出现合法的双轨制汇率。为了以较低的官价购买外汇，某些个人和企业可能向掌握外汇配给权的官员行贿，助长社会的腐败风气。

七、我国的外汇管理体制

我国的外汇管理体制大体可以分为下述几个阶段。

（一）1950—1978 年：外汇统收统支制

在 1950 年到 1978 年我国改革开放以前的这一历史时期，我国实行外汇统收统支制，国家对外汇资金的收付买卖、调拨转移、进出国境实行严格管制。在此时期，我国外汇管制的重点对象是国家单位和集体组织。对这些单位的外汇收支实行计划管理，外汇资金由国家集中保管，统一分配，各单位的外汇收支均须通过银行账户，接受银行监督。

（二）1979—1993 年：外汇留成制

改革开放后，我国的外汇管理体制改革最重要和最突出的内容就是实行外汇留成制和设立调剂外汇市场。

(1) 实行外汇留成制。为了推动改革开放，调动各企事业单位的创汇积极性，增加外汇收入，从 1979 年开始，我国实行外汇留成制，即凡创汇单位，国家给予它们一定的使用外汇的权利（即额度留成），按规定的使用方向，用于从国外进口商品。

(2) 设立外汇调剂市场。为了调剂创汇和用汇单位的外汇余缺，并给创汇单位一定的鼓励，中国银行于 1980 年 10 月开办了外汇调剂和额度借贷业务，参与对象原先只限于国有和集体企业的留成外汇，以后扩大到外商投资企业的外汇、国外捐赠的外汇和国内居民的外汇。

从 1980 年 10 月至 1993 年 12 月 30 日，外汇调剂市场与我国官方外汇市场并存，从而形成两个市场、两个汇价并存的局面，不能形成公开统一的外汇市场，不利于我国向市场经济过渡。从 1998 年 12 月 1 日起取消外汇调剂业务并关闭各地外汇调剂中心，境内所有机构和个人的外汇买卖纳入银行结售汇体系，进一步完善银行间外汇市场。

(三) 1994—2004 年：有管理的浮动汇率制度

1994 年，我国对外汇管理体制进行了重要而影响深远的改革，其主要成就有：

(1) 实现人民币官方汇率和市场汇率并轨，建立以市场供求为基础的、单一的、有管理的浮动汇率制度。从 1994 年 1 月 1 日起实行并轨，即把调剂外汇市场价与官方牌价合二为一，只保留一个汇价。

实行以市场供求关系为基础的、有管理的浮动汇率制度，即人民币兑美元及其他外币的比价不是固定不变的，而是根据市场对外汇供求的情况不断变动，并由国家货币当局进行宏观调控。

(2) 实行银行结售汇制度，取消外汇留成制和上缴制度，实现了人民币经常项目有条件可兑换。在实行银行结售汇制度后，取消经常项目正常对外支付用汇的计划审批。境内企业、事业单位、机关和社会团体在此项目下的对外支付用汇，持有效凭证，用人民币到外汇指定银行办理兑付。

(3) 建立银行间外汇市场，改进人民币汇率形成机制。实行银行结售汇制度后，建立全国统一的银行间外汇交易市场。外汇指定银行是外汇交易市场的主体。中国人民银行根据前一日银行间外汇交易市场形成的价格，每日公布人民币兑美元交易的中间价，并参照国际外汇市场的变化，同时公布人民币兑其他主要货币的汇率。各外汇指定银行以此为依据，在中国人民银行规定的浮动范围内自行挂牌，与客户买卖外汇，保持各银行挂牌汇率的基本一致和相对稳定。

(4) 强化外汇指定银行的依法经营和服务职能。外汇指定银行办理结汇时所需的人民币资金原则上应由各银行用自有资金解决。国家对外汇指定银行的结算周转外汇实行比例管理。

(5) 对资本项目的外汇收支仍继续实行计划管理和审批制度。对境外资金的借用和偿还，国家继续实行计划管理、金融条件审批和外债登记制度，继续加强外债管理，实行“谁借谁还”的原则。

(6) 取消境内外币计价结算，禁止外币在境内流通。自 1994 年 1 月 1 日起，取消任何形式的境内外汇计价结算，禁止外币在境内流通。

1994 年的外汇管理体制改革实现了人民币经常项目下有条件可兑换的预定目标，

1996年又推出了《中华人民共和国外汇管理条例》《境内居民因私兑换外汇办法》《结汇、售汇及付汇管理规定》等一系列外汇管理体制改革法规，使我国在1996年底实现了人民币经常项目可兑换，达到《国际货币基金协定》第八条的要求。

（四）2005—2011年：有调节、有管理的浮动汇率制度

自2005年7月21日起，我国开始实行以市场供求为基础、参考“一篮子货币”进行调节、有管理的浮动汇率制度，形成更富弹性的人民币汇率机制。其基本内容有：

（1）自2005年7月21日起，我国开始实行以市场供求为基础、参考“一篮子货币”进行调节、有管理的浮动汇率制度。人民币汇率不再盯住单一美元，形成更富弹性的人民币汇率机制。

（2）中国人民银行于每个工作日闭市后公布当日银行间外汇市场美元等交易货币兑人民币汇率的收盘价，作为下一个工作日该货币兑人民币交易的中间价格。

（五）2012年至今：货物贸易外汇管理制度改革

国家外汇管理局、海关总署、国家税务总局联合发布公告，决定自2012年8月1日起在全国范围内实施货物贸易外汇管理制度改革，并相应调整出口报关流程、简化出口退税凭证。主要内容包括：

（1）全面改革货物贸易外汇管理方式，简化贸易进出口收付汇业务办理手续和程序。国家外汇管理局取消货物贸易外汇收支的逐笔核销，改为对企业货物流、资金流实施非现场总量核查，并对企业实行动态监测和分类管理。此外，银行为企业办理收付汇的单证和流程均大幅简化。

（2）调整出口报关流程。取消出口收汇核销单，企业办理出口报关时不再提供核销单。

（3）简化出口退税凭证。自2012年8月1日起，报关出口的货物，企业申报出口退税时不再提供出口收汇核销单；税务部门参考外汇管理局提供的企业出口收汇信息和分类情况，依据相关规定，审核企业出口退税情况。

（4）提升监管手段，防范外汇收支风险。对少数异常、可疑的企业进行重点监管，通过总量核查和分类管理对企业进行动态监管，使得资源配置更加合理，增强了监管的针对性、有效性和威慑力。

（5）加强部门联合监管。国家外汇管理局、海关总署、国家税务总局将进一步加强合作、完善协调机制、实现数据共享、形成监管合力，严厉打击各类违规跨境资金流动以及走私、骗税等违法行为。

专栏3—2：西方汇率决定理论

西方汇率决定理论主要有国际借贷说、购买力平价说、汇兑心理说、利率平价说、货币主义的汇率学说和金融资产说。它们分别从不同的角度对汇率的决定因素进行了分析。

一、国际借贷说

国际借贷说是美国经济学家葛逊在1861年提出的，他以金本位制度为背景，较为完善地阐述了汇率与国际收支的关系。他认为，汇率的变化是由外汇的供给与需求引起的，而外汇的供求主要源于国际借贷。国际借贷可分为流动借贷和固定借贷。流动借贷是指已经进入实际支付阶段的借贷；固定借贷是指尚未进入实际支付阶段的借贷。只有流动借贷才会影响外汇的供求。在一国进入实际支付阶段的流动借贷中，如果债权大于债务，外汇的供给就会大于外汇的需求，引起本币升值、外币贬值；相反，如果一定时期内进入实际支付阶段的债务大于债权，外汇的需求就会大于外汇的供给，最终导致本币贬值、外币升值。

二、购买力平价说

购买力平价说是20世纪20年代初由瑞典经济学家卡塞尔率先提出的。其理论的基本思想是：人们需要外币是因为外币在其发行国国内具有购买力，相应地，人们需要本币也是因为本币在本国国内具有购买力。因此，两国货币汇率的决定基础应是两国货币所代表的购买力之比。购买力平价有绝对购买力平价和相对购买力平价两种形式。绝对购买力平价说明了在某一时点上汇率水平的决定基础：两国货币的购买力。相对购买力平价则解释了在某一时段内汇率变动的通货膨胀预期因素。购买力平价说是最有影响的汇率理论，由于它是从货币基本功能的角度分析货币的交换比率，合乎逻辑，表达简洁，故在计算均衡汇率和分析汇率水平时被广泛应用。

三、汇兑心理说

汇兑心理说是1927年由法国巴黎大学教授艾伯特·阿夫塔里昂根据边际效用价值论的思想提出的。他认为，汇率取决于外汇的供给与需求，但个人之所以需要外汇不是因为外汇本身具有购买力，而是由于个人对国外商品和劳务的某种欲望。这种欲望又是由个人的主观评价决定的，外汇就如同商品一样，对各人有不同的边际效用。因此，决定外汇供求进而决定汇率最重要的因素是人们对外汇的心理判断与预测。

四、利率平价说

利率平价说的理论渊源可追溯到19世纪下半叶，于1923年由英国经济学家凯恩斯系统地阐述。它的核心思想是：由于套利行为推动市场价格的调整，利率高的货币远期将贴水，利率低的货币远期将升水，升贴水的幅度大约等于两国的利差。利率平价说解释了汇率变化趋势，不仅在学术界存在共识，也被广泛运用于汇率预测实践之中。

五、货币主义的汇率学说

货币主义的汇率学说认为汇率变动是由货币市场失衡引发的，引发货币市场失衡有各种因素：国内外货币供给的变化、国内外利率水平的变化以及国内外实际国民收入水平的变化等。这些因素通过对各国物价水平的影响而最终决定汇率水平。货币主义的汇率学说分为黏性说和弹性说，它最突出的贡献是对浮动汇率制下现实汇率的超调现象进行了全面的理论概括。

六、金融资产说

金融资产说阐述了金融资产的供求对汇率的决定性影响，认为一国居民可持有三种资产，即本国货币、本国债券和外国债券，其总额应等于本国所拥有的资产总量。当各种资产供给量发生变动，或者居民对各种资产的需求量发生变动时，原有的资产组合平衡就被打破，这时居民就会对现有资产组合进行调整以使其符合自己的意愿持有量，达到新的资产市场均衡。在对国内外资产持有量进行调整的过程中，本国资产与外国资产之间的替换就会引起外汇供求量的变化，从而带来汇率的变化。

本章小结

1. 狭义的静态外汇（foreign exchange）是指以外国货币表示的，可以直接用于国际上债权债务清偿的各种支付手段和工具，它强调的是外汇作为金融资产的属性。外汇包括外币现钞、外币支付凭证或者支付工具、外币有价证券、特别提款权等。一种外币要成为外汇必须同时具备以下三个特征：必须是以外币表示的可以用作对外支付的金融资产、必须具有充分的可自由兑换性和普遍接受性、必须具有可偿性。可以依据不同的标准将外汇划分为贸易外汇和非贸易外汇、即期外汇和远期外汇、自由外汇和记账外汇。

2. 汇率又称汇价，是外汇市场上一国货币与他国货币相互交换的比率，也可以称为以一种货币表示的另一种货币的价格。汇率的标价方法有直接标价法、间接标价法、美元标价法。目前，世界上大多数国家采用的是直接标价法。

3. 在实际应用中，汇率可以从不同的角度来进行不同的分类。从银行买卖外汇的角度，汇率可以分为买入汇率、卖出汇率、中间汇率和现钞汇率；按照制定汇率的方法不同，可以分为基本汇率和套算汇率；按照汇率制度的不同，分为固定汇率与浮动汇率；按照外汇管制的程度不同，分为官方汇率和市场汇率；按照银行营业时间不同，分为开盘汇率和收盘汇率；根据银行汇兑方式的不同，分为电汇汇率、信汇汇率、票汇汇率；按照交割时间的不同，分为即期汇率和远期汇率。

4. 市场汇率的变动主要取决于外汇市场对该国货币的供给和需求，当外汇供给大于需求时，该国货币贬值；反之，则升值。影响汇率变动的因素主要通过影响外汇市场上的供求关系起作用。这些因素主要包括经济增长率差异、国际收支、利率差异、通货膨胀率差异、政府干预、国际储备、预期因素、外汇投机等。

5. 汇率的变动对社会经济各个方面都有广泛的影响，汇率变动的影响体现在对国内经济活动的影响和对涉外经济活动的影响两个方面。汇率变动对一国国内经济的影响一般通过国内物价、货币供求状况、收入变动、产业结构、就业状况等渠道发生。通过这种影响，汇率变动不可避免地会影响一国国内的经济结构、资源配置等，从而对整个国家的经济状况产生深远影响；汇率变动对涉外经济的影响表现在对贸易收支、非贸易收支、资金流动、外汇储备和国际经济关系等方面。

6. 汇率制度又称汇率安排，是指一国货币当局对本国汇率水平的确定、对汇率变动方式等问题所做的一系列安排和规定。传统上，按照汇率变动的幅度，将汇率制度分为固定汇率制度和浮动汇率制度。亚洲金融危机后，国际货币基金组织对汇率制度进行了重新分类，总共有十种：无独立法定货币的汇率制度、货币局制度、传统的固定盯住汇率制度、稳定化安排汇率制度、水平区间盯住汇率制度、爬行盯住汇率制度、爬行区间盯住汇率制度、浮动汇率制度、自由浮动汇率制度、其他类型汇率制度。

7. 长期以来，学术界一直存在着固定汇率制度和浮动汇率制度孰优孰劣的争论，但是从实际来看，固定汇率制度和浮动汇率制度都不是十全十美的，二者各有利弊，不能简单地说哪一种汇率制度比另外一种更为优越，而应该视具体国情具体分析。关于汇率制度的选择，国际上有一系列的新理论和新方案。包括经济论、依附论、最适度货币区理论等。

8. 外汇管制是指一个国家为防止资金的大量外逃或流入，维持国际收支的平衡和本币汇率稳定，通过法律、法令或法规而对外汇资金的收支、买卖、借贷、转移及国际结算，对本国货币的兑换及汇率所进行的管理。外汇管制的内容包括对出口外汇、进口外汇、非贸易外汇、资本输出输入、黄金和现钞输出输入、汇率等方面的管制。管制的方法有直接外汇管制和间接外汇管制两种。

思考题

1. 名词释解

外汇；即期外汇；远期外汇；自由外汇；记账外汇；汇率；直接标价法；间接标价法；买入汇率；卖出汇率；现钞汇率；关键货币；套算汇率；固定汇率；浮动汇率；官方汇率；市场汇率；即期汇率；远期汇率；马歇尔—勒纳条件；J曲线效应；汇率制度；外汇管制。

2. 简答题

(1) 外汇有哪些特征？

(2) 什么是汇率？汇率有哪几种表示方法？

(3) 远期汇率有哪两种表示方法？如何通过远期差价计算远期汇率？

(4) 什么是套汇？如何判断间接套汇的机会？

(5) 外汇在经济交往中有哪些作用？

(6) 影响汇率变动的因素有哪些？它们的作用机理是什么？

(7) 简述汇率制度的几种类型以及它们的特点。

(8) 试比较浮动汇率制度和固定汇率制度的优缺点。

(9) 结合中国的实际情况以及所学的汇率选择理论，你认为中国应该实行何种汇率制度？中国未来汇率改革的主要方向是什么？

(10) 简述外汇管制的含义及作用。

第四章　外汇实务

学习目标

通过本章的学习，理解外汇市场的定义和构成、中国外汇市场的发展历程，掌握外汇市场的参与者、外汇市场的层次、即期外汇交易的特点、远期外汇交易的套期保值原理、套汇原理、套利原理、期货套期保值原理、期权价格的决定因素。

学习方法

(1) 预习法。通过预习对本章主要内容有初步了解，了解外汇市场的概念及参与者，以及如何进行套汇和套利，了解外汇衍生产品的交易原理。

(2) 实例与联系学习法。本章内容是纯实务的，须了解外汇交易的方式，会模仿例题进行简单的计算。第三章的内容是本章学习的基础，要熟练掌握外汇标价方法和外汇的买入和卖出价格，才能处理好即期外汇交易、远期外汇交易、套汇交易、套利交易、外汇期货交易、外汇期权交易等具体外汇业务。

(3) 完成课后思考题，认真阅读相关资料。

案例导读

索罗斯与东南亚金融危机

20世纪90年代初期，当西方发达国家正处于经济衰退的过程中时，东南亚国家的经济却出现奇迹般的增长，经济实力日益增强，经济前景一片灿烂，东南亚国家的经济发展模式在经济危机爆发前曾一度是各发展中国家纷纷仿效的样板。东南亚国家对各自的国家经济非常乐观，为了加快经济增长的步伐，纷纷放宽金融管制，推行金融自由化，以求成为新的世界金融中心。但东南亚各国在经济繁荣的光环中忽视了一些非常重要的东西，那就是东南亚各国的经济增长不是基于单位投入产出的增长，而主要依赖于外延投入的增加。在此基础上放宽金融管制，无异于沙滩上起高楼，将各自的货币无任何保护地暴露在国际游资面前，极易受到来自四面八方的国际游资的冲击。加上由于经济的快速增长，东南亚各国普遍出现了过度投机房地产、高估企业规模以及市场需求等问题，发生经济危机的危险逐渐增加。

早在1996年，国际货币基金组织的经济学家莫里斯·戈尔茨坦就曾预言：在东南亚诸国，各国货币正经受着四面八方的冲击，有可能爆发金融危机。尤其是泰国，危险的因素更多，更易受到国际游资的冲击，发生金融动荡。但戈尔茨坦的预言并未引起东南亚各国的重视，反而引起反感。东南亚各国仍陶醉于自己所创造的经济奇迹中。

东南亚各国出现如此巨大的金融漏洞，自然逃不过索罗斯的眼睛。他一直在等待有利时机，希望能够再打一场英格兰式的战役。1993年，索罗斯认为马来西亚货币林吉特被低估，决定拿林吉特作为突破口。他联合了一些套利基金经理开始围剿林吉特，但是时任马来西亚总理的马哈蒂尔下决心维持低币值的林吉特，马哈蒂尔采取了一系列强有力的措施，加强了对本国资本市场的控制，索罗斯及一些套利基金经理无机可乘，只好暂且收兵，马来西亚货币林吉特也因此才免遭劫难。但在马来西亚的小败并未使索罗斯退却，他只是等待下一次更好的机会。

随着时间的推移，东南亚各国经济过热的迹象更加突出。各国中央银行采取不断提高银行利率的方法来降低通货膨胀率。但这种方法也提供了很多投机的机会，连银行业本身也在大肆借入美元、日元、马克等外币，炒作外币，加入投机者的行列。这造成的严重后果就是各国银行的短期外债剧增，一旦外国游资迅速流出各国金融市场，将会导致令人痛苦不堪的大幅震荡。东南亚各国中央银行虽然也已意识到这一问题的严重性，但面对开放的自由化市场显得有些心有余而力不足。其中，以泰国的问题最为严重。因为当时泰国在东南亚各国金融市场的自由化程度最高，泰铢紧盯美元，资本进出自由。泰国经济的“泡沫”最多，泰国银行将外国流入的大量美元贷款移到了房地产业，造成供求严重失衡，从而导致银行业大量的呆账、坏账，资产质量严重恶化。1997年上半年，据估计，泰国银行业的坏账高达9 000亿泰铢（约合310亿～350亿美元）。加之借款结构的不合理，更让泰国银行业雪上加霜。泰国银行业海外借款的95%属于不到一年的短期借款。

索罗斯正是看准了东南亚资本市场上的这一最薄弱的环节才决定首先大举袭击泰铢，进而扫荡整个东南亚国家的资本市场。1997年3月，当泰国中央银行宣布国内9家财务公司和1家住房贷款公司存在资产质量不高以及流动资金不足问题时，索罗斯认为千载难逢的时机已经到来。索罗斯及套利基金经理开始大量抛售泰铢，泰国外汇市场立刻波涛汹涌、动荡不安。泰铢一路下滑，5月份最低跌至1美元兑26.70铢。泰国中央银行在紧急关头采取各种应急措施，如动用120亿美元外汇买入泰铢，提高隔夜拆借利率，限制本国银行的拆借行为等。这些强有力的措施使得索罗斯交易成本骤增，一下子损失了3亿美元。但是，只要索罗斯对他的理论抱有信心，坚持他的观点，他不仅不会平掉原来的头寸，甚至还会增加头寸。3亿美元的损失根本无法吓退索罗斯，他认为泰国即使使出浑身解数，也抵挡不了他的冲击，他志在必得。

1997年6月下旬，索罗斯筹集了更加庞大的资金，再次向泰铢发起了猛烈进攻，各大交易所一片混乱，泰铢狂跌不止，交易商疯狂卖出泰铢。泰国政府动用了300亿美元的外汇储备和150亿美元的国际贷款企图力挽狂澜。但这区区450亿美元的资金相对于无量级的国际游资来说，犹如杯水车薪，无济于事。

1997年7月2日，泰国政府由于再也无力与索罗斯抗衡，不得已改变了维系13年之久的货币联系汇率制，实行浮动汇率制。泰铢更是狂跌不止，7月24日，泰铢已跌至1美元兑32.63铢的历史最低水平。泰国政府被国际投机家一下子卷走了40亿美元，许多泰国人的腰包也被掏个精光。

索罗斯初战告捷，但他并不以此为满足，他决定席卷整个东南亚，再狠捞一把。“索罗斯飓风”很快就扫荡到了印度尼西亚、菲律宾、缅甸、马来西亚等国家。印尼盾、菲律宾比索、缅甸元、马来西亚林吉特纷纷大幅贬值，导致工厂倒闭、银行破产、物价上涨等一片惨不忍睹的景象。这场扫荡东南亚的“索罗斯飓风”一举刮去了百亿美元之巨的财富，使这些国家几十年的经济增长化为灰烬。

亚洲的金融危机还迅速波及了拉丁美洲、东欧及亚洲的其他外汇和证券市场，巴西、波兰、希腊、新加坡等国家和地区的外汇和证券市场也发生了动荡，货币与证券价值纷纷下跌，这些国家和地区也不得不动用国库支持本国货币及证券市场。许多国家已到了谈“索”色变的地步。索罗斯在金融市场上的出击使得许多发展中国家的债务和贸易逆差激增，破坏性极大，各国开始加强金融监管，时刻防范索罗斯，这也使索罗斯的行动变得不再那么容易。

思考：

1. 什么是外汇市场？进入外汇市场进行交易的主体有哪些？
2. 外汇交易的类型有哪些？
3. 索罗斯是怎样利用外汇交易来投机的？
4. 衍生品交易与金融危机有什么关系？

第一节　外汇市场及其构成

外汇市场是由外汇需求者、供给者和中间商组成的专门从事外汇交易的场所，它的存在和发展极大地便利了国际上债权债务的清偿以及资本的自由流动。外汇市场的交易对象包括货币兑换、外汇存单、外币信贷、外贸融资、外汇远期、货币期权、期货合同、外币掉期合同等。外汇市场是真正意义上的全球化市场，把全球外汇交易中心联合成一个统一的国际大市场，形成了纽约、芝加哥、伦敦、东京、新加坡、香港、法兰克福、巴黎、苏黎士等金融中心。

一、外汇市场

（一）外汇市场的概念

外汇市场（foreign exchange market）是指进行外汇交易的场所或网络，是经营外汇业务的银行、各种金融机构、外汇需求者、外汇供给者、买卖中介机构以及个人进行外汇买卖、调剂外汇供求的交易场所。国际上的一切经济往来总是伴随着货币的清偿和支付，为实现国际清偿和货币支付，就需要进行国际上的货币兑换或外汇买卖活动。由于长期形成的习惯，目前的外汇市场有两种基本的交易方式：一种是欧洲大陆式外汇市场，即在具体的交易场所、在规定的交易时间进行交易，这类外汇市场通常称为有形市场，以法兰克福、巴黎、阿姆斯特丹等为代表。另一种是英美式外汇市场，这类外汇市场没有具体的交易场所，参与者通过电话、电传以及其他通信工具组成的网络进行交易，以伦敦、纽约、东京、苏黎世、新加坡、香港等为代表。目前，世界上绝大多数外汇交易都是通过这种无形市场进行的。

由于现代化通信工具的日新月异和全球性外汇交易网络的形成，目前形成了一个 24 小时不间断交易的全球性的外汇市场，突破了交易时间的限制。每天澳洲的惠灵顿、悉尼（北京时间凌晨 5 点）最早开始外汇交易，随后东京（北京时间 8 点）、香港、新加坡（北京时间 9 点）开市。到了北京时间下午 3 点，亚洲市场尚未完全闭市，欧洲的巴黎、法兰克福、伦敦相继开市。北京时间晚上 9 点半，北美的纽约、温哥华开市，与欧洲市场部分重叠交易，这一重叠时间段的交易量非常大。到北京时间第二天凌晨 5 点，北美市场收市，澳洲的惠灵顿、悉尼又开始了新一天的交易。如此周而复始，形成全球统一的外汇市场。目前，外汇市场是全球最大的金融市场，日均交易额在 2014 年达到 5 万亿美元的高峰，2015 年虽然有所下降，但目前稳定在 4 万亿美元以上。

（二）外汇市场的特征

1. 外汇市场全球一体化

首先，外汇市场分布呈全球化格局，以全球最主要的外汇市场为例：美洲有纽约、多伦多等外汇市场；欧洲有伦敦、巴黎、法兰克福、苏黎世、米兰、布鲁塞尔、阿姆斯特丹等外汇市场；亚洲有东京、香港、新加坡等外汇市场。其次，外汇市场高度一体化，全球市场连成一体，各市场在交易规则、方式上趋同，具有较大的同质性。各市场在交易价格上相互影响，如西欧外汇市场每日的开盘价格都参照中国香港和新加坡外汇市场的价格来确定，当一个市场发生动荡，往往会影响其他市场，引起连锁反应，市场汇率表现为价格均等化。

2. 外汇市场全天候运行

从全球范围看，外汇市场是一个 24 小时全天候运行的昼夜市场。每天的交易是澳洲的惠灵顿、悉尼最先开盘，接着是亚洲的东京、香港、新加坡，然后是欧洲的法兰克福、苏黎世、巴黎和伦敦，到欧洲时间下午两点，美洲大陆的纽约开盘，当纽约收市时，惠灵顿又开始了新一天的交易。在欧洲时间的下午，伦敦和纽约的两大市场均在营业，是大额交易的最佳时间，大的外汇交易商及各国的中央银行一般都选择在这一时段进行交易。

（三）外汇市场的种类

1. 根据有无固定场所，分为有形市场与无形市场

（1）有形市场。有形市场是指有具体交易场所的市场。外汇市场的出现与证券市场相关。外汇市场产生之初，多在证券交易所交易大厅的一角设立外汇交易场所，故称为外汇交易所。外汇买卖各方在每个营业日的约定时间集中在此从事外汇交易。早期的外汇市场以有形市场为主，因该类市场最早出现在欧洲大陆，故又称欧洲大陆式外汇市场。

（2）无形市场。无形市场是指没有固定交易场所，所有外汇买卖均通过联结于市场参与者之间的电话、电传、电报及其他通信工具。目前，无形市场是外汇市场的主要组织形式，因其最早产生于英国、美国，故又称英美式外汇市场。

无形市场的优势包括：第一，市场运作成本低。有形市场的建立与运作依赖于相应的投入与费用支出，如交易场地的购置费（租金）、设备的购置费、员工的薪金等；无形市场则无须此类投入。第二，市场交易效率高。无形市场中的交易双方不必直接见面，仅凭交易网络便可达成交易，从而使外汇买卖的时效性大大增强。第三，有利于市场一体化。在无形市场，外汇交易不受空间限制，通过网络将各区域的外汇买卖连成一体，有助于市场的统一。

2. 根据外汇交易主体的不同，分为银行间市场和客户市场

（1）银行间市场。银行间市场又称同业市场，是指由外汇银行之间相互买卖外汇而形成的市场。银行间市场是现今外汇市场的主体，其交易量占整个外汇市场交易量的 90%以上，又称外汇批发市场。

（2）客户市场。客户市场是指外汇银行与一般顾客（进出口商、个人等）进行交易的市场。客户市场的交易量占外汇市场交易总量的比重不足 10%，又称外汇零售市场。

此外，外汇市场有广义与狭义之分。广义的外汇市场包括银行间市场与客户市场，狭义的外汇市场仅指银行间市场。

二、外汇市场的结构

（一）外汇市场的参与者

在外汇市场上，外汇交易的参与者主要有四类：外汇银行、外汇经纪人、顾客和中央银行。

（1）外汇银行（foreign exchange bank）。外汇银行是外汇市场的首要参与者，具体包括专业外汇银行和一些由中央银行指定的没有外汇交易部的大型商业银行两部分。

（2）外汇经纪人（foreign exchange broke）。外汇经纪人是存在于中央银行、外汇银行和顾客之间的中间人，其主要功能是起联络作用。

（3）顾客。在外汇市场中，凡是在外汇银行进行外汇交易的公司或个人，都是外汇银行的顾客。主要包括：交易性的外汇买卖者，如进出口商、国际投资者、旅游者等；保值性的外汇买卖者，如套期保值者；投资性外汇买卖者，如外汇投机商。

（4）中央银行。中央银行是外汇市场的统治者或调控者，它参与外汇交易的主要目的是稳定汇率。

（二）外汇市场的层次

根据对外汇市场参与者的分类，外汇市场的交易可以分为三个层次交易，即中央银行与银行之间的外汇交易、银行间的外汇交易、银行与顾客之间的交易。在这些交易中，外汇经纪人起中介作用。

1. 中央银行与银行之间的外汇交易

中央银行出于稳定本国货币汇率的目的，通常在公开市场上与外汇银行进行即期外汇买卖，将本国货币汇率稳定在某一水平上。当本国货币贬值时，中央银行向外汇银行卖出外汇，买入本国货币，以阻止本国货币贬值；当本国货币升值时，中央银行向外汇银行卖出本国货币，买入外汇，以阻止本国货币升值。

2. 银行间的外汇交易

银行间即期外汇交易的目的在于平衡自身的外汇头寸，防范汇率风险。银行在与顾客的外汇买卖过程中，银行的外汇头寸不可能始终是平衡的，必然会出现卖出或买入外汇大于买入或卖出外汇，即外汇头寸出现空头或多头的现象。银行为了避免汇率变动给自己带来的损失，将在银行间市场上买进短缺部分的外汇，以补空头，或卖出多余部分的外汇，避免多头出现。银行为将与顾客就买卖外汇出现的差额轧平，通常进行即期外汇交易。许多银行的外汇交易员可在自己的权限内自行决定抛补外汇，轧平买卖差额，以减轻汇率变动造成的损失。

3. 银行与顾客之间的交易

顾客出于各种各样的动机，需要与银行进行外汇买卖，如外汇汇款、出口收汇、进口付汇以及外汇头寸的调整和外汇投机等。银行与顾客之间的外汇交易一般是零售外汇交易，交易金额比较小，银行并不马上平盘，而是当对客户的买卖累计到一定金额时，才考虑进行抛补交易，轧平买卖头寸，以免因汇率变动造成损失。银行与顾客之间的外汇交易构成了外汇零售市场。

三、我国的外汇市场

（一）我国外汇市场的历史沿革

改革开放以前，我国实行高度集中的计划经济体制，由于外汇资源短缺，我国一直实行比较严格的统收统支的外汇管理，一切外汇收入都要卖给国家，一切外汇支出都要由国家负责安排，因而不存在实际的外汇市场。改革开放以后，我国外汇管理体制发生了巨大的变化，外汇市场也经历了从无到有、从小到大、从简单到复杂的发展过程。

1. 1994 年以前的外汇调节市场

严格来说，外汇调节市场并不是真正意义上的外汇市场，因为在该市场上买卖的是外汇的使用权，但它突破了统收统支的外汇管理体制，并且引入了一定的市场竞争机制，因而其影响是深远的。

最早的外汇调节中心于1985 年底在深圳成立，其后在国家外汇管理局的统一领导和管理下，各省、自治区、直辖市纷纷设立外汇调节中心，办理本地区外汇额度和现汇的调节业务。在北京设立全国外汇调节中心，负责办理各省市和中央部门之间的外汇调节业务。随着外汇留存制度的推出，外汇调节市场参与者逐步增加，外汇调节价格由买卖双方自由商定，这在一定程度上反映了市场的供求状况。1992 年，26 家地方外汇调节中心组成的联合报价网络开通，我国外汇调节市场迈入了规范化的重要一步，市场透明度增加，信息传导机制不断完善，公开报价、竞价成交的市场化雏形显现，与之相对应的是外汇调节规模不断增加。外汇调节市场一直运行到 1998 年底，其功能由中国外汇交易中心取代。

2. 1994 年建立中国外汇交易中心

1994 年，我国实行了影响深远的外汇管理体制改革，此次改革的主要内容包括：取消双重汇率，实行单一的、有管理的浮动汇率制，取消外汇留存制度，实行结售汇制。1996 年，我国实现了经常项目的可自由兑换。

1994 年 4 月 4 日，中国外汇交易中心正式成立运行，它是我国外汇管理体制改革的产物。中国外汇交易中心通过计算机网络与全国各地分中心和外汇调节中心连接进行交易，使全国的外汇交易通过银行结售汇体系及其代理交易纳入全国银行间外汇市场，银行首次成为外汇市场的主体。中国外汇交易中心的成立使得原有的分散的外汇市场统一起来，保证了外汇资金在全国范围内进行资源配置。

中国外汇交易中心的主要职能是：提供银行间外汇交易；办理外汇交易的资金清算、交割；提供外汇市场、债券市场和货币市场的信息服务等。

（二）我国外汇市场的发展

全国统一的外汇市场成立之后，我国先后于 2005 年 7 月、2010 年 6 月进行了两次“汇改”，中国外汇市场也在发生着深刻变革，交易机制日趋合理，市场因素对人民币汇率的影响不断增强，人民币汇率弹性显著提高。

1. 我国外汇市场交易主体扩大

2005 年 7 月人民币“汇改”之前，中国外汇交易系统共有 366 家会员，主要是商业银行和政策性银行等银行机构。“汇改”后，非银行金融机构和非金融公司都可以申请成为银行间市场的会员。如中化、中石化、中石油财务公司等“两非”企业陆续申请入市，它们的加入改变了原来市场的同质性，使得市场供求更为多元化，因而形成的汇率是更为市场化的汇率。目前，中国外汇市场会员涉及中外资商业银行、信托投资公司、企业财务公司以及中国人民银行等。

2. 交易币种不断增加

1994 年银行间外汇市场成立初期，只有美元和港币两个币种的交易；1995 年增加了日元兑人民币的交易；2002年增加了欧元兑人民币的交易；自2006年8月1日起增设英镑交易；2008年增加了澳元和加拿大元的交易；2010年8月19日，中国银行间外汇市场正式推出人民币兑马来西亚林吉特的交易，林吉特也因此成为首个在中国银行间外汇市场交易的新兴市场货币；2010年11月22日，中国外汇交易中心又迎来了新币种的“加盟”——俄罗斯卢布成为中国银行间外汇市场交易的第9种外币。目前，中国外汇交易中心交易的币种已达11种，第10种是新西兰元，第11种是新加坡元。

3. 交易方式不断扩大

1994年中国外汇交易中心成立以来，我国外汇市场上主要以几种主要货币的即期交易为主，为活跃交易、提高流动性，2003年10月1日，交易主体在当日可进行买卖双向交易；2002年4月和7月，中国外汇交易中心分别在欧元和港币交易上开始试行做市商制度；2005年8月推出远期外汇交易；2006年4月推出人民币外币掉期交易；2007年4月推出利率互换交易；2011年4月推出人民币对外汇期权交易；2015年4月13日，中国外汇交易系统推出外币拆借交易，外币拆借交易模式为双边询价、双边清算，交易币种包括美元、欧元和港元，拆借期限包括标准期限和非标准期限。交易方式的不断扩大，使得交易规模不断扩大。

4. 交易系统不断发展

2005年5月18日，银行间外币兑外币的买卖系统上线；2005年8月15日，银行间人民币外汇远期交易正式上线，远期交易实行双边授信、双边清算的询价交易方式；2007年4月9日，中国外汇交易中心新一代外汇交易系统上线，该系统集合以前的各种交易系统，各种外币交易在这一个系统上都能够完成，新系统支持人民币外汇即期、远期和掉期交易，同时支持人民币兑外币和外币兑外币两个市场，以及竞价和询价两种交易模式；2009年4月27日，第三代外汇交易系统上线。

（三）我国外汇交易改进的方向

随着我国外汇市场规模不断扩大，品种不断增加，外汇市场在价格发现、资源配置和风险防范中的作用日益增强。但与国外成熟的外汇市场相比，我国外汇市场交易规模偏小，市场功能也尚未充分发挥。目前，通过中国外汇交易系统进行的银行间的外汇交易市场主要为银行实行结售汇的头寸买卖服务，并形成人民币汇率，这是一个批发市场，在这个市场上，中央银行既以市场会员的身份进行公开市场操作，又充当市场管理者的角色。中国外汇交易中心实行会员制管理，会员资格的获取要经过央行或外管局的审批，具有严格的市场准入规则。目前，我国银行间外汇市场主体主要由国有商业银行、股份制商业银行、经批准的外资金融机构、少量资信较高的非银行金融机构、少数财务公司和央行操作室构成。从交易额来看，中国银行是外汇的最大卖方，中国人民银行是外汇的最大买方，双方交易额占总交易量的60%以上。

四、主要外汇市场概况

外汇市场作为国际金融市场的重要组成部分，分布在世界各个国际金融中心。其中最主要的有纽约、伦敦、东京、香港等国际外汇市场，它们各具特色，并分别位于不同的国家和地区。

（一）纽约外汇市场

第二次世界大战后，随着美国经济实力的增强和对外贸易、资本输出的迅速发展，美元取代英镑成为关键货币，加之美国实行的外汇开放政策，纽约国际金融市场的地位不断提高，其交易量仅次于伦敦，是世界最重要的外汇市场之一。纽约外汇市场是最复杂的，同时是最具特色的外汇市场，具体表现为：

（1）由于美国对经营外汇业务不加限制，政府不专门指定外汇专业银行，因此，几乎所有的美国银行和金融机构都可以经营外汇业务，如商业银行、储蓄银行、投资银行、人寿保险公司和外汇经纪人等，其中以商业银行为主。

（2）纽约外汇市场交易活跃，但与进出口贸易相关的外汇交易量较小。因为在美国的进出口业务中大多数以美元计价结算，当美国从国外进口商品、劳务时，支付的是美元，美元和外币的兑换发生在出口国；当美国出口商品和劳务时，收的是美元，美元和外币的兑换由进口商进行，发生在进口国。在纽约外汇市场上，外汇交易的相当一部分和金融期货市场密切相关，美国的企业除了因进行金融期货交易而与外汇市场发生关系外，其他外汇业务较少。

（3）纽约是世界美元交易的清算中心。世界各地的美元买卖，包括欧洲货币市场和亚洲美元市场的交易，最终都必须在美国，特别是纽约商业银行的账户上进行收付、划拨和结算，占全球90%以上的美元交易最后通过纽约的银行间清算系统进行结算。纽约外汇市场的大型商业银行，通过在海外分支机构极其广泛的国际联系，承担着国际结算和资本流动的主要结算任务。

（二）伦敦外汇市场

伦敦外汇市场是无形外汇市场，完全通过电话、电报或网络完成交易，有300多家外汇指定银行（包括英国的商人银行、清算银行和外国银行设在伦敦的分行）、90多家外汇经纪人，其中有些经纪人在我国香港地区和新加坡设有分支机构。伦敦外汇市场是全球最大的外汇市场，全球每天一半以上的外汇交易额是由位于伦敦和纽约的银行完成的。

19世纪以来，由于伦敦在国际金融和贸易方面所处的中心地位，英镑作为国际结算中的主要支付货币和伦敦票据兑换业务的发展，促成了伦敦外汇市场的形成，并成为世界最重要的外汇市场。第二次世界大战后，随着英国经济实力的日渐衰落，英镑作为国际支付货币的地位逐渐下降和外汇管制的加强，使伦敦外汇市场的作用受到影响。1951年12月11日，英国政府重新开放外汇市场，英格兰银行根据国际货币基金组织的有关规定，将英镑兑某些特定外币的汇价订出最高、最低价，这些外汇指定银行可随市场供求情况在这一幅度内自由定价成交，并依照外汇管制条例的规定，进行远期外汇买卖。英国政府于1979年10月全部取消外汇管制，对伦敦金融市场产生了重大影响。

尽管英镑作为国际贸易支付手段和国际储备货币的地位已被美元所代替，但由于伦敦外汇市场交易类型齐全，交易结构完备，设有十分现代化的电信网络设备，加上伦敦横跨欧洲、亚洲、美洲几个时区，条件得天独厚，故伦敦外汇市场的交易规模长期以来居世界各大外汇市场之首，伦敦外汇市场已经是全球最大的外汇交易中心。在人民币业务上，伦敦的主要竞争对手是新加坡、东京以及其他几个金融中心。伦敦平均每天的离岸即期人民币交易量为 6.8 亿美元，相比之下，我国香港地区每天的即期人民币交易量为 27 亿美元。

（三）东京外汇市场

日本曾实行过非常严格的外汇管制，外汇交易受到多方限制，外汇市场的产生和发展都较其他发达的资本主义国家缓慢。20 世纪 50 年代后，日本逐渐放松了外汇管制，1964 年日本加入了国际货币基金组织并成为其会员国，日元成为可兑换货币，东京外汇市场原则上不再实行外汇管制，外汇交易也逐步实行自由化，推动了东京外汇市场业务量的迅速增长。

进入 20 世纪 80 年代，在国际金融自由化浪潮的冲击下，日本政府采取了一系列金融自由化措施，如 1980 年修改了第二次世界大战后初期制定的《外贸和外汇管理方法》，修改后的外汇管理法放宽了银行外汇业务的限制，使所有银行都可以在国内经营一般外汇业务。1985 年，东京外汇市场更是迎来了交易货币、交易种类多样化的质的飞跃，从此东京外汇市场达到了与纽约外汇市场并列的自由程度，成为国际性的外汇交易市场。东京外汇市场作为一个新兴的主要国际外汇市场，具有一些有别于其他国际外汇市场的特点。

1. 交易规模随经济发展变化

东京外汇市场平均每天交易额曾经仅次于伦敦、纽约，居世界第三位。不过其规模扩张速度在 1992 年后已大为减缓。进入 20 世纪 90 年代以后，日本国内投资环境恶化，投资者投资时趋于谨慎化，这样就使外汇购买和套期保值的外汇买卖日趋萎缩，导致外汇市场对顾客（包括企业法人、进出口商社、人寿财产保险公司、投资信托公司、信托银行等）的交易比例下降。

2. 货币选择权交易增加

东京外汇市场吸取了有关货币选择权交易的诀窍，致力培养人才，其结果是使银行间的交易增加。另外，外汇市场的外汇风险套期交易手段从远期预约逐步过渡到选择权上，这样使顾客的交易量增加。

（四）香港外汇市场

香港外汇市场是 20 世纪 70 年代以后发展起来的亚太地区的重要国际性外汇市场。20 世纪 70 年代以来亚洲美元市场的兴起，使香港金融业务获得了新的发展，1973 年，香港取消了外汇管制，国际资本大量流入，经营外汇业务的金融机构不断增加，外汇市场越来越活跃。

香港外汇市场和伦敦、纽约外汇市场一样是一个无形市场，没有固定的交易场所或正式的组织，是一个由从事外汇交易的银行、其他金融机构以及外汇经纪人组成，由电话、电传等通信工具联结起来的网络。随着香港市场的国际化以及港币和英镑脱钩同美元挂钩，美元逐步取代英镑成为市场上交易的主要外币。香港外汇市场上的交易可以划分为两大类：一类是港币和外币的兑换，其中以与美元的兑换为主。因为香港的进出口贸易多以美元计价结算，对美元的供求远远高于其他外币。另一类是美元兑换其他外币的交易。

专栏 4—1：世界主要外汇交易系统

随着国际金融的一体化，各金融中心的联系越来越紧密，为了满足广大外汇交易者的需要，通信与信息系统越来越灵敏。目前，运用最广泛的有以下三种系统：路透社终端、美联社终端和德励财经终端。这三大系统在服务内容和方式上大同小异，下面仅就路透社终端进行介绍。

路透社终端由英国路透新闻社推出，路透社利用分散于全球各地和金融中心的新闻记者，广泛采集有关政治、经济、金融、贸易等信息，并通过卫星、交易机等先进的通信工具，以最快捷的速度向用户提供服务。

全世界参加路透社交易系统的银行达数千家，每家银行都有一个指定的代号，例如中国银行总行的代号是 BCDD。交易员若要与某家银行进行交易，在键盘上输入对方银行的代号，叫通后即可询价，并可以讨价还价。双方的交易过程全部显示在终端机的屏幕上，交易完毕后即可通过打印机打印出来，作为交易双方的文字记录和交易合同。路透社终端提供的服务主要包括：

(1) 即时信息服务。路透社记者将即时的政治、金融、商品等信息汇集到路透社编辑中心，然后再输送到各地的终端。用户只需输入代号，即可在屏幕上阅读信息。

(2) 即时汇率行情。路透社终端的即时汇率版面，为交易员显示即时世界各大银行外汇买卖的参考价。

(3) 走势分析。在路透社终端中，有许多专业的分析家负责每天撰写汇市评论和走势分析，然后输入路透社计算机中心，用户需要时可调出作为参考。

(4) 外汇买卖和技术图表分析。通过路透社交易机，交易员可以与系统内的任何一家银行买卖外汇。路透社为用户提供各种货币的技术图表，以帮助用户分析。

第二节　外汇交易的类型

外汇交易产生的主要根源是由于国际经济贸易的发生和随之而产生的国际结算、国际投资、外汇融资和外汇保值等业务的需要。在国际经济活动中，由于各国的货币和货币制度都是互相独立的，一国货币不能在另一国流通，这样，在国际经济活动中的对外债权、债务结算和清偿及进行国际投资时，人们就需要将外国货币兑换成本国货币，或将本国货币兑换成外国货币，外汇交易就成为必然和必要的了。

在现实经济运行中，外汇交易产生的更深刻的根源在于货币替代和资产替代两种持有货币的动机。当资产以外汇计价并作为支付手段时，就会产生货币替代现象；当资产以外汇计价并作为价值储藏手段时，就会产生资产替代现象。有的人需要外汇是为了购买外国的商品，有的人是为了去海外投资建厂，有的人是为了外汇保值，有的人是为了外汇借贷和还本付息，有的人是为了投机。总之，根据不同的动机就产生了不同目的的外汇交易。

外汇交易分为传统型外汇交易方式和衍生型外汇交易方式。前者是指 20 世纪 70 年代以前外汇市场上普遍采用的外汇交易方式，主要包括即期外汇交易、远期外汇交易、套汇交易、套利交易等；后者是指 20 世纪 70 年代以后为有效规避汇率风险而在外汇市场上出现的外汇交易方式，主要包括外汇期货交易、外汇期权交易、互换交易。本节我们主要介绍传统型外汇交易方式，在第四节介绍衍生型外汇交易方式。

专栏 4—2：外汇交易的程序

1. 询价

询价方首先要自报家门，以便让报价行知道交易对手是谁，并决定其交易对策。询价的内容主要包括交易的币种、交易金额、交割期限等。为节省时间、提高效率，询价方应采用简洁明了的规范化语言进行询价。

2. 报价

外汇银行的交易员接到询价后，应迅速报出所询问的有关货币的现汇或期汇的买入价和卖出价，如 20/30。迅速报价体现了外汇银行的业务水平及交易效率，也使询价方无暇寻找其他交易对象，增大了成交的可能性。与此同时，外汇银行的交易员还应根据其自身的头寸情况和买卖意图报出一个具有竞争力的价格。

假设某外汇银行的英镑处于多头寸状况，国际外汇市场上英镑兑美元的报价为：GBP1＝USD1.354 5～65，该外汇银行为了将本行多余的英镑头寸抛出，应如何报价？

该外汇银行为了将本行多余的英镑抛出，应该压低英镑的报价，即 GBP1＝USD1.353 5～55，这一报价中英镑的买入价、卖出价显然比市场报价低，这样一方面阻止了客户到该银行卖出英镑，另一方面也吸引了客户到该银行购买英镑，进而达到抛出英镑的目的。当然，报价银行的交易员在报出具有竞争力买卖价格后，还要根据本行外汇头寸的变化情况，灵活而及时地调整报价。

3. 成交

询价方接到报价后，应立即作出反应，或者成交，或者放弃，而不应该与报价行讨价还价。当询价方表示愿意以报出的价格买入或卖出某个期限的一定数额的某种货币时，报价行应对此交易承诺。一旦报价行的外汇交易员说成交了，外汇交易合同即成立，双方都应遵守各自的承诺，不得反悔、更改或取消。

4. 确认

交易得到承诺后，为防止错漏和误解，双方当事人不管多么繁忙都会不厌其烦地将交易的所有细节以书面形式相互确认一遍。

交易结束后，若发现原证实有错误或遗漏，交易员应尽快与交易对手重新证实，其内容必须得到交易双方的同意方可生效。

5. 交割

交割是外汇交易的最后环节，也是最重要的环节。交易双方需按对方的要求将卖出的货币及时准确地汇入对方指定的银行存款账户中，以了结债权债务关系。

一、即期外汇交易

一般而言，在国际外汇市场上进行外汇交易时，除非特殊指定日期，一般都为即期交易。目前，路透社交易系统的即时报价以及在金融报刊中出现的报价都是即期汇率。

（一）即期外汇交易的概念

即期外汇交易（spot transaction）又称现汇交易，是指外汇买卖成交后，交易双方于当天或两个交易日内办理交割手续的一种交易行为。即期外汇交易的汇率由银行或其他信息系统（如路透行情）即时报价。即期外汇交易的特点是：市场容量大，交易活跃；报价容易、快捷，便于捕捉市场行情；买卖外汇入账快。即期外汇交易是最基本的外汇交易方式。

即期外汇交易是外汇市场上最常用的一种外汇交易方式。目前，在世界外汇交易总额中，有50%以上是即期外汇交易。即期外汇交易占外汇交易总额的大部分，主要是因为即期外汇买卖不但可以满足买方临时性的付款需要，而且可以帮助买卖双方调整外汇头寸的货币比例，以避免外汇汇率风险。

（二）即期外汇交易交割日的确定

交割日又称结算日、起息日，是指买卖双方相互交换货币资金的日期，此日也是双方的货币资金划拨到指定账户银行并开始计息的日期。即期外汇交易的交割日有以下三种情况。

1. 标准交割日

标准交割日是指即期外汇交易一般采用 T+2 的交割方式，与欧洲账户的结算同步，即成交后的第二个营业日交割。目前，一些主要的外汇市场基本都是采用 T+2 方式交割。

2. 隔日交割

隔日交割又称现金交割，是指即期外汇交易一般采用 T+1 的交割方式，即成交后的第一个营业日交割。某些国家或地区因时差的原因而采用此交割方式。例如，在香港外汇市场上，港元兑日元、新加坡元、澳元的即期交易成交后的次日是交割日；美元兑加拿大元、墨西哥比索的即期交易也是成交后的次日为交割日。因为这些国家或地区基本上属于同一时区。

3. 当日交割

当日交割是指即期外汇交易一般采用 T+0 的交割方式，即成交当日进行交割。银行与当地客户的零星即期外汇买卖一般是当天就可以实现外汇的收付，了结该笔外汇买卖。

需要指出的是，两个营业日是以成交地的时间为准，而不是以结算地的时间为准。成交地与结算地是两个不同的概念。成交地是指双方买卖货币的地点；结算地是指买卖该种货币的发行国家或地区。例如，在伦敦的两家银行进行美元的买卖，伦敦是成交地，纽约则是结算地。因此，在即期外汇交易中，交割日最好是结算地银行的营业日，否则就不能实现外汇存款的转移，从而不能收取利息。

根据市场惯例，交割日必须是两种货币的发行国家或地区的各自银行营业日，并且遵循“价值补偿原则”，即外汇交易的双方必须在同一时间内进行交割或结算，以免任何一方因交割或结算不同时而蒙受损失。

（三）即期外汇交易的功能

1. 即期外汇交易可以满足客户对不同货币的临时性支付需求

通过即期外汇买卖业务，客户可将手上的一种外币及时兑换成另一种外币，用于应付进出口贸易、投标、海外工程承包等的外汇结算或归还外汇贷款。例如，某进出口公司持有美元，但要对外支付商务合同的货币是日元，可以通过即期外汇买卖，卖出美元，买入日元，满足对外支付日元的需求。

2. 即期外汇交易可以帮助客户调整手中外币的币种结构，以避免外汇风险

例如，某国家外汇储备中美元比重较大，但为了防止美元下跌带来的损失，可以卖出一部分美元，买入日元、欧元等其他货币，避免外汇风险。再如，某公司遵循“不要把所有的鸡蛋放在同一个篮子里”的原则，通过即期外汇买卖，将其全部外汇的25%调整为欧元，15%调整为日元，降低美元在“篮子”中的比重，通过此种组合可以分散外汇风险。

3. 即期外汇交易是外汇投机的重要工具

即期外汇投机，是指投机者通过买卖现汇的方式进行的外汇投机交易。例如，在东京外汇市场上，美元兑日元的汇率经过一段时间的下跌，停留在1美元兑换80日元的水平上。有个投机商预测美元汇率在近期内将会反弹回升，于是就将手中持有的80万日元在即期外汇市场上购进1万美元。15天后，美元汇率上升到USD1=JPY90，该投机商又按这个汇率抛出美元，购回90万日元。这项成功的投机交易使他赚到了10万日元，相隔15天，赚得的利润率高达12.5%。当然，投机交易是有风险的。假如投机商预测失败，日后美元的汇率不见上升反而进一步下跌，那么投机性质的开放性头寸将给他带来损失。

进行即期外汇投机，必须持有本币或外币现金，因为交易必须在两个营业日内交割完毕。这就产生两个影响：第一，即期外汇投机的数额不能随心所欲，必须受拥有的资金数量的限制。第二，用作投机交易的资金可能会有个利息差异的问题。例如，在上述例子中，日本投机商放弃了80万日元15天的利息，与此同时，他获取了1万美元15天的利息。假如美元资金和日元资金的利率有差异，那就会对即期外汇投机的收益率（或利润率）产生影响。

（四）即期汇率的套算

由于国际外汇市场的报价大多采用美元标价法，因此就产生了其他国家货币之间的汇率需要通过美元进行套算的问题。

［例4—1］美元为基准货币，

1美元=1.268 0～1.269 0瑞士法郎

1美元=7.792 0～7.794 0港元

计算瑞士法郎兑港币的汇率。

解：计算方法为：

瑞士法郎的买入汇率为：7.792 0/1.269 0=6.140 3港元

瑞士法郎的卖出汇率为：7.794 0/1.268 0=6.146 7港元

即1瑞士法郎=6.140 3～6.146 7港元。

［例4—2］美元为标价货币，

1英镑=1.508 0～1.509 0美元

1加元=0.728 0～0.728 5美元

计算英镑兑加元的汇率。

解：计算方法为：

英镑的买入汇率为：1.508 0/0.728 5=2.070 0加元

英镑的卖出汇率为：1.509 0/0.728 0=2.072 8加元

即 1 英镑＝2.070 0～2.072 8 加元。

［例 4—3］美元既为基准货币又为标价货币，

1 英镑＝1.508 0～1.509 0 美元

1 美元＝1.268 0～1.269 0 瑞士法郎

计算英镑兑瑞士法郎的汇率。

解：计算方法为：

英镑的买入汇率为：1.508 0×1.268 0＝1.912 1 瑞士法郎

英镑的卖出汇率为：1.509 0×1.269 0＝1.914 9 瑞士法郎

即 1 英镑＝1.912 1～1.914 9 瑞士法郎。

二、远期外汇交易

（一）远期外汇交易的概念

远期外汇交易（forward transaction）又称期汇交易，是指买卖双方（其中至少有一方是银行）成交后，不立即进行交割，而是在未来的某个约定日期（至少是成交后第三个营业日以后）进行交割的一种交易方式。远期外汇交易是通过远期合同（合约）来完成的，它是买卖双方达成的协定。合同一经签订，双方必须按照合同的有关条款履行，不能任意违约。合同中一般包括五方面的内容：货币种类、汇率、数量、交割期限以及买卖外汇的类型（到期是买进还是卖出）。

常见的远期外汇交易的期限为 1 个月、2 个月、3 个月、6 个月、9 个月及 12 个月，当然也有短至几天或长至 1 年以上的，不过这在实际中比较少见。远期外汇交易的特点是“三个固定”：价格（远期汇率）固定、数量固定、交割期限固定。

（二）远期外汇交易的起息日和交割日

远期外汇交易的起息日为成交后的第二个营业日，即即期日；而远期外汇交易的交割日则是远期交割月的最后一个营业日，可按照外汇交易的通用惯例来确定。这些惯例可以概括为“日对日”“月对月”“节假日顺延”“不跨月”。

（1）“日对日”是指远期外汇交易的起息日与即期外汇交易的交割日相对应。也就是说，交割期限是从起息日开始计算，而不是从成交日开始算起。例如，在 3 月 25 日达成一笔 3 个月期的远期外汇交易，则起息日为 3 月 27 日，交割日为 6 月 27 日。

（2）“月对月”也称为“月底日对月底日规则”。月底日是指每个月的最后一个营业日，而不是指某个月的最后一天。按照外汇市场交易的惯例，如果即期日为月底日，那么远期交易的起息日也应该为月底日。例如，某月的月底日为 28 日，29 日、30 日为周末，31 日为法定节假日，如果即期日为该月的 28 日，那么一月期远期交易的起息日为下一月的 30 日，而不是下一月的 28 日，因为下一月的最后一个交易日为 30 日。

（3）“节假日顺延”是指当远期交易的起息日为周末或公共假日时，起息日顺延到下一个营业日。不过，需要注意的是，当起息日向后顺延时，一定不能跨越其所在的月份，以这个月的最后一天为准，这就是“不跨月”。

（三）远期外汇交易的种类

远期外汇交易根据交割日的不同可分为固定交割日远期交易和择期交易两种类型。

1. 固定交割日远期交易

固定交割日远期交易是指交割日期固定的远期外汇买卖活动。这种交易的特点在于交割日一旦确定，双方的任何一方都不能随意变动。我们通常所说的远期外汇交易指的就是这种固定交割日远期交易。

2. 择期交易

择期交易（optional forward exchange）是指在做远期交易时，不规定具体的交割日期，只规定交割的期限范围。在规定的交割期限范围内，客户可以按预定的汇率和金额自由选择日期进行交割。

客户在签订贸易合同后经常不能把未来收付款的具体日期确定下来，只能预期在将来的某一段时间内将收付一定外汇款项，为了防止收付款时因汇率的变化产生损失，客户可以通过银行为其叙做择期外汇买卖，这样，在约定的时期内，客户可以自由选择交割的日期。客户在做择期外汇买卖时，应尽可能地缩短未来不确定时间，以便获得更有利的远期汇率。

例如，某公司于 2015 年 4 月 2 日向中行提出用美元购买欧元，预计对外付款日为 7 月 7 日至 8 月 5 日，但目前无法确定准确交割日期。公司可与中行叙做择期外汇买卖，交割日为 7 月 7 日至 8 月 5 日中的任何一个银行工作日，远期汇率为 1.376 7。无论汇率如何变化，公司都可选择 7 月 7 日至 8 月 5 日中的一个银行工作日按汇率 1.376 7 从中行买入欧元。

（四）远期外汇交易的功能

进行远期外汇交易的最初目的是使进出口商、货币借贷者以及投资者借助外汇交易来消除汇率变动的风险。但是，随着金融自由化和国际金融市场一体化，远期外汇交易已同时被广泛地作为国际外汇投机和套利的工具，因而其功能也不断扩大。具体来说，表现在两方面。

1. 保值避险

通过远期外汇买卖，能够事先将贸易和金融业务中外汇的成本或收益固定下来，有利于经济核算，避免或减少外汇风险。例如，在国际贸易中，经常会碰到合同中的货币与进口商手中持有的货币不一致，而合同中的支付一般在将来的一定时期。为了避免在支付时汇率发生变化，进口商可以事先进行远期外汇买卖，固定成本，避免在将来支付时因汇率变化带来外汇风险。在国际借贷中，也会经常碰到借款货币与实际经营收益（通常为还款的资金来源）的货币不一致，而借款的偿还一般又是在远期的情况。为了避免在还款时汇率发生变化，借款人可以事先进行远期外汇买卖，固定还款金额，避免将来在还款时因汇率变化带来外汇风险。

［例 4—4］ 美国某出口商向英国出口一批商品，出口合同规定 2 个月后收汇，数量为 100 万英镑。当时外汇市场的行情是：

即期汇率：1 英镑＝1.686 0～1.687 0 美元

2 个月期远期差价：0.015 7～0.016 0

故 2 个月期远期汇率为：1 英镑＝1.686 0～1.687 0

$$
\begin{array}{r} 1.686\,0 \sim 1.687\,0 \\ +\quad 0.015\,7 \sim 0.016\,0 \\ \hline \end{array}
$$

1 英镑＝1.701 7～1.703 0 美元

如果该美国出口商预测 2 个月后英镑兑美元的汇率将会下降，他就会当时在外汇市场上卖出 2 个月远期 100 万英镑交给银行，银行将会付给他 100×1.701 7＝170.17 万美元，该出口商从而不必担心这 2 个月内现汇汇率的变动情况，避免了英镑贬值造成的外汇风险。

2. 投机以赚取利润

远期外汇市场为外汇投机者提供了简单易行的投机场所。投机者根据自己的专业知识和掌握的各方面信息进行判断，若投机者预计某种货币汇率将上升，就预先大量买进该种远期货币，待今后交割时，如果该货币汇率上升，则卖出以抵补，从中获利。这种先买后卖的投机行为称为“买空”。

例如，在纽约外汇市场上，如果美国某外汇投机商预测英镑兑美元的汇率近期将会大幅度上升，他就可以做买空交易，先以 1 英镑＝1.565 0 美元汇价买进 100 万 1 个月期远期英镑；1 个月后，当英镑兑美元的即期汇率猛涨到 1 英镑＝1.595 0 美元时，他再卖出 100 万英镑。这样，轧差后他就会获得 100×(1.595 0－1.565 0)＝3 万美元的投机利润。

反之，若预计某种货币汇率（如美元汇率）将要下降，便可以预先卖出该种远期货币(远期美元)，待今后该种货币（美元）汇率下降，再买进（美元）以抵补，从中赚取差价。这种先卖后买的投机行为称为“卖空”(short position)。

例如，在东京外汇市场上，如果某日本投机者预测美元兑日元的汇率将会较大幅度地下跌，他就可以做卖空交易，先以 1 美元＝85 日元的汇价卖出 100 万 3 个月期美元；3 个月后，当美元兑日元的即期汇率跌到 1 美元＝78 日元时，他就以此即期汇率购进 100 万美元进行抵补，轧差后他就会获得 100 万×(85－78)＝700 万日元的投机利润。

3. 投机交易与保值避险交易的区别

(1) 投机交易没有实际的商业或金融业务为基础，其交易的目的不是商业或金融业务，而单纯是赚钱。

(2) 投机交易在买进卖出时，并非真有实际金额的资金。

(3) 投机交易在远期外汇市场上起着一种微妙的平衡作用，如前面介绍远期汇率的决定时提到的，它能使得市场最终趋于均衡。

(五) 远期汇率的报价

1. 直接报价方式

直接报出完整的不同期限远期外汇的买入价和卖出价。银行对客户的远期外汇报价通常使用这种方法。例如，某日美元兑日元的 1 个月远期汇价为：USD1＝JPY 119.77～119.83。

2. 点数报价方式（掉期报价）

点数报价方式只标出远期汇率与即期汇率的差额，不直接标出远期汇率的买入价和卖出价。远期汇率与即期汇率的差额，称为汇水或远期差价。远期差价在外汇市场上是以升水、贴水和平价来表示的。升水表示远期外汇比即期外汇贵，贴水表示远期外汇比即期外汇贱，平价表示两者相等。在实际远期外汇交易中，银行只报出远期汇率升水、贴水的点数，而且并不说明是升水还是贴水。实际的远期汇率可通过即期汇率加上或减去升水、贴水的点数得出，但报价中的数字并未标明是升水还是贴水，因此，必须首先进行判断，然后才能对升水、贴水进行加减。

在外汇市场上，表示远期汇率点数的有前后两栏数字，分别代表了买价和卖价。判断升水、贴水的方法是：当买价大于卖价时，即贴水；当卖价大于买价时，即升水。但是，在不同的标价法下，买价和卖价的位置不同。在直接标价法下，前面是买价，后面是卖价；在间接标价法下，前面是卖价，后面是买价。

由于汇率标价方法不同，计算远期汇率的公式也不相同。

在直接标价法下：

远期汇率＝即期汇率＋升水额

远期汇率＝即期汇率－贴水额

在间接标价法下：

远期汇率＝即期汇率－升水额

远期汇率＝即期汇率＋贴水额

［例 4—5］ 某日在纽约外汇市场上，即期汇率为 GBP1＝USD1. 557 5～1. 558 1。若 1 个月期远期英镑升水 10～20，则英镑的 1 个月期远期汇率为多少？

解： 在纽约市场直接标价法下，即期汇率 GBP1＝USD1. 557 5～1. 558 1，1 个月期远期英镑升水，所以，远期汇率＝即期汇率＋升水额，即：

GBP1＝USD1. 557 5＋0. 001 0～1. 558 1＋0. 002 0＝1. 558 5～1. 560 1

［例 4—6］ 某日在纽约外汇市场上，即期汇率为 USD1＝JPY100. 48～100. 58。若 3 个月期远期差价为 10～20，则美元的 3 个月期远期汇率为多少？

解： 在纽约外汇市场间接标价法下，即期汇率为 USD1＝JPY100. 48～100. 58。首先，判断是升水还是贴水。在间接标价法下，前面的数字是卖价，后面的数字是买价，这里的买价大于卖价，所以是贴水。然后，根据公式进行计算。在间接标价法下，远期汇率等于即期汇率加上贴水额，即：

USD1＝JPY100. 48＋0. 001 0～100. 58＋0. 002 0＝JPY100. 58～100. 78。

最后需要说明一点，实际上无论是哪种标价方法（直接标价法、间接标价法、美元标价法与非美元标价法），只要远期差价点数的顺序是前小后大，就用加法；只要远期差价点数的顺序是前大后小，就用减法，即“前小后大往上加，前大后小往下减”。同时，远期差价点数“前小后大”说明标准货币升水，报价货币贴水；远期差价点数“前大后小”说明标准货币贴水，报价货币升水。

（六）远期汇率升水、贴水计算

国际政治经济形势的变化、货币所在国实施的经济政策、中央银行对外汇市场的干预措施以及外汇市场的投机程度等诸多因素，都会不同程度地影响货币的远期汇率。但一般情况下，两国货币短期利率的差异和两国货币远期外汇市场的供求关系是导致远期汇率升水或贴水的主要原因。

1. 两国货币短期利率的差异

两国货币短期利率的差异是两国货币的远期汇率在即期汇率的基础上升水或贴水的基本原因。通常情况下，低利率的货币远期汇率表现为升水，高利率的货币远期汇率表现为贴水。计算升水额或贴水额的近似公式为：

标准货币的升(贴)水额＝即期汇价×两国年利差×月数/12

若求报价货币的升（贴）水额，需要先进行汇率变形，把报价货币变为标准货币后，再代入上述公式进行计算。

[例 4—7] 伦敦货币市场的年利率为 9.5%，纽约货币市场的年利率为 7%，伦敦外汇市场的即期汇率为 GBP1＝USD1.800 0。求 3 个月期英镑的远期汇率和 3 个月期美元的远期汇率。

解： 3 个月期英镑的贴水额＝1.800 0×(9.5%－7%)×3/12＝0.011 3（美元）

3 个月期英镑的远期汇率＝即期汇率－远期贴水额＝1.800 0－0.011 3＝1.788 7（美元）

3 个月期美元的升水额＝1/1.800 0×(9.5%－7%)×3/12＝0.003 5（英镑）

3 个月期美元的远期汇率＝即期汇率＋远期升水额＝1/1.800 0＋0.003 5＝0.559 1（英镑）

2. 两国货币远期外汇市场的供求关系

由两国货币的短期利率差所决定的远期汇率升贴水额只是剔除供求因素影响的纯理论数值，实际的远期外汇市场的升贴水额还要受到供求关系的影响。从长期和均衡的观点来看，远期外汇市场的远期汇率升贴水额总是围绕着由两国货币短期利差所决定的升贴水额上下波动。在供求均衡的情况下，两者才会一致。外汇市场的供求关系决定的标准货币远期汇水的折年率计算公式为：

$$\text{标准货币升(贴)水折年率}=\frac{\text{升(贴)水额}\times 12}{\text{即期汇价}\times\text{月数}}\times 100\%$$

[例 4—8] 若某日即期外汇市场汇价为 GBP1＝USD2.250 0，3 个月远期汇率为 GBP1＝USD2.275 0，纽约市场年利率为 7%，伦敦市场年利率为 5.5%，问投资者应该在英国投资还是在美国投资？

解： 英镑升水折年率＝(0.025×12)/(2.25×3)×100%＝4.4%

英、美两国利差为：7%－5.5%＝1.5%

投资者应该选择在英国投资，因为在英国投资与在美国投资相比，尽管一年有 1.5% 的利息损失，但是英镑（低利率货币）的升水折年率为 4.4%，不仅弥补了所有利息损失，还有剩余。不难得出结论：若升贴水折年率大于两国年利差，则投资者在低利率货币国投资有利可图。

三、套汇交易

套汇（arbitrage of foreign exchange rate）是指投机者利用各地外汇市场汇率在某一时点的不同，通过同时买进与卖出外汇以谋取市场间差价的一种投机性交易活动。在国际性外汇市场上，只要各国外汇市场的汇率存有差异，那么进行贱买贵卖的外汇交易，必能获取利润。

套汇的方式主要有两点套汇和三角套汇。

（一）两点套汇

两点套汇（spatial arbitrage）又称直接套汇，是指外汇投机者利用两个不同地点的外汇市场的汇率差异，在汇率低的市场买进某种外汇的同时在汇率高的市场卖出该种外汇，以获取投机利润。

［例 4—9］ 某日，在纽约外汇市场上，美元兑加拿大元的汇率是USD1＝CAD1.031 4/15，而同时在东京外汇市场上，美元兑加拿大元的汇率是 USD1＝CAD1.032 4/26。如果某外汇投机商用 103.15 万加拿大元委托外汇经纪人或银行在纽约外汇市场买进 100 万美元，然后再将这 100 万美元在东京外汇市场卖出，买回 103.24 万加拿大元，那么在这个过程中就赚取了 0.09 万加拿大元。由此可见，只要两种可兑换货币在不同外汇市场的汇率存有差异，则必然会引起大量的套汇活动。

在例 4—9 中，如果这类套汇增加，即纽约外汇市场的美元需求增加，只会促使美元兑加拿大元的汇率上升；与此同时，东京外汇市场的加拿大元需求增加，反过来促使加拿大元汇率回升，最后这两个外汇市场趋于一致，套汇活动也随之减少或停止。由于电子通信系统的发展，两地市场间瞬间的套汇机会能很快被捕捉，从而使得各地区外汇市场间的外汇报价差别大为缩减，两点套汇机会大大减少，只有大量的本金投入，才会赚取利润。

（二）三角套汇

三角套汇（triangular arbitrage）又称间接套汇，是指外汇投机者利用三个不同地点的外汇市场的汇率差异，同时进行三种货币的即期买卖，以获取投机利润。

由于涉及三个市场、三种货币，因此要进行三角套汇时首要的是识别间接套汇的机会。在业界一种常用的方法是：将三地的有关汇率按统一的标价方法表示，然后将它们相乘，若乘积为 1，则不存在机会；否则就有机会，而且乘积与 1 的距离背离越远，说明套汇的收益越高。

［例 4—10］ 某日纽约外汇市场上：USD1＝CHF0.980 7

伦敦外汇市场上：GBP1＝USD1.678 2

苏黎世外汇市场上：GBP1＝CHF1.605 2

分析例 4—10，纽约和伦敦外汇市场上采用的是间接标价法，而苏黎世外汇市场上采用的是直接标价法，因此先统一标价法，将苏黎世外汇市场上的报价转化为间接标价，即 CHF1＝GBP1/1.605 2。然后将三个汇率的等号右边相乘，0.980 7×1.678 2×1/1.605 2＝1.025 3≠1，说明在这三个市场间存在套汇的机会。从市场差价看，英镑在伦敦最贵，而通过纽约和苏黎世套取的英镑较便宜。于是，套汇者便在纽约和苏黎世市场套取英镑，然后将其在伦敦出售，从而获利（即在纽约以美元购买瑞士法郎，并以此瑞士法郎在苏黎世购买英镑，最后在伦敦出售英镑并购回美元）。若以 1 美元为本金，不计交易费用，则可以获利 0.025 3（1×0.980 7÷1.605 2×1.678 2－1）美元，利润率为 2.53%。

如果采用的是双向报价法，那么计算三角套汇的收益时就要考虑交易中买卖价格的问题。

[例 4—11] 某日，伦敦、纽约和苏黎世三个外汇市场的汇率分别是：

纽约外汇市场：GBP1＝USD1.573 0/42

伦敦外汇市场：GBP1＝CHF1.636 5/76

苏黎世外汇市场：USD1＝CHF1.031 0/20

如果不考虑其他费用，某美国投机商以 157.42 万美元进行套汇，可获利多少？

解：该美国投机商用 157.42 万美元在纽约外汇市场上买入 100 万英镑，然后用这 100 万英镑在伦敦外汇市场买进 163.65 万瑞士法郎，再用这 163.65 万瑞士法郎在苏黎世外汇市场买入 163.65÷1.032 0＝158.57 万美元，假定没有其他费用的存在，则该外汇投机商通过三角套汇赚取了 158.57－157.42＝1.15 万美元，收益率为 0.73％。

与两点套汇道理相同，通过三角套汇，能够使各地外汇市场的外汇供求产生变动，引起外汇汇率的波动，并导致各地汇率趋于一致。也就是说，套汇交易的增加，会促使各地外汇市场的不同货币的汇率逐步达到均衡状态。

四、套利交易

套利（interest arbitrage）是指在两国短期利率出现差异的情况下，将资金从低利率的国家调到高利率的国家以赚取利息差额的行为。例如，美国金融市场上的利率为 3％，而澳大利亚同期限利率为 7％，那么投资者可以把资金从美国市场上投放到澳大利亚市场上，如果不考虑其他影响因素，那么该投资者在澳大利亚的投资比在美国多赚 4％。

套利包括抵补（covered）套利和不抵补（uncovered）套利。

（一）抵补套利

抵补套利是一种套利和掉期相结合的套利交易，投资者在买进高利率货币现汇的同时，卖出相同数目的期汇，其目的是在赚取高利率货币利息收益的同时，规避该货币远期汇率下跌的风险。

一般来说，利率高的货币远期将贴水，对从事套利交易的投资者来说，投资利率高的货币在利息上会有收益，但这种收益会被该货币贬值的损失所抵消，因此在买进高利率货币现汇的同时，卖出相同数目的期汇，可以使得投资者在无风险的条件下获取稳定的收益，但这个收益是多少取决于掉期成本，而掉期成本的高低又取决于该货币贴水的程度。

掉期成本的衡量方法：以贴水率表示，即折合为年率的贴水额。计算公式为：

贴水率＝(远期汇率－即期汇率)×12/(即期汇率×月数)×100％

[例 4—12] 在美国，某日，即期欧元汇率 EUR1＝USD1.264 0，12 个月远期欧元汇率 EUR1＝USD1.257 0。美国年利率为 4％，德国年利率为 6％。现有美国套利者准备从美国银行借入本金 12.64 万美元去德国套利。问：是否有抵补套利机会？净收益为多少？

解：第一步：判断套利机会（计算利差是否大于贴水率）。

利差＝6％－4％＝2％

贴水率＝(1.257 0－1.264 0)×12/(1.264 0×12)×100%＝－0.55%

结论：因为利差为 2%，而贴水率为－0.55%，因此判断两地市场存在套利机会。

第二步：在美国以 4%的利率借入 12.64 万美元，期限 1 年。

第三步：按即期汇率买入 10 万欧元，并将它存入德国银行，存期 1 年，收取 6 000 欧元利息；同时，按远期汇率卖出本息 EUR106 000。

第四步：1 年后，从德国银行取得本息 EUR106 000；同时，履行远期欧元的卖出合约，收回 USD133 242（EUR106 000×1.257 0）。

第五步：偿还美国银行借款本金 USD126 400 和利息 USD5 056。

第六步：计算套利收益。若不计交易费用，该套利者获利 USD133 242－USD131 456＝USD1 786。

持久的抵补套利活动一方面会引起远期外汇贴水的扩大，另一方面又会导致两国利率差距的缩小，结果套利收益将不断减少。当在外国投资的本利和同在国内投资的本利和相同时，抵补套利活动将停止。此时，资金的国际移动不再发生，即达到均衡状态。在均衡状态下，升（贴）水率将与两国同期的利率差大致相等，这就是所谓的“利率平价理论”。

我们可以从抵补套利过程中推导出这个理论。市场均衡状态即投资者在国内投资的本利和与在国外投资的本利和相等，见公式 4—1：

$$M\frac{r_t}{r_0}(1+i_f)=M(1+i_d) \quad \text{（公式 4—1）}$$

其中：M 代表本金，r_t 代表远期汇率，r_0 代表即期汇率，i_d 代表本国利率，i_f 代表外国利率。

公式 4—1 两边都约去 M，得

$$\frac{r_t}{r_0}=\frac{1+i_d}{1+i_f} \quad \text{（公式 4—2）}$$

将公式 4—2 等号两边减 1，得

$$\frac{r_t-r_0}{r_0}=\frac{i_d-i_f}{1+i_f} \quad \text{（公式 4—3）}$$

假定 i_f 是个极小的值，则公式 4—3 可以近似地写成

$$\frac{r_t-r_0}{r_0}=i_d-i_f \quad \text{（公式 4—4）}$$

公式 4—4 等号左边代表的是货币的升（贴）水率，右边代表的是利率差。

（二）不抵补套利

与抵补套利相比，不抵补套利是一种投机行为，它在买进高利率货币现汇的同时，卖出该货币的远期做掉期交易，因而它是建立在投资者对汇率预期的基础上的，成功与否取决于投资者对汇率预测的准确程度。如果两国货币利率差大于高利率货币的贴水，那么该投资者投机成功；如果两国货币利率差小于高利率货币的贴水，那么该投资者投

机失败。

五、择期交易

（一）择期交易的概念

择期交易是指外汇买卖双方在签订远期合同时，事先确定交易的币种、数量、汇率和期限，但交割可在这一期限内选择进行的一种远期外汇交易方式。交割日的期限范围如果是从成交日至到期日的整个期间，就称完全择期交易；如果定于该期间中某两个具体日期之间或具体的月份，就称部分择期交易。择期交易是远期外汇交易方式的一种，而本章第二节中所介绍的远期外汇交易主要是指固定交割日的远期外汇交易。

在国际贸易中，很多时候较难确定付款或收款的确切日期，进出口商与银行进行一般的远期外汇交易（固定交割日的远期外汇交易）不能适应这种情况的发生。而择期交易具有较大的灵活性，客户可以在规定的交割期限范围内，按预定的汇率和金额自由选择日期进行交割，这就恰恰满足了这种需要。由于银行与客户进行择期交易，并将择期主动权授予客户，银行自身就要承担更多的风险和有关成本，因而银行在确定择期汇率时都是按选择期内对客户最不利的汇率确定的。

（二）择期交易的报价原则

在择期交易中，询价方有权选择交割日，由于报价银行必须承担汇率波动风险及资金调度的成本，故报价银行必须报出对自己有利的价格，即报价银行在买入基准货币时，报出较低的汇率；在卖出基准货币时，报出较高的汇率。根据远期汇率等于即期汇率加减升贴水的原则，对客户最不利的汇率就是选择期的第一天或最后一天（这两天都必须是有效营业日）的汇率。择期交易期限越长，买卖差价越大，因而客户应尽可能地缩短择期期限，以降低其交易成本，获得更有利的远期汇率。根据在择期内对客户最不利和对银行最有利的原理，报价银行对于择期交易的远期汇率报价遵循以下原则：

（1）报价银行买入基准货币，若基准货币升水，按选择期内第一天的汇率报价；若基准货币贴水，则按选择期内最后一天的汇率报价。

（2）报价银行卖出基准货币，若基准货币升水，按选择期内最后一天的汇率报价；若基准货币贴水，则按选择期内第一天的汇率报价。

六、掉期交易

（一）掉期交易的概念

掉期交易（swap transaction）又称调期交易或时间套汇，是指在外汇市场上，交易者在买进或卖出一种货币的同时，卖出或买入交割期限不同的等额的同种货币的交易。掉期交易改变的不是交易者手中持有的外汇数额，而只是改变交易者的货币期限，这也正是“掉期”的含义所在。掉期交易实际上由两笔外汇交易组成，两笔外汇交易的币种相同、金额相等、买卖方向相反、交割期限不同。

掉期交易最初是在银行同业之间进行外汇交易的过程中发展起来的，目的是使某种货币的净头寸在某一特定日期为零，以避免外汇风险，后来逐渐发展成具有独立运用价值的外汇交易活动。

（二）掉期交易的类型

1．按交易对象划分，可分为纯粹掉期和制造掉期

（1）纯粹掉期是指交易者与同一交易对手同时进行两笔币种相同、数额相等、方向相反、交割期限不同的外汇交易。例如，交易者甲向交易者乙卖出即期 100 万美元，同时又向交易者乙买入 1 个月远期 100 万美元。纯粹掉期是最常见的掉期交易。

（2）制造掉期又称分散掉期，是指交易者分别与不同交易对手同时进行两笔币种相同、数额相等、方向相反、交割期限不同的外汇交易。例如，交易者甲向交易者乙卖出即期 100 万美元，同时又向交易者丙买入 1 个月远期 100 万美元，则站在交易者甲的立场上看，他做了制造掉期。

2．按掉期的期限划分，可分为一日掉期、即期对远期掉期和远期对远期掉期

（1）一日掉期是指两笔币种相同、数额相等、交割日相差一天、方向相反的外汇掉期。一日掉期主要用于银行同业的隔夜资金拆借，其目的在于避免银行进行短期资金拆借时因外汇多头或空头的存在而遭受汇率变动的风险。一日掉期包括三种情形：第一，隔夜交易，即在交易日做一笔当日交割的买入（或卖出）交易，同时做一笔第一个营业日交割的卖出（或买入）交易；第二，隔日交易，在交易日后的第一个营业日做买入（或卖出）交割，在第二个营业日做相反的交割；第三，即期对次日，即在即期交割日买进（或卖出），在下一个营业日做相反交易。

（2）即期对远期掉期是指买进（或卖出）一种货币的现汇的同时，卖出（或买进）数额相等的该种货币的期汇。它是最常见的掉期交易，主要用于套期保值、货币的转换和外汇头寸的调整。例如，花旗银行在 3 个月内需要 100 万英镑，它便与劳合银行签订一份掉期协议，买入即期 100 万英镑的同时卖出 3 个月远期 100 万英镑，这样，花旗银行既满足了当前对英镑的需求，又避免了 3 个月后若英镑贬值带来的损失。

（3）远期对远期掉期是指同时买卖币种相同、金额相等但交割期限不同的远期外汇。例如，一家日本银行 1 个月后将有 1 000 万美元的支出，而 3 个月后又将有 1 000 万美元的收入。为此，该银行做一笔 1 个月对 3 个月的掉期，即买入 1 个月的远期 1 000 万美元，同时卖出 3 个月的远期 1 000 万美元，以达到套期保值的目的。

（三）掉期交易的作用

掉期交易主要是为了调整外汇资金头寸，规避风险，以达到保值的目的，并非纯粹为了盈利。当然，我们也可以利用有利的汇率机会套期图利。

（1）进出口商、国际投资者和借贷者利用掉期交易进行套期保值和套期图利。对于进出口商来说，经常出现不同期限的外汇应收款和应付款并存的情况，他们通常利用掉期业务套期保值，并利用有利的汇率机会套期图利。国际投资者和借贷者在对外投资和借贷时，需要购买或出售即期外汇，为了避免在收回投资或偿还借款时外汇汇率波动所带来的风险，他们可以利用掉期交易进行套期保值。

（2）可利用掉期交易进行远期外汇合约的展期和提前。

第三节　进出口报价

在国际贸易中根据汇率变动掌握进出口商品的报价方法，不仅对搞好国际金融业务、减缓外汇风险有重大作用，而且对搞好对外经济贸易实务、做好对外报价、提高企业的经济效益也有重要意义。

一、进口报价接受依据

利用不同货币的即期汇率进行套算时，不仅对做好出口报价有着极其重要的作用，而且对核算进口报价是否合理、可否接受也起着重要作用。

（一）按人民币汇价表折成人民币进行比较

例如，中国进口的商品一般是在国内销售，因此，可以用人民币汇率对报价进行折算，以降低进口成本。

[**例 4—13**] 2015 年 9 月 25 日，我国某公司从英国进口一台机床，若以英镑报价，每台为 50 万英镑；若以美元付款，每台是 75 万美元。当天人民币兑英镑及美元的即期汇率分别为：

买入价　　　卖出价

1 英镑＝9.676 6 元～9.744 6 元

1 美元＝6.364 2 元～6.389 8 元

将以上报价折成人民币进行比较，即可看出哪种货币报价相对低廉。

美元报价折成人民币＝75×6.389 8＝479.235（万元）

英镑报价折成人民币＝50×9.744 6＝487.23（万元）

可见，美元报价的人民币成本低于英镑报价的人民币成本，如不考虑其他因素，美元报价的机床可以接受。

（二）按国际外汇市场汇率折算报价

如上述例 4—13 中机床的英镑和美元报价不以人民币汇率进行折算，而是以当天伦敦市场的英镑与美元汇率进行核算，以此作为接受报价的依据。

伦敦市场：英镑兑美元的汇率为：1 英镑＝1.522 7 美元。

按此比价，机床每台 50 万英镑的报价折成美元为 50×1.522 7＝76.135 万美元。而机床的美元报价为每台 75 万美元，显然，不考虑其他因素，接受 75 万美元的报价，不接受 50 万英镑的报价，在经济上是有利的。

二、合理运用汇率的买入价与卖出价

汇率的买入价与卖出价的报价之间会有差额，进出口商如果在货价折算、对外报价与履行支付义务时计算不精确，就会遭受损失。

（一）本币折算外币时，应该用买入价

如某瑞士出口商的商品底价原为100万瑞士法郎，但客户要求改用外币报价，则应按本币与该外币的买入价来折算。

［例4—14］2015年9月25日，苏黎世外汇市场：

　　　　买入价　卖出价

1美元＝0.978 4～0.979 6瑞士法郎

美元兑瑞士法郎的买入汇率为0.978 4，卖出汇率为0.979 6。设某瑞士商人出口设备的底价为20万瑞士法郎，现外国进口商要求以美元向其报价，则该商人应根据瑞士法郎兑美元的买入价，将瑞士法郎底价20万折成美元（1：0.978 4＝X：200 000），向其报204 415.37美元。如按卖出价折合（1：0.979 6＝X：200 000），则仅报204 164.97美元。

出口商将本币折成外币时按买入价折算的道理在于：出口商原收取本币，现改收外币，则需将所收外币卖予银行，换回原来本币。出口商卖出外币，即为银行的买入，故按买入价折算。

（二）外币折算本币时，应该用卖出价

出口商的商品底价原为外币，如果客户要求改用本币报价，则应按该外币与本币的卖出价来折算。

［例4—15］2015年9月25日，苏黎世外汇市场：

　　　　买入价　卖出价

1美元＝0.978 4～0.979 6瑞士法郎

设瑞士某钟表商出口其所生产手表的底价为1 000美元一块，现外国进口商要求其改用瑞士法郎对其报价，则该商人根据瑞士法郎兑美元的卖出价，将美元底价1 000美元折成979.6（1 000×0.979 6）瑞士法郎对外报价。如按买入价折合，则仅报978.4瑞士法郎，该钟表商就会产生损失。

出口商将外币折成本币时按卖出价折算的道理在于：出口商原收取外币，现改收本币，则需以本币向银行买回原外币。出口商买入外币，即为银行的卖出，故按卖出价折算。

三、远期汇率与进出口报价

（一）汇率贴水数是延期收款的报价标准

在出口贸易中，国外进口商在延期付款条件下，可要求以两种外币报价，假若甲币为升水，乙币为贴水，如以甲币报价，则按原价报出；如以乙币报价，应按汇率表中乙币兑甲币贴水后的实际汇率报出，以减少乙币贴水后的损失。掌握远期汇率的贴水点数，对正确报价有着重要意义。

［例4—16］	即期汇率	3个月远期
某日伦敦外汇市场英镑/美元	1.522 1～1.523 3	20～10

我国某公司向英国出口机床，如即期付款，每台报价10 000美元，现英国进口商要求我方以英镑报价，并于货物发运后3个月付款，问我方应报多少英镑？

解：具体报价计算过程如下：

(1) 查阅当日伦敦外汇市场汇价表。

(2) 计算英镑兑美元的 3 个月远期汇率，由于英镑贴水 20～10，故其远期实际汇率为：

1.520 1(1.522 1－0.002 0)～1.522 3(1.523 3－0.001 0)

(3) 考虑到 3 个月后方能收款，因此需将 3 个月后英镑贴水的损失加在货价上，故应报英镑价＝原美元报价/英镑 3 个月远期实际汇率。

(4) 考虑到根据英镑外汇市场汇价表来套算，将英镑视为本币，美元视为外币，根据外币折成本币按卖出价折算的原则，应报的英镑价＝原美元报价/英镑 3 个月远期汇率卖出价，即 10 000/1.520 1＝6 578.52 英镑。

(二) 汇率的贴水年率是延期收款的报价标准

如果某种商品原以升水货币报价，但国外进口商要求改为贴水货币报价，出口商根据即期汇率将升水货币金额换算为贴水货币金额的同时，为弥补贴水损失，应再将一定时期内贴水率加在折算后的货价上。

[例 4—17] 我国某服装公司服装出口原报价为每件 100 美元，该笔业务从成交到收汇需 6 个月，该公司应客户要求，改报英镑，当日伦敦市场的即期汇率为：英镑/美元＝1.522 1～1.523 3；英镑 6 个月贴水年率为 1.97％。问该公司应报多少英镑？

解：具体报价计算过程如下：

(1) 将每件服装的美元价换算为英镑。因为根据伦敦外汇市场的汇率表计算，所以将英镑视为本币，美元视为外币，根据外币折算本币应按卖出价原则，每件服装的英镑价应为：

100/1.522 1＝65.699（英镑）

(2) 由于该笔业务从成交到收汇需 6 个月，而在这 6 个月内英镑贴水年率为 1.97％，如把年率折为 6 个月的贴水率，则为：

1.97％×6/12＝0.985％

(3) 将 6 个月英镑贴水率附加于货价上，以抵补英镑在 6 个月内价值下降的损失，故将英镑改报美元，6 个月后收汇的全部计算过程应为：

100/1.522 1×(1＋0.985％)＝66.35（英镑）

因此，单件服装的报价应为 66.35 英镑。

(三) 远期汇率是确定加价幅度的根据

在进口业务中，某一商品从合同签订到实际支付约需 3～6 个月，国外出口商以升水货币、贴水货币两种货币报价，其以软币报价的加价幅度不能超过该货币与相应货币的远期汇率，否则可接受硬币报价，只有这样才能达到在货价与汇价方面均不吃亏的目的。

[例 4—18] 某日，苏黎世外汇市场汇价为：

	即期汇率	3 个月远期
1 美元＝	0.979 0 瑞士法郎	0.978 2 瑞士法郎

我国某公司从瑞士进口设备，3 个月后付款，每台设备瑞士出口商报价 100 万瑞士法郎，如我方要求瑞士出口商以美元报价，则其报价水平不能超过瑞士法郎兑美元的 3 个月

远期汇率，即 100÷0.978 2=102.23 万美元。如果瑞士出口商以美元报价，每个零件超过 102.23 万美元，则我方不应接受，仍接受每个零件 100 万瑞士法郎的报价。因为接受瑞士法郎硬币报价后，我方以美元买瑞士法郎 3 个月远期进行保值，以防瑞士法郎上涨的损失，其成本也不过 102.23 万美元。

可见，在进口业务中做到汇价与货价均不吃亏，硬币对软币的远期汇率是核算软币加价可接受幅度的标准。

第四节　外汇衍生交易

自 1973 年世界各国实行浮动汇率制度以来，货币汇率波动频繁，不仅幅度大，而且各种主要货币之间经常出现强弱、地位互相转换的局面。不论是参加外汇交易的个人还是银行、企业，只要有外汇，就有外汇风险。因此，为规避外汇风险而产生的各种外汇衍生交易应运而生。

一、外汇期货交易

外汇期货（currency future）也称货币期货，是指交易双方通过标准化的合约形式，约定在将来的某一时日，按照事先确定的汇率交割一定金额外汇的交易。这是一种以外币作为交易标的物的金融期货交易。外汇期货交易最早出现于 20 世纪 70 年代初期的芝加哥商品交易所（简称 CME，目前占全球一半以上的交易额），80 年代以来发展迅速，是重要的金融创新之一。目前在 CME，以美元标价的外币期货品种主要包括英镑、欧元、日元、加拿大元、澳大利亚元、瑞士法郎、墨西哥比索、俄罗斯卢布等。

（一）外汇期货交易的特点

外汇期货交易与远期外汇交易业务很相似，都是通过合约把将来交易的汇率固定下来，不即时交割，但外汇期货交易又有与远期外汇交易不同的特点。

1. 合约内容标准化

（1）规模标准化。每一种外汇期货的合约规模均为固定数量，交易者可以按照一定的汇率购买或出售一份或多份合约，但不得低于一份或其他不是其倍数的数量。示例见表 4—1。

表 4—1　　IMM 外汇期货标准化合约内容

币种	英镑	日元	欧元	瑞士法郎	加拿大元	澳大利亚元
货币标准代码	GBP	JPY	EUR	CHF	CAD	AUD
合同规模（万）	6.25	1 250	12.5	12.5	10	10
最小变动值	12.5	12.5	12.5	12.5	10	10
初始保证金	1 620	2 835	2 430	1 688	642	1 317
维持保证金	1 200	2 100	1 800	1 250	475	975

资料来源：www.cme.com。

(2) 交割期固定。交割期固定是指货币期货合约的到期日是固定的。譬如，在 CME，所有货币期货的到期日均为每年的 3 月、6 月、9 月、12 月的第三个星期三。因此，如果 2015 年 2 月 1 日成交一笔交易，其年内可供选择的交割日有 4 个。

2. 交易价格具有竞争性

外汇期货交易是在期货交易所内进行，并由场内经纪人采用竞价方式竞价成交，因而交易价格具有竞争性。目前，在 CME 以美元表示的合约价格主要受两个因素的制约：场内的供求状况和远期汇率。

3. 在交易所内按照一定的规则进行

外汇期货交易中采用交易会员制、保证金制度、每日清算制度、价格限额制度。

外汇期货交易所实行会员制，其他机构或个人参与交易必须通过具有会员资格的经纪人来进行。

外汇期货交易采用保证金制度。保证金分为初始保证金和维持保证金。初始保证金是初开仓时按一定比例缴存的保证金；维持保证金是交易过程中必须保持的一个最低数额（一般为初始保证金的 75%）。当交易中因为亏损而使保证金账户上的余额低于维持保证金时，客户必须追缴保证金，否则就会被交易所强行平仓。

外汇期货交易采用每日清算制度，该制度也称逐日盯市制度，即每天营业结束时清算所对每日尚未平仓的合约按照清算价格进行结算，并据此调整客户的保证金账户金额。

外汇期货交易采用价格限额制度。通常以前一日结算价作为当日行情波动中点，上下振幅有一定的限制，上限为涨停板，下限为跌停板，这样做的目的是有利于降低风险，抑制过度投机。

4. 合约一般通过对冲结束，很少实际交割

同其他商品期货一样，外汇期货合约一般都不进行实物（外汇）交割，而是进行“对冲”，即交易者通过买卖一个反向合约来结束自己交收实物（外汇）的义务。

5. 交易当事人包括三方

外汇期货交易的当事人包括买方、卖方、交易所下属的清算公司。

6. 交易参加者范围广

只要能够缴纳一定的初始保证金，就可委托经纪人入市买卖。普通平民均可参与交易。

外汇期货交易与远期外汇交易的区别如表 4—2 所示。

表 4—2　外汇期货交易与远期外汇交易的区别

项目	外汇期货交易	远期外汇交易
交易合约标准化程度	标准化合约（买卖双方不见面）	非标准化合约（买卖双方要见面）
交易金额是否固定	每份合约交易金额固定	每份合约交易金额不固定
交易币种	较少	较多
交易参与者	自然人和机构均可	主要是金融机构和企业
交易方式	场内交易	场外交易
交割方式	绝大多数是现金交割	绝大多数是实物交割
合约流动性	外汇期货合约可以自由流通转让	远期外汇合约不可流通转让
保证金要求	买卖双方必须按比例缴存保证金	无须缴存保证金

（二）外汇期货交易的功能

与远期外汇交易一样，外汇期货交易的功能主要是套期保值与投机。

1. 用外汇期货进行套期保值

外汇期货交易的保值原理是利用外汇现货市场与外汇期货市场价格同步变化的特点，在两个市场进行相反方向的操作（其中，在外汇现货市场进行真实交易，在外汇期货市场运用对冲机制），以一个市场的盈余弥补另一个市场的亏损。

［**例 4—19**］假设美国某制造商 M 在英国有一家工厂，该厂急需资金支付即期费用，但预计 9 个月后经营将会好转，并偿还总公司这笔费用。M 正好有闲置资金，于是便汇去 12.5 万英镑。为避免将来汇率变化（英镑下跌）带来损失，M 一方面在现货市场买进英镑，同时在期货市场卖出近似等额的英镑期货（根据标准合约的数量，M 卖出英镑两份），交割期为其后的 9 个月最接近的交割日。具体的交易情况见表 4—3。

表 4—3　　M 的交易情况

现货市场	期货市场
3 月 1 日，买进英镑 125 000 汇率＄1.652 5/￡ 价值＄206 562.5 3 月 1 日，卖出英镑 125 000 汇率＄1.650 0/￡ 价值＄206 250/￡	3 月 1 日，卖出两份 12 月到期的英镑合约（共 125 000 英镑） 汇率＄1.653 0/￡ 价值＄206 625 12 月 1 日，买回（即对冲）两份 12 月到期的英镑合约 汇率＄1.650 5/￡ 价值＄206 312.5
汇价亏损＄312.5（跌 15 点）	汇价盈利＄312.5（跌 15 点）

2. 用外汇期货进行投机

利用外汇期货进行投机的原则是：看涨买，看跌卖，在未到交割期前利用“对冲”轧差获利。

［**例 4—20**］某公司预计英镑汇率将上升，于是在 6 月 10 日以＄1.632 0/￡的 3 个月英镑期货价（9 月份交割）购入两份英镑合约（合 125 000 英镑），价值＄204 000。6 月 15 日，英镑汇率上升到＄1.655 0/￡，该公司便以两个反向的合约对冲，即卖出两份英镑合约，价值＄206 875，结果获净利＄2 875。

二、外汇期权交易

外汇期权（currency option），是指针对“可在某个约定时期内按约定汇率买入或卖出一定数量某种外币之权利”而进行的交易。在有效期内，期权购买者有充分自由，可以根据此间市场汇率的实际走势决定是否行使其权利。如果有利，则行使；如果不利，则可以放弃。作为对这种权利占有的代价，购买者需要向出售者（通常是银行）支付一笔期权费，也称保险费（premium）。

外汇期权交易于 20 世纪 80 年代初在美国费城证交所出现（70 年代有少量的场外交易），之后迅速在各国推广，成为重要的金融创新之一。

（一）外汇期权合约

外汇期权合约的规模、币种和交割期是标准化的，以美国费城证交所为例，规模为

CME 的外汇期货标准合约的一半；币种是主要工业化国家货币，与 CME 的外汇期货品种基本一样；交割期为每年 3 月、6 月、9 月、12 月的第三个星期三。另外，各交易所在外汇期权合约中均规定有标准化的协定价格（strike price）及价格档次，而且价格都用美元表示。所谓协定价格，是指期权合约中规定交易双方未来行使期权时买卖外汇的交割价格。

（二）外汇期权的种类

1. 根据期权购买者获得的权利分为看涨期权和看跌期权

看涨期权（call option），又称买权，它是指期权合约的购买方支付一笔期权费后，将来就可以按照事先约定的协定价格买入一定数量的外汇期权。

看跌期权（put option），又称卖权，它是指期权合约的购买方支付一笔期权费后，将来就可以按照事先约定的协定价格卖出一定数量的外汇期权。

2. 按行使期权的时限分为欧式期权和美式期权

欧式期权（European option）是合约购买方只能在合约到期日才能执行的期权；美式期权（American option）是合约购买方可以在合约到期日前任何一个营业日执行的期权。从理论上讲，由于美式期权合约被执行的概率更高，因而美式期权合约的价格要高于欧式期权合约。

（三）外汇期权的盈亏分析

由于外汇期权交易比远期外汇交易和外汇期货交易能更好地规避风险，因而它已经成为外汇市场上投资者重要的保值手段之一。下面我们分别以看涨期权为例，对外汇期权合约买卖双方的盈亏进行分析。

［例 4—21］ 假设 2014 年 6 月某投机商 N 预计欧元将升值，购买了 10 份 12 月到期的欧元看涨合约（单位合约规模为 62 500 欧元），期权交易价为 \$1.26/€，买权费为 0.012 0 美元。到期时，欧元的即期汇率为 \$1.29/€。请问该投机商是否会执行合约？其盈亏状况如何？

解： 投机商 N 决定行使合约，因为 12 月即期汇率高于协定价格，作为看涨期权，他执行合约有利可图。其利润为：

行使合约买入欧元的美元支出：

€62 500×\$1.26/€×10＝\$787 500

买权费支出：

€62 500×0.012 0×10＝\$7 500

按照 6 月份的市场即期汇率卖出这笔欧元的美元收入：

€62 500×\$1.29/€×10＝\$806 250

净利润：

\$806 250－\$787 500－\$7 500＝\$11 250

综上，可得出如下结论：

对期权合约购买者来说：

(1) 购买外汇看涨期权的风险有限而且事先可知，其最大风险就是损失期权保险费。

(2) 外汇看涨期权的协定价格加保险费是买卖双方的盈亏平衡点，协定价格是合约执行点，当外汇市场即期汇率高于或等于协定价格即执行合约。

(3) 只要即期汇率上升到协定价格加保险费以上，购买外汇看涨期权就有利可图，上升越多获利越多，从理论上说，购买外汇看涨期权的最大利润是无限的。

对期权合约出售者来说：

(1) 即期汇率≤协议价格时，可获取全部保险费收入。

(2) 协议价格<即期汇率≤(协议价格+保险费) 时，可获取部分保险费或不亏不赚。

(3) 即期汇率>(协议价格+保险费) 时，卖方遭受损失，两者差额越大，其损失越大。

看跌期权的盈亏分析正好与看涨期权相反，协定价格减保险费是买卖双方的盈亏平衡点；当市场即期汇率在盈亏平衡点以下时，外汇看跌期权合约的买方有利可图；当外汇市场即期汇率等于或低于协定价格时即执行合约。

(四) 影响外汇期权价格的因素

外汇期权价格即外汇期权费，通常直接用美元金额来表示，如在例 4—21 中，协定价格为 EUR1＝USD1.26，期权费为 EUR1＝USD0.012 0。

从根本上讲，外汇期权费取决于场内对该货币期权的供求力量对比，影响这种供求的因素包括该货币期权的内在价值、时间价值和该货币的潜在变动性。

1. 期权的内在价值 (intrinsic value)

期权的内在价值是指行使期权合约所产生的资产增值。在合约签订之时，它取决于签约时的即期汇率与期权交易价 (协定汇率) 的差距。对于买权，相对于协定汇率，即期汇率越高，购买者行使合约的可能性越大，故买权费越高；反之，则越低。对于卖权，相对于协定汇率，即期汇率越低，购买者行使合约的可能性越大，故卖权费越高；反之，则越低。

2. 期权的时间价值 (time value)

期权的时间价值是指到期日时间长度所决定的价值。一般而言，到期日时间越长，期权费越高；反之，则越低。因为对于买权，到期日时间越长，即期汇率越可能升至协定汇率之上，买权被行使的可能性越大，故买权费越高；对于卖权，到期日时间越长，即期汇率越可能跌至协定汇率之下，卖权被行使的可能性越大，故卖权费越高。

3. 货币的潜在变动性

在其他条件相同时，货币的潜在变动性越大，即期汇率高于或低于期权交易价 (协定汇率) 的可能性就越大，因此，买权费或卖权费就越高；反之，则越低。

(五) 外汇期权交易与远期外汇交易的比较

(1) 利用期权交易保值具有灵活性，既可防范汇率不利变动带来的风险，又不会放过汇率有利变动带来的利益；远期外汇交易则只能防范风险。

(2) 外汇期权交易的协定价格具有可选择性；远期外汇交易则没有。

(3) 在实际经济交易尚不确定的时候，利用外汇期权交易比较主动；远期外汇交易则不是。

(4) 利用外汇期权交易投机，其损失是有限的 (最多不会超过期权费支出)；远期交易外汇则不是。

（5）外汇期权交易的费用比远期外汇交易高。

三、互换交易

互换交易是一种交换付款义务的金融交易，主要有利率互换和货币互换两种类型。

（一）利率互换

利率互换（interest rate swap）是指将两笔本金相同、期限相同的资金，做利率形式之间的调换。利率互换有两种形式：息票互换和基础互换。息票互换是固定利率对浮动利率的互换；基础互换是双方互换参照利率（如联邦优惠利率对 LIBOR）。利率互换双方并不为对方债务支付本金，互换的是利息的支付方式，一般采用净额支付的方法来结算。

利率互换可以使借款人有效地进入由于信用级别较低、缺乏知名度或者对某个特定资本市场的过度使用而可能无法进入的市场，从而在不可能直接进入债券市场的情况下筹集到固定利率资金。

（二）货币互换

货币互换（currency swap）是指两笔金额相同、期限相同、计算利率方法相同（通常都为固定利率）但币种不同的债务资金之间的调换，同时进行不同利息额的货币调换。货币互换双方互换的是货币，它们之间各自的债权债务关系并没有改变。初次互换的汇率以协定的即期汇率计算。

利用货币互换可以对货币敞口头寸进行保值或投机，使公司财务人员可以迅速改变一个公司的资产负债状况，改变支付流或者收益流的货币种类，对债务或债权的结构进行补充。此外，还可以更低的成本筹集资金。

互换交易于 1982 年推出，被认为是 20 世纪 80 年代最重要的金融创新，广受大型跨国银行和大型投资银行机构的欢迎，其原因在于它是一种低成本、高收益，同时能防范利率风险和汇率风险的金融创新工具。

四、外汇衍生交易出现的背景

外汇衍生交易的出现有一定的背景，是适应了时代的需求应运而生的。

（一）国际货币体系的重大变化：浮动汇率制度的出现

20 世纪 70 年代初，布雷顿森林体系崩溃，各国纷纷放弃固定汇率制度，允许本国汇率实行浮动。到 80 年代，随着牙买加体系的建立，浮动汇率制度合法化，成为世界最主要的汇率制度安排。但浮动汇率制度带来的一个问题是汇率波动过于频繁，影响了各国正常国际贸易和金融活动的开展。在这种情形下，规避汇率风险的各种衍生工具如外汇期货、外汇期权相继出现①，并形成规模巨大的交易市场。

---

① 金融期货与期权出现于 20 世纪 70 年代，但真正广为发展是在 20 世纪 80 年代。

（二）各国国内金融自由化，特别是利率自由化

20 世纪 80 年代以来，各国纷纷放松金融管制，推行金融深化和金融自由化改革。其中，特别是放松对利率的管制并使之市场化，从而使利率能反映资金供求状况，但是利率自由化带来的一个后果是金融机构的利率风险加大，因而规避利率风险的各种金融衍生产品相继出现，并迅速成为衍生产品市场上的主要品种。

（三）金融理论的创新

F. Black 和 M. Scholes 于 1973 年在 MM 定理和资本资产定价模型的基础上提出了欧式期权定价模型 Black-Scholes 模型。Robert Merton 建立了另外一个极为相似的模型，可以给出以支付红利的资产、期货和外汇等为标的资产的期权定价公式。这些模型解决了金融衍生产品估价的问题并被广泛应用于实务，从而使得 20 世纪 80 年代金融衍生产品出现大量创新。

（四）计算技术的重大突破

20 世纪 70 年代以来，计算机通信技术的重大突破，是促进衍生产品市场飞速发展的重要推动力和基础。一方面，计算机通信技术的发展使得通信范围扩大的同时，交易成本也大大降低，从而可以在外汇、黄金等诸多领域形成一个 24 小时不间断的全球金融市场。另一方面，计算机通信技术使得金融工程师设计各种复杂的金融衍生产品成为可能。将尖端的计算机技术、通信技术、数理分析技术全面导入金融领域，金融工程学出现，它是金融创新发展到比较成熟阶段的产物，从此各种类型的金融衍生产品尤其是结构型产品就以飞快的速度出现在世人面前。

五、外汇衍生产品市场的发展特征

外汇衍生产品市场是一种有效率的制度安排，能够为金融体系和社会经济系统提供正的效率和效益，这从近年来外汇衍生产品市场规模迅速膨胀也可体现。20 世纪 90 年代以来，计算机技术和现代通信技术的飞速发展和广泛应用深刻地改变了外汇衍生产品市场的格局。

（一）从地区构成看，欧美市场仍然占据 80%以上的份额

欧美发达国家集中了世界上绝大部分的外汇衍生产品交易。英国一直保持着外汇 OTC（场外交易市场）的领先地位，而且市场份额不断上升，其他的 OTC 主要分布在美国、德国、法国、日本等国家。伦敦是 OTC 外汇衍生产品最重要的中心，其次是纽约和法兰克福。这三大市场的交易规模占到全球交易规模的 80%以上。

（二）市场发展更倾向于满足保值需要

与追求投机高收益性相比，可以说大多数的外汇衍生产品都是出于套期保值和规避风险的需要而设计的，而且事实上，外汇衍生产品市场的发展以及各种新的外汇衍生产品的推出都是倾向于满足保值的需要。

（三）外汇衍生交易与金融危机

外汇衍生交易被认为是一把双刃剑，它在规避风险的同时，也起到了传播风险和扩大风险的作用。从历次金融危机中都可以看到外汇衍生产品的影子，可以说外汇衍生产品过度发展及缺乏有效监管是导致金融危机的重要原因之一。

专栏 4—3：中俄贸易卢布结算提速

当地时间2014年5月13日，俄罗斯国际广播电台“俄罗斯之声”援引俄媒消息源报道，俄罗斯财政部准备通过一项计划，拟大力提升本币卢布在俄罗斯出口贸易中的影响力，减少以美元为支付货币的交易。

据报道，4月25日，俄罗斯第一副总理舒瓦洛夫召开会议，专门探讨减少外贸交易使用美元的比例，进而彻底“去美元化”。俄罗斯大型能源公司、金融机构及政府部门参加此次会议，以应对欧美因乌克兰事件对俄罗斯的制裁。事实上，俄罗斯试图“去美元化”已有多年，随着乌克兰局势的不断升级，俄罗斯受到欧美联合对俄采取的一系列制裁，俄罗斯试图挑战美元以及“石油美元”则更显示出其紧迫性。

俄罗斯财政部副部长阿列克谢·莫伊谢耶夫在接受采访时表示，目前正在探讨一种名为“货币置换行政令”的法律机制，强制俄罗斯企业让卢布交易在特定商品交易中达到一定比例。他表示，卢布交易的比例有可能高达100%。

尽管在上述会议中并未具体提到“石油美元”，但“俄罗斯之声”报道称，目前中国和伊朗已经表示支持俄罗斯此轮“去美元化”。

克里米亚事件升级后，中俄之间经贸合作升级明显，“去美元化”成为一个显著的趋势。

4月中旬，彭博从消息人士处获悉，俄罗斯天然气工业股份有限公司（Gazprom）正在考虑发行人民币债券。美银美林数据显示，自俄罗斯增兵进驻克里米亚以来，Gazprom旗下融资机构OAO Gazprombank 2017年到期的10亿元人民币债券收益率攀升了75个基点，同期点心债的平均收益率下降了5个基点。

除人民币债券外，“俄罗斯之声”预计，普京5月20日将访华，中俄签署以卢布和人民币结算的油气协议也有可能。俄罗斯副总理德沃尔科维奇曾表示，中俄双方签约后，将向中国每年供应380亿立方米的天然气。

除中国外，俄罗斯也在试图推动与其他国家石油贸易本币化。俄罗斯天然气工业股份有限公司与科威特和埃及就扩大液化天然气供应举行了会谈，与印度的“大单”成交在即，同时与伊朗达成了石油换商品的协议。

据路透社报道，在上述贸易协议中将不会用美元进行结算。比如，伊朗以最多每日50万桶石油换取俄罗斯的设备和商品。如果俄罗斯决定届时支付给伊朗卢布，则将对“石油卢布”起到有力的支持作用。

2014年3月下旬，普京提出，俄罗斯可以效法中日，建立自己的国家支付结算系统，设法减少对西方的经济依赖。

资料来源：http://finance.stockstar.com/MT2014051500000429.shtml。

本章小结

1. 外汇市场（foreign exchange market）是指进行外汇交易的场所或网络，是经营外汇业务的银行、各种金融机构、外汇需求者、外汇供给者、买卖中介机构以及个人进行外汇买卖、调剂外汇供求的交易场所。

2. 外汇市场的交易方式包括即期、远期、套汇、套利以及期货、期权、互换交易等。其中，远期外汇交易可以说是基本业务，一些创新的外汇交易都是在远期外汇交易基础之上衍生的，因此要掌握这些交易之间的共同点与不同点，以期加深理解，便于应用。

3. 进行各种外汇交易，必然会涉及不同货币之间的折（套）算，掌握这些折（套）算的原则与方法，并且在国际贸易中根据汇率变动掌握进出口商品的报价方法，不仅对搞好国际金融业务、减缓外汇风险有重大作用，而且对搞好对外经济贸易实务，提高企业的经济效益也有重要意义。

4. 外汇衍生交易的出现有一定的背景，是适应了时代的需求应运而生的。具体包括外汇期货、外汇期权和互换交易。

思考题

1. 名词解释

外汇市场；外汇经纪人；外汇交易商；外汇投机者；即期外汇业务；交割日；远期外汇业务；套期保值；外汇投机；套汇；套利；择期交易；掉期交易；外汇期货交易；外汇期权交易。

2. 简答题

（1）简述进出口商进行远期外汇交易的目的。

（2）简述远期汇率、即期汇率与利率三者之间的关系。

（3）简述远期外汇业务的作用。

（4）简述择期交易的报价原则。

3. 计算题

（1）某日伦敦外汇市场上即期汇率为 1 英镑等于 1.695 5/1.696 5 美元，3 个月远期贴水 50/60 点，求 3 个月远期汇率。

（2）假定某日下列市场报价为：纽约外汇市场即期汇率为 USD/CHF＝1.534 9/89，伦敦外汇市场即期汇率为 GBP/USD=1.634 0/70，苏黎世外汇市场即期汇率为 GBP/CHF＝2.502 8/48。如果不考虑其他费用，某瑞士商人以 100 万瑞士法郎进行套利，可以获得多少套汇利润？

（3）某日纽约外汇市场汇率如下：

	即期汇率	远期汇率
美元/瑞士法郎	1.603 0～40	贴水 135～140

我国某公司向美国出口机床，如即期付款每台报价 2 000 美元，现美国进口商要求该公司以瑞士法郎报价，并于货物发运后 3 个月付款，问：该公司应报多少瑞士法郎？

(4) 我国出口公司某商品的原报价为每吨 1 150 英镑，该笔业务从成交到收汇需 6 个月。某日，该公司应客户要求，改报丹麦克朗。假设当日伦敦市场的汇价为：

	即期汇率	6 个月远期汇率
丹麦克朗	9.454 5～75	贴水 15～25

问：该公司应报多少丹麦克朗？

(5) 各银行的报价如下表所示。

银行	EUR/USD	USD/JPY
A	1.456 0/70	125.50/80
B	1.456 3/73	125.50/75
C	1.455 8/70	125.45/65
D	1.456 5/75	125.55/90
E	1.456 1/75	125.60/90

根据上述几家银行报出的 EUR/USD 和 USD/JPY 的汇率，请回答下列问题：

1) 你向哪家银行卖出欧元，买进美元？

2) 你向哪家银行卖出美元，买进日元？

3) 假如你想卖出欧元，买进日元，用对你最有利的汇率计算 EUR/JPY 的交叉汇率。

第五章 外汇风险管理

学习目标

通过本章的学习，理解外汇风险的概念、类型、构成以及外汇风险产生的原因，掌握外汇风险的管理方法，既要学会利用贸易谈判、合同商洽和经营决策来规避外汇风险，又要善于利用金融工具来规避外汇风险，重点掌握外汇风险的种类及防范方法。

学习方法

(1) 预习法。通过预习了解本章的内容，对外汇风险及其防范方法有一个初步的把握。

(2) 联系学习法。将外汇风险与外汇汇率、外汇交易实务联系起来，有助于把握外汇风险的防范办法；将外汇风险与国际储备联系起来，可以更好地理解汇率变动风险对一国经济的影响。

(3) 完成本章后面的思考题。

完成本章的学习后，可以巩固第四章介绍的外汇实务知识，掌握外汇风险的种类及表现，对外汇风险防范措施会有比较全面、深入的认识。

案例导读

相比于东航、南航这些大企业，上航的盈利或许有其规模相对较小、船小好调头的因素，但上航的盈利并不完全是靠卖机票、飞航班取得的，有1 300多万元是靠巧妙运用金融衍生工具创造的。1 300万元是什么概念？倘若以销售机票25%的毛利率计算，就是要获得5 200万元的售票额，以平均票价700元计算，就要卖掉7.4万多张机票。在机票价格竞争激烈的情况下，要卖掉7万多张机票谈何容易？何况还是毛利，而用外汇工具控制风险所取得的1 300万元却是净利。

然而，有关汇率的故事并非桩桩都“美丽”。国际金融市场风险随时都有，因为没有及时规避，有很多企业或多或少遭受过汇率损失。例如因为日元升值明显，使不少拥有日元外债的国内企业损失惨重。南航曾发布提示公告称，受日元兑人民币汇率上升11.9%的影响，公司出现账面汇兑净损失约合人民币1.8亿元。航空公司因为从外国购买和租赁飞机、发动机及航材设备，因此会产生大量的外币负债，南航因为日元兑人民币汇率上升约11.9%而出现账面汇兑损失，导致公司净利润下降30%以上。

很多企业与南航有类似的经历：东航曾因日元升值带来外汇汇兑损失近1亿元；漳泽电力因购进设备欠有200多亿日元贷款而大受日元升值之苦，但漳泽电力应变较快，与中国工商银行签订了为期三年的货币掉期保值交易协议，以化解外汇汇率波动的风险；上海还曾有两家著名的商务企业曾因为外币负债结构以及对汇率变化应变速度的不同，结果一盈一亏，反差鲜明。

只要企业有稳定的外币收入，能够保证外债的及时支付，汇兑损益一般来说不会对企业的资金链产生太大影响。但在经济日益全球化的今天，企业的盈亏已经不完全来自单个产品。

越是市场竞争激烈的行业，树立全球化金融意识的迫切性就越强。以航空企业为例，这些企业有很大一笔开支是购买飞机，一架飞机的价格一般在1亿美元左右，只要不是经营性租赁，融资性租赁和贷款购买飞机都会在财务上以外币负债形式存在。东航的外币负债占负债总额的比例是88%，上航也有60%多。这样的大笔外债，如果没有一套降低汇率风险的机制，没有一批能够巧妙运用金融衍生工具的外汇人才，就很有可能给企业带来财务损失。例如，日元汇率一直波动较大，东航曾通过币种转换降低了日元负债的比例，其美元、日元、欧元的负债比例分别是74%、8%和6%，公司还与国内四大银行和摩根士丹利、高盛等境外投资银行合作，共同致力于化解企业的金融风险。

汇率问题具有普遍适用性，在中国越来越成为世界制造中心的今天，几乎没有一家企业能够“不与世界发生关系”。虽然中国金融市场尚不成熟，企业运用金融衍生工具还不那么自由，但这并不妨碍企业去学习和掌握运用它的技巧和理念。许多企业，特别是国有企业还不能完全适应全球化的经济环境，不少企业甚至还抱着“等政府来帮”的思想。汇率市场的风云故事也许可以让它们更加清醒，要知道中国金融市场的开放已经为期不远。

资料来源：郑红：《汇率的“美丽与哀愁”》，载《解放日报》，2004-04-03。

思考：

1. 涉外企业经营中会遇到哪些外汇风险?
2. 这些外汇风险产生的原因是什么?
3. 有效地防范外汇风险的措施有哪些?

第一节 外汇风险概述

从事对外贸易、投资、借贷等活动的企业在国际范围内会有大量的外汇收付业务，或拥有外币计值的债权或债务。汇率的变化会对其资产的价值产生影响，外汇风险的防范和管理是企业经营中的重要方面。

一、外汇风险

（一）外汇风险的概念

外汇风险又称汇率风险，是指在一定时期内，经济实体或个人以外币计价的资产或负债由于汇率变动而引起的价值变动。外汇风险可能导致两个结果：获得利益或遭受损失。外汇风险有广义和狭义之分：广义的外汇风险包括汇率风险、国家风险、制度风险和信用风险等；狭义的外汇风险仅指汇率风险。通常所说的外汇风险是指狭义的外汇风险。

例如：中国某公司于 2015 年 6 月 18 日签订出口一批商品的合同，金额为 100 万美元，三个月后以美元支付，当日人民币汇率为 1 美元＝6.231 0 元人民币。该笔货款折合人民币为 623.1 万元人民币。到 2015 年 9 月 18 日，市场汇率为 1 美元＝6.432 0 元人民币，收回的货款可折合为 643.2 万元人民币，比签订合同时多收人民币 20.1 万元。假若到 2015 年 9 月 18 日时，人民币汇率不是贬值而是升为 1 美元＝6.131 0 元人民币，收回的货款只能折合为 613.1 万元人民币，比签合同时少收 10 万元人民币。不论是多收还是少收，是获得利益还是遭受损失，对该公司而言都存在外汇风险。

（二）外汇风险的构成

1. 外汇风险的对象

个人或经济实体所持有的外币资产和负债并不一定都承担外汇风险。只有买卖盈余未能抵消的资产或负债，才会面临汇率波动的风险。通常将承受风险的外币资产称为风险头寸或外汇敞口。风险头寸就是外汇持有头寸中的“超买”或“超卖”部分。表现为外币资产大于或小于外币负债，或者外币资产和外币负债金额上虽然相等，但是期限的长短不一致。

2. 外汇风险的构成因素

外汇风险由本币、外币和时间三个要素构成。一个经济实体在经营活动中若以外币计价结算且存在时间间隔，就可能会产生外汇风险。一般来说，外币账款的时间要素与外汇风险之间存在正相关关系，即时间越长，遭受外汇风险的可能性就越大；时间越短，遭受外汇风险的可能性就越小。缩短一笔外汇业务的收付时间一般能够减缓或降低外汇风险，但不能消除外汇风险，因为本币和外币之间兑换的汇率波动风险还存在。

二、外汇风险的类型

从事国际经营的企业要面临很多不确定的因素，其中汇率变动风险就是国际企业经常面临的金融风险之一。汇率风险可以分为交易风险、会计风险和经济风险三种类型。

（一）交易风险

交易风险是指在以外币计价的交易中，由于外汇汇率的波动而引起应收资产或应付债务价值的变化使交易者蒙受损失的可能性。交易风险可分为外汇买卖风险、外汇借贷风险和交易结算风险。

1. 外汇买卖风险

外汇买卖风险产生于本币和外币之间的反复兑换。这种风险产生的前提条件是交易者在买进或卖出外汇后又反过来卖出或买进外汇。这种风险主要存在于银行的外汇买卖过程中，因为外汇银行的交易几乎都是外汇买卖。

例如，甲银行在某日卖出了20万英镑，同时买入了15万英镑，出现了5万英镑的空头。当甲银行日后买入这5万英镑时，如果英镑升值，就会出现亏损，这种亏损的可能性就是外汇买卖风险。

2. 外汇借贷风险

外汇借贷风险是指在外汇投资或外汇借贷中，因计价货币汇率变化所产生的风险。对债务人来说，若借贷计价货币汇率上升，则产生汇率损失；若借贷计价货币汇率下跌，则减少债务负担，甚至产生收益。

例如，中国某公司在国际金融市场上以5%的年利率借入1亿英镑，期限1年。借到款项后，该公司立即按当时的汇率1英镑＝10元人民币，将1亿英镑兑换成10亿元人民币。1年后，该公司为归还贷款的本息，必须在外汇市场买入1.05亿英镑，而此时如果英镑兑人民币的汇率发生变动，即英镑升值，该公司将面临外汇买卖风险。假设此时的汇率变为1英镑＝11元人民币，则该公司购买1.05亿英镑需支付11.55亿元人民币，虽然该公司以英镑借款的名义利率为5%，但实际融资成本高达（11.55－10）÷10×100%＝15.5%。但是，如果英镑出现贬值，该公司不但不会遭受损失，反而会获得额外的收益。

由此可见，交易风险的结果是不确定的，它既有可能招致亏损，也有可能增加收益。当然，从交易的某一方来说，风险是可以避免的，其实质就是将风险从一方转移给了另一方。上述案例中，如果中国某公司能够准确预测英镑将会升值，而以人民币计价，可以避免交易风险。但是，如果对方不愿意以人民币成交，则可能无法达成交易。

3. 交易结算风险

交易结算风险是指以商业信用的方式购买或销售以外币计价的商品或劳务时，在货物装运或劳务提供之后，而货款或劳务费用尚未收取的期间，因外汇汇率变化带来的风险。

在国际经济贸易中，贸易商无论是即期支付还是延期支付，都要经历从签订进出口合同到债权债务最终清偿的时间，而这段时间内汇率可能会发生变化，以外币表示的未结算的金额就成为承担风险的受险部分。

例如，中国某公司签订了一笔价值 1 000 万美元的出口合同，6 个月后交货、收汇。假设该公司的出口成本、费用为 5 500 万元人民币，目标利润为 800 万元人民币，则 6 个月后当该公司收到 1 000 万美元的货款时，由于美元兑人民币的汇率不确定，该公司将面临交易结算风险。6 个月后，若美元与人民币的汇率高于 6.3，则该公司不仅可收回成本，还可获得超额利润；若汇率等于 6.3，则该公司收回成本后，刚好获得 800 万元人民币的利润；若汇率高于 5.5 低于 6.3，则该公司收回成本后所得的利润少于 800 万元人民币；若汇率等于 5.5，则该公司刚好只能收回成本，没有任何利润；若汇率低于 5.5，则该公司不仅没有获得利润，而且还会亏本。

进口商从签订合同到结清货款也有一段时间间隔，若进口商不是用本币计价结算，同样要承担交易结算风险，只是汇率变动的方向及带来的损益与出口商刚好相反。

4. 影响交易风险的因素

(1) 企业拥有的远期外汇的头寸。企业拥有的头寸越多，可能蒙受的交易风险就越大。

(2) 外汇汇率的波动幅度。汇率波动的幅度越大，遭受外汇风险的可能性就越大。

(3) 企业拥有的外币业务状况。在企业拥有多种外币业务的情况下，几种外币相对本币汇率变化的综合变动趋势，也就是几种货币汇率变化之间存在相关关系，这些外币形成的交易风险或者形成叠加关系或者形成相互抵消关系。

(二) 会计风险

会计风险又称折算风险或转换风险、记账风险，是指企业在进行会计处理和外币债权、债务结算时，将必须转换成本币的各种外币计价项目加以折算时所产生的风险。

企业的外币资产和负债、收益和支出，都需按一定的会计准则换算成本国货币来表示。将外币债权、债务折算成本币时，由于使用的汇率与当初入账时的汇率不同，因此会产生账面上的损益。虽然折算风险所产生的损益并不是实际损益，但它会影响企业向股东和社会所公布的营业报告的结果。

例如，中国某公司持有银行往来账户余额 200 万美元，汇率为 USD1＝CNY6.3，折成人民币为 1 260 万元。若美元发生贬值，人民币升值，汇率变为 USD1＝CNY6.1，该公司 200 万美元的银行往来账户余额折成人民币后就只有 1 220 万元了。在这两个折算日期之间，该公司 200 万美元的价值按人民币折算减少了 40 万元。

同一般的企业相比，跨国公司的海外分公司或子公司所面临的折算风险更为复杂。跨国公司海外分支机构以东道国的货币入账和编制会计报表时，需要将所使用的外币转换成东道国的货币，自然会面临折算风险；而当它们向总公司或母公司上报会计报表时，又要将东道国的货币折算成总公司或母公司所在国的货币，同样面临折算风险。

例如，北京某公司在美国有一家分公司，该公司 2014 年 12 月 31 日的资产负债表如

表 5—1 所示。

表 5—1　　2014 年 12 月 31 日美国分公司的资产负债表　　单位：千美元

资产	金额	负债和所有者权益	金额
库存现金	10 000	负债	100 000
应收账款	60 000	所有者权益	200 000
厂房及设备	200 000		
存货	30 000		
合计	300 000	合计	300 000

假定当天美元兑人民币的汇率是 1∶6.212 7，那么折算后的资产负债表如表 5—2 所示。

表 5—2　　2014 年 12 月 31 日美国分公司的资产负债表　　单位：千元

资产	金额	负债和所有者权益	金额
库存现金	62 127	负债	621 270
应收账款	372 762	所有者权益	1 242 540
厂房及设备	1 242 540		
存货	186 381		
合计	1 863 810	合计	1 863 810

假定 2015 年 1 月 1 日，美元兑人民币的汇率变为 1∶6.222 7，那么折算后的资产负债表如表 5—3 所示。

表 5—3　　2015 年 1 月 1 日美国分公司的资产负债表　　单位：千元

资产	金额	负债和所有者权益	金额
现金	62 227	负债	622 270
应收账款	373 362	所有者权益	1 244 540
厂房及设备	1 244 540		
存货	186 681		
合计	1 866 810	合计	1 866 810

由此可见，由于汇率的变动，资产由人民币 1 863 810 元增加到 1 866 810 元。

（三）经济风险

经济风险又称经营风险，是指由于非预期的汇率变动，使企业在将来特定时期的收益发生变化的潜在可能性。经济风险是由于汇率的变动而产生的，这种潜在的风险会直接关系到企业在海外的经营成果。企业的价值主要取决于它能带来的现金流量，而汇率的变动又通过影响企业的生产成本、销售价格，进而引起产销数量发生变化，并由此最终带来获利状况的变化。

例如，当本币贬值时，某企业一方面由于出口货物的外币价格下降，有可能刺激出口使其出口额增加；另一方面因该企业在生产中所使用的主要是进口原材料，本币贬值后又会提高以本币表示的进口原材料的价格，出口货物的生产成本因而增加，结果该企业将来的纯收入可能增加，也可能减少，这就是经济风险。

经济风险中所说的汇率变动，仅指预期之外的汇率变动，不包括预期之中的汇率变动。因为企业在预测未来的获利状况而进行经营决策时，已经将预期到的汇率变动对未来产品成本和获利状况的影响考虑进去了，因而排除在风险之外。对于企业来说，经济风险的影响比交易风险和折算风险更大，因为经济风险不能被准确地识别和测量，经济风险的测量在很大程度上取决于销售数量、销售成本的变动对汇率变动的反应程度。交易风险和折算风险的影响是一次性的、相对短期的，而经济风险的影响在长期、中期和短期都存在。经济风险通过间接渠道产生，即汇率变化造成经济环境变化，最终导致企业收益变化。

三、外汇风险的经济影响

（一）对对外贸易的影响

一国的货币汇率下浮，有利于出口，不利于进口。若其他条件不变，等值本币的出口商品在国际市场上折合比贬值前更少的外币，使该产品在国外的销售价格下降，竞争力增强。假定出口商品在国际市场上的外币价格保持不变，则本币贬值会使等值的外币兑换成比贬值前更多的本币，国内出口商品的出口利润增加。而以外币计价的进口商品在国内销售时折合的本币价格比贬值前提高，进口商成本增加，利润减少，进口数量相应减少；如果维持原有的国内销售价格，则需要压低进口商品的外币价格。因此，本币贬值会自动地抑制外国商品的进口。反之，若一国的货币汇率上浮，不利于出口，有利于进口。

（二）对国际资本流动的影响

外汇市场汇率变动对国际资本流动特别是短期资本流动有很大影响。当本国货币汇率下降时，国内资金持有者为了规避因汇率变动而蒙受的损失，就要把本国货币在外汇市场上兑换成硬货币，导致资本外流；同时，外国在本国的投资者会调走在该国的资金，这不仅使该国国内投资规模缩减，影响其国民经济的发展，而且由于对外支出增加，将恶化本国的国际收支。反之，若本国货币汇率上升，则对资本流动的影响与上述情况相反。

（三）对涉外企业经营的影响

涉外经济部门及涉外企业由于在日常经营活动中涉及两种或两种以上的货币，因此不可避免地处于各种外汇风险之中。

1. 对涉外企业经营效益的影响

汇率波动频繁会使企业预期的本币现金流量和以外币计价的各种资产、负债的价值因汇率变动而发生变化，可能使企业遭受损失，也可能给企业带来收益。涉外企业只有了解和预测外汇风险，提高对外汇风险的管理水平，才有可能承受外汇风险所带来的收益或损失。

2. 对涉外企业经营战略的影响

企业经营战略是指企业人力、物力和财力的合理配置及产、供、销活动的总体安排。如果汇率变动有利于涉外企业的资金营运，企业就会采取大胆的、开拓性的经营战略，如扩张海外投资、扩大生产规模，开辟新产品、新市场；反之，若汇率变动不利于涉外企业的资金营运，企业就会采取保守、稳妥、谨慎的经营策略，把海外市场、海外融资缩减到一定范围内。外汇风险的影响在一定程度上关系到涉外企业经营的成败。

3. 对涉外企业税收的影响

一般来说，涉外企业已经实现的外汇损失可享受所得税减免，已经实现的外汇盈利构成应纳税收入。因交易风险造成的外汇亏损，一般会降低当年的应纳税收入；因经济风险造成的外汇亏损，一般会降低未来几年的应纳税收入；会计风险由于不是现实的亏损，因此不能减免税收。涉外企业会将外汇风险所造成的税后损失降到最低，使税后收益最大化。但由于税收政策是由企业所在国确定的，因此，跨国经营企业应从全局着眼制定其外汇风险管理战略。

第二节　外汇风险管理方法

实行浮动汇率制度后，由于汇率波动频繁，面对各种类型的汇率风险，涌现出许多创新的防范办法，大致可分为两大类：贸易类和金融类。

一、外汇风险管理概述

（一）外汇风险管理的概念

外汇风险管理就是对外汇风险的特征以及影响因素进行识别与测定，并设计和选择防止损失发生的处理方案以达到风险管理的最佳效果。

外汇风险是涉外经济中不可避免的一种风险，对一国政府、企业乃至个人都会产生很大影响。因此，对待外汇风险时应积极主动地进行风险管理。在日趋波动的经济和金融环境下，外汇风险管理能力已经成为涉外企业生存和发展的核心竞争力之一。

（二）外汇风险管理的原则

外汇风险管理的目标是充分利用各种有效的防范方法，力争减少汇率波动带来的经济损失，控制或消除业务活动中可能面临的不利影响。为了达到上述目标，在外汇风险管理中应该遵循以下基本原则。

1. 稳妥防范原则

稳妥防范是指规避或转嫁外汇风险的同时应尽可能地从风险防范中获利。

2. 全面重视原则

外汇风险有不同种类，有的企业在经营活动中可能只会面临一种风险，而有的企业可能会面临多种风险。所以，跨国经营企业需要对国际结算、国际筹资成本、跨国投资收益以及外汇买卖等项目下的外汇风险能够全面清晰识别，避免造成重大损失。

3. 风险最小化原则

风险最小化是把外汇风险损失降低到最低限度，但并不意味着风险为零，应尽可能缩短外汇敞口的期限，减少外汇敞口的额度。

二、外汇风险管理方法

管理外汇风险的方法有很多种，通常可以分为两大类：一类是利用贸易谈判、合同商洽和经营决策来规避外汇风险；另一类是借助金融工具来规避外汇风险。

（一）贸易类

运用贸易谈判、合同商洽和经营决策能够较好地规避外汇风险。

1. 提早或延期结汇

提早结汇包括提前付汇和提前收汇两种。提前付汇是预计在企业的应付外汇账款中的计价货币升值时使用的方法；而提前收汇是预计在企业的应收外汇账款中的计价货币贬值时使用的方法。该方法的主要目的是通过缩短外汇敞口的时间间隔来减缓交易风险。

例如，英国的出口商与美国的进口商签订了以英镑为计价货币、90天之后付款的出口合同，如果订立合同之后英镑出现了大幅度升值，而且这种情况短时间内不会改变，这时美国的进口商可以通过提前付汇的方法减少损失。

延期结汇与提早结汇的做法相反。当企业的应收外汇账款中的计价货币出现升值或者企业的应付外汇账款中的计价货币出现贬值时，均可以延期结汇。延期结汇包括推迟付汇和推迟收汇两种。

上述方法可简单归纳为表5—4。

表5—4　　提早或延期结汇法

汇率预测 / 企业行为	外币贬值	外币升值
出口企业	提前收汇	推迟收汇
进口企业	推迟付汇	提前付汇

在实际交易中，如果一方申请提早结汇或者延期结汇，一般会给对方一定的补偿来弥补其损失，具体的补偿数额一般由双方协商而定。

2. 选择币种，优化货币组合

（1）本币计价法。在外汇交易中，双方有两种计价货币的选择方法：第一种是以第三国货币计价；第二种是以任意交易方的本国货币计价。一般而言，外汇交易中应尽量选择以本国货币计价。但是在实际操作中，并不是所有企业在进行对外贸易活动时都能够以本币计价结算，因为以本币计价结算意味着外汇风险转移至交易对手方。除非是紧俏商品出口，否则很难实现。在对外贸易中，能够用双方都接受的本币计价结算的一般是储备货币。

（2）合理选择货币币种。一般原则是出口以硬货币计价，进口以软货币计价。对于债权人来说，应该尽量争取让债务人用硬货币支付，这对于债权人来说没有风险。对于债务人来说，应该尽量争取用软货币向债权人支付，这样会将外汇风险转嫁给交易对手方。

（3）软硬货币搭配法。货币的“软”和“硬”是有时间性的，在实际交易中，由交易的一方独自承担汇率风险，一般是难以接受的。折中的做法是一半用硬货币，另一半用软货币，使买卖双方共同承担风险。

(4) 平衡结汇法。平衡结汇法是指创造一个与存在风险相同币种、相同金额、相同期限的资金反方向流动，以抵补外汇敞口。

例如，某公司在 90 天之后有一笔 100 万美元的应收外汇账款，该公司应设法签订一笔 90 天之后支付 100 万美元的进口合同，通过该笔期限、金额都相同的应付账款抵消应收账款，从而消除外汇风险。

一般情况下，使一个公司所有交易的收支完全平衡是无法做到的。在金额较大、存在一次性外汇风险的贸易中可采用平衡结汇法。

3. 保值条款

(1) 黄金保值条款。布雷顿森林体系崩溃后，各国货币与黄金脱钩，黄金平价失去作用。但在浮动汇率制度下，由于汇率波动的加大导致外汇风险上升，有些国家采用黄金保值条款。即在贸易合同中，规定黄金为保值货币，签订合同时，按当时计价结算货币的含金量，将货款折算为一定数量的黄金，到货款结算时，按结算时的含金量，将黄金折回成计价结算货币进行结算。

[例 5—1] A、B 两国签订借贷合同，金额为 10 000 万美元，借贷期限为一年，并在合同中加列黄金保值条款。(注：此处不考虑利息，只计算本金)

借款时：1 美元＝0.03 克黄金，10 000 万美元＝300 万克黄金

还款时若美元贬值：1 美元＝0.028 克黄金，则还款人应偿还的本金为：300 万克黄金÷0.028＝10 714.29 万美元。

在例 5—1 中，借贷交易无论是成交时还是偿还时，本金始终是与 300 万克黄金等值的美元，避免了合同中借款货币美元价值变化给借贷双方带来的不合理利益重新分配。但黄金保值条款是传统的保值条款，现已很少使用。

(2) 硬货币保值条款。在贸易合同中，规定某种软货币为结算货币，某种硬货币为保值货币，签订合同时，按当时软货币与硬货币的汇率，将货款折算成一定数量的硬货币，到货款结算时，再按结算时的汇率，将硬货币折回成软货币来结算。此方法一般规定汇率波动的幅度，在规定的波动幅度内，货款不做调整，超过波动幅度，货款则做调整。

例如，有一份进出口贸易合同，其支付货币是美元，合同金额为 10 万美元，双方约定以日元为保值货币，规定美元兑日元的汇率上下波动达到 5%则调整货款。在签约时，美元兑日元的汇率是 1∶100，合同金额折算为 1 000 万日元。到了支付日，美元兑日元的汇率变为 1∶80，则应付合同金额为 12.5 万美元，从而使美元贬值给收汇方带来的损失得以弥补。若支付日美元兑日元的汇率变为 1∶98，因美元兑日元的汇率上下波动未达到 5%，故合同金额不变。

(3)“一篮子”货币保值。指的是选择多种货币对合同货币进行保值。在浮动汇率制度下，各种货币的汇率时时刻刻都在变动之中，而且变化的方向和幅度并不一致，由于是多种货币的组合，不同货币的汇率有升有降，汇率的风险得以分散。在使用“一篮子”货币保值时，须确定组合由哪几种货币构成；确定计价结算货币与组合货币之间的汇率，并规定各种组合货币与支付货币之间的汇率变化的调整幅度。到期支付时，若汇率的变动超过了规定的幅度，则按合同规定的汇率进行支付，从而达到保值的目的。

[例 5—2] 一份金额为 500 万美元的贸易合同，约定以美元、日元、英镑作为保值货

币，其中美元、日元各占30%，英镑占40%。

已知签约时汇率为USD1=JPY120，GBP1=USD1.5，则500万美元折算成保值货币为：

500×30%×1=150（万美元）

500×30%×120=18 000（万日元）

500×40%÷1.5=133.33（万英镑）

由此可知，签约时，合同货币与“一篮子”货币的关系为：500万美元等值于150万美元、18 000万日元与133.33万英镑的总值。

若支付时，市场汇率变动为USD1=JPY130，GBP1=USD1.43，则将各保值货币再折算为合同货币：

150÷1=150（万美元）

18 000÷130=138.46（万美元）

133.33×1.43=190.66（万美元）

150+138.46+190.66=479.12（万美元）

货款支付日，由于美元升值，进口商只需向出口商支付479.12万美元即可。

（4）价格调整法。在国际贸易中，一般是坚持出口收硬货币，进口付软货币的原则，但是在实际交易中，可能会出现出口商收软货币，进口商付硬货币的情况，这时可以通过调整进出口商品价格的方法，将外汇风险分摊到价格中去，即价格调整法。价格调整法包括加价保值法和压价保值法。

加价保值法的计算公式为：

出口商品的新价=出口商品的原价×{1÷(1−计价货币预期贬值率)}

压价保值法的计算公式为：

进口商品的新价=进口商品的原价×{1÷(1+计价货币预期升值率)}

4. 贸易融资法

（1）出口押汇。出口押汇是指企业在向银行提交信用证项下单据议付时，银行（议付行）根据企业的申请，凭企业提交的全套单证相符的单据作为抵押进行审核，审核无误后，参照票面金额将款项垫付给企业，然后向开证行寄单索汇，并向企业收取押汇利息和银行费用，同时保留追索权的一种短期出口融资业务。出口押汇实质上是一种以运输中的货物为抵押，要求银行提供在途资金融通的票据贴现业务。出口押汇的原理就是出口商将单据押给银行后，将时间结构改变，因此也将外汇风险转嫁给外汇银行。（具体内容参见第七章）

（2）打包放款。打包放款是指出口方银行为支持出口商按期履行合同，出运交货，向收到合格信用证的出口商提供的用于采购、生产和装运信用证下货物的专项贷款。打包放款是信用证项下国际贸易短期融资的方式，又称为信用证打包放款，属于出口地银行以出口商为受益人的信用证做抵押，贷放短期周转资金的融资行为。(具体内容参见第七章)

（3）福费廷。福费廷又称包买票据或买单信贷，是指出口商将经过进口商承兑的，并由进口商的往来银行担保的，期限在一年以上的远期票据，无追索权地向进口商所在地的包买商（通常为银行或银行的附属机构）进行贴现，提前取得现款的融资方式。由于福费廷对出票人无追索权，出口商在办理此业务后，就把外汇风险和进口商拒付的风险转嫁给了银行或贴现公司。福费廷业务必须事先由进出口双方协商才可以使用。（具体内容参见第七章）

（4）国际保理。国际保理又称承购应收账款，是指在以商业信用出口货物时（如以D/A作为付款方式），出口商交货后把应收账款的发票和装运单据转让给保理商，即可取得应收取的大部分货款，日后一旦发生进口商不付款或逾期付款的情况，则由保理商承担第一付款责任。（具体内容参见第七章）

福费廷和国际保理都是通过提前收回货款，改变时间结构来规避风险。

（二）金融类

1. 即期合同法

即期合同法是指具有应收或者应付外汇账款的企业通过与外汇银行签订出卖或者购买外汇的即期合同来消除外汇风险的方法。即期交易通过资金反向流动降低风险。（具体操作参见第四章内容）

2. 远期合同法

远期合同法是指具有应收或应付外汇账款的企业通过与外汇银行签订出卖或者购买外汇的远期合同来消除外汇风险的方法。远期合同法的基本原理是利用远期合同将外汇风险的成本固定在一定范围内，同时将不确定的汇率变动因素转化为可计算因素。（具体操作参见第四章内容）

3. 期货合同法

期货合同法是指具有应收或应付外汇账款的企业，在外汇期货市场，根据标准化原则与清算公司或经纪人签订货币期货合同，以消除或减少外汇风险的方法。具体方法包括多头套期保值和空头套期保值。（具体操作参见第四章内容）

4. 期权合同法

期权合同法是指具有应收或应付外汇账款的企业，通过外汇期权市场进行外汇期权交易，以降低外汇风险的方法。期权合同法的原理是利用期权交易合约的买方具有选择权的特点，通过选择是否执行期权合约规避汇率波动对企业的影响。具体做法是买进看跌期权和买进看涨期权。（具体操作参见第四章内容）

5. 掉期合同法

掉期合同法是指在买进或卖出一种期限的某种货币的同时，卖出或买进另一种期限的同种货币的外汇交易。掉期合同法因为实现了资金的反向流动，所以可以减少外汇风险。（具体操作参见第四章内容）

6. 择期合同法

择期合同法是指外汇买卖双方在签订远期合同时，事先确定交易的币种、数量、汇率和期限，但交割可在这一期限内选择进行的一种远期外汇交易方式。交割日的期限范围如果是从成交日至到期日的整个期间，就称完全择期交易；如果定于该期间中某两个具体日期之间或具体的月份，就称部分择期交易。择期合同法的基本原理是利用择期合同，将外汇风险的成本固定在一定范围内。（具体操作参见第四章内容）

7. 借款法

借款法是指拥有应收外汇账款的企业通过向银行借入一笔与远期收入金额相同、期限相同、币种相同的贷款，并通过融资来降低外汇风险的一种方法。借款法的原理就是通过改变外汇风险中的时间结构来降低外汇风险。但是因为要从银行借款，所以利用借款法防范外汇风险是有成本的，即借款利息。但如果利息的支出小于汇率波动带来的损失，仍可以起到规避风险的作用。

例如，我国某公司向美国出口价值 500 万美元的货物，半年后收回货款。该公司就可在签订贸易合同后首先从外汇银行借入 500 万美元贷款，然后将 500 万美元在现汇市场出售，收回本币资金，半年后收回 500 万美元货款，以此偿还外汇银行借款（不考虑利息）。

对该公司来讲，借助这一操作，将本来应该在未来进行的本、外币之间的兑换提前到现在进行，从而消除了未来汇率变化的影响。

8. 投资法

投资法就是指有应付外汇账款的企业通过将一笔资金投放于某金融市场，一定时期之后连同利息收回，从而使该笔资金增值，并降低外汇风险。投资法的原理也是通过改变时间结构来降低外汇风险的，但是与借款法不同的是，借款法是将未来的收入转移到现在，投资法是将未来的支付转移到现在。

例如，某公司从国外进口价值 100 万英镑的货物，半年后货到付款。该公司就可在签订贸易合同后先在现汇市场购进 100 万英镑，然后在国际货币市场将 100 万英镑做半年期投资。半年后收回英镑投资本息，然后用收回的 100 万英镑（不考虑利息）本金支付货款。

9. BSI 法和 LSI 法

在即期合同法、借款法和投资法的基础上，将这三种方法综合利用，可达到消除外汇风险的目的，这种方法就是 BSI 法和 LSI 法。

（1）BSI 法，即借款—即期合同—投资法（borrow-spot-invest）。对于企业的应收外汇账款和应付外汇账款，BSI 法的应用如下：

1）BSI 法在应收外汇账款中的应用：企业首先从银行借入与应收外汇账款相同数额、相同币种、相同期限的外币，将借入的外币通过即期交易兑换成本币，再将换得的本币进行投资，投资的期限与应收账款的期限一致，到期后将本金和利息全部收回，应收外汇账款用于偿还银行借款，投资的利息所得用于弥补银行借款的利息。

例如，法国某公司 60 天之后有一笔 100 万美元的应收外汇账款，为防止美元兑欧元的汇率出现波动，法国公司可以先向银行借入 100 万美元（不考虑利息因素），时间是 60 天，在借得这笔款项后按即期汇率 EVRI＝USD1.115 2 兑换成 89.67 万欧元，随之将 89.67 万欧元投资于金融市场，期限是 60 天。60 天后，法国公司的应收美元账款到期，以收回的美元账款偿付美元债务，最终消除了美元债务的汇率风险。

2）BSI 法在应付外汇账款中的应用：企业从银行借入与应付账款相同期限的本币，将借入的本币通过即期交易兑换成与应付账款币种相同、金额相等的外币，再将换得的外币进行投资，投资的期限与应付账款的期限一致，到期后将本金和利息全部收回，本金用于应付账款的支付，投资的利息所得用于弥补银行借款的利息。银行借款的本金则以应付账款对应的进口商品国内销售收入偿还。

(2) LSI法，即提早结汇—即期合同—投资法（lead-spot-invest）。对于企业的应收外汇账款和应付外汇账款，LSI方法的应用如下：

1）LSI法在应收外汇账款中的应用：有应收外汇账款的企业在征得债务方的同意后，请其提前支付货款，并给予对方一定的折扣，然后通过即期合同兑换成本币，与此同时，将换回的本币用于短期投资，其收益弥补折扣的损失。

2）LSI法在应付外汇账款中的应用：有应付外汇账款的企业先借入一笔与外币金额等同的本币贷款，通过即期合同将本币兑换成外币，以外币提前支付并获得对方的折扣。整个过程虽然是借款—即期合同—提早结汇，但是国际上习惯不把它称为BSL，而称为LSI。

综上所述，外汇风险管理对持有外汇收入的企业至关重要，涉外企业应针对外汇收付的具体情况，优选外汇风险防范方法以缓解汇率波动对企业的影响。

本章小结

1. 外汇风险又称汇率风险，是指在一定时期内，经济实体或个人以外币计价的资产或负债由于汇率变动而引起的价值变动。外汇风险可能导致两个结果：获得利益或遭受损失。

2. 外汇风险有三个构成因素：本币、外币和时间。

3. 外汇风险可以分为交易风险、会计风险和经济风险三种类型。

4. 交易风险是指在以外币计价的交易中，由于外汇汇率的波动而引起应收资产或应付债务价值的变化使交易者蒙受损失的可能性。交易风险可分为外汇买卖风险、外汇借贷风险和交易结算风险。

影响交易风险的因素有三个：(1) 企业拥有的远期外汇的头寸；(2) 外汇汇率的波动幅度；(3) 企业拥有的外币业务状况。

5. 会计风险，又称折算风险或转换风险、记账风险，是指企业在进行会计处理和外币债权、债务结算时，将必须转换成本币的各种外币计价项目加以折算时所产生的风险。涉外经济主体对折算风险的管理，通常是实行资产负债表保值。

6. 经济风险又称经营风险，是指由于非预期的汇率变动，使企业在将来特定时期的收益发生变化的潜在可能性。

7. 外汇风险的管理方法大致可以分为两大类：一类是利用贸易谈判、合同商洽和经营决策来规避外汇风险；另一类是利用金融工具来规避外汇风险。

思考题

1. 名词解释

外汇风险；交易风险；会计风险；经济风险；外汇风险管理；BSI法；LSI法。

2. 简答题

(1) 简述外汇风险的类型。

(2) 简述外汇风险的管理原则。

(3) 简述影响交易风险的因素。

(4) 简述外汇风险的构成要素。

(5) 简述外汇风险的贸易管理方法。

(6) 简述外汇风险的金融管理方法。

第六章　国际金融市场

学习目标

通过本章的学习，掌握国际金融市场的概念、国际货币市场的构成与特点、国际资本市场的特点及主要种类以及欧洲货币市场的概念、特点、形成和主要业务，了解目前主要的国际金融中心。

学习方法

（1）预习法。通过预习了解本章的内容，了解国际金融市场的主要分类以及演进过程，掌握国际资本市场的特点及主要种类，掌握欧洲货币市场的概念、特点、形成以及主要业务。

（2）联系学习法，精读细思。理解国际金融市场的演进以及国际货币市场和国际资本市场之间的联系与区别，理解欧洲货币市场的形成与发展以及该市场为什么越来越重要。

（3）完成本章后面的思考题。

完成本章的学习后，可以进一步巩固前几章所学的相关知识，同时有助于后面章节中相关知识的理解。

案例导读

企业主王先生发现，2008 年以来，由于美元和人民币存在明显的利差，并且人民币汇率基本保持稳中有升，同行业的一些企业开始到国际金融市场上发行欧洲债券筹集发展所需的资金。从过去的几年来看，这种做法是非常划算的：一是美元借款利率低于 3%，人民币银行贷款基准利率在 6%以上；二是由于人民币升值，使偿还同样本金的美元比借款时所需的人民币要少。但 2015 年人民币兑美元汇率出现回调，这些企业突然面临着明显的汇率风险，还款压力陡增。

思考：

1. 什么是国际金融市场？它和国内金融市场有何区别？
2. 何为国际债券？它的发行与偿还方式与国内债券有何不同？
3. 什么是欧洲货币市场？它的运作机制是怎样的？

第一节　国际金融市场概述

国际金融市场是国际性金融交易活动的场所，包括以各种方式进行的国际性资金融通（和投资）所形成的市场、外汇市场和黄金市场等。20 世纪 50 年代兴起的欧洲货币市场为国际贸易、国际投资和各国国际收支的调节提供了一个高效运转的市场，但它也加大了各国金融监管的难度。20 世纪 80 年代蓬勃发展的国际金融创新尤其是金融衍生产品的创新，在为金融机构和市场提供收益和改善效率的同时，也成为影响整个金融市场稳定性的风险因素。

可将国际金融市场视作国内金融市场的延伸。第二次世界大战后，随着国际贸易、国际资本流动规模的大幅度增加，国际金融市场的作用日益突出。商品与劳务的跨境转移、资本的输出输入、外汇买卖等都离不开国际金融市场。另外，20 世纪 80 年代以来国际金融市场的创新层出不穷，为世界各国经济发展提供了大量的资金，成为推动经济发展的重要力量。

一、国际金融市场的概念

国际金融市场（international financial market）是国际资金借贷、货币买卖及证券交易等金融活动的场所，是世界各国在国际上调剂资金余缺的重要渠道，它为国际投资和国际贸易提供了高效、便利的服务。

国际金融市场有广义和狭义之分。广义的国际金融市场是国际性金融交易活动的场所，包括以各种方式进行的国际性资金融通（和投资）所形成的市场、外汇市场和黄金市场等。狭义的国际金融市场仅指国际性资金融通（和投资）所形成的市场，不包括外汇市场和黄金市场。通常我们所说的国际金融市场指的就是广义的国际金融市场，当代的国际金融市场基本上是一个无形市场。

讲到国际金融市场时还要注意区分另一个重要概念：国际金融中心。国际金融中心（international finance centre）是指聚集了大量金融机构和相关服务产业，全面集中地开展国际资本借贷、债券发行、外汇交易、保险等金融服务的城市或地区。比较有名的国际金融中心包括伦敦、纽约、东京等。国际金融中心存在于一些著名的城市或地区，是一个有形的概念，而国际金融市场既包括有形的市场也包括无形的市场，因此可以说国际金融市场的范围比国际金融中心要宽。不过，作为国际金融市场的重要枢纽，国际金融中心为世界经济的发展做出了巨大贡献。

二、国际金融市场形成与发展的条件

国际金融市场的形成与发展必须具备一定的条件，这些条件主要包括以下几方面。

（一）相对和平的国际政治环境

这是形成国际金融市场最基本的条件，只有政局稳定才可以保证国际金融市场各参与方的合法利益。

（二）国际经济的稳定发展

国际经济的稳定发展，特别是国际贸易和国际投资的增长，可以为国际金融市场创造巨大的需求，提高对投资者的吸引力。

（三）比较自由的国际资本流动环境

自由的市场环境能充分保证国际资金的自由流出流入，容易形成国际资本的集散地，进而形成国际金融市场。

（四）便捷的通信设施

现代国际金融市场主要是一个无形市场，交易主要通过通信网络来完成。便捷的通信设施有利于提高交易的速度与准确性，同时降低交易费用。

（五）金融交易技术的创新

金融交易技术创新主要表现在现代化信息通信技术与计算机网络的应用与发展，由此形成全球金融网络，使客户能够方便地享受低成本服务，取得各种金融信息，更好地参与全球金融活动。

总之，国际金融市场的形成需要具备以下条件：政局稳定、强大的经济基础、健康发达的金融体系（包括具有一定数量的国内外金融机构）、相对宽松的金融和外汇管制环境、素质较高的从业人员等。

三、国际金融市场的主要发展阶段

伴随着资本主义工业革命，商品生产急剧扩大，海外贸易快速发展，尤其是当时处于世界经济霸主地位的英国，其首都伦敦是世界经济中心和国际贸易中心。同时，在伦敦产生了票据交换所并集聚了大量开展国际结算业务的金融机构，成为当时最大的国际金融中心。所以在20世纪初期以前，国际金融市场是所谓的伦敦中心时代，不过它还不是真正意义上的现代国际金融市场，真正的国际金融市场是第二次世界大战后才发展起来的。

（一）国际金融中心出现了多元化发展的格局

1. 第二次世界大战之后至20世纪60年代："三足鼎立"时代

作为两次世界大战主战场，英国经济遭受重创，与此同时，美国的经济实力迅速增强，并早在第二次世界大战结束前就超越英国成为世界经济的新霸主，并主导了国际货币体系，美元成为世界最主要的储备货币和结算货币。与此相对应的是，伦敦国际金融中心的地位不断下降，而纽约成为世界最大的国际金融中心。此外，由于"永久中立国"地位，瑞士避免了战火的洗礼，瑞士法郎成为当时西欧唯一保持自由兑换的货币，苏黎世金融中心在此期间也获得了巨大的发展，从而形成纽约、伦敦、苏黎世三大国际金融中心"三足鼎立"的局面。

2. 20世纪60年代至80年代：多元化时代

20世纪60年代以后，西欧各国尤其是德国经济得到了迅速的恢复，而美国由于庞大的军费开支等因素，国际收支连年逆差，美元国际地位不断下降。与此同时，一些新兴经济体迅速崛起，也渴望有一个能为它们提供经济发展所需资金的国际金融市场。此外，石油输出国积累了巨额的"石油美元"，促进了巴林国际金融中心的形成和发展。因此在20世纪60年代至80年代，国际金融中心走向了多元化的时代，当时主要的国际金融中心包括纽约、伦敦、苏黎世、法兰克福、巴黎、新加坡、东京、香港、巴林等。

（二）国际金融市场由"在岸交易"为主转变为"离岸交易"为主

20世纪50年代以后，美国国际收支连年逆差，大量美元流向境外，在伦敦等国际金融中心积聚了大量的美元，非英国、美国居民可以在伦敦市场上借贷美元，因而在该市场上，无论是参与者还是交易货币都突破了国家疆界的限制，形成了离岸金融市场。离岸金融市场成为国际金融市场的主体，它是真正意义上的国际金融市场，它的出现使得国际金融市场的发展进入一个全新的时代。

四、国际金融市场发展的新特点

20世纪80年代，伴随着国际浮动汇率体系的最终确立，国际金融市场的波动更加频繁，各种避险工具相继出现。与此同时，各国相继放松金融管制，推进金融自由化，金融创新的浪潮席卷全球，国际金融市场呈现出新的特点。

（一）市场一体化趋势日趋明显

20世纪80年代以来，伴随着金融全球化，国际金融市场一体化的趋势日趋明显。所谓国际金融市场一体化，是指20世纪50年代末60年代初开始的国内和国外金融市场之间的日益紧密的联系、协调，它们相互影响、相互促进，逐步走向一个统一的金融市场的状态和趋势。

（二）交易速度显著提高

最先进的计算机软硬件技术、光纤通信技术总是最先被应用到金融领域，这些新技术的应用极大地提高了信息传输速度，金融交易速度得到显著提高，从投资者指令下达到达成交易不到1秒钟。

（三）金融创新层出不穷

20世纪70年代以来，金融创新不断涌现，在80年代席卷全球，并在90年代得到了迅猛发展。目前，国际金融市场上已知的金融创新产品多达1 200多项。金融创新通常是指金融领域内部通过各种要素的重新组合和创造性变革引进新事物。金融创新是一个动态的概念，具有众多的表现形式，如果从国际金融市场的角度考察，金融创新主要包括金融市场创新、金融技术创新和金融产品创新。

（四）证券化趋势日趋明显

第二次世界大战后，国际银行贷款一直是国际金融市场上的主要融资渠道，但到了20世纪80年代，格局发生了重大变化，各国纷纷通过发行国际债券的方式来筹集资金，并且该方式在1985年首次超过了国际信贷，成为国际融资的主渠道。此外，为提高流动性，越来越多的银行也直接进入证券市场，将自己的长期抵押贷款证券化，转卖给公司或个人，国际金融市场上证券化趋势日益明显。

（五）在岸交易的比例有所回升

尽管离岸交易市场是真正国际化的金融市场，其巨大的优势使得传统的在岸交易一度低迷、萎缩，但近年来在岸交易的比例有所回升。其原因主要是离岸交易的风险日益凸显，特别是遭遇了2008年金融危机的洗礼后，银行纷纷“上岸”，在岸交易的比例逐步回升。

五、国际金融市场的构成

国际金融市场的构成可以从不同的角度来进行划分：按照资金融通期限的长短，可以分为国际货币市场和国际资本市场；按照融资渠道，可以分为国际信贷市场和国际证券市场；按照交易对象所在区域和交易币种，可以分为在岸市场和离岸市场。

对国际金融市场的分类，有传统的分类法和当前流行的分类法。当前流行的分类法主要指的是国际货币基金组织（IMF）、国际经合组织（OECD）的分类法。

（一）传统的分类

按照传统的分类，国际金融市场可以分为国际货币市场、国际资本市场、国际外汇市场、国际黄金市场。这种分类方法主要是针对国际金融市场的功能来进行的。

1. 国际货币市场

国际货币市场又称短期资金市场，是指期限在1年或1年以内的短期金融工具交易场所。根据借贷方式不同，分为短期银行信贷市场、短期证券市场和贴现市场。按照业务的不同，国际货币市场可以细分为短期信贷市场、短期证券市场和贴现市场。国际货币市场上的资金流动最为频繁，交易量巨大。

（1）交易对象。在国际货币市场上，交易的对象主要包括商业汇票、银行承兑汇票、国库券、大额可转让定期存单（CDs）等，这些金融工具流动性强、变现性好、安全性高。

（2）交易目的。国际货币市场上的参与者包括银行、企业、政府、投机者。银行参与国际货币市场的目的主要是调剂资金余缺，优化自身资金结构；企业尤其是跨国公司参与国际货币市场的目的主要是满足流动性或周转性需要；政府参与国际货币市场的目的主要是将其作为一个更宽层面上的宏观金融管理渠道，贯彻其货币政策；投机者将国际货币市场作为套汇、套利的场所，赚取投机利润，但投机者手上的热钱到处出击，有可能会影响其他国家经济货币政策的效果。

2. 国际资本市场

国际资本市场又称中长期资金市场，是指期限在1年以上的中长期资金交易场所。该市场可以分为银行中长期信贷市场和国际证券市场。

中期一般指的是1～5年，长期指的是5年以上，最长可达30年。国际资本市场上的参与者包括商业银行等各类金融机构、各国中央银行、各类公司企业、私人投资者等。国际资本市场是各国政府、企业筹措发展建设资金的重要场所，其利率水平取决于融资期限的长短、资金的供需情况、筹资者的信用度等，通常是在伦敦同业拆放利率（LIBOR）的基础上加一定的点数。

3. 国际外汇市场

国际外汇市场是指由外汇需求者和外汇供应者以及中介所构成的在国际上进行外汇交易的场所或网络，通过该市场可以进行外汇买卖、调剂外汇资金余缺。国际外汇市场的参与者包括外汇银行、中央银行、外汇经纪人、贴现公司、贸易商、投资者。著名的国际外汇市场有伦敦外汇市场、纽约外汇市场、东京外汇市场、法兰克福外汇市场。

4. 国际黄金市场

国际黄金市场是国际上集中进行黄金买卖和金币兑换的交易场所。目前，世界上有40多个可以自由买卖黄金的国际市场，其中最著名的国际黄金市场有五个：伦敦、苏黎世、纽约、芝加哥、香港。此外，巴黎、法兰克福、曼谷、新加坡的黄金交易规模也很大。国际黄金市场的参与者包括黄金开采企业、黄金商及经纪人、中央银行、某些国际金融机构（如IMF），它们参与国际黄金市场的目的主要是保值避险、管理国际储备以及投机。

（二）当前流行的分类

按照国际货币基金组织和国际经合组织的分类方法，国际金融市场可以分为国际信贷市场、国际债务证券（debt security）市场、国际股票市场、国际金融衍生产品市场、国际外汇市场以及国际黄金市场。这是目前比较流行的分类方法。

1. 国际信贷市场

国际信贷市场是指在国际金融市场上以银行为媒介融通资金的市场，它是最传统的国际金融市场。根据银行发放贷款期限的长短，国际信贷市场又可分为短期信贷市场和中长期信贷市场。

2. 国际债务证券市场

债务证券是指由公司或政府发行的，约定在到期日偿还本金和利息的一种借据，债务证券主要是指债券和票据。国际债务证券市场可以分为发行市场和流通市场。发行市场组织国际债券的发行和认购，流通市场安排国际债券的上市和买卖。

3. 国际股票市场

国际债务证券市场与国际股票市场一起构成了国际证券市场。国际股票是指一国公司在国外发行的，以东道国货币或第三国货币为面值的股权债务凭证，国际股票的投资者主要是东道国居民。国际股票市场是指国际股票发行和买卖的市场。

4. 国际金融衍生产品市场

随着各种金融衍生产品的出现和发展，形成了专门的金融衍生产品市场。国际金融衍生产品市场是指以各种金融合约为交易对象的交易场所。在该市场上，交易的对象是合约，金融衍生产品的价格受相关联的原形金融资产现货市场价格的影响，金融衍生产品市场的运作采用高财务杠杆方式。金融衍生产品市场上的交易主要有利率期货交易、利率期权交易、股票价格指数期货交易、股票价格指数期权交易、互换交易、远期利率协议等。

5. 国际外汇市场

国际外汇市场是当前国际金融市场中最大的市场，日均交易规模超过 3 万亿美元，由于经济全球化和信息通信技术的发展，已经形成了一个 24 小时不间断交易的全球市场。

6. 国际黄金市场

国际黄金市场是黄金交易和兑换的场所。历史上，黄金曾经作为一般等价物，是各国重要的储备资产。1973 年随着布雷顿森林体系的崩溃，各国货币与黄金脱钩，黄金的国际储备地位大幅度下降，但是黄金交易规模大幅度增加，市场投机氛围浓厚，黄金成为重要的投资对象。与此同时，国际黄金市场日益活跃，形成了多个国际黄金市场。

专栏 6—1：国际黄金市场

一、国际黄金市场的供给与需求

国际黄金市场上黄金的来源和供给方主要有三个：

(1) 新开采的黄金。这是国际黄金市场最主要的供应来源。目前，世界上主要的产金国家有中国、澳大利亚、南非、俄罗斯、美国、巴西。南非曾经在长达一个世纪里都是世界上最大的黄金产出国，但是在 2009 年被中国和澳大利亚超越，位居第三。2009 年因全球黄金价格大涨，全球黄金产量提高了 6%①。

(2) 各国政府及 IMF 等国际金融机构抛售的黄金。各国政府为了应对国际收支逆差以及调整国际储备的结构，有时会在国际黄金市场上抛售黄金。IMF 等国际金融机构为了实现其宗旨、目标等，也会在市场上出售黄金。

(3) 个人。参与黄金炒作的个人如预计黄金价格下跌将抛售黄金。

国际黄金市场上的需求主要来自四个方面：

(1) 工业用途。这是国际黄金市场最主要的需求来源，占到黄金总需求量的 2/3 以上，主要用于电子产品、钟表等的生产。

(2) 官方储备。各国中央银行、IMF 以及国际清算银行等都拥有大量的黄金并将其作为储备资产。在金价处于相对低位时，这些机构会买入黄金，以调整储备结构。

(3) 黄金饰品消费。

(4) 私人收藏或投资。个人出于保值或投资的目的，也会购入黄金。

---

① 数据来源：中华人民共和国商务部。

二、国际黄金价格的历史演变

在国际金本位制度和布雷顿森林体系下，黄金充当一般等价物或准一般等价物，各国政府都努力维持黄金价格稳定。有资料表明，1833—1932 年，国际黄金价格大致在 20.62～20.69 美元/盎司波动，1934—1968 年，国际黄金价格大致为 35 美元/盎司。

1968 年以后，伴随着美元危机频发，布雷顿森林体系崩溃，再加上西方各国通货膨胀严重，黄金价格在短期内急剧上涨。1973 年 2 月，伦敦黄金市场金价为每盎司 42 美元，到 3 月爆发美元危机，金价迅速暴涨到每盎司 96 美元。1978 年 10 月，达到每盎司 243.65 美元。随后，在 1979 年，第二次石油危机爆发，国际通货膨胀加剧，国际政治局势也日趋紧张，金价一路上涨。到 1980 年 1 月 21 日，达到每盎司 850 美元的历史高峰。国际金价在短短的 12 年内，上涨了 24 倍。这一阶段影响黄金价格的主要因素是货币体系变迁、通货膨胀、国际政治局势。

1980 年 3 月，国际黄金价格在达到历史高峰后的两个月迅速暴跌，由每盎司 850 美元跌到每盎司 474 美元，此后一直呈下行趋势（1987 年曾短暂回涨到每盎司 500 美元），1999 年，国际黄金价格下跌到接近 250 美元/盎司的谷底。这一时期，世界经济进入了增长的通道，而同期通货膨胀水平也比较低，因而黄金的保值和避险作用下降，黄金价格也随之下跌。并且，在牙买加体系下，伴随黄金非货币化，一些国家的中央银行（如 1999 年英国、瑞士、澳大利亚、加拿大、阿根廷、比利时等国的中央银行纷纷巨额抛售黄金）甚至国际货币基金组织在亚洲金融危机后都开始减少黄金储备，从而推动了黄金价格走低。这一阶段，影响国际黄金价格的主要因素是市场供求状况。

进入新世纪，美国新经济泡沫破裂，全球经济步入衰退，特别是随后爆发了“9·11”事件，美国开始实施全球反恐战略，这些因素都推动了国际金价稳步上升。2001 年国际金价为 270 美元/盎司；2003 年上升到 388 美元/盎司；2004 年国际黄金价格上涨至 456.75 美元/盎司；2005 年下半年，黄金价格连续突破 500 美元/盎司、600 美元/盎司和 700 美元/盎司；在 2006 作了短暂的缓慢上升后；2007 年国际黄金价格再次发动上攻的号角，年底伦敦收盘价达到 836.5 美元/盎司，离 850 美元的历史高点仅一步之遥；2008 年 1 月 3 日，伦敦市场金价达到 859.30 美元/盎司，突破了 1980 年的历史高位。2008 年由美国次贷危机引起的全球金融海啸，导致石油、铜等全球大宗商品价格下跌了 40%以上，但是黄金价格依然保持了年 6%的增长速度，突破了 900 美元/盎司大关。2009 年伴随全球经济开始复苏，以及全球性的流动性泛滥，国际黄金价格又一路狂奔，连续闯过每盎司 1 000 美元、1 100 美元、1 200 美元大关。进入 2010 年，国际金价因受迪拜危机的影响，曾进行过小幅回调，但到了 2010 年下半年，黄金价格再次狂奔，连续突破 1 300 美元、1 400美元大关。进入 2011 年，黄金价格继续猛涨，并于 9 月 6 日达到了历史高点 1 900 美元/盎司。但此后黄金价格掉头直下，并于 2015 年 8 月跌破 1 100 美元/盎司。这一时期影响国际黄金价格的主要因素是投机、美元贬值、世界性通货膨胀、次贷危机后全球经济增长的不确定性。

三、1971 年以后影响黄金价格的主要因素

1971 年后，随着黄金非货币化，黄金的价格发生了剧烈的波动。作为一种特殊的商品和投资品，黄金的价格波动受多方面因素的影响，包括黄金市场供求关系、利率、汇

率、通货膨胀、石油价格、国际重大政治事件、投机。

四、国际黄金市场的交易方式

国际黄金市场的交易方式有现货交易和期货交易。现货交易可以在有形市场进行，也可以在无形市场进行。期货交易主要是在有形的黄金期货交易所内进行。黄金交易的有形市场又称为美国式黄金市场，其代表是纽约、芝加哥、香港，在该市场上，参与方面对面在交易所内集中交易；黄金交易的无形市场又称为欧洲式黄金市场，其代表是伦敦、苏黎世，在该市场上无固定交易地点，参与方主要通过现代通信系统联系成交。无论是有形市场还是无形市场，国际黄金市场的交易一般都要通过黄金经纪人来完成。

第二节　国际货币市场

一、国际货币市场的含义

国际货币市场（international money market）又称短期资金市场，是指期限在 1 年或 1 年以内的短期金融工具交易的场所，交易一方为市场所在地的非居民，另一方为居民。国际货币市场为市场的参与者调剂资金余缺，市场上的短期信用工具可以为资金盈余者提供短期投资，为资金需求者提供短期融资。

国际货币市场的参与者主要是商业银行、中央银行、保险公司、金融公司、证券经纪人、证券交易商、工商企业和个人等。国际货币市场的利率为短期利率，以伦敦同业拆放利率或优惠利率为基准，包括银行同业拆放利率、短期信贷利率、短期证券利率和贴现利率等。国际货币市场的信用工具主要有国库券、大额可转让存单、商业票据、银行承兑汇票等。

二、国际货币市场的构成

传统的国际货币市场是一个以美国纽约和英国伦敦货币市场为中心，以发达国家和一些新兴市场国家货币市场为外围的市场体系。从借贷关系方式来看，国际货币市场包括短期信贷市场、短期证券市场和贴现市场。

(一) 短期信贷市场

短期信贷市场是国际银行间同业拆放，以及银行为工商企业提供短期信贷资金的场所，目的主要是融通国际短期资金的余缺。

1. 基本类型

短期信贷市场的基本类型包括银行同业拆借市场、银行对工商客户的信贷市场（如贸易信贷和其他短期贷款）。其中，银行同业拆借市场是短期信贷市场的主体。

2. 贷款条件

(1) 无抵押。由于国际银行同业拆借业务主要是在银行间进行的，银行信用一般比较高，因而不需要抵押或担保，属于信用贷款，并且每笔贷款的金额比较大，如伦敦同业拆借市场每笔交易额不低于 25 万英镑。

（2）贴现法计息。国际银行同业拆借采用贴现法计息，即发放贷款时预先扣除利息，计算利息时一年按 360 天计算。

（3）期限为 1～360 天，多为 3 个月以下。国际银行同业拆借的期限长短不一，最短为隔夜拆借，最长为 1 年，可以是 1 周、1 个月、2 个月、3 个月、6 个月，但通常是 3 个月以下的短期拆借。

（4）基准利率为 LIBOR（离岸）、联邦基金利率（在岸）、商业银行优惠利率（在岸）等。

目前，在同业拆借市场上乃至整个国际金融市场上，最重要和最常用的市场利率基准是伦敦银行同业拆放利率，它是英国银行家协会根据其选定的银行在伦敦市场报出的银行同业拆借利率，进行取样并平均计算出来的。伦敦银行同业拆放利率是由伦敦金融市场上一些报价银行在每个工作日 11 时向外报出的。通常，报出的利率为隔夜（两个工作日）、7 天、1 个月、3 个月、6 个月和 1 年期的。目前，在伦敦金融市场上，有资格对外报价的银行仅限于那些本身具有一定的资金吞吐能力，又能代客户吸存及贷放资金的英国大型清算银行、大型商业银行、海外银行及一些外国银行。这些银行被称作参考银行。由于竞争比较充分，各银行报出的价格基本没有什么差异。伦敦银行同业拆放利率在国际信贷业务中被广泛使用，成为国际金融市场上的关键利率。目前，许多国家和地区的金融市场及海外金融中心均以此利率为基础确定自己的利率。

此外，在进行在岸交易时，经常使用的同业拆借利率包括联邦基金利率（federal funds rate）和商业银行优惠利率。联邦基金利率是美国同业拆借市场的利率，它是一家存托机构利用手上的资金向另一家存托机构借出隔夜贷款的利率。商业银行优惠利率是商业银行贷放资金时能提供的最优惠利率，一般用于银行同业拆借交易。

（二）短期证券市场

短期债务证券是指由公司或政府发行的，约定在到期日偿还本金和利息的一种借据，债务证券主要是指债券和票据。在短期证券市场上交易的短期证券是指 1 年以下的可转让流通的信用工具，主要有以下几种。

1. 国库券

国库券（treasury bill）是指各国政府为弥补国库收支不平衡而发行的一种短期债券，一般用于满足季节性需要，期限主要有 3 个月、6 个月两种，最长不超过 1 年，通常以折价方式招标发行，到期偿还本金。国库券具有流动性好、安全性高等优点，深受各国政府和银行的欢迎，是美联储调节货币政策的重要工具。

2. 商业票据

商业票据（commercial bill）是指信用良好的公司、企业为筹措短期资金而签发的票据，可以是商业汇票，也可以是商业本票，一般以商业本票为主。商业票据期限一般不超过 270 天（以 30～90 天为主），多通过银行发行，票面金额不限，采用折价方式发行。

3. 银行承兑票据

银行承兑票据（banker's acceptance bill）是指经过银行承兑的票据，主要是商业汇票。商业汇票的出票人是公司、企业，一经银行承兑，就由商业信用转化为银行信用，因而更容易在二级市场上流通。银行承兑票据的期限一般是30～180天。

4. 大额可转让定期存单

大额可转让定期存单是花旗银行在20世纪50年代开发的一种金融产品，它是商业银行为吸引大额资金而发行的一种期限在1年以内的定期存单，这种存单可以在二级市场上流通，从而比较好地照顾了持有人对流动性和收益性的要求。

（三）贴现市场

贴现是指持票人将经过承兑的且没有到期的远期汇票扣除贴现利息卖给银行，从而提前获取现款的一种融资方式。贴现市场的主要经营者是贴现公司，贴现的票据主要有国库券、短期债券、银行承兑票据，目前最大的贴现市场是伦敦的贴现市场。再贴现是指商业银行将持有的未到期的票据卖给中央银行的一种短期资金融通方式。它是央行三大货币政策工具之一，央行可以通过调整再贴现政策来调节货币供应量。

第三节 国际资本市场

一、国际资本市场的定义和功能

国际资本市场（international capital market）又称中长期资金市场，是指期限在1年以上的中长期资金交易的场所。中期一般指的是1～5年，长期指的是5年以上，最长可达30年。其主要功能是为国际上中长期资金的流动提供渠道，将世界各国（地区）的限制资金转化为国际性投资。

国际资本市场上的参与者包括商业银行等各类金融机构、各国中央银行、各类公司和企业、私人投资者等。国际资本市场是各国政府、企业筹措发展建设资金的重要场所，其利率水平取决于融资期限的长短、资金的供需情况、筹资者的信用度等，通常是在伦敦同业拆放利率的基础上加一定的点数。

二、国际资本市场的构成

从业务构成来看，国际资本市场包括银行中长期信贷市场（bank medium and long-term credit market）和国际证券市场。

（一）银行中长期信贷市场

银行中长期信贷市场是指国际性的大型商业银行向各国政府和企业贷放中长期资金所形成的市场。

1. 基本类型

银行中长期信贷市场有两种基本类型，即独家银行贷款和银团贷款。独家银行贷款也称作双边贷款，是由一家银行单独向一位客户提供的贷款；银团贷款也称作辛迪加贷款

(syndicate credit)，是对金额比较大的项目，由一家或数家银行牵头，多家银行参与组成银行集团，由两位或两位以上贷款人按相同的贷款条件、以不同的分工，共同向一位客户提供贷款，以避免风险集中于某一家银行。银团贷款一般金额巨大，贷款时间也比较长，所以通常需要政府担保，以降低贷款银行的风险。银团贷款是国际银行业中一种重要的信贷模式，贷款对象通常是各国政府机构和跨国公司，贷款货币是欧洲货币。

2. 贷款条件

(1) 期限：通常为1～10年，少数超过10年。银行中长期贷款的期限通常是1～10年，中期一般为3～5年，长期一般为5～10年，少数也可超过10年。

(2) 利率：基准利率+附加利率。银行中长期贷款一般是以LIBOR为基础，再加上一个附加利率构成。附加利率的高低取决于市场资金供需状况、经济形势、借款人信用级别。

(3) 固定利率和浮动利率。由于贷款的期限比较长，发放中长期贷款的银行面临比较大的利率风险，因而大多数中长期贷款采用浮动利率，即LIBOR+附加利率。附加利率事先确定，而LIBOR可以根据伦敦同业拆借市场的状况每半年或每年调整一次，作为下次计息的依据。当然，也有少部分中长期贷款采用固定利率，如福费廷业务，贷款利率事先确定，不过由于福费廷业务在全球有二级市场，可以通过二级市场将利率风险转移。

(4) 银团贷款的手续费。银团贷款属于典型的商业贷款，一般来说，对贷款用途没有限制，资金使用比较自由，但是贷款的利率要高于政府贷款和国际金融机构贷款。此外，银团贷款的借款人还要支付一定的手续费，即贷款费用。这些费用包括承担费、管理费、代理费、杂费等。承担费(commitment fee)是指借款人在用款期间，对已用金额要支付利息，对于未提用部分，因为银行要准备出一定的资金以备借款人的提款，所以借款人应按未提贷款金额向贷款人支付承诺费，作为贷款人因承担贷款责任而受到的利息损失补偿。管理费(management fee)是借款人向组织银团的牵头行支付的费用。由于牵头行负责组织银团、起草文件、与借款人谈判等，所以要额外收取一笔贷款管理费，作为提供附加服务的补偿，该费用通常在签订贷款协议后的30天内支付。代理费(agent fee)是借款人向代理行支付的报酬，作为对代理行在整个贷款期间管理贷款、计算利息、调拨款项等工作的补偿。杂费是借款人向牵头行支付的费用，用于其在组织银团、安排签字仪式等工作时的支出，如通信费、印刷费、律师费等。

(二) 国际证券市场

国际证券市场是指允许非居民参加证券发行和转让的证券市场。根据交易对象不同，可以分为国际债券市场(international bond market)和国际股票市场。

1. 国际债券市场

国际债券(international bonds)是指一国借款人在国际证券市场上以外国货币为面值，向外国投资者发行的债券。发行人主要是各国政府、政府所属机构、银行或其他金融机构、工商企业及一些国际组织等；投资者主要是银行或其他金融机构、各种基金会、工商财团和自然人。

(1) 基本类型：外国债券和欧洲债券。

根据涉及的国家多少不同，国际债券分为外国债券和欧洲债券。

外国债券一般涉及两个国家，是指一国居民在国外发行的、以发行地所在国货币为单位的债券。最典型的外国债券有武士债券、扬基债券、猛犬债券。武士债券是指外国居民在日本市场上发行的以日元为面值的债券；扬基债券是指外国居民在美国市场上发行的以美元为面值的债券；猛犬债券是指外国居民在英国市场上发行的以英镑为面值的债券。

欧洲债券一般涉及三个或三个以上国家，是指一国居民在国外发行的、以第三国货币为面值的债券，如我国财政部在新加坡市场上发行的美元债券。它实质上是一种无国籍债券，具有流动性强、不记名、免缴税款、自由灵活等优点，深受发行人和投资者的欢迎，目前已经成为国际债券市场上的主体，发行量一直占到国际债券市场的 80%以上。

(2) 利率特点：固定利率和浮动利率。

国际债券的利率可以采用固定利率，也可以采用浮动利率。以国际债券的主体——欧洲债券为例，固定利率的欧洲债券在欧洲债券市场上占比最大，这种债券在发行时就事先确定利率，每年按固定利率支付一次利息，它的优点是可以预先确定投资者的收益。固定利率债券在利率比较稳定时经常采用。浮动利率债券是定期根据市场情况调整利率的债券，通常是每 3 个月或半年按照 LIBOR 或其他基准利率进行调整，发行时的利率定为 LIBOR+附加利率。浮动利率债券可以尽可能地消除投资者的利率风险，因而在利率波动幅度比较大的时期广受欢迎。

(3) 近年来出现了工具组合趋势，如股权相关债券等。

除了固定利率债券和浮动利率债券这两大传统品种外，近年来国际债券也有了一定的发展，主要表现在国际债券出现了工具组合的趋势，如可转换债券、附认股权证债券等，这些债券同时具有股权和债权的双重性质，投资者可以在满足条件的情况下，将债券转换成公司普通股或者行使认股权，按照比较优惠的约定价格购买公司普通股。

(4) 债券的发行和销售：公募与私募。

国际债券的发行方式分为两类，即公募与私募。

公募发行又称招标发行，是指通过招标方式确定债券承销商和发行条件的发行方式。根据标的物不同，招标发行可分为价格招标、收益率招标和缴款期招标；根据中标规则不同，可分为荷兰式招标（单一价格中标）和美式招标（多种价格中标）。

私募发行又称定向发行、私下发行，即面向少数特定投资者发行。一般由债券发行人与某些机构投资者，如人寿保险公司、养老基金、退休基金等直接洽谈发行条件和其他具体事务，属于直接发行。

专栏 6—2：熊猫债券

根据国际惯例，国外金融机构在一国发行债券时，一般以该国最具特征的吉祥物命名。2005 年 9 月 28 日，国际多边金融机构首次获准在华发行人民币债券，命名为熊猫债券（panda bond），它和武士债券、扬基债券一样，是一种外国债券。

2005 年 10 月，国际金融公司（IFC）和亚洲开发银行（ADB）分别获准在我国银行间债券市场分别发行人民币债券 11.3 亿元和 10 亿元，第一批熊猫债券于 2005 年 10 月 14

日正式在我国银行间债券市场发行。2006 年 11 月 15 日，IFC 再次发行 8.7 亿元人民币的熊猫债券。2009 年 12 月 4 日，ADB 在中国市场发行总值 10 亿元人民币的 10 年期熊猫债券。截至 2009 年年底，我国国内已经发行了四只熊猫债券，涉及金额为 40 亿元人民币。进入 2010 年，熊猫债券的发行主体不再局限于 IFC 和 ADB 这样的国际金融机构了，而且发行数量也进入了一个加速的通道。2010 年 5 月，日本三菱 UFJ 银行在中国发行 10 亿元人民币债券，这是外国私人金融机构第一次在中国发行熊猫债券；2010 年 7 月，香港合和公路基建公司在香港发行 13.8 亿元人民币债券；2010 年 8 月，麦当劳在香港面向机构和专业投资者发行了一期总额为 2 亿元人民币、年利率为 3%的 3 年期熊猫债券。

发行熊猫债券的意义在于：首先，有利于推动我国债券市场的对外开放。吸引国际发行机构发行人民币债券，不仅可以带来国际上债券发行的先进经验和管理技术，而且将进一步促进中国债券市场的快速发展与国际化进程。

其次，有助于支持我国民营企业的发展。国际开发机构发行熊猫债券所筹资金主要是贷放给国内民营企业，如 ADB 于 2009 年发行的 10 亿元人民币债券主要是支持国内发展清洁能源项目的民营企业。

再次，有利于降低国内贷款企业的汇率风险。过去，许多国际开发机构主要通过在国外发行外币债券，将筹集的资金通过财政部门或银行以外的债转贷款方式贷给国内企业。因而，企业因汇率波动会面临汇率风险。现在，国际开发机构直接在中国发行人民币债券，并贷款给国内企业，可以降低企业原来购汇还贷时所承担的汇率风险。

最后，发行熊猫债券是扩大人民币使用范围，推动人民币区域化、国际化的必经之路。

2. 国际股票市场

国际股票是指一国公司在国外发行的，以东道国货币或第三国货币为面值的股权债务凭证。国际股票的投资者主要是东道国居民。国际股票市场是国际股票发行和买卖的市场。近年来，国际股票市场出现了以下特征：

（1）欧美工业化国家的股票市场是国际股票市场的主体。

尽管各国都采取各项措施推进本国股票市场国际化，但从总体上来说，欧美工业化国家的股票市场依然是国际股票市场的主体。欧美工业化国家的股票市场极其发达，交易非常活跃，交易量巨大，吸引了各国公司、企业纷纷到此发行股票并参与交易。目前世界上主要的国际股票市场有：纽约证券交易所（NYSE）、纳斯达克证券市场（NASDAQ）、伦敦证券交易所、法兰克福证券交易所、东京证券交易所等。以纽约证券交易所为例，它是上市公司总市值第一，IPO 数量及市值第一，交易量第二（从 1996 年开始交易量第一的位置一直由 NASDAQ 把持）的交易所，有 2 800 余家公司在此上市，其中有大量的外国公司，全球市值超过 16 万亿美元。

（2）20 世纪 80 年代以来，各国公司股票的境外发行和上市数量日趋增加。

1）伦敦、纽约证券交易所中的境外上市公司的比率不断上升，已近 1/2。近年来，境外公司尤其是发展中国家的公司纷纷到纽约、伦敦等证券交易所上市，使得这些交易所的国际化程度越来越高，特别是最近 10 年，在英、美证券交易所上市的公司中，近一半来自境外。这其中国际化程度最高的 NASAQ，其上市公司数量有 5 000 多家，其中有 2 800

多家是外国公司。中国建设银行、中国人寿、中国南方航空公司等企业都先后登陆了纽约证券交易所。

2）公司股票境外发行和上市的益处。公司股票到境外发行和上市的益处主要有三点：第一是境外资金来源广泛，对于发行规模比较大的公司来说，股票容易发行；第二是可以增加发行者的国际声望，提高发行者的地位、信誉和知名度，从而有利于企业开拓国际市场以及在对外贸易中取得信贷和服务的优惠；第三是面向全球范围的投资者发行股票，股东比较分散，可以降低被股东控制的风险。

（3）2000年以来工业化国家证券交易所的合并与联合。

2000年以来，工业化国家证券交易所刮起了一股合并与联合的风潮。2005年4月末，纽约证券交易所收购全电子证券交易所（Archipelago）。2006年6月1日，纽约证券交易所宣布与泛欧证券交易所（Euronext N. V.）达成100亿美元的合作协议，合并组成"NYSE Euronext"，并于2007年4月实现在纽交所和欧交所同时上市，上市代码为"NYX"。2011年2月13日，德意志交易所（Deutsche Börse）与纽约—泛欧交易所（NYSE Euronext）正式公布了它们的合并计划。此次合并将缔造出全球最大的股票与衍生品交易所。表6—1反映了近年来证券交易所的合并与联合情况。

表6—1　　2000年以来证券交易所的合并与联合大事件①

时间	事件	涉及金额	合并后新名称
2000年9月	法国巴黎、荷兰阿姆斯特丹、比利时布鲁塞尔三国交易所整合		泛欧证券交易所(Euronext)
2002年1月	Euronext收购LIFFE（伦敦国际金融期货交易所）并合并葡萄牙交易所		
2005年4月	NYSE收购Archipelago		
2006年4月	NASDAQ收购LSE（伦敦股票交易所）28.75%的股份		
2006年6月	NYSE与Euronext合并	100亿美元	NYSE Euronext
2006年6月	瑞典斯德哥尔摩交易所收购挪威奥斯陆交易所10%的股权		
2006年7月	澳大利亚证券交易所与悉尼期货交易所合并	17亿美元	
2006年8月	日本中部商品期货交易所和大阪交易所合并		C-Com
2006年9月	洲际交易所收购纽约期货交易所	10亿美元	
2006年10月	斯德哥尔摩交易所收购冰岛交易所	3 500万美元	
2006年10月	芝加哥商品交易所与芝加哥期货交易所合并		
2007年1月	NYSE收购印度国家证券交易所5%的股权	1.15亿美元	
2007年1月	NYSE宣布与东京证券交易所合作		
2011年2月	NYSE宣布与Deutsche Börse合并		
2012年11月	东京证券交易所宣布与大阪证券交易所合并		日本交易所集团
2012年12月	香港联交所收购LME（伦敦金属交易所）	13.88亿英镑	

① 作者根据网络资料整理。

（4）国际股票市场的重要创新：DR（ADR、EDR、GDR）；QFII；QDII。

除了跨洲、跨市的合并与合作，国际股票市场也在不断进行创新，这其中包括 DR、QFII、QDII。这些创新措施使得国际股票市场国际化程度更高，越来越多的外国公司和外国投资者参与到欧美工业化国家证券市场进行股票发行和交易。

DR（depository receipts）是指存托凭证，又称存券收据或存股证，是指在一国证券市场流通的代表外国公司有价证券的可转让凭证，属于公司融资业务范畴的金融衍生工具。存托凭证分为三种：ADR、EDR、GDR。ADR（American depository receipt）即美国存托凭证，是面向美国投资者发行并在美国证券市场交易的存托凭证。EDR（European depository receipt）即欧洲存托凭证，是指在欧洲伦敦、卢森堡、德国发行的存托凭证。如果发行范围不止一个国家，就叫全球存托凭证 GDR（global depository receipt）。

此外，许多发展中国家在资本市场进行一定程度管制的同时，也纷纷开始走向国际化的道路，允许符合条件的外国居民参与到本国证券市场，这就是合格境外机构投资者（qualified foreign institutional investors，QFII），它是一国在货币没有实现完全可自由兑换、资本项目尚未开放的情况下，有限度地引进外资、开放资本市场的一项过渡性制度。这种制度要求外国投资者若要进入一国证券市场，必须符合一定的条件，得到该国有关部门的审批通过后汇入一定数额的外汇资金，并转换为当地货币，通过严格监管的专门账户投资于当地证券市场。与 QFII 相对应的另一个概念是 QDII（qualified domestic institutional investors），它是指在一国境内设立，经该国有关部门批准从事境外证券市场的股票、债券等有价证券业务的证券投资基金。2007 年 6 月 18 日，中国证监会颁布的《合格境内机构投资者境外证券投资管理试行办法》规定，符合条件的境内基金管理公司和证券公司，经中国证监会批准，可在境内募集资金进行境外证券投资管理。QDII 是在我国人民币没有实现可自由兑换、资本项目尚未开放的情况下，有限度地允许境内投资者投资境外证券市场的一项过渡性的制度安排。

第四节　欧洲货币市场

第二次世界大战后，欧洲货币市场的兴起及发展是国际金融领域内的一个重要事件，对国际金融格局和国际经济关系产生了深远的影响。

一、欧洲货币市场的含义和类型

（一）欧洲货币市场的含义

欧洲货币市场（European currency market）是指在货币发行国境外进行的该国货币存储和贷放市场。它是境外金融市场的另一种表述，是国际金融市场的主体。欧洲货币市场的“欧洲”不是一个地理概念，而是一个业务概念，即“境外”“离岸”的含义。欧洲货币市场产生于欧洲，但目前不仅包括欧洲各主要金融中心，还包括亚洲、北美洲、中东、拉美主要金融中心，业务已扩展到全球。另外还需注意的是，欧洲货币市场并不仅仅是经营短期资金交易的货币市场，该市场还包括中长期资金交易。

（二）欧洲货币和欧洲银行

欧洲货币市场上经营的货币称为欧洲货币（Euro-currency）、境外货币，是指在发行国境外流通的货币。与此相适应，经营欧洲货币的银行称为欧洲银行，通常是大型的跨国银行，它们除了可以经营欧洲货币市场业务外，还可以经营国内银行业务。

（三）欧洲货币市场的三种类型

欧洲货币市场从地域上看是由大大小小的离岸金融中心所构成，这些中心根据是否从事实质性的融资活动以及对本国居民限制与否，分为伦敦型、纽约型以及数量众多的避税港型。

1. 伦敦型

伦敦型又称为一体化中心。伦敦离岸金融市场是自然形成的市场，也是最早形成的离岸金融市场。它始于20世纪50年代，该市场对居民与非居民同时开放，境内资金与境外资金可以随时转换，内外融资业务混合在一起。在该市场上既可以经营银行业务，又可以经营证券业务。伦敦离岸金融市场实际上已经成为兼具境内和离岸业务的“内外一体式”金融市场。我国香港地区自从1972年废除外汇管制后，也逐渐演变成亚太地区一个主要的伦敦型离岸市场。

2. 纽约型

纽约型又称为分离性中心。纽约型离岸金融市场的特色是“内外分离”“人为推动”，限制外资银行和金融机构与本国居民开展交易，只允许非居民参与离岸市场业务，其目的是防止离岸金融交易冲击本国货币政策，并且纽约型离岸金融市场不开设证券业务。1968年开设的新加坡离岸金融市场以及1986年开放的东京离岸市场都属于这一类型。

3. 避税港型

避税港型又称为巴哈马型，它是只有记账而没有实质性业务的离岸金融中心。由于在某些国家或地区开展金融业务可以避税，同时监管又比较少，因而许多跨国银行纷纷在这些城市开设空壳型分支机构。目前，最主要的避税港型金融市场有巴哈马、开曼群岛、拿骚、巴林。

二、欧洲货币市场的起源与发展

欧洲货币市场发源于欧洲美元市场，随后市场规模和经营范围迅速扩大，成为当前国际金融市场的核心与主体。

（一）起源：欧洲美元市场的出现

1950年美国发动对朝战争，冻结了中国存放在美国银行的所有资产，于是苏联及东欧等社会主义阵营国家纷纷将其存放在美国的美元存款转移到境外，主要存放在英国的银行，而当时英国处于战后重建时期，正是“美元荒”的年代，因而英国政府也支持银行接受境外美元存款并对外贷放，这就是最初的欧洲美元。

1957年英国爆发了“英镑危机”，英格兰银行为了保卫英镑，实施外汇管制，禁止英国的银行对外发放英镑贷款，英国的银行为规避外汇管制，开始有意识并系统地吸收境外美元存款并对外贷放，这样，欧洲美元市场的雏形开始在伦敦出现。

1958 年以后，西欧国家放松外汇管制，实行货币自由兑换，使储存于各国市场的境外美元能够自由买卖，兑换后能自由调拨移存，欧洲美元市场出现。

（二）欧洲货币市场的发展及其主要原因

1. 欧洲货币市场的发展

在欧洲美元市场上发展起来的欧洲货币市场，近 40 年来有了巨大的发展，形成了众多的离岸金融中心。币种不仅限于欧洲美元，也扩展到其他欧洲乃至亚洲货币，几乎囊括了国际主要硬通货；地域上也由欧洲扩展到北美洲、亚洲、中东、拉丁美洲。

2. 欧洲货币市场发展的主要原因

（1）第二次世界大战后国际贸易和投资的发展。

第二次世界大战后，生产和资本的国际化是促成欧洲货币市场产生和发展的根本原因。战后，跨国公司成为国际经济舞台上的重要力量，它们在全球范围内进行扩张，海外投资和国际贸易的规模空前发展，这些都要求有更加灵活和国际化的金融服务支持，可以说欧洲货币市场是适应跨国公司全球投资和国际贸易空前发展的要求而不断壮大的。

（2）各国的外汇和金融管制。

从 20 世纪 50 年代末期开始，美国国际收支赤字逐年增加，为此美国政府不得不采取措施予以调整，先后实行了“M 项条例”“利息平衡税”“自愿限制对外贷款指导方针”，以限制资本外流。美国的商业银行和跨国公司为逃避这些外汇和金融管制措施，纷纷将资金调拨至其在欧洲设立的分支机构，同时在海外吸收营运存款，将筹建资金的重点放在欧洲美元市场，这些措施都极大地推动了欧洲美元市场的发展。

（3）美元地位的相对下降。

20 世纪 60 年代末，由于美元危机频发，美元的地位不断下降，国际市场上开始抛售美元，抢购黄金和其他国家货币，其中一些硬通货如德国马克、瑞士法郎、日元成为主要的抢购对象。德国、瑞士等国为了维持本币汇率的稳定、遏制通胀、限制资本流入，实行了“倒收利息税”的政策，规定对非居民的存款不仅不支付利息，甚至可以倒收利息，但如果用外汇开户则不受此政策限制，于是非居民纷纷改用外汇开户，或者将原有的资金转存到其他国家，这样就出现了欧洲马克、欧洲瑞士法郎、欧洲英镑、欧洲日元等欧洲货币，欧洲美元市场进一步扩展到欧洲货币市场。

（4）“石油美元”的出现。

20 世纪 70 年代，石油价格大幅度上涨，石油输出国组织 OPEC 成员国积累了大量的石油收入，而石油在国际市场上是以美元计价和结算的，这些石油收入因此被称为“石油美元”（petro-dollar）。在产油国资金充裕的同时，非石油输出国却出现了巨额的国际收支逆差，它们需要筹措资金以弥补逆差，再加上产油国国内金融系统不发达，于是大量的“石油美元”通过欧洲货币市场贷给了国际收支逆差国。“石油美元”的数量非常庞大，据估计目前“石油美元”市场规模可达 1 万亿美元以上，它们是欧洲货币市场上重要的资金来源。

（5）亚洲国家创建金融中心的需要。

20 世纪 60 年代后期，亚洲的许多国家尤其是新加坡和日本，经济得到了快速的发展。

与此同时，西方的跨国公司也加强了在亚洲的投资，使得亚太地区一些国家的中央银行和私人手中积累了大量的收入，它们一方面将资金投放在欧洲货币市场生息，另一方面也积极地发展本国金融市场，创建国际金融中心。恰在此时，美国银行策划建立一个境外美元借贷中心，于是 1968 年 10 月，美国银行新加坡分行开设“亚洲货币单位账户”，专门办理非居民的外币存贷款业务。到 1970 年底，花旗银行、汇丰银行等 16 家银行也先后获准开办此项业务，于是，亚洲货币市场正式建立。随后，东京、香港、马尼拉、巴林都先后开展离岸业务，亚洲货币市场的规模日益扩大。

亚洲货币市场是亚太地区发展起来的区域性离岸金融市场，它是欧洲货币市场的一个重要延伸，其交易货币的 90%以上是美元，所以通常也称为亚洲美元市场。

（6）各种金融创新。

推动欧洲货币市场发展的一个很大动力是该市场中的各种金融创新。欧洲货币市场摆脱了任何国家或地区政府法令的管理约束，更容易推出各种金融创新，如欧洲债券、远期利率协定、互换交易等。这些金融创新使得资金的借贷者不仅可以享受非常灵活、便利的金融服务，同时投入的成本比传统的金融市场要低，得到的收益要高，因而实现了自身利益的最大化。

三、欧洲货币市场的运行机制

下面以一个欧洲美元的产生及与美国国内美元活期存款的关系为例，来说明欧洲货币市场的运行机制。看完这个例子请回答以下问题：

（1）从技术上看，欧洲美元是如何产生的？

（2）欧洲美元与美国国内银行的活期存款变化有什么关系？

（3）欧洲美元市场存在的条件是什么？

［例 6—1］ 假定现有一家澳大利亚的 A 公司，为了在汇丰银行伦敦分行（一家欧洲银行）获得更高的利息收益，决定将其在美国花旗银行账户上的 100 万美元以定期存款方式（time deposit）存入这家银行；汇丰银行伦敦分行又将此资金在欧洲同业银行市场拆出，贷给巴克莱银行（另一家欧洲银行）；巴克莱银行将这笔资金贷给某房地产 B 公司。这个过程结束，资金停止在银行体系内循环。

T 型账户表 1、2、3、4 记录了上述操作过程。

T 型账户表 1：A 公司在美国花旗银行有一笔定期存款。

（美国）
花旗银行

	A 公司 100 万美元定期存款（利率 8%）

A 公司

在花旗银行拥有 100 万美元定期存款（利率 8%）	

T 型账户表 2：A 公司将资金转存汇丰银行伦敦分行，欧洲美元诞生。

（美国）
花旗银行

	汇丰银行伦敦分行 100 万美元活期存款

（伦敦）
汇丰银行伦敦分行

存放花旗银行 100 万美元活期存款	A 公司 100 万欧洲美元定期存款 （利率 8.25%）

T 型账户表 3：汇丰银行将资金转存巴克莱银行。

（美国）
花旗银行

	巴克莱银行 100 万美元活期存款

（伦敦）
汇丰银行伦敦分行

在巴克莱银行 100 万欧洲美元存款（利率 8.3%）	A 公司 100 万欧洲美元定期存款 （利率 8.25%）

巴克莱银行

在花旗银行 100 万美元活期存款	汇丰银行 100 万欧洲美元存款（利率 8.3%）

T 型账户表 4：巴克莱银行将资金贷给 B 公司。

（美国）
花旗银行

	B 公司 100 万美元活期存款

（伦敦）
汇丰银行伦敦分行

在巴克莱银行 100 万欧洲美元存款（利率 8.3%）	A 公司 100 万欧洲美元定期存款 （利率 8.25%）

巴克莱银行

B公司100万美元贷款(8.5%)	汇丰银行100万欧洲美元定期存款(利率8.3%)

B公司

在花旗银行100万美元活期存款	欠巴克莱银行100万美元贷款(利率8.5%)

根据以上T型账户表，我们可以分析出欧洲美元市场存在的条件：

(1) 欧洲美元的存款利率高于美国国内存款利率，这样有利于吸引美元持有者将资金存放在欧洲银行。

(2) 欧洲美元的贷款利率低于美国国内贷款利率，这样有利于吸引资金需求者到欧洲银行贷款。

(3) 欧洲美元的利差（spread）必须足够弥补欧洲银行的经营成本，以使它们有利可图。欧洲美元市场存贷利差很小，一般为0.25%～0.5%，因而对资金需求者和供应者来说都非常具有吸引力。尽管利差很小，但是因为属于批发性质，故一般借贷金额比较大，单笔业务多的可达几亿美元；同时银行税费负担比较轻，经营欧洲美元业务的银行依然有利可图。

(4) 进入欧洲美元市场必须相对自由。欧洲美元市场的业务活动既不受货币发行国——美国的限制，也不受市场所在国法律和法规的约束，由于市场资金周转较快，因而要求手续简便，调度灵活。

欧洲美元市场的存在条件可推广到欧洲货币市场。

四、欧洲货币市场的作用

欧洲货币市场灵活的运作机制，使得大规模资金在国际上高效转移成为可能，缓解了许多国家经济发展中资金缺乏的局面，但是由于无法进行有效地监管，欧洲货币市场的运行和金融创新会导致国际金融市场的巨大波动。

（一）为国际贸易、国际投资和各国国际收支的调节提供了一个高效运转的市场

与传统国际金融市场相比，欧洲货币市场利差小、手续费低、资金调拨灵活，因而具有极强的竞争力。它已经成为国际资本转移的重要渠道，最大限度地解决了国际资金供需矛盾，进一步促进经济、生产、市场、金融的国际化。发展中国家利用欧洲货币市场的资金从发达国家进口生产设备和技术，发展本国经济；西方国家的跨国公司利用欧洲货币市场资金扩大投资，促进国际生产与贸易的发展。此外，欧洲货币市场的信贷资金也是各国弥补国际收支逆差的一个补充手段。

（二）具有更为明显的信用扩张能力

欧洲货币市场的高效很容易使一国闲置资金转变成其他国家的货币来源，从而使市场信用基础得以扩大。另外，欧洲货币市场的派生存款能力高于国内银行体系，因为银行对吸收到的欧洲货币不必向中央银行缴存法定存款准备金，只要欧洲银行贷出的资金又回流到欧洲货币市场的其他账户上，从理论上讲，欧洲货币的信用扩张能力就可以无限大。以欧洲美元为例，由于无须缴纳法定存款准备金，欧洲美元的信用创造能力的大小就主要取决于美元回流美国的速度，欧洲银行的存贷利差与美国国内银行利差相对比越有吸引力，欧洲货币市场的效率就越高，美元在境外使用的次数就越多，欧洲美元的信用扩张倍数就越大。但是，这种超强的信用扩张能力也是国际通货膨胀的重要源泉。

（三）不利于西方国家国内金融政策的推行

当一些国家为了遏制通货膨胀实施紧缩政策时，商业银行仍可以从欧洲货币市场上借入大批资金；反之，当一些国家为了刺激经济改行宽松的政策时，各国银行也可能把资金调往国外。这样就使政府的宏观金融政策效果被削弱，预期的目标也难以实现。

（四）缺乏监管，信用风险较大

欧洲货币常被称作“超级风险”的根源。欧洲货币市场吸收的资金主要是1年以内的短期存款，尤其以3个月的居多，而发放的贷款一半以上是中长期的，这种短存长贷的状况增加了国际金融市场的脆弱性，容易引起国际金融市场的不稳定。另外，由于缺乏监管，欧洲货币市场上的投机活动非常活跃，从而进一步加剧了市场的风险，导致国际金融市场经常动荡不安。由于欧洲货币市场和国内金融市场和在岸市场有紧密联系，这种风险还很容易扩散和传递。为此，各国从回避风险的角度出台了各项欧洲货币市场的管制方案与措施，这其中以巴塞尔委员会通过的《巴塞尔协议》影响最大，但直至今日，尚无任何一国金融监管当局能够真正对欧洲货币市场进行有效管制。

专栏6—3：离岸市场的人民币国际化业务增速缘何停滞

自2009年以来，人民币国际化业务迅速发展，在跨境贸易结算、离岸人民币存款、外汇市场交易、离岸人民币债券等领域，均取得重要突破。SWIFT的数据表明，2015年前四个月，在中国与亚太其他地区的支付中，人民币的使用比例达到31%，人民币成为中国与亚太其他地区之间最主要的支付货币。伴随着能否加入SDR的热烈讨论，人民币似乎在近期就有望成为重要的国际货币。

但从最新数据来看，这样的预测可能言之过早。各方的证据表明，离岸市场的人民币国际化业务正趋于停滞。2010—2014年，人民币跨境贸易结算的平均增速为55%，香港地区人民币存款平均增速达到120%。然而，在2015年前四个月，人民币跨境结算总额为2.18万亿元，同比增长仅25亿元，基本持平；同期香港地区人民币存款下降484亿元，增速降至−5%，新发行点心债为167亿元，同比下降70%。离岸市场的人民币国际化业务的低迷似乎与人民币日益扩大的国际影响力并不相符。究其原因，主要有以下三点：

其一，人民币汇率波动幅度扩大，人民币升值预期消失，跨境套利空间不复存在。

在2012年9月至2014年3月，人民币中间价的定价相对在岸和离岸即期汇率较低，而且在岸即期汇率定价相对离岸汇率也相对较低，表明人民币汇率有较强的升值预期。2014年3月，人民币波幅扩大至上下2%，人民币升值预期陡然下降。至2015年，在岸即期汇率定价甚至偶尔高于离岸汇率，人民币反而出现贬值预期。

短短一年时间，人民币从强烈的升值预期转为轻微的贬值预期，很大一部分原因是跨境套利的人民币国际化业务出现了下滑。自2014年2月以来，人民币跨境套利指数从2.3下降至1.23，同期香港地区离岸人民币存款增速大幅下滑。从历史数据来看，香港地区离岸人民币存款的累积很大程度上都是源于人民币跨境套利活动。随着人民币升值预期消失，双向波动加剧，这类套利活动迅速下降，香港地区离岸人民币存款也随之减少。

其二，美元周期性上升降低了人民币的吸引力，境内外主体持有美元意愿上升。

2015年第一季度数据表明，银行代客结汇占银行涉外总收入的比重从0.52下降至0.46，而银行代客售汇占银行涉外总支出的比重从0.52上升到0.62，这反映出企业获得美元后愿意留存或者购买美元，持有美元意愿上升。这一方面缘于美元处于升值通道，境外的出口商更愿意以美元结算，所以我国企业进口商需要从银行购买外汇支出，涉外支出的售汇比率随之大幅上升；另一方面，由于香港地区离岸人民币相对在岸人民币贬值，企业在内地购买外汇最划算，所以企业购汇上升，向银行结汇减少。

人民币国际化业务很大一部分由境内企业驱动。当人民币处于升值通道时，离岸人民币相对在岸人民币价格更高，等额美元在内地可以比在香港获得更多人民币，那么进出口商会在香港购汇，再在国内结汇，增加香港地区人民币资金的供给。但是，当美元处于升值通道时，人民币跨境资本会出现反方向回流。2015年第一季度，跨境人民币业务占跨境资本流动的比率已经接近25%。其中，跨境人民币收入占比从26%上升至33%，支出占比从24%小幅上升至25%，这缘于人民币相对美元弱势，国外贸易商和投资者更希望获得美元，因此，国内出口商采用人民币结算比率迅速上升，进口商采用人民币结算比率上升速度反而下降。收入与支出二者之差为正，人民币净流入530亿元。

其三，境内外人民币融资成本逐渐趋同，点心债对境内企业的吸引力下降。

2014年下半年，一方面，境内人民币流动性大幅增强，人民币境内融资成本下降；另一方面，沪港通开通后，境内股市行情向好，吸引境外人民币回流，减少了离岸人民币的供给。从2014年11月至2015年4月，涉外收付款在证券投资项下收入远大于支出，月均净流入200亿元。而且跨境贸易渠道下人民币出现回流，导致境外人民币供给下降，提高了境外人民币的利率水平。随着境内外人民币融资成本趋同，内地企业赴香港地区发债的热情迅速下降。2015年，政府机构和企业在香港地区发行的债券仅占点心债发行总规模的17%，与2014年84%的比率形成鲜明对比。

离岸市场人民币业务陷入停滞，实际表明人民币国际化进程进入了一个新阶段。

市场主体是否使用和持有人民币取决于能否获得收益或者降低风险，近期市场变化的趋势可能在不断降低边际收益。一方面，随着中国经济增长放缓，进出口贸易已趋平衡，人民币基本处于均衡合理水平，短期内升值空间有限；另一方面，全球流动性和人民币流动性出现逆转，未来一段时间中美货币政策的分化会进一步加剧，中美利差下降和美元汇率上升将会继续降低人民币的吸引力。此外，从贸易渠道来看，中国的外贸依然是以加工贸易为主导，产品定价权普遍较弱，很难继续增加人民币计价的比率。从资本流动渠道来看，官方对外援助或投资可以在一定程度上释放人民币流动性，但是国内金融机构的国际竞争力较弱，管理汇率风险的经验不足，对人民币国际化业务的推动作用相对有限。各方证据均表明人民币国际化已进入平稳发展的新阶段。未来需要通过逐步升级实体经济中产业和贸易结构来提高人民币国际化的潜力，而且在开放资本账户的过程中，需要保持足够的审慎监管工具，避免跨境资本以金融泡沫的方式来推动人民币国际化。

资料来源：中国金融信息网，2015-06-03。

第五节　主要国际金融中心

国际金融中心是指国际金融业务和交易行为高度集中的某一城市或地区。国际金融中心最直接的功能是提供融资与投资，随着国际金融中心的发展衍生出一系列其他基本功能，如国际范围的金融价格发现、经济信息聚散、资金清算、金融风险管理、金融创新及其传播功能等。

国际金融中心的形成和发展主要有两种模式：

（1）自然渐进式：一般由区域金融市场到全国金融市场，再到国际金融中心这个顺序发展而成，如伦敦、纽约等国际金融中心。

（2）政策促成式：利用优越的地理位置和优惠的政策，在短时间内形成与发展起来，如巴哈马、开曼群岛等避税港型的离岸国际金融中心。

目前，世界上最主要的国际金融中心有纽约、伦敦、东京、香港以及开曼群岛等。

一、纽　约

美国纽约在第二次世界大战后形成全球国际金融中心的过程可以说是水到渠成。第二次世界大战后，其他国家国力大幅削弱，而美国却借助战争超过英国成为全球第一大霸主，在战后推行的布雷顿森林体系当中，美元成为中心货币，此时的纽约具备了成为金融中心的几乎全部优势条件和机遇。美国抓住了这一机遇，顺势而为，采取了许多有效措施，如金融去监管化、金融自由化以及大力发展证券市场，从而奠定了纽约至今难以动摇的全球金融中心地位。

由于美元是国际化程度最高的货币，美国又拥有全球最大的金融市场，所以美国本身并不具备建立离岸金融市场的条件和迫切性，更不可能自然形成离岸市场。20 世纪 80 年代，面对全球蓬勃发展的离岸金融市场及其引发的美元资产外流状况，美国通过创新方式，人为建立了自己独特的离岸金融中心和离岸银行业，即在美国本土以纽约为中心，建立了国际银行业务设施（international banking facility，IBF）。这是一种特殊形式的离岸金融中心，它是由美国的本国或外资银行为非美国居民设立的一种特殊银行账户。它不是通过地理进行隔离，而是通过在岸与离岸账户进行隔离，建立离岸业务市场。由于美元本身就是自由流通的主要国际货币，所以该离岸市场经营的不是外币而是本币，并且由于它设立在本土，所以它实际上是一种在岸的离岸中心，本国及外资银行可足不出国从事本币离岸业务。IBF 的产生改写了离岸金融中心和离岸银行业的定义和必要条件：在境外设立机构和经营非本币。在全球国际金融中心内设立分离、独特的离岸市场，是纽约金融中心的一大特色，与此类似的是东京和新加坡。此举使得纽约成为真正意义上的、提供全面服务的全球国际金融中心。

纽约目前大约控制着全球40%的财政资金，是世界上最大的金融中心。纽约证券交易所拥有全球最大上市公司总市值，全球市值为15万亿美元，有超过2 800家公司在此上市。根据美国联邦政府的报告，截止到2013年底，纽约市的所有财产总值为879万亿美元。在世界500强企业中，有73家企业位于纽约。曼哈顿中城是世界上最大的CBD及摩天大楼集中地，曼哈顿下城是全美第三大的CBD。由于在2013年日元兑美元单边大幅度贬值20%等因素，2013年纽约的GDP超越东京，现位居世界第一；人均GDP13.88万美元，居世界城市第一。

二、伦　敦

两次世界大战之前，国际金融中心全部在欧洲，其中以伦敦和巴黎为首，但是在经过第二次世界大战之后，英国被美国超越，伦敦的国际金融中心位置也被纽约取代。

但是在20世纪50年代末，欧洲货币市场的发展则使伦敦国际金融中心“起死回生”。首先，关键决策是1958年英格兰银行的协议：允许英国银行吸收美元存款，以及发放美元贷款。20世纪60年代末，80%的欧洲市场美元借贷是通过伦敦完成的，欧洲市场是由在伦敦的美国银行分行主导，这部分银行被排挤出美国，以逃避美国银行业的限制性监管。其次，布雷顿森林体系瓦解之后，美元转向浮动汇率，这促进了外汇交易的繁荣，而外汇交易主要集中在纽约和伦敦。通过这种方式，金融控制力从华盛顿释放出来，但没有转移到纽约本身，而是传递到纽约—伦敦轴心，两个城市的整合超过以往任何时候。

与纽约不同的是，伦敦市场对居民与非居民同时开放，境内资金与境外资金可以随时转换，内外融资业务混合在一起。在该市场上既可以经营银行业务，又可以经营证券业务。伦敦离岸金融市场实际上已经成为兼具境内和离岸业务的“内外一体式”金融市场。与此类似的是香港。

伦敦目前是世界上最大的国际外汇市场，每年的外汇成交总额可以达到3万亿英镑，全球大约31%的货币业务在伦敦交易。伦敦还是世界上最大的欧洲美元市场，石油输出国的石油收入成交额有时一天可达500多亿美元，占全世界欧洲美元成交额的1/3以上。伦敦是世界上最大的国际保险中心，共有保险公司800多家，其中170多家是外国保险公司的分支机构。在伦敦保险业中，历史悠久、资金雄厚、信誉最高的是劳埃德保险行。同时，伦敦还设有伦敦股票交易所，它是世界四大股票交易所之一。

三、东　京

作为亚洲区的头号“种子”，东京在亚洲金融中心排名第一，超过中国香港地区、新加坡。虽然近年来东京国际金融中心的地位有所下降，但东京作为重要国际金融中心的地位仍然难以撼动。

东京证券交易所的交易量占日本的80%，如果按上市的股票价格计算，它是仅次于纽约证券交易所的世界第二大证券市场。目前，东京与伦敦、纽约一起位列世界三大外汇市场，其交易主要是银行间的交易，并且国外交易额远远高于国内交易额。此外，东京的黄金交易市场、期货交易市场、OTC交易市场等都非常的发达。此外，日本的保险业务也非常发达，东京是全球第六大再保险中心。

不过，近年来日本的国际金融中心地位受到一定的挑战。国内长期经济发展乏力、烦琐的程序、高税收等因素降低了日本国际金融中心的吸引力。

四、香 港

香港金融市场的特色是流通量高，市场在有效和透明的监管下运作，各项监管规例都符合国际标准。香港特别行政区政府恪守尽量不干预金融市场运作的原则，并尽力提供一个有利经商的环境。正是这种自由的金融环境、政府透明有效的监管使香港能够成为继纽约和伦敦之后的第三大国际金融中心。

香港的外汇市场发展成熟，买卖活跃。本港没有外汇管制，并且位于有利的时区，这对促进外汇市场的发展十分有利。由于本港与海外的外汇市场紧密联系，香港的投资者可以全日24小时在世界各地的市场进行外汇买卖。根据国际结算银行在2013年进行的每三年一度的全球调查，香港外汇市场以成交额计算在世界位列第六。

香港货币市场主要包括银行同业拆息市场。货币市场主要经营的是给机构进行批发层面的银行业务。香港的银行同业拆息率是按市场参与者之间的资金供求状况决定的，所以，这个利率是香港短期贷款最重要的价格指针之一。2013年6月，香港银行同业拆息市场平均每日的成交额为2 129亿港元。

以截至2015年年底的资本市值计算，香港的股票市场位列世界第六，在亚洲则排名第二。香港的证券市场交投活跃，2009年、2010年和2011年的首次公开招股集资额高居全球首位，而在2013年全年香港首次上市集资总额为120亿美元。本地股票市场上有多元化的投资产品，包括普通股份、期权、认股权证、牛熊证、交易所买卖基金、房地产投资信托基金、单位信托及债务证券，供投资者进行买卖。截至2014年7月底，在香港联合交易所（联交所）主板市场挂牌的上市公司有1 575家，资本市值总额达215 094亿港元，当中有710家为内地企业，这些内地企业在1993年至2012年已通过香港证券市场集资约33 499亿港元。在衍生产品市场方面，香港期货交易所（期交所）及联交所提供一系列期货及期权产品，包括指数期货、股票期货、利率期货、债券期货、黄金期货、指数期权及股票期权。

与伦敦相似，香港也是“内外一体化”的金融市场。

五、开曼群岛

开曼群岛是世界上仅次于纽约、伦敦、东京和香港的第五大金融中心、第四大离岸金融中心。

根据公开资料显示，全世界最大的25家银行都在开曼群岛设有子公司或分支机构。

岛内的金融业、信托业总资产已超过 2 500 亿美元，占欧洲美元交易总额的 7%。每年平均约有 4 300 家公司在此注册成立，全球 700 多家银行在开曼群岛都有分支机构。

阿里巴巴、京东赴美上市备受瞩目，它们有很多共同的属性，同样是互联网企业，同样赴美上市，同样是在开曼群岛注册。与此同时，包括百度、汇源、新浪、联通、联想、SOHO 中国、绿城中国、恒大集团、新世界百货、蒙牛、盛大、前程无忧、巨人网络、奇虎 360 等一大批耳熟能详的中国公司，注册地均在开曼群岛。

开曼群岛之所以如此吸引人，主要原因是它的金融政策。岛内税种只有进口税、印花税、工商登记税、旅游者税等几个简单的税种。数十年来免征个人所得税、公司所得税、资本利得税、不动产税、遗产税等直接税。外汇在开曼群岛进出比较自由，相关部门对投资者的金融信息保密工作较严谨。基于此，开曼群岛得到了全世界创业者的关注，就连可口可乐这样的全球性公司也是在开曼群岛注册。

开曼群岛规定永远豁免缴税义务。无论是对个人、公司还是对信托行业，开曼群岛都不征收任何直接税。另外，VIE（可变利益实体）股权模式更增加了许多公司在此注册的吸引力，因为这样一来，可以避开不少国家规定的相关外资投资公司的限制。由于政策上有巨大优势，从而使开曼群岛成为全世界公司注册的最佳选择地。

类似开曼群岛这样的避税港金融中心又被称为巴哈马型离岸金融中心。它是只有记账而没有实质性业务的离岸金融中心。由于在某些国家或地区开展金融业务可以避税，同时监管又比较少，因而许多跨国银行纷纷在这些城市开设空壳型分支机构。

专栏 6—4：人民币离岸金融中心

离岸金融中心（offshore finance center）是指经营可自由兑换货币、交易在非居民之间进行、基本不受所在国法规限制、同时享受一定优惠待遇的独立金融市场。目前，国际主要离岸金融中心都是在经济基础雄厚的国家和地区出现的，其发展的一般规律是：拥有强大的实体经济；具有完善的金融市场结构，聚集着金融机构和多元化的金融产品；本币币值稳定且具有较高的国际地位；便利的城市交通和发达的信息技术；充足的专业人才；拥有优越的地理位置、发达的海陆空交通和时区优势。

近年来，随着人民币在境外的流通规模日益扩大，境外居民接受人民币的意愿也不断增强，因而人民币离岸金融中心的建立具有一定的客观基础。人民币离岸金融中心的建立，外因是中国经济增长强劲，境外对人民币需求旺盛，而在人民币尚不能完全兑换的条件下，需要专门的金融中心对境外流动的人民币进行管理，并形成回流机制促进其流回境内；内因则来自潜在的离岸金融中心自身条件和建设意愿。

目前，三大人民币离岸金融中心分别是中国香港、新加坡和伦敦市场，先后成立于 2003 年 11 月、2011 年 1 月和 2012 年 4 月。截至 2015 年 8 月，中国香港、新加坡和伦敦的人民币离岸业务规模占比分别为 80%、5%和 15%。其中，最重要的是香港人民币离岸金融中心。

香港人民币离岸金融中心的形成有其内、外在的各种因素。首先，香港是目前东亚地区最大的人民币输入地和集散地，人民币离岸金融中心的事实已难以扭转；其次，2003

年 11 月 19 日，中国人民银行与香港金融管理局联合签署关于允许香港银行开办个人人民币业务的合作备忘录，国务院批准香港银行在港办理人民币存款、兑换、银行卡和汇款四项人民币业务。中银香港分行作为个人人民币业务清算行，集中办理香港人民币的存取、人民币现钞运送，为与其签订人民币清算协议的其他香港持牌银行提供人民币存款的转存、兑换和平盘、人民币银行卡的清算和人民币汇款的转汇业务，这对香港人民币离岸金融中心的建立起了加速作用。

除了境外的人民币离岸金融中心，我国也在积极建立境内的人民币离岸金融中心。2013 年 7 月 3 日，国务院原则性通过了《中国（上海）自由贸易试验区总体方案》，8 月底国务院批准设立中国（上海）自贸区。银监会、保监会、证监会分别于 9 月 28 日、29 日发布了《银监会关于中国（上海）自由贸易试验区银行业监管有关问题的通知》《保监会支持中国（上海）自由贸易试验区建设》和《资本市场支持促进中国（上海）自由贸易试验区若干政策措施》，人民银行于 12 月 2 日发布了《中国人民银行关于金融支持中国（上海）自由贸易试验区建设的意见》，积极促进自贸区实体经济发展。自贸区“金改”举措将“对外开放”和“对内改革”双管齐下，前者主要包括人民币资本项目下的可兑换和离岸金融市场的构建，后者包括利率市场化和资产证券化的推进，自贸区将以前者为主。两者相互影响，甚至存在交叉业务。自贸区建设的核心内容是通过金融改革建设离岸金融市场，这不仅有助于改变传统的外贸经济模式，更能通过示范效应加速国内的金融改革。

人民币离岸金融中心的形成既是一种市场经济发展的必然，也是人民币国际化进程中的一个必经阶段。发展人民币离岸金融可以带来几个方面的好处：有助于吸收并稳定外商直接投资；有利于中资企业实施走出去的发展战略；为贸易融资提供方便；有助于实施金融国际化战略；帮助银行提高竞争素质；为未来人民币的自由兑换做好准备；为境外人民币的管理积累经验。

本章小结

1. 国际金融市场（international financial market）有广义和狭义之分。广义的国际金融市场是国际性金融交易活动的场所，包括以各种方式进行的国际性资金融通（和投资）所形成的市场、外汇市场和黄金市场等。狭义的国际金融市场不包括外汇市场和黄金市场。

2. 国际金融市场的构成可以从不同的角度来进行划分：按照资金融通期限的长短，可以分为国际货币市场和国际资本市场；按照融资渠道，可以分为国际信贷市场和国际证券市场；按照交易对象所在区域和交易币种，可以分为在岸市场和离岸市场。

3. 国际货币市场是指期限在 1 年以内（包括 1 年）的短期金融工具交易场所，包括短期信贷市场、短期证券市场和贴现市场。国际货币市场为市场的参与者调剂资金余缺，市场上的短期信用工具可以为资金盈余者提供短期投资，为资金需求者提供短期融资。

4. 国际资本市场是指融资期限在 1 年以上的国际中长期资金交易市场，分为银行中长期信贷市场和国际证券市场。其主要功能是为国际上中长期资金的流动提供渠道，将世界各国（地区）的限制资金转化为国际性投资。

5. 欧洲货币市场（European currency market）是指在货币发行国境外进行的该国货币的存储和贷放市场。欧洲货币市场的“欧洲”不是一个地理概念，而是一个业务概念，即“境外”“离岸”的含义。欧洲货币市场有三种类型：伦敦型、纽约型、避税港型。

6. 欧洲货币市场催生的原因：第二次世界大战后国际贸易和投资的发展；各国的外汇和金融管制；美元地位的相对下降；“石油美元”的出现；亚洲国家创建金融中心的需要；各种金融创新。欧洲货币市场的作用：为国际贸易、国际投资和各国国际收支的调节提供了一个高效运转的市场；具有更为明显的信用扩张能力；不利于西方国家国内金融政策的推行；缺乏监管，信用风险较大。

7. 目前国际上主要的金融中心有纽约、伦敦、东京、香港以及开曼群岛。其中纽约为内外分离型中心，伦敦和香港是内外一体化中心，而开曼群岛属于避税港型中心。

思考题

1. 名词解释

广义的国际金融市场；国际金融中心；债务证券；国际外汇市场的参与者；国际货币市场；国际货币市场的参与者；LIBOR；联邦基金利率；大额可转让定期存单；国际债券市场；外国债券；欧洲债券；欧洲货币市场。

2. 简答题

（1）20 世纪 50 年代后，国际金融市场出现了哪两个重要发展？80 年代以来，又有哪些新的特点？

（2）国际货币市场与国际资本市场的特点是什么？二者有什么区别？

（3）国际资本市场是由哪几个市场构成的？中长期信贷市场的业务活动主要有哪些？

（4）欧洲货币市场形成和发展的原因是什么？

（5）欧洲货币市场的作用是什么？

第七章　国际贸易融资

学习目标

通过本章的学习，了解国际贸易短期融资的种类及程序，重点掌握国际贸易中长期融资的各种方式及特点，理解国际租赁与项目融资的具体方法，能够区别各种融资方式之间的差异，并结合各种融资方式的特点进行国际融资活动的分析。

学习方法

(1) 预习法。通过预习了解本章的内容，对国际贸易融资有一个初步的把握。

(2) 联系学习法。将国际贸易融资与国际金融市场联系起来，有助于把握国际贸易融资的各种方式；将国际贸易融资与外汇风险管理联系起来，可以更好地理解外汇风险管理办法中的贸易法；将国际贸易融资与国际资本流动联系起来，可以更好地把握利用外资的各种方式。

(3) 完成本章后面的思考题。

完成本章的学习后，可以进一步巩固前几章所学的相关知识，同时有助于后面章节中相关知识的理解。

案例导读

进出口商在商品交易过程中，需要短期融通资金，以促进进出口贸易的有效实现，这些短期资金，可以从各国的对外贸易银行或其他途径得到满足。

中国某公司，准备把设备出口到欧洲国家，设备的价格是 3 000 万欧元，欧洲公司先付价款的 10%，剩下的余款两年以后付清，同时每年加付 8%的利息。实际上，这笔生意挺好，因为金额大，3 000 万欧元相当于两亿多元人民币，欧洲一家银行还愿意给它担保。中国公司很想做这笔生意，但就是付款时间太长会影响中国公司的资金周转。因此，欧洲公司采用了“福费廷”方式融资。

中国公司把货交给欧洲公司，欧洲公司付给它 10%的价款，剩下的 90%货款由“福费廷”国际金融公司付给中国公司，然后中国公司把那个合同的买单给“福费廷”国际金融公司，欧洲银行给欧洲公司提供担保，两年之后欧洲公司把钱给银行，银行把钱连本带利给“福费廷”国际金融公司。这笔生意本来是两方的一个贸易，现在变成了四方。本来你买我卖，应该就是两方，为什么变成四方了呢？就是因为买方不能及时地付款，所以，欧洲公司找了银行做担保，然后“福费廷”国际金融公司出面付款，两年之后把钱给它，又挣了 8%的利息。“福费廷”这种公司在欧洲和一些发达国家很多。从国际上来看，这种金融公司就是做金融产品的中间贸易，挣利差。但是在我国国内这种机构很少，因为中国的金融体制很严格。随着中国金融创新和金融体制改革，这种金融中介公司和这类金融业务肯定会越来越多。

资料来源：根据百度文库的相关资料修改整理。

思考：

1. 国际贸易融资对涉外企业有什么作用？
2. 对外贸企业来说，有哪些国际贸易融资方式？

第一节　国际贸易短期融资

国际贸易短期融资是指商业银行向进出口商或进出口商相互之间提供的、期限在 1 年以下的资金融通，目的是满足本国进出口商发展国际贸易、加速商品周转的流动资金需要。在国际商品、劳务交易的全过程中，采购、打包、仓储、运输、装船等各个交易阶段以及签订合同、填制货物单、申请开证、承兑、议付等交易环节都能从不同的渠道得到资金的融通。

一、打包放款

（一）打包放款的概念

打包放款是出口方银行为支持出口商按期履行合同，出运交货，向收到合格信用证的出口商提供的用于采购、生产和装运信用证下货物的专项贷款。打包放款是信用证项下国际贸易短期融资的方式，又称为信用证打包放款，属于出口方银行以出口商为受益人的信用证做抵押，贷放短期周转资金的融资行为。

（二）打包放款的操作流程

（1）出口商在收到信用证后，向其往来银行提出打包放款申请。

（2）出口商向其往来银行提供近期财务报表及营业执照等材料。

（3）出口商将信用证正本留在其往来银行作为抵押品，获得其往来银行贷款。

（三）打包放款需要向银行提供的资料

需要提供的资料包括：（1）信用证正本；（2）流动资金借款申请书；（3）外销合同；（4）境内采购合同；（5）营业执照副本；（6）贷款证明；（7）近 3 年的年度财务报表；（8）最近 1 个月的财务报表；（9）法人代表证明。

（四）打包放款的金额和期限

（1）最高金额为信用证金额的 80%。

（2）期限不超过信用证有效期后的 15 天，一般为 3 个月，最长不超过半年。

（3）展期。当信用证出现变更最后装船期、信用证有效期，出口商不能按照原来的时间将单据交给银行的情况时，出口商应在贷款到期前 10 个工作日向银行申请展期。

（4）展期需要提供的资料有贷款展期申请书、信用证修改的正本。

二、出口押汇

（一）出口押汇的概念

出口押汇是指企业在向银行提交信用证项下单据议付时，银行根据企业的申请，将企业提交的全套单证相符的单据作为抵押进行审核，审核无误后，参照票面金额将款项垫付给企业，然后向开证行寄单索汇，向企业收取押汇利息和银行费用并保留追索权的一种短期出口融资业务。出口押汇实质上是一种以运输中的货物为抵押，要求银行提供在途资金融通的票据贴现业务。

（二）出口押汇的对象及条件

（1）对象。企业如具有进出口经营权并具备独立法人资格，并且以信用证作为出口结算的方式，即可凭信用证项下的出口单据向银行申请叙做出口押汇。

（2）条件。出口押汇须满足的条件包括：第一，企业应在申请行开立本币或外币往来账户并办理进出口结算业务，在押汇融资业务项下核算一切收支；第二，企业需具有一定的外贸经验且履约能力强，收汇等资信记录良好；第三，出口商品应为企业主要出口创汇产品，适应国际市场需求；第四，企业应具备健全的财务会计制度，能按时向银行报送财务报表，并接受银行对生产经营及财务状况的实时审核，出口押汇款项用于合理的资金周转需要；第五，开证行及偿付行所在地政治及经济形势稳定，无特别严格的外汇管制、无金融危机，并且开证行自身资信可靠，无故意挑剔单据不符点而无理拒付的不良记录；第六，信用证条款清晰完整且符合国际惯例，经银行认可无潜在风险因素；第七，出口押汇的单据必须严格符合信用证条款，做到单单一致、单证一致，远期信用证项下的出口押汇，须在收到开证行承兑后方可操作。

（三）出口押汇的币种、利率和期限

出口押汇的币种为单据原币种，利率参照国际金融市场的利率、申请行筹资成本、开证行资信风险等因素确定。押汇金额比例由银行根据实际情况核定，最高额为单据金额的100%，银行预扣银行费用、押汇利息后，将净额划入企业账户。如实际收汇日超过押汇的期限，银行将向企业补收押汇利息。如超过押汇期限，经银行向开证行催收交涉后仍未收回议付款项，银行有权向企业行使追索权，追索押汇金额、利息及银行费用。

（四）出口押汇的程序

（1）出口商提交出口押汇申请。出口商填写出口押汇申请书，并提交国外银行开立的不可撤销跟单信用证正本、全套货运单据。如果是首次申请出口押汇，还要签署《总质权书》，明确申请人对承办行所承担的责任。

（2）对出口商的审查。向银行申请办理押汇的出口商，原则上必须已在该行开立往来账户，并且有良好的信誉。如果是新客户，承办行应首先对其进行审查，并根据审查的结果决定是否承做。

（3）对信用证的审查。出口商凭信用证申请押汇时，应把信用证正本交承办行检验审查，对信用证的审查是银行办理出口信用证押汇业务最重要的程序。

承办行审查的要点包括信用证是否过期、信用证金额是否已用完、信用证是否已被开证银行撤销。

（4）对单据的审核。出口信用证押汇的本质是承办行先行垫付货款给出口商，然后凭有效单据向开证行索要货款来偿付垫款。单据符合信用证条款是保证进口商接受单据和开证行向押汇行付款的先决条件。如果承办行在单据与信用证条款不符的情况下发放押汇款，在随后的结算程序中，进口商可能不接受单据，开证行也不予支付货款，最终单据会被退回押汇银行，而此时款项早已垫付，押汇银行将蒙受损失。

（5）押汇款项的支付。承办押汇业务的银行完成单证、单单审核后，如果相符，就可以做出口押汇，从出口货款中扣除押汇利息后将余额支付给出口商。如果单证或单单不符，开证行的第一性付款责任自动解除，此时付款与否完全取决于开证申请人。出口商向押汇行出具书面担保要求押汇行对不符单据先行叙做押汇，支付议付款，日后如开证行因为同样不符点拒付单据，押汇行可凭借担保书要求出口商立即退还银行垫款、利息和从属费用。

（6）押汇款项的收回。押汇行将押汇款支付给出口商后，即填制《押汇收款委托书》，连同汇票和全套货运单据一并寄交国外开证行或开证行的委托行。开证行或其委托行审核单据相符后即支付出口货款，押汇行划回货款，贷记押汇行账户，押汇业务即告结束。

三、进口押汇

（一）进口押汇的概念

进口押汇是由开立信用证的银行为作为开证申请人的进口商提供的一种资金融通，其实质是银行对进口商的一种短期放款。买卖合同签订之后，进口商请求进口地的往来银行向出口商开立保证付款文件，大多为信用证。开证行将文件寄送给出口商，出口商见证后，将货物发送给进口商。进口商开立保证付款文件，可以延长付款期限，不必在出口商发货之前支付货款，即使在出口商发货后，也要等到单据到达自己手中才履行付款义务。这样，进口商减少了资金占用的时间；同时，出口商愿意接受这种延长付款期限是以开证行保证到期付款为条件的。

（二）进口押汇的种类

（1）信用证单据的押汇。进口商根据信用证的要求，将信用证上所列的各种单据和信用证交给银行进行短期借款，实际上就是将信用证的单据抵押给银行。

（2）远期信用证承兑的押汇。进口商得到开证银行的远期信用证承兑通知，进口商利用远期信用证的承兑通知，向银行申请短期借款。

（3）远期银行承兑汇票的贴现。是用远期银行承兑汇票作为抵押品的短期借款。进口商拿到银行已承兑的远期银行汇票，但还没有到期，进口商就可以将这张汇票抵押给银行进行借款。

（三）进口押汇的对象

进口商如使用银行授信额度开立信用证，在单证相符必须承担对外付款责任时，因资金临时周转困难等原因，确实无法在规定付款日前筹措到付款资金的，可在收到银行到期付款通知书后向银行申请进口押汇。

（四）进口押汇的条件

（1）企业应当具备独立法人资格且经营作风良好，无违规、违法和违约等不良记录。

（2）企业必须在银行开有外汇或本币基本账户并保持经常结算往来，信誉良好。

（3）企业应有健全的财务管理制度和生产销售渠道，进口商品有正常合理的销售渠道和可靠的资金收回方式，能够按期偿还银行的垫付资金。

（4）企业财务状况良好，具备短期偿债能力。

（五）进口押汇的币种、利率和期限

进口押汇的币种为付款币种，利率参照银行同期流动资金贷款利率，采取利随本清的计息方式，进口押汇的期限自每笔对外付款日起至押汇归还日止，原则上不超过3个月。

（六）进口押汇的基本操作流程

（1）出口单据到达后，申请人提出办理进口押汇的要求，并填写《进口押汇申请书》。

（2）申请人向银行提供近期财务报表、进口合同、开证申请书等材料。

（3）申请人向银行出具信托收据，并在必要时提供保证金等担保措施。

（4）上述手续办妥后，银行向申请人发放进口押汇款。

四、保付代理

（一）保付代理的概念

保付代理又称承购应收账款，是指在以商业信用方式出口货物时，出口商交货后把应收账款的发票和装运单据转让给保理商，即可取得应收取的大部分货款，日后一旦发生进口商不付款或逾期付款的情况，则由保理商承担第一付款责任。财务公司或专门组织等保理商与出口商的关系在形式上是票据买卖、债权承购与转让的关系，而不是借款关系。

（二）保付代理的类型

（1）根据保理商是否对出口商提供预付融资，可分为融资保理和到期保理。融资保理是一种预支应收账款业务。当出口商将代表应收账款的票据交给保理商时，保理商立即以预付款方式向出口商提供不超过应收账款 80％的融资，剩余 20％的应收账款待保理商向债务人收取全部货款后，再行清算。这是比较典型的保理方式。到期保理是指保理商在收到出口商提交的、代表应收账款的销售发票等单据时并不向出口商提供融资，而是在单据到期后向出口商支付货款。这是最原始的保付代理业务。

（2）根据保理商公开与否，可分为公开保理和隐蔽保理。公开保理是指出口商必须以书面形式将保理商的参与通知进口商，并指示他们将货款直接付给保理商。国际保理业务多是公开的。隐蔽保理是指保理商的参与是对外保密的，进口商并不知晓，货款仍由进口商直接付给出口商。这种保理方式往往是出口商为了避免让他人得知自己因流动资金不足而转让应收账款，并不将保理商的参与通知给买方，货款到期时仍由出口商出面催收，再向保理商偿还预付款。至于融资与有关费用的清算，则在保理商与出口商之间直接进行。

（3）根据保理商是否保留追索权，可分为无追索权保理和有追索权保理。在无追索权保理中，保理商根据出口商提供的名单进行资信调查，并为每个客户核定相应的信用额度，在已核定的信用额度内为出口商提供坏账担保。出口商在有关信用额度内的销售，因为已得到保理商的核准，所以保理商对这部分应收账款的收购没有追索权。由于债务人资信问题所造成的呆账、坏账损失均由保理商承担。国际保理业务大多是这类无追索权保理。在有追索权保理中，保理商不负责审核买方资信，不确定信用额度，不提供坏账担保，只提供包括贸易融资在内的其他服务。如果因债务人清偿能力不足而形成呆账、坏账，保理商有权向出口商追索。

（4）根据运作机制是否涉及进出口两地的保理商，分为单保理和双保理。单保理是指仅涉及一方保理商的保理方式。如在直接进口保理方式中，出口商与进口保理商进行业务往来；而在直接出口保理方式中，出口商与出口保理商进行业务往来。涉及买卖双方保理商的保理方式叫做双保理。国际保理业务中一般采用双保理方式，即出口商委托本国出口保理商，本国出口保理商再从进口国的保理商中选择进口保理商。进出口国两个保理商之间签订代理协议，在整个业务过程中，进出口双方只需与各自的保理商进行往来。

（三）保付代理的费用

承购组织要向出口商收取一定的费用，具体包括：

(1) 保付代理手续费。即保付代理组织对出口商提供劳务而索取的酬金，其中包括：保付代理组织提出的、向进口商提供赊销额度的建议是经周密调研的结果，提供此项劳务要向出口商收取报酬；进行信贷风险评估工作的费用；因保存进出口商间的交易磋商记录与会计处理而产生的费用。保付代理手续费根据买卖单据的数额一般每月清算一次。手续费的多少一般取决于交易性质、金额和信贷、汇价风险的大小。

(2) 利息。保付代理组织从收买单据向出口商付出资金到票据到期从海外收到货款，这一时期内的利息完全由出口商承付。利率根据预支金额的大小，参照市场利率水平而定，通常比优惠利率高 2%～2.5%。出口商如利用保付代理形式出卖商品，会将上述费用转移到出口货价中，货价要比以现汇卖出的商品价格高。

(四) 保付代理的程序

出口商以赊销方式卖出商品，为能将其应收款项出售给保付代理组织，取得资金融通便利，一般都与该组织签有协议，规定双方必须遵守的条款与应负的责任。协议有效期一般为 1 年，签订协议后，保付代理业务通过下列具体程序进行：

(1) 出口商在以商业信用出卖商品的交易磋商过程中，要将进口商的名称及有关交易情况报告给本国保付代理组织。

(2) 出口商的保付代理组织将上述资料整理后，通知进口商的保付代理组织。

(3) 进口商的保付代理组织对进口商的资信进行调查，并将调查结果及可以向进口商提供赊销金额的具体建议通知出口商的保付代理组织。

(4) 如进口商资信可靠，出口商的保付代理组织即将调查结果告知出口商，并对出口商与进口商之交易加以确认。

(5) 出口商装运后，把有关单据出售给出口商的保付代理组织，并在单据上注明应收账款转让给出口商的保付代理组织，要求后者支付货款，后者将有关单据寄送进口商的保付代理组织。

(6) 出口商将有关单据出售给出口商保付代理组织时，后者按汇票金额扣除利息和承购费用后，立即或在双方商定的日期将货款支付给出口商。

(7) 进口商的保付代理组织负责向进口商催收货款，并向出口商保付代理组织进行划付。

第二节　国际贸易中长期融资

中长期国际贸易融资，是指银行提供的期限在 1～5 年或 5 年以上的进出口贸易贷款。企业在从事大型成套设备进出口业务中，其对外贸易中长期融资需求是通过银行提供的中长期信贷实现的。

一、出口信贷

(一) 出口信贷的概念

出口信贷是一种国际贸易融资方式，是指在大型成套设备的出口贸易中，出口国银行对本国的出口商或外国的进口商提供利率较低的贷款，以解决本国出口商资金周转的困难或满足国外进口商对本国出口商支付货款需要的一种融资方式。出口信贷只限于购买贷款国的出口商品，贷款利率低于国际金融市场的贷款利率，利差由出口国政府补贴，贷款期限最长不超过10年，它是各国争夺销售市场的一种融资手段。由于对外贸易中长期信贷追求的目标在于扩大出口，所以一般将对外贸易中长期信贷统称为出口信贷。

出口信贷是在第二次世界大战前后产生的，出口信贷集中了国际闲散资金，解决了进出口商资金短缺的问题，加速了出口商的资金周转，减少了流通费用。

（二）出口信贷的特点

(1) 投资周期长，风险较大。出口信贷都在1年以上，有的甚至达到5年以上，投资周期长，周转慢，投资的风险也较大。

(2) 侧重于扶持大型设备的出口。出口信贷的主要对象是大型机械设备或技术的出口，交易金额较大，为本国成套设备与技术的出口提供直接或间接的服务。

(3) 利率较低。出口信贷利率及信贷条件优惠，向本国出口商或国外进口商提供的出口信贷贷款利率明显低于国内市场利率，其差额由政府补贴。

(4) 与信贷保险紧密结合。由于这种投资方式提供的信贷偿还期限长、金额大，因此风险较大。为保证所投资金的安全，一般都设有国家信贷保险机构，信贷保险机构利用国家资金赔偿贷款损失。

出口信贷实际上是借助国家力量来加强本国出口商在国际市场上的竞争力，促进本国货物的出口。出口信贷具有明显的国家补贴性质。

（三）出口信贷的主要类型

出口信贷的主要形式有买方信贷、卖方信贷、福费廷、信用安排限额、混合信贷、签订存款协议等。

二、买方信贷

（一）买方信贷的概念

买方信贷是指在大型机械装备或成套设备贸易中，由出口商所在地银行贷款给外国进口商（买方）或进口商的银行以给予融资便利，从而扩大本国设备出口的国际贸易融资方式。

（二）买方信贷的条件

由于有政府利息补贴，买方信贷的条件非常优惠，其利率较市场利率要低。为了限制在出口信贷领域的过度竞争，国际社会对买方信贷的利率水平、偿还期限及偿还方式有明确的规定，而且随着国际贸易自由化的不断加强，这种限制也日益严格。

提供买方信贷的银行通常对申请买方信贷的贸易金额规定有最低点。如果小额货物交易金额达不到最低要求，就不能使用买方信贷。买方信贷还须收取管理费，有的国家规定在签订总信贷协议后一次性支付，有的国家则规定每次申请时按具体贷款金额支付。此外还有承诺费，费率为0.1%～0.5%，每3个月或6个月计算一次，以及出口信贷保险费等。买方信贷提供的均为发放买方信贷国家的货币，但为了更好地满足进口国的不同需要，许多国家也同意以非本国货币提供买方信贷。

（三）买方信贷的程序和做法

1. 直接贷款给进口商（买方）

（1）进口商（买方）与出口商（卖方）洽谈贸易，签订贸易合同后，进口商（买方）先缴付相当于货价15%的现汇定金。现汇定金可在贸易合同生效日支付，也可在合同签订后的60天或90天支付。

（2）在贸易合同签订后至预付定金前，进口商（买方）与出口商（卖方）所在地的银行签订贷款协议。这个协议是以上述贸易合同为基础的。如果进口商不购买出口国的设备，则进口商就不能从出口商所在地银行取得此项贷款。

（3）进口商（买方）用其借得的款项，以现汇付款条件向出口商（卖方）支付货款。

（4）进口商（买方）向出口商（卖方）所在地银行的借款，按贷款协议的条件分期偿付。

2. 直接贷款给进口商（买方）银行

（1）进口商（买方）与出口商（卖方）洽谈贸易，签订贸易合同，进口商（买方）先缴付15%的现汇定金。

（2）签订合同至预付定金前，进口商（买方）银行与出口商（卖方）所在地的银行签订贷款协议。该协议以上述贸易合同作为基础，但在法律上具有相对独立性。

（3）进口商（买方）银行以其借得的款项转贷给进口商（买方），后者以现汇条件向出口商（卖方）支付货款。

（4）进口商（买方）银行根据贷款协议分期向出口商（卖方）所在地的银行偿还贷款。

（5）进口商（买方）与进口商（买方）银行间的债务按双方商定的办法在国内清偿结算。

在上述两种形式的买方信贷协议中，均分别规定进口商或进口商银行需要支付的信贷保险费、承担费、管理费等具体金额，这就比卖方信贷更有利于进口商了解真实货价，核算进口设备成本，但有时信贷保险费会直接加入贸易合同的货价中。

（四）买方信贷的特点

（1）买方信贷需要签订两个合同：一个是进出口双方签订的进出口合同；另一个是出口商银行与进口商或进口商银行签订的贷款合同。贷款合同是以贸易合同为前提的，但又独立于贸易合同。买方信贷的手续比卖方信贷要复杂。

（2）在买方信贷方式下，出口商只负责商务方面的工作，即保证提供高质量的产品并迅速交货，令人满意地完成建厂和装配任务，保证设备的正常运转，提供担保书等。出口商一旦履行了这些责任，就不再负有其他责任，合同所规定的有关财务工作由出口商银行承担。

（3）买方信贷规定由出口商银行向买方或买方的银行提供贷款，但不允许将这笔资金从出口国转移到进口国境内。出口商银行只能依买方的指示，凭交货单据向出口商支付货款，这笔款项就是贷款合同中规定的向买方提供的信贷，由买方按照约定日期偿还。

（五）买方信贷的贷款原则

买方信贷交易金额大，资金周转期长，因此参与双方都特别慎重，通过签订协议等方式确定双方须遵守的原则。

(1) 出口信贷的利率低于市场利率。

(2) 进口商在接受该项贷款后只能以此资金购买发放贷款国家的出口商或出口制造商的产品，以及在该国注册的外国出口公司的产品，不能用于第三国。

(3) 进口商所取得的买方信贷只限于进口单机、成套设备及与此有关的劳务等资本货物，一般不能进口原材料或消费品等。

(4) 出口国提供的资本货物仅限于该国制造。

(5) 贷款只提供贸易合同额的85%。贷款可分期偿还，一般规定半年还本付息一次。

三、卖方信贷

(一) 卖方信贷的概念

卖方信贷是在大型机械装备与成套设备出口中，为便于出口商以延期付款方式出卖设备，出口商所在地银行以优惠利率向出口商提供的信贷。利用卖方信贷成交时，进口商在订货时要按照合同金额支付一定比例的现金，其余由出口商银行以贷款的方式代进口商垫付，进口商分期偿还。卖方信贷要由出口商支付贷款利息、信贷保险费、承担费、管理费，这些费用最后会加在货价上，使得卖方信贷的货价高于用其他方式成交的货物价格。

(二) 卖方信贷的程序

(1) 进出口商签订合同后，进口商先支付10%～15%的定金，在分批交货验收和保证期满后，再分期支付10%～15%的货款，其余货款在全部交货后的若干年内分期偿还，一般每半年还款一次，并支付延期付款期间的利息。

(2) 出口商向其所在地的银行借款，签订贷款协议融通资金。

(3) 进口商连同利息、费用分期偿还贷款后，根据贷款协议，出口商再偿还银行的贷款。

银行对出口商提供的是银行信用，假如发生意外，未能从国外收到款项，银行对出口商保留追索权，仍由出口商来承担银行所垫付的资金或国外买主未付清的余款。因此，从信贷风险的实际承担责任来说，卖方信贷仍然是由出口商向国外买主提供延期付款的信用，属于商业信用。卖方信贷的利息是由出口商负担的，而且大部分贷款要在全部交货后才开始陆续偿还。

四、福费廷

(一) 福费廷的概念

福费廷是指在延期付款的大型设备贸易中，出口商把经进口商承兑的、期限在半年到5年以上的远期汇票，无追索权地卖断给出口商所在地的银行(或大型金融公司)，以提前取得现款的资金融通方式。

(二) 福费廷业务的条件

利用这一融资方式的出口商应满足以下条件：

(1) 同意向进口商提供期限为 6 个月至 5 年甚至更长期限的贸易融资。

(2) 同意进口商以分期付款的方式支付货款，以便汇票、本票或其他债权凭证能够按固定时间间隔依次出具，以满足福费廷业务的需要。

(3) 除非包买商同意，否则债权凭证必须由包买商接受的银行或其他机构无条件地、不可撤销地进行保付或提供独立的担保。

(三) 福费廷业务的特点

(1) 远期票据应产生于销售货物或提供技术服务的贸易。

(2) 以福费廷方式出口，出口商必须放弃对所出售债权凭证的一切权益，将收取债款的权利、风险和责任转嫁给包买商，而包买商也必须放弃对出口商的追索权。

(3) 出口商在背书转让债权凭证的票据时，均须加注“无追索权”字样，从而将收取债款的权利、风险和责任转嫁给包买商。

(四) 福费廷业务的程序和做法

(1) 出口商与进口商在洽谈贸易合同时，如需使用福费廷，应事先与其所在地银行或金融机构约定，以便做好各项信贷安排。

(2) 进口商与出口商在签订贸易合同时，需事先言明使用福费廷。

(3) 担保银行必须经过出口商所在地银行认可，如出口商所在地银行认为担保银行资信不高，进口商要另行更换担保银行。担保银行确定后，进出口双方才能最终签订贸易合同。

(4) 出口商发运货物后，将全套货运单据通过银行寄送给进口商，以换取经进口商承兑的附有银行担保的承兑汇票或本票。

(5) 出口商取得经进口商承兑的并经第一流银行担保的远期汇票或本票后，按照与买进这项票据的福费廷银行的约定，卖断票据，取得现款。

(五) 福费廷业务对进出口商的利弊

1. 福费廷业务对出口商的作用

(1) 出口商按贸易合同发运货物后，很快就能得到包买商的资金融通，加速了其资金周转，避免了汇率风险。

(2) 包买商对出口商的融资没有追索权，出口商将进口商拒付的信用风险转嫁给了银行。

(3) 出口商可以转嫁有关费用。办理福费廷业务的银行虽然向出口商收取各项费用，但出口商可以将这些费用加到货价上转嫁给进口商承担，同时进口商把票据卖断给银行，货款托收的费用就由银行来承担了。

2. 福费廷业务对进口商的利弊

(1) 利息与所有的费用负担均计算在货价之内，一般货价较高。

(2) 福费廷业务的手续较简便，进口商无须办理复杂的融资手续。

(3) 在福费廷方式下，进口商需要寻找担保银行，须向担保银行交付一定的保费或抵押品。

(六) 福费廷与一般贴现的区别

福费廷与贴现极其相似，但又不相同，主要的区别在于：

(1) 一般票据贴现，如票据到期遭到拒付，银行对出票人能行使追索权，要求汇票的出票人付款。办理福费廷业务所出售的票据，不能对出票人行使追索权，出口商在出售这项票据时是一种卖断，以后票据遭到拒付与出口商无关。出口商将票据拒付的风险完全转嫁给银行。这是福费廷与贴现的最大差别。

(2) 贴现的票据为一般国内贸易和国际贸易往来中的票据；福费廷业务的票据则多为与出口设备相联系的有关票据，可包括数张等值的汇票（或期票），每张票据间隔的时间一般为 6 个月。

(3) 贴现的票据有的国家规定需要具备 3 个人的背书，但一般无须银行担保；办理福费廷业务的票据，必须有第一流银行的担保。

(4) 办理贴现的手续比较简单，办理福费廷业务的手续则比较复杂。贴现的费用负担一般仅按当时市场利率收取贴现息；而办理福费廷业务的费用负担则较高，除按市场利率收取利息外，一般还收取下列费用：1) 管理费。一次性支付。2) 承担费。从出口商银行确认做福费廷业务之日起，到实际买进票据之日止，按一定费率和天数收取承担费。3) 罚款。如出口商未能履行或撤销贸易合同，以致福费廷业务未能实现，办理福费廷业务的银行要收取罚款。这些费用虽均由出口商支付，但会通过提高设备的货价转嫁给进口商。

(七) 福费廷业务与保理业务的区别

福费廷业务与保理业务虽然都是由出口商向银行卖断汇票或期票，银行不能对出口商行使追索权，但两者之间存在以下区别：

(1) 保理业务一般多在中小企业之间进行，成交的商品多为一般进出口商品，交易金额不大，付款期限在 1 年以下；福费廷业务成交的商品为大型设备，交易金额大，付款期限长，并在较大的企业间进行。

(2) 保理业务无须进口商所在地的银行对汇票的支付进行保证或开立保函；福费廷业务的票据必须有第一流银行的担保。

(3) 保理业务的出口商无须事先与进口商协商；福费廷业务的进出口双方必须事先协商，取得一致意见。

(4) 保理业务的内容比较综合，常附有资信调查、会计处理、代制单据等服务内容；福费廷业务的内容则比较单一。

五、信用安排限额

在银行日益介入国际贸易业务的情况下，20 世纪 60 年代后期，信用安排限额开始在出口信贷业务中推行。信用安排限额是出口商银行为了扩大本国一般消费品或基础工程的出口，给予进口商所在地的银行以中期融资的便利，并与进口商所在地银行配合，组织较小金额业务的成交。信用安排限额有如下两种形式。

(一) 一般用途信用限额

在此形式下，出口商所在地银行向进口商所在地银行提供一定的贷款限额，以满足对方许多彼此无直接关系的进口商购买该出口国消费品的资金需要。这些消费品是由出口国众多彼此无直接关系的出口商提供的，出口国银行与进口国银行相互配合促进成交。在双方银行的总信贷限额下，双方银行采取中期贷款的方式，逐个安排金额较小的信贷合同，给进口商以资金融通，用于向出口商支付。信贷合同的偿还年限一般为2～5年。

（二）项目信用限额

在此形式下，出口商银行向进口商银行提供一定贷款限额，以满足进口国的厂商购买出口国的基础设备或基础工程建设的资金需要。这些设备和工程往往由几个出口商共同负责，有时甚至没有一个总的承包者。项目信用限额与一般用途信用限额的条件与程序相似，不过借款主要用于购买工程设备。

六、混合信贷

混合信贷是卖方信贷与买方信贷形式的新发展。一些国家为扩大本国设备的出口，加强本国设备出口的竞争能力，在出口商银行发放卖方信贷或买方信贷的同时，出口国政府还从预算中拨出资金，作为政府贷款或给予部分赠款，连同卖方信贷或买方信贷一并发放，以满足出口商（卖方信贷）或进口商（买方信贷）支付当地费用与设备价款的需要。政府贷款或赠款占整个贷款金额的比率视政治、经济情况及出口商或进口商的资信状况而有所不同，一般占贷款金额的30%～50%。这种为满足同一设备项目的融通资金需要，卖方信贷或买方信贷与政府贷款或赠款混合发放的方式即混合信贷。

提供混合信贷的形式大致有两种：

（1）对一个项目的融资，同时提供一定比例的政府贷款（或赠款）和一定比例的买方信贷（或卖方信贷）。这种形式的混合信贷分别签订协议，其利率、费率等融资条件各不相同。

（2）对一个项目的融资，将一定比例的政府贷款（或赠款）和一定比例的买方信贷（或卖方信贷）混合在一起，然后根据赠予成分的比例，计算出一个混合利率。这种形式的混合信贷只签订一个协议，其利率、费率和贷款期限等融资条件也只有一种。

七、签订存款协议

出口商银行在进口商银行开立账户，在一定期限之内存放一定金额的存款，并在期满之前保持约定的最低额度，以供进口商在出口国购买设备之用，这也是提供出口信贷的一种形式，一般适用于中小型项目。

第三节　国际租赁与项目融资

一、国际租赁

（一）国际租赁的概念

国际租赁是指一国出租人在一定时间内把设备出租给另一国承租人使用，承租人按租约的规定分期付给出租人租赁费的业务。

狭义的国际租赁是指分别处于不同国家或不同法律制度之下的出租人与承租人之间的租赁交易，又称跨国租赁或跨境租赁。

广义的国际租赁不仅包括跨国租赁，还包括离岸租赁。离岸租赁是指一家租赁公司的海外法人企业在注册地经营租赁业务。不管承租人是否为当地用户，对这家租赁母公司而言都是离岸租赁，但对母公司的海外法人企业而言，由于在绝大多数情况下它是与其所在国的承租人达成交易的，因此属于国内交易。离岸租赁是国际租赁市场上发展最快的一种租赁形式。

（二）国际租赁的特点

国际租赁具有以租物形式融资，将贸易与金融结合在一起，发挥投资、融资与促进销售的三重作用，具有以下特点：

（1）涉及出租方、承租方和供货方三方当事人，并且属于不同的国家或地区。

（2）涉及的商务合同中至少有一个是涉外合同。

（3）租金具有完全支付性。出租人在租赁期内通过收取租金，可以全部或绝大部分收回设备投资。

（4）主要通过国际金融市场的中长期贷款和发行债券等方式筹资。

（5）租赁时间具有连续性和不间断性。在较长租赁期内，设备只租给一家用户使用，租赁设备由承租人选定。

（6）租赁合同具有不可解约性。在租赁期内，承租人和出租人均无权撤销合同。

（7）国际租赁的风险大于国内租赁。国际租赁除包括信用风险、政治风险、利率风险外，还包括汇率风险。

（三）国际租赁的程序

（1）由承租人根据自己的需要选择租赁设备和供货商。承租人在选定设备时，一般会重点考察设备的规格、型号、性能、质量、价格和售后服务等，并与供货商进行详细的技术交流或组织专家进行可行性分析。具体业务中，承租人也可能委托出租人代为选择供货商和租赁设备，然后由承租人确认。

（2）承租人通过谈判或招标方式选择出租人，并向选中的租赁企业出具金融租赁委托书。金融租赁委托书标志着租赁项目正式启动，随后的购货合同和租赁合同会以此为基础签订。

（3）对出租人来说，金融租赁相当于向承租人提供一笔长期贷款，承租人的资信状况和履约能力直接关系到出租人能否及时收回投资并获得相应的利润。为了确保获得利润，出租人一般要求对租赁项目本身及承租人的背景进行全面审查和评估。

（4）购货合同的当事人为出租人和供货商，交易双方的谈判内容包括技术谈判和商务谈判两个方面。在金融租赁中，购货合同和租赁合同是联立的，在签订购货合同时，必须预先考虑到其与租赁合同条款一致。

（5）租赁合同的当事人是出租人和承租人。租赁谈判内容主要包括确定租赁物、租金、租期、担保、租赁期满后租赁物的归属以及违约或争议的处理等问题。租金是租赁谈判的核心内容。租金一般由设备价款、利息、手续费和利润等构成。出租人为租赁设备支付的保险费也计入租金总额。

(6) 履行合同。出租人按照购货合同向供货商支付设备价款，供货商按照购货合同向承租人交付租赁物，承租人按照租赁合同向出租人支付租金，租赁期满后出租人和承租人按照租赁合同处置租赁物。

(四) 国际租赁的形式

随着国际租赁业务不断地创新发展，为满足不同需求发展出多种租赁形式。

1. 金融租赁

金融租赁也称融资性租赁，是指由当事人双方约定，承租人选定机器设备，由出租人购置后出租给承租人使用，承租人按期交付租金，设备的维修一般由承租人负责，租赁期满后可退租、续租或把设备转给承租人。金融租赁是国际租赁中最常见、最基本的租赁形式。

2. 经营租赁

经营租赁又称服务性租赁，是指承租人直接向出租人租赁机器设备，定期交付租金，租赁期满后将设备退回出租人的租赁方式。出租人一次出租回收的租金不足以偿付出租人购买设备的资本支出及利润，出租人对投资未收回部分将通过再租赁的办法来弥补。出租人负责提供设备保养和维修服务。

3. 衡平租赁

衡平租赁也称杠杆租赁，是指一家或几家租赁公司联合，以设备和租金作抵押，通过少量的资金来融通大量资金以便购买大型的资本密集型设备给承租企业使用的一种复杂的融资性租赁方式。

衡平租赁是出租方利用企业财务杠杆原理，以无追索权借得长期贷款，以租金和设备作为贷款的抵押。例如，在通信卫星、远洋船舶等租赁业务中，由于出租人不能负担巨额资金，因此会另外再约请一家或几家金融机构参加，共同提供资金，促成交易。

4. 双重租赁

国家与国家之间存在不同的税收规定，出租人和承租人都是各自国家减税的资产所有人，双方都以租赁资产在各自国家取得折旧税优惠，这种租赁称为双重租赁。如英国某出租人出租资产给美国承租人，可以获得英国的折旧税优惠，并且可以在美国申请投资税和折旧税减免。

5. 回租租赁

这种租赁方式是指企业将设备出售给租赁公司，同时再租回使用。设备的所有权归租赁公司，使用权归企业。企业按租赁合同的规定分期支付租金。

回租租赁主要用于已使用过的设备。通过这种方式，原设备的所有者可将出售设备所得到的资金另行投资或改做他用，这样既改善了财务状况，又不影响生产。

6. 综合性租赁

综合性租赁是一种将租赁业务与某些贸易方式加以结合的租赁形式。通常将租赁与补偿贸易、来料加工以及包销等贸易方式相结合，不仅可以减少承租人的外汇支出，而且可以扩大承租人与出租人之间的贸易往来，促进商品贸易与租赁业务的共同发展。综合性租赁主要有以下形式：

（1）租赁与补偿贸易相结合。出租人把机器设备出租给承租人，而承租人则用所租设备生产的产品偿付租金。

（2）租赁与来料加工相结合。承租人用租赁方式引进设备进行来料加工，用工缴费抵缴租金。

（3）租赁与包销相结合。承租人将所租设备生产出来的产品交给出租人包销，出租人从包销款中扣取租赁费。

二、国际项目融资

（一）国际项目融资的概念

国际项目融资是指国际上为某一特定的工程项目提供贷款，贷款人以该项目所产生的现金流和收益作为偿还贷款的资金来源，并将该项目或经营该项目机构的资产作为贷款的担保。国际项目融资是国际上为一些大型工程项目融资的方式，贷款人要承担项目风险，风险担保仅限于该项目，还款来源是该项目的未来收益。

（二）国际项目融资的特点

（1）国际项目融资是根据承办单位的资产状况和项目的经济效益状况来发放贷款，而不是根据主办单位的资产、信誉状况来发放贷款。

（2）与工程项目有利益关系的单位都参与对贷款的风险担保。

（3）工程项目所需资金来源多样化。

（三）国际项目融资的类型

（1）无追索权的国际项目融资。国际项目融资贷款本息的收回仅来源于项目本身的收益。

（2）有追索权的国际项目融资。有第三方参与项目担保，提供资金者有权向担保者进行追索，但仅以他们各自担保的金额为限。

国际项目融资实际上是一种有限追索权的贷款方式，即项目筹措方将项目产生的现金流形成的收益直接用于偿还项目的贷款，并以项目资产作为贷款的抵押。贷款人对项目发起人的追索权仅以项目本身的价值为限，如果项目经营失败，贷款人无权对项目发起人的其他财产进行追索。

（四）国际项目融资和世界银行项目贷款的区别

（1）贷款根据不同。国际项目融资一定要有盈利才给予贷款；而世界银行发放的与项目结合的贷款不要求项目本身一定要有盈利，如对教育项目发放的贷款本身就不一定有现实的、直接的盈利。

（2）贷款保证不同。国际项目融资以项目本身经济效益作保证；世界银行项目贷款以借款人的直接信誉为保证，项目贷款偿还也可用其他项目收益来归还。

三、BOT融资

（一）BOT融资的含义

BOT的英文全称是 build-operate-transfer，即建设—经营—转让方式，是政府将一个基础设施项目的特许权授予承包商（一般为国际财团），承包商在规定期限内负责项目设计、融资、建设和运营，并回收成本、偿还债务、赚取利润，期满后将设施移交地方政府或主管部门的一种融资方式。

实质上，BOT 融资方式是政府与承包商合作经营基础设施项目的一种特殊运作模式。

（二）BOT 融资方式的特点

（1）无追索权或仅有有限的追索权。BOT 融资是一种项目融资，承包商回收项目投资的唯一途径是项目建成后在授权期内运营项目或销售项目产品，以此项目收费权或产品销售权作为担保而取得建设项目的贷款。也就是说，这种贷款是一种无追索权或仅有有限追索权的融资，在项目本身无力收回投资时，承包商无权以项目是政府授权的为借口而要求取得补偿。

（2）整个项目的设计、建设、运营以及建设项目资金的筹措等均由政府授权的承包商负责，承包商在特许期内拥有项目的所有权和经营权。承包商承担了项目的全部风险，所以融资成本较高。

（3）BOT 融资项目的收入一般是当地货币。若承包商来自国外，对东道国来说，项目建成后将会有大量外汇流出，而且 BOT 融资项目不记入承包商的资产负债表，承包商不必暴露自身财务状况。

（4）与传统方式相比，BOT 融资项目的设计、建设和运营效率一般较高，用户可以得到较高质量的服务。

（5）BOT 融资方式为政府正常的预算外提供了开发基础设施的投资机会。项目风险由参加投资者按投资比例共同承担。投资通常由股份投资和债务投资两部分组成。项目投资收益仅来源于项目本身。

（三）BOT 融资方式的种类

BOT 融资方式经过十几年的实施和发展，其内涵不断变革、丰富和完善，在其基本形式（建设—经营—转让）的基础上衍生出了多种变通形式。现在国际上流行的主要形式有：BOOT（建设—拥有—经营—转让）、BOO（建设—拥有—经营）、BTO（建设—转让—经营）、BOOS（建设—拥有—经营—出售）、BT（建设—转让）、OT（经营—转让）等。各种方式的应用取决于项目条件，如 BOO 方式在市场经济发达国家应用较多，我国 BOOT 项目较多。从经济意义上说，各种方式区别不大。

本章小结

1. 国际贸易短期融资是指商业银行向进出口商或进出口商相互之间提供的、期限在1年以下的资金融通，目的是满足进出口商扩展国际贸易、加速商品周转的流动资金需要。主要有打包放款、出口押汇、进口押汇、保付代理等形式。

2. 出口信贷是指在大型成套设备的出口贸易中，出口国银行向本国出口商或外国进口商提供低利率贷款，以解决本国出口商资金周转困难或满足外国进口商对本国出口商支付货款需要的一种融资业务。出口信贷的主要类型有买方信贷和卖方信贷。

3. 福费廷是指在延期付款的大型设备贸易中，出口商把经进口商承兑的、期限在半年到5年以上的远期汇票，无追索权地卖断给出口商所在地的银行（或大型金融公司），以提前取得现款的资金融通方式。

4. 国际融资性租赁是国际租赁的主要类型，又称金融租赁，是指由当事人双方约定，承租人选定机器设备，由出租人购置后出租给承租人使用，承租人按期交付租金，设备的维修一般由承租人负责，租赁期满后可退租、续租或把设备转给承租人。金融租赁是国际租赁中最常见、最基本的租赁形式。

5. 国际项目融资是指国际上为某一特定的工程项目提供贷款，贷款人以该项目所产生的现金流量和收益作为偿还贷款的资金来源，并将该项目或经营该项目机构的资产作为贷款的担保。国际项目融资是国际上为一些大型工程项目融资的一种方式。

6. BOT即建设—经营—转让方式，是政府将一个基础设施项目的特许权授予承包商（一般为国际财团），承包商在规定期限内负责项目设计、融资、建设和运营，并回收成本、偿还债务、赚取利润，期满后将设施移交地方政府或主管部门的一种融资方式。

思考题

1. 名词解释

国际融资；出口信贷；出口押汇；进口押汇；国际银团贷款；国际租赁；买方信贷；卖方信贷；福费廷；国际项目融资；BOT融资。

2. 思考题

（1）简述国际贸易短期融资的方式并加以比较。

（2）简述国际贸易中长期融资的方式并加以比较。

（3）简述国际融资租赁的具体形式。

（4）简述BOT融资的特点。

（5）简述国际项目融资的特点和类型。

第八章　国际结算

学习目标

通过本章的学习，了解国际结算体系中银行的角色，熟悉相关的国际票据法律和惯例，掌握票据基础知识，重点理解票据的基本特征，掌握汇票、本票和支票的概念和基本使用方法，熟悉托收和信用证等结算方式的概念、性质和使用流程。

学习方法

(1) 预习法。通过预习了解本章的内容，对国际结算的相关内容有一个初步的把握。运用国际化视野认识国际结算行为发生所处的国际环境，理解票据和结算方式的应用背景，熟悉相关国际票据法律间的冲突与分歧。

(2) 联系学习法。运用比较分析的方法总结汇票、本票和支票三者之间的联系和区别，对比分析不同结算方式的特征和使用流程。

(3) 完成本章后面的思考题。

完成本章的学习后，可以进一步巩固前几章所学的相关知识，同时有助于后面章节中相关知识的理解。

案例导读1

现代国际结算活动发生在由票据、票据流通所依赖的国际银行系统以及相关国际惯例和法律制度等共同构成的国际结算体系当中。

这一点可以从以下案例分析得知。假设伦敦的A商人与纽约的B商人达成一笔金额为10万美元的商品买卖合同。按照合同的约定，B商人向A商人交付一批价值10万美元的商品，A商人则应支付相对应的货款。他们可以约定这笔货款使用现金支付。从现代意义上来讲，即使用银行资金进行结算。A商人可以将等值的英镑汇入B商人在伦敦开立的银行账户内，也可以从外汇市场购入10万美元，然后汇入B商人在纽约开立的银行账户内。由于上面贸易中的结算涉及了资金的国际汇兑，当事人不但要面对对方可能违约的商业风险，还要承担外汇市场汇率风险，即美元与英镑的兑换比例有可能发生不利于当事人的变化。

如果这时刚好有另外一对商人，即在伦敦的C商人与在纽约的D商人，他们也达成一笔金额为10万美元的商品买卖合同。在第二笔交易中，伦敦的C商人是卖方，纽约的D商人是买方。这两笔合同的交易如图8—1所示。

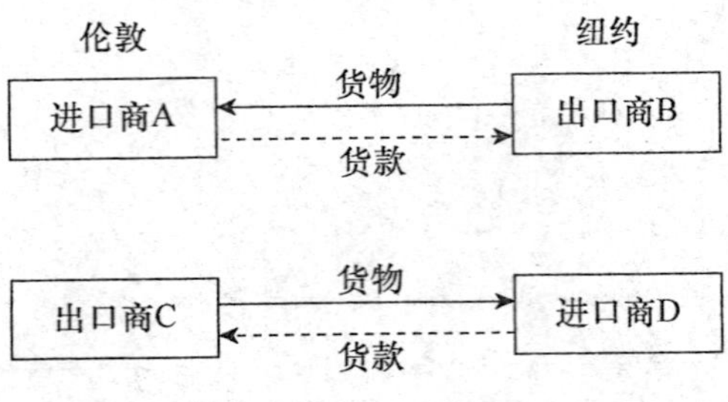

图8—1 传统直接结算流程

在现金结算方式下，这两笔交易中的货款支付都是通过资金的跨国转移来实现，但资金流动方向相反，是两笔独立的结算行为。

在现代结算体系内，上述交易中的货款支付可以通过使用票据来完成。此时，B商人签发一份命令A商人付款10万美元的汇票，然后将票据贴现转让给同在纽约的D商人，并从D商人那里获得贴现资金。D商人受让该汇票后，在票据到期前可以继续将其转让给C商人。由于汇票代表收款的权利，因而是有价值的，可以视为D商人向C商人支付了货款，完成了合同约定的付款义务。此时C商人持有该票据，在票据到期日持票向A商人进行提示，要求A商人付款。A商人支付10万美元等值英镑给C商人，完成结算。如图

8—2 所示。

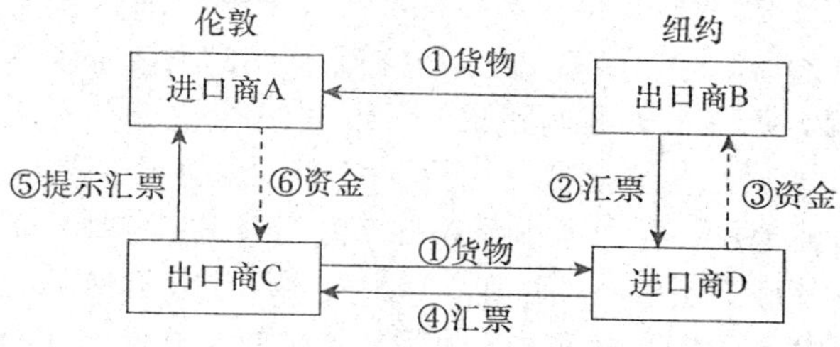

图 8—2　现代国际结算流程

从上述结算流程可以看出，在以票据而不是以现金为结算工具的情况下，国际结算流程发生了明显的变化，以票据为中心的现代国际结算具有明显的优势。首先，票据代替现金实现了资金的跨国转移。其次，结算资金的流动方向由原来的跨国流动转变为同城内的流动。两笔交易中的买卖双方都各取所需，而涉及资金的实际流动方向发生了明显的变化。比如 A 商人，原本应付款给 B 商人，但 A 商人的资金实际上是流向了 C 商人。按合同的规定，B 商人应从 A 商人那里收到货款，但 B 商人实际上是从 D 商人那里获得资金。尽管资金流动有明显改变，但是所有当事人在合同中的债权债务关系都得到了正确的体现。

思考：

在国际结算实践中，使用票据有哪些好处呢？

案例导读2

某年 8 月，我国某市 A 公司与新加坡 B 公司签订了一份进口胶合板的合同。合同总金额为 700 万美元，支付方式为托收项下付款交单。合同写明，允许分批装运胶合板。按照合同的规定，第一批价值 60 万美元的胶合板准时到货。经检验，A 公司认为质量良好，对双方的合作很满意，但在第二批交货前，B 公司向 A 公司提出：鉴于 A 公司资金周转困难，允许 A 公司对 B 公司开出的汇票进行远期付款，汇票的支付条款为：见票后一年付款 700 万美元，但要求该汇票由中国某国有商业银行的某市分行承兑，承兑后，B 公司保证将价值 700 万美元的胶合板在一年内交货，A 公司全部收货后，再付给 B 公司 700 万美元货款。A 公司对此建议欣然接受。A 公司认为只要承兑了一张远期汇票，就可以得到货物，并在国内市场销售，这是一笔无本生意，而且货款还可以投资。但让 A 公司始料未及的是，B 公司将这张由中国某国有商业银行某市分行承兑的远期汇票在新加坡一家美国银行贴现了 600 万美元，从此以后一张胶合板都没有交给 A 公司。事实上，B 公司将这笔巨额货款骗到手后就消失得无影无踪。一年后，新加坡的这家美国银行就这张承兑的远期汇票要求中国某国有商业银行某市分行付款。尽管 B 公司没有交货，承兑银行却不得以此为理由拒绝向善意持票人美国银行支付票据金额。因该票据金额巨大，中国某国有商业银行报请上级批准，由我方承兑银行付给美国银行 600 万美元结案。

对于这张由新加坡 B 公司作为出票人和收款人的汇票，经中国某国有商业银行的某市分行承兑后，该分行就成为汇票的付款人。A公司与B公司之间的胶合板买卖合同是该票据的原因关系，因此B公司向A公司开出远期付款命令，而A公司在某国有商业银行某市分行有账户往来关系，即存款于该银行，它们之间的这种资金关系使得该行某市分行愿意向A公司提供信用，承兑了这张远期汇票。美国银行与B公司之间有对价关系，美国银行善意地支付了600万美元的对价而成为这张汇票的善意持票人。票据的最大特点就是，票据法律关系一经形成，即与基础关系相分离。票据基础关系的存在和有效与否并不对善意持票人的票据权利产生影响。因此，B公司实际上没有交货或者A公司没有足够的美元存在银行都不影响美国银行对承兑人的付款请求权。对美国银行来说，这张票据上并没有写明有关胶合板的情况，只有一句话："见票后一年支付700万美元。"票据法律关系应依据《票据法》的规定加以解决，票据基础关系则应依据《民法》的规定加以解决。B公司正是利用了票据的特性才行骗得逞的。如果这张票据没有在市场流通，那么情况就不一样了，因为各国制定的票据法都认为，票据在未投入流通前，票据的基础关系与由此产生的法律关系便没有分离，两者是有联系的。也就是说，当票据的原因关系与票据的法律关系存在于同一当事人之间时，债务人可以利用原因关系对抗法律关系。

思考：

1. 国际结算的起源是什么？
2. 国际结算工具有哪些？
3. 国际结算有哪些具体方式？

第一节　国际结算体系

一、现代国际结算特征

现代国际结算的特征主要体现在以下几点。

（一）从现金结算到票据结算

国际结算伴随着国际贸易的产生而出现。早在16世纪到17世纪，早期的票据就开始在欧洲大陆使用。从那时起，国际贸易结算就逐渐从以现金（金银货币）结算发展到以票据结算。随着国际贸易的迅速发展和有关票据法律制度的建立与完善，票据在国际结算中的优越性日益显著，并最终取代现金成为基本结算工具。在现代经济中，票据的使用已经普及到国际和国内几乎所有经济交易中。

（二）从买卖双方直接结算到通过银行进行结算

现代国际贸易结算已经形成以银行为中心、支付和融资相结合的模式。借助高效的银行结算系统，买卖双方能以极低的成本获得银行提供的高质量专业结算服务，使资金得以安全、迅速地转移。通过银行进行结算，买卖双方还能从银行获得担保、融资和资讯等方面的便利。

（三）从凭实物结算到凭单据结算

随着运输技术和价格条件的变化，现代国际贸易的交货方式逐渐从过去的"实际交货”发展到“象征性交货”。“象征性交货”是指卖方以向银行或买方提交全套合格的货运单据作为其履行合同交货义务的证明，即以“交单”代替“交货”。在“象征性交货”中，卖方只需将货物交给指定承运人并缮制单据，而无须将货物置于买方的实际控制之下。即使货物实际上已在运输途中遇险受损，卖方仍然可以凭借全套合格单据要求买方支付货款。同样，合同中卖方承担的其他义务，通常都要求提供相关单据作为证明。

买卖双方之间凭单据结算的做法，在某种程度上成为一种独立于货物买卖合同的关于“单据”的买卖。国际结算业务通常需要处理的单据多种多样，包括合同、运输单据、保险单据，以及在报关、商检、银行等环节需要的各类证明文件等。

（四）从纸质单据结算到无纸单据结算

单据电子化是现代国际结算发展的明显趋势。传统国际结算单据的载体是纸张。使用纸质单据存在重复劳动多、浪费严重、出错率高、处理缓慢等问题。随着国际贸易量的急剧增长，纸质单据带来的弊端愈加严重。计算机技术及网络技术的发展为单据电子化创造了条件。EDI 是 electronic data interchange 的缩写，即电子数据交换，是 20 世纪 80 年代发展起来的。在 EDI 系统中，用户按照国际通用的标准化格式发送信息，与贸易伙伴的计算机系统进行数据交换和处理。借助于专用增值网络的服务，EDI 系统能够将进出口商、制造厂商、银行、海关、保险、运输等多个贸易伙伴联结在一起，完成以贸易为中心的全部业务过程。整个过程都是自动完成的，无须人工干预，减少了人为造成的差错，提高了贸易运作效率。由于 EDI 致力于用电子单据替代传统贸易下的纸质单据，故又称为“无纸贸易”。

EDI 先后在美国、欧洲部分国家和新加坡得到实施，并取得了巨大的成功。多项研究统计表明，EDI 能够大大提高商业文件传送速度，降低文件成本，减少人为错漏造成的商业损失，缩短业务处理周期。随着互联网的普及，基于互联网的开放性，EDI 日益受到众多中小用户的青睐。

二、国际结算中的银行

银行是国际贸易结算的中心枢纽，也是企业进行国际贸易活动时不可缺少、不可替代的助手。首先，银行有自己的机构网点或代理机构网点，设在买方和卖方所在地，因此具备实现资金国际流动的组织条件，能够满足交易各方资金调拨的需要。其次，银行经营买卖各国外汇或套汇业务，从事不同货币间的即期和远期交易，能够为风险偏好不同的客户（如套期保值者和风险投机者）提供风险转移工具。再次，银行了解各国贸易、外汇管制情况以及企业经营、资信情况。最后，银行业务的发展使得贸易结算自然分工到银行，买卖双方可以集中精力开展贸易。

（一）银行的作用

在国际结算过程中，银行可向客户提供如下服务。

1. 国际汇兑

国际汇兑是指通过国际上银行的“汇”与“兑”来实现国与国之间债权债务的清偿和

国际资金的转移。"汇"是指货币资金在不同国家之间的转移，"兑"是指不同国家货币的相互转换。

国际汇兑还包括在国际贸易中，银行接受进出口商的委托，办理国际上的汇款、托收、信用证等业务。依据资金流向与结算工具传递方向的关系，汇兑可分为"顺汇"和"逆汇"两类①。

2. 担保

在经济交易过程中，银行往往应客户请求使用担保或保证来出让信誉度高的银行信用，以便利交易的进行。担保业务属于银行的表外业务，无须占用银行自有资金，却能带来稳定收入，因而正常情况下银行乐意开展担保业务。银行担保业务主要包括信用证、银行保函、票据承兑业务等。

3. 融资

融资是指在金融市场上筹措资金的行为。取得银行的资金融通是企业从事国际贸易的重要条件。除了一般的贷款以外，银行可以为客户提供各种融资手段，如进出口押汇、贴现、打包放款、预支 L/C（信用证）等，能够有效缓解交易各方在合同履行各环节发生的资金周转困难。

4. 其他服务

银行经营业务的特点使其自然而然就可以获得有关市场和企业的大量信息。利用在信息上的优势，银行能够为客户提供有价值的服务，如远期外汇买卖（外汇期货）、客户资信调查、在国外金融市场发行有价证券等。

（二）银行的分支机构

银行主要是通过其分支机构来开展国际结算业务的，因而了解银行分支机构及其基本业务十分必要。银行的最大优势就是它具有类型多样、分布广泛的分支机构。银行的分支机构主要有分行、子行、联行、代表处、代理行等。银行选择开设什么类型的分支机构主要取决于对开设分支机构目标、成本和风险等因素的综合考虑。

1. 分行

分行即到国外开设自己的分支机构。分行是其总行在东道国经营常规银行业务的合法经营机构。按照国际惯例，分行与总行及其他分行属于同一法人，被视为同一银行。分行的资金全部由总行提供，主要负责人也由总行委派。分行没有独立的经营决策权，经营风险由总行承担。分行相当于总行在海外的一个执行部门，能较好地服务于总行，因而是最好的海外合作形式。但同时分行的投入成本也是最高的，受到资金和人力资源方面的限制，总行一般会在主要的国际金融中心开设分行。

2. 子行

子行是指按东道国法律的规定在当地注册的独立的银行，其资金全部或大部分来自母银行，后者对其有控制权，其余少部分股权由当地资本或其他外国银行资本提供。子行本身是一个独立的法人机构，其日常业务必须按东道国法律规定办理。

① 顺汇（remittance）是指资金流向与结算工具传递方向一致，如汇款。逆汇（reverse remittance）是指资金流向和结算工具传递方向相反，如托收、信用证。

3. 联行

联行（又称“离枝银行”）是按东道国法律注册成立的独立银行，具有独立的法人资格。国内母银行对联行通常拥有部分股权，但未达到控股比例，因此无法控制联行的业务。

4. 代表处

代表处是指总行在国外开设的代表该银行的办事机构，不能经营存、贷款等常规银行业务。其作用主要是代表总行与东道国客户、银行及政府管理部门保持联系，为总行收集与介绍东道国的政治、经济、法律、银行业务等方面的信息，为将来开办分行做准备。代表处的所有营运资金都来自总行，而且因其不能开展业务，不产生收入或利润，所以是一个只出不进的机构。

5. 代理行

代理行是指依据签订的代理行协议互相提供代理服务的银行。代理服务的内容涉及结算、融资、咨询、培训等多方面，在代理行协议上签字的银行互相成为对方银行在本国的代理行，在协议规定的业务范围内彼此提供金融服务。

海外代理行本身是一家独立的银行，在经营、资金、盈亏、风险等方面与国内银行没有任何关系，国内银行既不需要对对方银行投资，也不能控制对方银行的经营管理。双方只是出于拓展海外业务网点、为各自客户提供全球性服务的共同需要，经过友好协商并签订协议而形成了互相合作的代理关系。

建立代理行关系可以充分利用海外银行的优势资源，迅速扩大银行的分支机构网络和业务范围。代理行通常是一家业务成熟的银行机构，业务水平符合国际标准，并且已经具备了相对完善的分支机构网络。相对于其他类型的分支机构，建立代理行既不需要对外投资，也无须配备专业人员，因而是经济、高效的海外合作形式。在每一家国际性银行的海外机构网络中，代理行的数量都占绝对优势，成为银行网络的主要成员。

（三）账户行关系

代理行（包括账户行）之间委办各项国际业务所涉及的货币支付行为，并不是也没必要直接交付实物现金，而是银行间通过在相关账户上进行处理即可完成。

因此，在国际结算中，银行机构间要实现资金往来，通常需要建立账户行关系。当一家银行在另一家银行设立了账户，或双方互设账户，就建立了账户行关系。

账户行关系基本原理如图 8—3 所示。

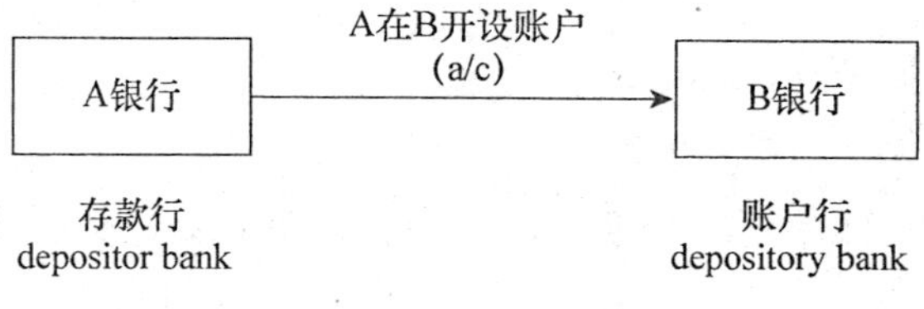

图 8—3　账户行关系基本原理

从 A 银行角度看，该银行在其他银行设立的账户是“往账”，即我行在你行的账户。从 B 银行角度看，其他银行在本银行设立的账户称为“来账”，即你行在我行的账户。A 银行称为存款行，B 银行称为账户行，从而形成了存款行与账户行的关系。如 A 银行与 B 银行彼此互设账户，则互为账户行。

货币支付通常发生在具有账户行关系的银行之间。如果资金从存款行流向账户行，存款行实际上仅需减少其账户行往账内的资金即可，但存款行需通知并授权往账所在账户行处理该笔资金。如果资金是从账户行流向存款行，账户行通过增加存款行在本行来账中的相应金额，并通知存款行，来实现资金的转移。如果两家银行互设账户，互为存款行和账户行，那么这两家银行间的资金流动可采用上述两种方式中的任何一种。实践中，银行往往根据账户资金松紧程度不同进行权衡选择。

用银行会计的术语来讲，增加某一账户金额的操作叫做“贷记（credit）”；减少某一账户金额的操作叫做“借记（debit）”。

（1）贷记。如“to credit your a/c with us”表示“已贷记你行来账”或“已贷记你行在我行的账户”，即在来账上增加了金额，见图 8—4。

（2）借记。如“to debit our a/c with you”表示“请借记我行往账”或“请借记我行在你行的账户”，即授权账户行减少我行账户中的资金，见图 8—5。

DATE：960403　　　　USD4 500.00
BENEFICIARY：MR JOHN SMITH，
　　　　　　WOOSTER STREET 83 NEW YORK 10026
PAYER：THE CHILDREN'S HOSPITAL N.Y.
MEMO：SALARY OF APRIL，96
WE HAVE CREDITED YOUR A/C 818140772 VALUE 960403
FOR THE CITIBANK NA，NEW YORK

图 8—4　银行贷记通知

DATE：960405　　　　USD1 500.00
BENEFICIARY：THE REAL ESTATE COMPANY
PAYER：MR. JOHN SMITH
　　　　　　WOOSTER STREET 83 NEW YORK 10026
MEMO：HOUSE LOAN INSTALLMENT
WE HAVE DEBITED YOUR A/C 818140772 VALUE 960405
FOR THE CITIBANK NA，NEW YORK

图 8—5　银行借记通知

三、国际票据法律

票据法律是指对票据的形式、内容以及当事人之间权利义务关系等方面做出规定的法律规范的总称。

人们对票据法律的理解存在广义和狭义之分。广义的票据法律是指各种法律中有关票据规定的总称；狭义的票据法律是指有关票据的专门立法。

（一）西方各国的票据法律

西方国家有关票据的成文法律在 17 世纪就已经出现，其代表是法国票据法和德国票据法。

（1）法国法系。1673 年，法国路易十四时期的《陆上商事条例》中关于票据的规定是近代最早的成文票据法律。在 1807 年的法国商法典中包括了汇票和支票的规定。法国法系强调票据当事人之间必须要先有资金关系，票据作为证明原因关系的契约，仅将票据视为替代现金运输的工具，因而限制了其作为流通手段和信用工具职能的发挥①。

（2）德国法系。1847 年，德国制定了《普通票据条例》，后经几次修改，成为德意志帝国的法律，于 1871 年颁布实行。其特点是，注重票据的流通和信用功能。将票据关系与票据发生的基础原因相分离，不再强调当事人之间的资金关系，但十分强调票据的形式，认为票据是一种文义证券、无因证券。由于更为接近现代经济中人们对于票据本质和功能的认识，故德国法系最终成为欧洲大陆法系票据法律的代表。

（二）国际票据法系

目前，世界上有两大并行的国际票据法系，分别为《英国票据法》和《日内瓦统一票据法》。

1.《英国票据法》

英国的《1882 年票据法》（Bill of Exchange Act，1882）是总结历来的习惯法、特别法以及许多判例而编成的。该法共计 97 条，第 1 至 72 条是有关汇票的法规，第 73 至 84 条订立了支票法规，第 85 至 89 条订立了本票法规。1957 年对支票法规进行了补充和修订。

《英国票据法》比较强调保护票据的流通和信用功能，在银行处理大量的票据实务方面，注重保护银行利益。

2.《日内瓦统一票据法》

1930 年，法国、德国、瑞士、意大利、日本、拉美一些国家等 20 多个国家在日内瓦召开国际票据法统一会议，签订了《日内瓦统一汇票本票法公约》（Convention Providing a Uniform Law for Bills of Exchange and Promissory Notes）。次年，又签订《日内瓦统一支票法公约》（Convention Providing a Uniform Law for Cheques）。两者合称《日内瓦统一票据法》。

《日内瓦统一票据法》最终并未能真正成为世界通用的票据法。由于《日内瓦统一票据法》主要是依据欧洲大陆法系的传统制定的，与英国和美国已经形成的统一做法有矛盾，故英美未派代表参加日内瓦会议，也拒绝在公约上签字。联合国国际贸易法委员会从 1971 年起就着手起草并几次修改，于 1988 年 12 月 9 日在纽约联合国第 43 次大会上正式通过了《联合国国际汇票和国际本票公约》。但该公约由于参加签字的国家过少而未获施行。

（三）中国票据法律

从 20 世纪 80 年代开始，为适应商品经济发展的需要，我国恢复了票据的使用。1988 年《银行结算办法》的颁布实施，标志着我国的结算制度开始从非票据结算向票据结算全面转变。第八届全国人民代表大会常委会十三次会议于 1995 年 5 月 10 日通过了《中华人民共和国票据法》（以下简称《票据法》），并于 1996 年 1 月 1 日起施行。2004 年 8 月 28

① 1935 年，法国商法典以《日内瓦统一票据法》为依据进行了修订。

日，第十届全国人民代表大会常务委员会第十一次会议通过了对《票据法》的第一次修订，删去了原票据法中第75条关于本票出票人资格须由中国人民银行审定的条款，进一步削弱了立法中的行政管理色彩。

从2011年开始，结合近年来国际和国内票据市场发生的变化和一系列问题，中国人民银行正在酝酿对现行票据法进行重大修订。第二次修订的主要目的是在融资票据合法性、票据无因性原则的完整体现、电子票据的法律效力、票据映像和支付密码合法性等问题上实现与国际上通行的票据习惯做法和法律制度接轨，为票据在促进我国对外经济贸易发展中发挥更大作用提供法律保障。

《票据法》从形式上采用了汇、本、支三票统一立法的方式，从内容上看比较系统全面，有总则、汇票、本票、支票、涉外票据的法律适用、法律责任和附则7章共计111条。

《票据法》的制定主要依据《日内瓦统一票据法》的基本做法，适用“国际条约优于国内法”的原则。如《票据法》第95条指出：“中华人民共和国缔结或者参加的国际条约同本法有不同规定的，适用国际条约的规定。但是，中华人民共和国声明保留的条款除外。本法和中华人民共和国缔结或者参加的国际条约没有规定的，可以适用国际惯例。”

四、有关结算的国际惯例

（一）《国际贸易术语解释通则》

《国际贸易术语解释通则》（International Rules for the Interpretation of Trade Terms，INCOTERM，以下简称《通则》）由国际商会于1936年制定。《通则》涵盖了销售合同中买卖双方有关交货、风险和费用划分以及手续等特定义务，是世界上有关国际贸易术语解释的最有影响力的国际惯例之一。《通则》有若干不同年份的修订版本，目前最新的版本是2010版，简称INCOTERM2010，提供对十一种贸易术语的统一解释。按照所适用的运输方式，又可以分为两大类：一类可适用于任何运输方式，包括EXW、FCA、CPT、CIP、DAT、DAP、DDP 7种贸易术语；另一类仅适用于水上运输方式，包括FAS、FOB、CFR、CIF 4种。

（二）《跟单信用证统一惯例》（2007修订本，国际商会第600号出版物）

《跟单信用证统一惯例》（Uniform Customs and Practice for Documentary Credits，UCP600）是国际商会为明确信用证当事人之间权利、责任、各类定义和术语，避免因解释不同而引起当事人之间的争执和纠纷而制定的。UCP600包括信用证适用范围、定义、术语解释、银行责任、单据、免责、可转让信用证及款项让渡等内容，共计39项条款，是国际社会统一规范信用证使用的权威文件。

（三）《托收统一规则》（国际商会第522号出版物）

《托收统一规则》（The Uniform Rules for Collection，URC522）是国际商会为统一托收业务的做法，减少托收业务各有关当事人可能产生的矛盾和纠纷而制定的，于1958年草拟，并于1995年再次修订。内容包括总则及定义，托收的形式和结构，提示方式，义务与责任，付款，利息、手续费及其他费用，其他规定等共26条。URC522被各国银行所采用，已成为托收业务的国际惯例。

（四）与国际结算有关的其他常用国际惯例

（1）《国际备用信用证惯例》，国际商会第 590 号出版物，简称 ISP98。

（2）《见索即付保函统一规则》（The Uniform Rules for Demand Guarantees），国际商会第 458 号出版物，简称 URDG458。

（3）《国际银行标准实务》（International Standard Banking Practice），简称 ISBP。

（4）《跟单信用证下银行间偿付统一规则》（ICC Uniform Rules for Bank-to-Bank Reimbursements under Documentary Credits），简称 URR725。

第二节　国际结算工具

一、票据与票据权利

（一）票据

票据是现代国际结算业务中使用的基本工具，人们通常在广义和狭义两个层面上理解和使用这个概念。广义的票据是指一切有价证券和商业凭证，包括汇票、本票、支票、股票、债券、提单、发票等。广义票据的界定过于宽泛，难以突出体现票据的独特作用，因而对认识和应用票据的帮助不大。狭义的票据是指以支付金钱为目的的有价证券，是指由出票人签发的、无条件约定由自己或委托他人于一定日期支付确定金额的书面承诺或命令。狭义的票据仅指汇票、本票和支票三种有价证券。国际结算中的票据通常是指狭义的票据。

（二）票据权利

票据权利，简单地说，是指持票人享有的索取一定金钱的权利。合法持有票据的人会获得票据权利。具体来说，票据权利包括三项基本内容：（1）要求票据指定付款人付款的付款请求权（第一次请求权）；（2）票据被拒绝承兑和支付后持票人对前手的追索权（第二次请求权）；（3）票据到期前持票人有权将票据流通转让给他人。

票据权利在设立票据后产生，在票据被兑现或者票据过期后消灭。

（三）票据功能

结算功能是票据的基本职能。国际结算的基本方法是非现金结算。在非现金结算条件下，要结清国际债权债务关系必须使用一定的支付工具，而票据可以充当这种支付工具。

信用功能是票据的核心功能。票据本身是无价值的，结算功能及其他功能的发挥，是由于票据是建立在信用基础上的书面支付凭证。出票人在票据上立下书面的支付信用保证，付款人或承兑人按票面规定履行付款义务；票据可以经背书从前手转让给后手，并且可以多次背书转让。背书人对票据负有担保付款的义务，背书次数越多，票据负责人越多，票据担保性越强。

随着商品贸易及劳务交换的发展，不同国家或地区之间的货币兑换和资金转移成为一种需要。由于直接运送现金不方便，通常在一个国家将现金转化为票据，再到另一个国家将票据转化为现金；或对未到期的远期票据进行贴现和再贴现，持有者通过卖出票据而获得现金；还可以将票据抵押给银行，进行抵押贷款融资。

（四）票据的当事人

票据有三个基本当事人，即出票人、付款人、收款人，此外还有背书人、承兑人、持票人等。

（1）出票人。出票人（drawer）是指开立票据、在票据上签章，并将票据交付给他人的人。票据开立后，出票人对收款人及正当持票人承担票据在提示时付款人一定付款或承兑的保证责任；如果票据遭拒付、出票人被追索时，应负偿还票款的责任；在即期付款票据中或远期付款票据未承兑之前，出票人是票据的主债务人。

（2）付款人。付款人（drawee）是接受出票人支付命令的人。根据英文字面的含义，又称为受票人，即接受票据之人。

（3）收款人。收款人（payee）是票据上记载的收取票款的人，又称受款人或抬头，是票据的主债权人。收款人有权向付款人要求付款，如遭拒绝，有权向出票人追索票款；收款人经票据背书转让成为票据的第一背书人时，同样承担付款或承兑的保证责任；当票据遭拒付、持票人向其追索时，应负责偿还票款，然后向出票人追索。

（4）背书人。背书人（endorser）是指收款人或持票人在收到票据后，经过背书，将票据转让给他人的人。背书人在票据上背书签字，就必须承担相应的法律责任。背书人对被背书人负有票据担保承兑和担保付款的责任。被背书人在汇票上再背书转让，成为第二背书人，依此类推。由此，票据可以连续多次转让。

（5）承兑人。承兑人（acceptor）是指同意接受出票人的命令并在票据正面签字的人。承兑人只存在于汇票关系中，本票和支票没有承兑行为，当然也就没有承兑人。承兑人一经承兑，出票人退居次债务人的地位，承兑人必须保证对其所承兑的票据付款。

（6）持票人。持票人（holder）是指票据的占有人，即票据的收款人、被背书人或执票来人。只有持票人才能向付款人或其他关系人要求履行票据所规定的义务。

二、票据特征

（一）设权性

票据及票据权利并不是自然就有的，而是需要通过完成特定行为、经过人为设定后才会成立。出票人通过出票行为（to draw）设立合格票据，票据权利随之产生。票据在使用过程中若丢失或者损毁，则票据权利也会随之消灭。因而票据权利的产生、转让与行使与票据本身密不可分，属于一种完全证券。

买卖双方基于销售合同形成的资金关系，是票据关系产生的基础原因或基础关系，属于普通民法调整的债权债务关系。如不经人为设立票据，这种票据原因并不会产生票据关系。

（二）无因性

票据是一种无须过问原因的证券，即票据的有效性不受票据原因的影响，受票人不能过问持票人取得票据的原因。这里的原因是指票据关系产生的基础关系。任何票据关系的产生总是有一定的原因，要么是出票人与付款人之间存在资金关系，要么是出票人与收款人、背书人和被背书人之间存在对价关系。例如，出票人 A 出具以 B 为付款人的票据，而 B 之所以会接受票据上的债务，一定是因为 A 在 B 那里有存款或补偿资金，或者 A 对 B 有某种债权。

根据无因性的要求，当票据关系成立时，票据当事人的权利和义务独立于票据原因，不受票据原因变动的影响。即使原来的票据原因已经不复存在，持票人依然有权行使票据权利。无因性特征使票据得以广泛流通。

（三）要式性

要式性是指票据必须以法定方式做成，其形式和内容必须完全符合票据法的规定。票据上记载的必要项目必须齐全，各个必要项目的格式必须符合法律规范。各项票据行为，如票据的出票、提示、承兑、背书、付款、追索和保证等，均应符合法定要求。要式性使票据成为一种独立完整的权利凭证。结合票据的无因性特征，人们常说票据是一种要式不要因的证券。

（四）文义性

文义性是指票据当事人的权利和义务完全由票据上的文义来确定。持票人按照票据上记载的内容行使其票据权利，而不能主张票据文义中没有记载的权利。票据债务人也仅对票据文义责任。任何人都不得以票据文义之外的事项改变票据的权利和义务。背书人更改票据法定事项，只对其后手有效，不能要求其前手对修改后的文义负责。

票据的要式性和文义性使得持票人凭票据自身，不必借助于对票据出票和转让等行为的追溯即可确定票据权利，是无因性得以实现的必要条件。

（五）流通转让性

流通转让性（negotiability）是票据最具吸引力的特征之一。相对于民法中一般债权转让，流通转让性具有两个显著不同之处：第一，票据可以通过背书交付或仅凭交付进行转让，不必通知票据债务人。第二，票据的受让人（即被背书人）只要是以善意并支付合理对价[①]而取得票据的，就可获得票据上的全部法律权利。受让人不受前手权利缺陷的影响，可以自己的名义提出诉讼。因此，流通票据可以使持票人免除由于合同履行不当或票据使用不当带来的索赔或抗辩事项。这样，一张票据在经过多次转让之后，最后一个善意持票人的票据权利仍然是完整的。这种票据由于保护了善意持票人的最大利益，故在市场上容易被接受，方便流通。

三、汇 票

（一）汇票的概念

目前，对汇票最经典和精确的定义来自《英国票据法》的第 3 条：汇票是由出票人向另一人签发的，要求即期、定期或在可以确定的将来时间，向某人或其指定人或来人无条

① 对价，就票据而言，是任何“足以支持一项简单合约”之物（货物、劳务、货币等）。

件支付一定金额的书面命令。

我国《票据法》第19条中对汇票的表述是："汇票是出票人签发的，委托付款人在见票时或者在指定日期无条件支付确定的金额给收款人或持票人的票据。"

汇票中有三个基本当事人：出票人（drawer）、付款人（payer）和收款人（payee）。在票据法律关系中，出票人出具票据，命令或委托付款人在一定时间支付确定金额给收款人或其指定人。

在汇票的使用过程中还会出现承兑人、参加承兑人、背书人、保证人、持票人等重要的当事人。其中善意持票人（bona fide holder）又称正当持票人（holder in the due course），扮演着特殊的角色。善意持票人能够获得票据上的完整权利，其权利不受前手权利缺陷的影响。成为善意持票人应满足5项条件：(1) 前手背书是真实的；(2) 汇票票面完整正常；(3) 取得汇票时没有过期；(4) 不知道汇票曾被退票，也不知道转让人的权利有何缺陷；(5) 自己支付对价，善意地取得汇票。

(二) 汇票的必要记载项目

1. 绝对必要记载项目

我国《票据法》第22条中明确规定，汇票的必要记载项目包括："汇票"字样；无条件支付的委托；确定的金额；付款人名称；收款人名称；出票日期；出票人签章。缺少其中任何一项，汇票无效。

(1) "汇票"字样。

汇票中必须写明"汇票"字样，如"Exchange""Bill of Exchange"或"Draft"等，这样有利于与其他支付工具如本票和支票等相区别，实践中能大大方便票据的使用与操作。

(2) 无条件支付的委托（unconditional order）。

我国《票据法》中将汇票视为一项支付委托，而在《英国票据法》中的称法为"书面命令"，两种称呼仅是使用习惯上的差别，并无实质上的不同。

该项目反映出汇票与其他票据如本票的根本区别。首先，汇票是一道命令，而非"请求"。任何意见咨询或承诺保证等表述文句都不符合汇票的要求。其次，该命令必须是"无条件的"。这意味着付款不能是有限制或附带条件的，即汇票的文义不能附加任何条件。如"货物运出后10天付款""金额从我方第1号账户中支付"等文句都是限制性文句，出现这样命令的汇票违背了票据无因性的基本特征，因而是无效汇票，不具备法律效力。

常见的汇票支付命令如："Pay to John Smith"或"Pay to A Co. or order"。而如"Pay to…providing…"或"Pay to…on the condition that…"等的支付命令是无效的。

(3) 确定的金额（a sum certain in money）。

汇票中的金额必须是确定的、可以执行的。如"about"（左右）、"circa"（大约）或"not less than"（不少于）等约量文字是不能出现在票据金额上的。

汇票金额必须用文字大写和数字小写同时记载。我国《票据法》第8条规定，票据金额以中文大写和数码同时记载，二者必须一致，二者不一致的，票据无效。票据金额、日期及收款人名称不得更改，更改的票据无效。在《英国票据法》和《日内瓦统一票据法》

中规定，如果票据金额大小写不一致，以大写为准。

（4）付款人名称。

付款人（payer）是指接受汇票命令的人，也称受票人（drawee）。但是付款人并不一定会承担付款的义务。只有付款人承兑汇票后，才会取代出票人成为票据的主债务人。

（5）收款人名称。

收款人（payee）是汇票权利的最初持有人，是第一个债权人，出现在支付命令“Pay to”的后面。我国习惯称票据的收款人为抬头。

抬头的写法不同，对汇票的使用影响极大。汇票抬头主要有以下三种记载方法：

1）限制性抬头。例如：“Pay to John Smith only”或者“Pay to John Smith not transferable”，这种抬头的汇票仅能由指定的收款人收款，不得流通转让。这种汇票的资金风险较小，但是由于流通和信用功能受到了限制，在国际结算实践中使用不多。

2）来人抬头。例如：“Pay to bearer”或“Pay to John Smith or bearer”，这种抬头不指定收款人名称，只写明付给持票人或来人“bearer”。该写法仅在《英国票据法》中出现。该种汇票的持票人无须背书，仅凭交付就可以转让票据，流通性极好。但由于不记名，因此存在遗失或被窃后被冒领的风险。

《日内瓦统一票据法》和我国《票据法》不允许将汇票做成来人抬头。

3）指示性抬头。例如：“Pay to John Smith”“Pay to John Smith or order”或“Pay to the order of John Smith”，这里的“to order”是指由指定的他人收款。这种抬头的汇票可以流通转让，但一般情况下需要经过法定手续——背书（endorsement）。指示性抬头的汇票既可以流通转让，又可以避免仅凭交付转让存在的风险，在实践中使用范围最广。

（6）出票日期（date of issue）。

汇票中必须记载出票日期，否则汇票无效。记载出票日期的作用在于：

1）确定票据的有效期。世界各国的票据法都规定，票据权利必须在法定的有效期内行使，超出有效期，票据权利会自动消灭。有效期根据出票日期计算。我国《票据法》规定，见票即付的汇票，有效期为自出票日起 2 年内。《日内瓦统一票据法》规定，即期汇票的有效期为自出票日起 1 年内。

2）决定付款的到期日。部分远期汇票的到期日是以出票日期为基础计算的，如出票后定期付款。例如，“At 30 days from the date of issue pay to…”，即“出票日期后 30 天付款”。

3）决定出票人的行为能力。如果出票人是法人，则可以判断出票时该法人是否已经成立或是否已宣告破产，从而判明汇票是否有效。

（7）出票人签章。

设立票据时，票据必须经过出票人签章后才能成立。出票人在汇票上签章以示为汇票承兑和付款担保，对票据上的债务负责。汇票上没有出票人签章，或者签章是伪造的，票据均不能成立。

2. 相对必要记载项目

除了票据法规定必须记载的项目以外，汇票中还应包含三个相对必要记载项目。所谓“相对必要”，是指即使不记载也不会影响汇票的法律效力。但由于此类项目的重要性，通常情况下应当予以记载。如果没有，则会默认引用其他的习惯或规定予以确定。

（1）出票地点。

出票地点是指出票行为发生的地点，对国际汇票具有重要意义。根据国际法中适用行为地法律原则，当有关出票行为发生法律纠纷时，以出票地点所在国家的法律为准。我国《票据法》规定，票据上未记载出票地点的，视出票人的营业场所、住所或者经常居住地为出票地。《日内瓦统一票据法》规定，未载明出票地点者，以出票人姓名旁边所记载之地点为出票地点。

（2）付款地点。

付款地点是持票人提示票据要求承兑或付款的地点，也是拒绝付款时持票人请求做出拒绝证书的地点。票据上载明付款地点的好处在于避免持票人随地请求，减少纠纷，票据涉及诉讼时，便于确定诉讼法院。我国《票据法》规定，票据上未载明付款地点的，视付款人的营业场所、住所或者经常居住地为付款地点。《日内瓦统一票据法》规定，未载明付款地点者，以付款人姓名旁所记载之地点或付款人当时之住所为付款地点。

（3）付款日期。

付款日期又称为付款期限（tenor）或付款到期日（maturity），是指付款人履行付款义务的日期。汇票上关于付款日期的记载有以下四种形式：

1）见票即付。如“At sight pay to…”或者“On demand pay to…”。

2）出票后定期付款。如“At 30 days after date pay to…”（出票后 30 天付款给……）。

3）见票后定期付款。如“At 90 days after sight pay to…”（见票后 90 天付款给……）。

4）定日付款，又称“板期”。如“On Aug 28th，2015 pay to…”（定于 2015 年 8 月 28 日付款给……）。

如汇票中未载明付款日期，视为见票即付。

3. 任意记载项目

任意记载项目是由出票人根据需要记载的限制或免除责任的内容。

（1）担当付款人（designated as payer）。

担当付款人是指出票人根据与付款人的约定，在出票时注明或由付款人在承兑时指定的代为付款的人，目的是方便票款的收付。

担当付款人仅代理票据款项的收付，不是票据上的债务人，不承担票据上的责任。

（2）预备付款人（referee in case of need）。

当付款人拒绝承兑或付款时，持票人可以向预备付款人请求承兑或付款。预备付款人参加承兑后成为票据的债务人，到期要履行付款责任。

（3）免作拒绝证书（protest waived）和拒付通知（notice of dishonor）。

拒绝证书（protest）是指付款人当地的公证机构等在汇票被拒付时出具的书面证明。拒付通知是指持票人向前手追索前，按法律的要求，应向被追索的前手发出通知，目的是让前手做好被追索的准备。

正常情况下，当发生拒付时，持票人须获得拒绝证书，并事先发出拒付通知，方能向前手进行追索。若汇票中载有免作拒绝证书或免作拒付通知条款，则持票人在被拒付时无须申请拒绝证书或无须发出拒付通知，直接向作出此表示的前手进行追索。

（4）免于追索（without recourse）。

出票人和背书人在转让票据时可使用该条款免除自己在票据拒付时被追索的责任，其效果相当于背书人将自己从票据债务人队列中划掉。《英国票据法》第 18 条、《美国统一商法典》第 3 条和第 4 条都允许出票人在汇票上注明“不得向出票人追索”字样，使自己免除担保付款的责任。但《日内瓦统一票据法》认为，出票人只能免除担保承兑的责任而不能免除担保付款的责任，因此出票人不能使自己免于追索。

出现“免于追索”字样的汇票，由于缺少担保，因而一般不被接受，不易流通。

（5）付一不付二，付二不付一。

汇票的使用经常是成套的，一套有两张汇票。当其中一张汇票被兑现后，另一张则自动失效。因此汇票上会注明“付一不付二”［first（second being unpaid）］或“付二不付一”［second（first being unpaid）］。

汇票的样例见图 8—6 和图 8—7。

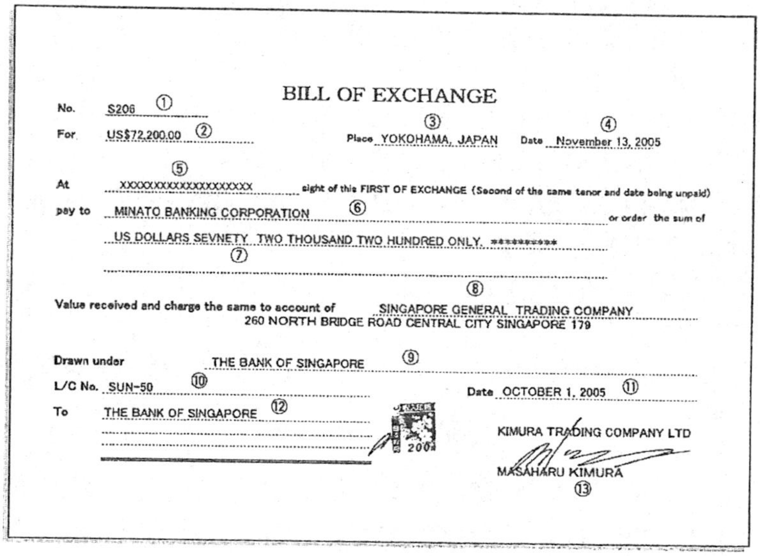
BILL OF EXCHANGE

No. S206 ①

For US$72,200.00 ② Place ③ YOKOHAMA, JAPAN Date ④ November 13, 2005

At ⑤ XXXXXXXXXXXXXXXXXXXX sight of this FIRST OF EXCHANGE (Second of the same tenor and date being unpaid)

pay to MINATO BANKING CORPORATION ⑥ or order the sum of

US DOLLARS SEVNETY TWO THOUSAND TWO HUNDRED ONLY. ********* ⑦

Value received and charge the same to account of ⑧ SINGAPORE GENERAL TRADING COMPANY
260 NORTH BRIDGE ROAD CENTRAL CITY SINGAPORE 179

Drawn under THE BANK OF SINGAPORE ⑨

L/C No. SUN-50 ⑩ Date OCTOBER 1, 2005 ⑪

To THE BANK OF SINGAPORE ⑫

KIMURA TRADING COMPANY LTD

MASAHARU KIMURA ⑬

图 8—6 国外汇票

注：上面汇票中各编号项目的意义如下：

①汇票号；②小写票据金额（阿拉伯数字）；③出票地点；④出票日期；⑤付款期限；⑥收款人名称（抬头）；⑦大写票据金额；⑧相关货物信息；⑨信用证开证银行；⑩信用证号码；⑪信用证开证日期；⑫付款人名称；⑬出票人签章。

（三）汇票的种类

根据当事人不同和付款期限的差异，汇票可以分为不同种类。

1. 即期汇票和远期汇票

（1）即期汇票。即期汇票是指命令付款人见票即付的汇票。所谓“见票”，是指持票人将票据当面提示给付款人。

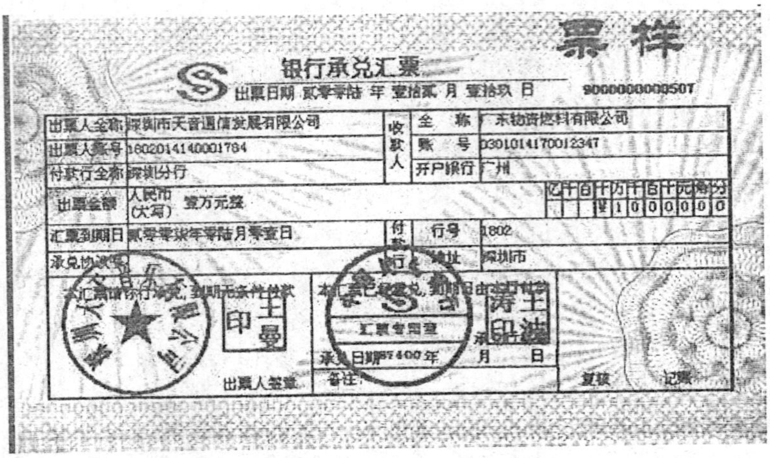

图 8—7　国内银行承兑汇票

(2) 远期汇票。远期汇票是指必须到约定日期方可请求付款的汇票，包括出票日后定期付款汇票、见票后定期付款汇票、定期付款汇票等。国际上还有“提单日期后定期付款”汇票，但目前我国《票据法》尚未规定此种做法。

2. 银行汇票和商业汇票

这两种汇票的区别在于出票人和付款人的不同。

(1) 银行汇票。银行汇票的出票人和付款人都是银行。

(2) 商业汇票。商业汇票的出票人是工商企业或个人，付款人可能是企业、个人或银行。

3. 银行承兑汇票和商业承兑汇票

(1) 银行承兑汇票。银行承兑汇票是指汇票上的付款人是银行，由银行承兑的汇票。银行是银行承兑汇票的主债务人。

(2) 商业承兑汇票。商业承兑汇票是指建立在商业信用基础之上的，由工商企业或个人承兑的远期汇票。

(四) 票据行为

票据行为 (acts under a bill) 是指依据票据上规定的权利和义务所确立的法律行为。从汇票使用的过程来说，一般包括出票、提示、承兑、付款、背书、保证、追索等。

1. 出票

出票 (to draw) 是指出票人将空白的票据填写上必要的记载事项，使之生效，并交付收款人的行为。汇票通常需要签发一式两份，分别寄发以防丢失。出票是设立票据关系的行为，是票据流通过程的起始。

2. 提示

提示 (presentation) 是指持票人向付款人提交汇票要求承兑或付款的行为。根据目的不同，提示可以分为付款提示和承兑提示。

3. 承兑

承兑 (acceptance) 的作用在于确认付款人的付款责任。付款人在承兑之前，并不是票据关系中的债务人。此时如果付款人拒绝承兑，持票人只能对其前手和出票人进行追索。出票人是未经承兑汇票的主债务人。付款人在承兑汇票后取代出票人成为票据的主债务人，承担付款责任，出票人变为从债务人。

承兑的具体做法是，远期汇票的付款人在持票人提示汇票时写明“承兑”（accepted）字样，注明承兑日期并签字，将已承兑汇票交付持票人。

4. 付款

付款（payment）是指付款人或承兑人于持票人付款提示后支付票款的行为。有效付款后，票据上的一切债权债务关系即告结束，票据关系消灭。

5. 背书

背书（endorsement）是指持票人在汇票背面签字，表示同意转让票据权利的行为。背书一般包含两个动作：一是持票人在汇票背面签字，或再加上受让人的名字，二是持票人将经过背书的汇票交付给受让人。在汇票上背书转让票据权利的持票人称为背书人，或转让人，或前手，受让票据权利的一方称为被背书人，或受让人，或后手。

背书人对被背书人及所有后手有担保承兑和担保付款的责任。当票据发生拒付时，背书人须接受持票人的追索。汇票可以经过多次背书实现连续的转让。背书的次数在法律上没有限制。如果票据的背面背书记载不够用，还可以在粘单上继续背书。

根据背书记载的内容不同，一般有以下两种形式：

（1）特别背书（special endorsement）。又称记名背书、完全背书或正式背书。背书人在背书时，除了需要有背书人签章和载明背书日期外，还要注明被背书人的名称。特别背书后的汇票，持票人再次转让时，必须以背书方式进行。

当票据以特别背书方式进行多次转让时，票据背面的签名是连续的。

（2）空白背书（blank endorsement）。又称无记名背书，是指背书时背书人仅记载自己的名称和背书日期，不记载被背书人名称的做法。当空白背书的被背书人继续转让票据时，可以不经背书仅凭交付将票据转让。此时由于没有在汇票上留下签名，当汇票发生拒付时，该持票人可以不承担票据责任。

我国《票据法》不认可空白背书这种形式。

6. 保证

保证（guarantee）是指对票据上的债务进行担保的行为。保证由票据债务人以外的他人提供，目的是增加票据的信用，以便票据的使用和流通。保证人与被保证人在票据债务方面的地位是相同的，与被保证人一起对持票人负连带责任。保证人清偿汇票债务后，可以行使对被保证人及其前手的追索权。

保证不得附有条件。附有条件的保证，保证有效，条件无效。

7. 追索

追索（recourse）是指持票人在汇票被拒付时，向其前手请求偿还票据金额及其他费用的行为。持票人行使追索权须满足三个条件：（1）票据必须在法定期限内进行提示；（2）须做成拒绝证书；（3）向前手发出拒付通知。

如果汇票中有免作拒绝证书或免作拒付通知记载，则可以免除（2）、（3）两项条件，直接向前手行使追索权。

四、本 票

（一）本票的概念

《英国票据法》中对本票的定义是：本票是一项无条件的书面支付承诺，由一人做成，并交给另一人，经制票人签名承诺即期或定期或在可以确定的将来时间，支付一定数目的金钱给一个特定的人或其指定人或来人。

我国《票据法》第 73 条对本票的定义是："本票是出票人签发的，承诺自己在见票时无条件支付确定的金额给收款人或者持票人的票据。本法所称本票，是指银行本票。"

简单来说，本票是两个当事人之间有关支付一定金额的书面承诺。本票与汇票之间的区别主要在于，本票的制票人承诺自己将款项支付给收款人，而不是在汇票中由出票人命令第三方将款项支付给收款人。

本票中的基本当事人有两个，即制票人（maker）和收款人（payee）。

本票的样例如图 8—8 所示。

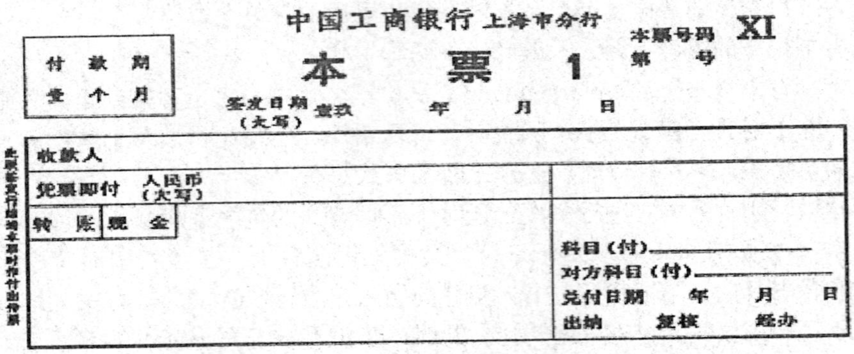
中国工商银行 上海市分行
本票号码 XI 第 号
本 票 1
付款期 壹个月
签发日期（大写） 贰玖 年 月 日
此联签发行结清本票时作付出传票
收款人
凭票即付 人民币（大写）
转账 现金
科目（付）
对方科目（付）
兑付日期 年 月 日
出纳 复核 经办

图 8—8　国内本票样例

（二）本票的记载项目

我国《票据法》第 75 条规定，本票的必要记载项目有：（1）表示"本票"的字样；（2）无条件付款的承诺；（3）确定的金额；（4）收款人名称；（5）出票日期；（6）出票人签章。

本票中的其他记载事项与汇票基本相似。本票中的票据行为也大都适用汇票的规定。如我国《票据法》第 80 条规定："本票的背书、保证、付款行为和追索权的行使，除本章规定外，适用本法第二章有关汇票的规定。本票的出票行为，除本章规定外，适用本法第二十四条关于汇票的规定。"

（三）本票的种类

1. 银行本票和商业本票

银行本票的出票人是银行。它是应客户的要求，客户将款项存交银行，由银行签发给其凭以办理转账结算或支取现金的票据。银行本票基于银行信用，拒付风险极小，在有效期内可以代替现金流通。

商业本票由企业或个人签发。由于商业本票建立在商业信用的基础上，除非是信誉卓著的大公司，一般企业较少发行本票。

根据我国《票据法》的规定，国内目前尚不允许发行商业本票。《票据法》中规定的本票均为银行本票。

2. 即期本票和远期本票

根据记载付款期限的方式不同，本票可分为即期本票和远期本票。即期本票是指见票即付的本票，银行本票即即期本票。远期本票是指在未来某一日期付款的本票。远期本票分为定日付款、出票后定期付款和见票后定期付款三种。

五、支　票

（一）支票的概念

《英国票据法》对支票的定义为：支票是以银行为付款人的即期汇票。

我国《票据法》第 81 条规定："支票是出票人签发的，委托办理支票存款业务的银行或者其他金融机构在见票时无条件支付确定的金额给收款人或者持票人的票据。"

从定义上看，支票是汇票的一种，其特别之处在于以银行为付款人。支票与汇票、本票有许多共同特征，所以在多数票据法中均有支票的有关事项适用汇票规定的说法。但在实践中，支票并不完全等同于汇票，在付款期限和票据行为等方面，支票都有自身特殊的规定。例如，支票的使用需要以出票人与付款银行间事先达成相关协议为前提。支票的出票人所签发的支票金额不得超过其付款时在付款人处实有的存款金额，即禁止签发空头支票。正因如此，《日内瓦统一票据法》将支票视为与汇票和本票并列的另一种有价证券，进行单独立法。

支票按用途不同可分为普通支票、现金支票和划线支票。普通支票可用于支取现金，也可通过银行转账。现金支票仅能用于支取现金。划线支票又叫转账支票，仅能用于转账，不能支取现金。

支票样例如图 8—9 和图 8—10 所示。

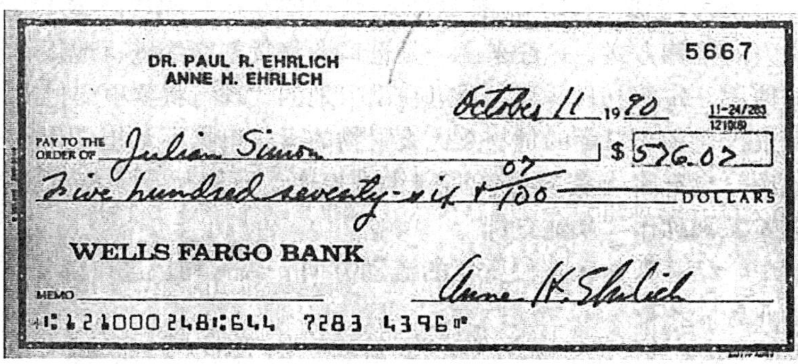

图 8—9　国外支票

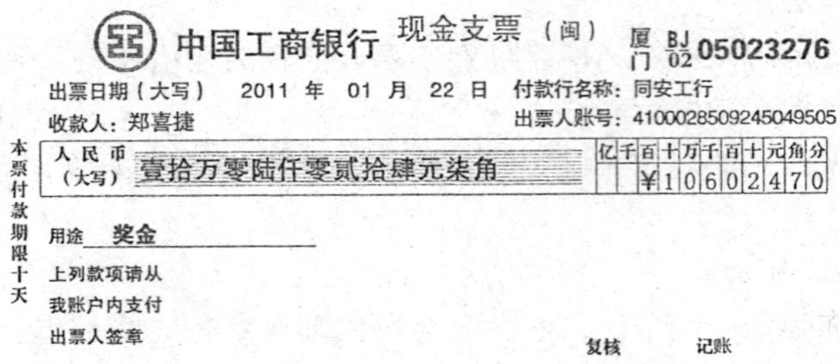
中国工商银行 现金支票（闽） 厦门 BJ 02 05023276

出票日期（大写） 2011 年 01 月 22 日 付款行名称：同安工行

收款人：郑喜捷 出票人账号：4100028509245049505

本支票付款期限十天

人民币（大写） 壹拾万零陆仟零贰拾肆元柒角

亿	千	百	十	万	千	百	十	元	角	分
		¥	1	0	6	0	2	4	7	0

用途 奖金

上列款项请从

我账户内支付

出票人签章

复核 记账

图 8—10 国内现金支票

（二）支票的内容

我国《票据法》规定，支票的必要记载项目为：（1）表明“支票”的字样；（2）无条件支付的委托；（3）确定的金额；（4）付款人名称；（5）出票日期；（6）出票人签章。支票上未记载上述规定事项之一的，支票无效。

由于支票的必要记载项目中未包括收款人名称，因此出具支票时可暂不填写收款人名称，之后可经出票人授权补记，这事实上允许了“来人抬头”的做法。

第三节 国际结算方式

结算方式是指在国际结算中通过一定的方式，使用特定的工具结清债权债务关系。其主要内容是关于结算工具，一般情形下即票据的使用流程和方法。采用不同的结算方式，会影响国际结算的速度、成本和风险等。

一、汇 款

（一）汇款的定义

汇款（remittance）也叫汇付，是指银行应客户的委托，利用其银行分支网络，将一定款项交付收款人的结算方式。一般来说，是进口商将货款交给进口地银行，委托银行通过一定的方式，使用一定的支付凭证，通过在出口地的代理行将款项交付出口商。

汇款业务中银行对进出口商的货物及代表货物的运输单据不承担任何责任，而是由出口商在装运货物后，自行将有关货物单据寄给进口商。所解付款项与货物及运输单据无关，因此汇款方式又被称作“单纯支付”。

在汇款业务中，结算资金和支付凭证的流动方向一致（均从进口商流向出口商），因此汇款属于顺汇业务。

（二）汇款的当事人

汇款方式通常涉及四个当事人，即汇款人、汇出行、汇入行和收款人。

（1）汇款人（remitter）。即汇出款项的当事人。在国际贸易结算中通常是进口商。

（2）汇出行（remitting bank）。即接受汇款人委托办理汇款业务的银行。通常为进口商所在地的一家银行。

（3）汇入行（paying bank）。即接受汇出行指令，向收款人解付款项的银行。

（4）收款人（payee or beneficiary）。即收取款项的人，是汇款业务的受益人。在国际贸易结算中通常指出口商。

（三）汇款的流程

汇票业务的一般流程是，由进口商将款项交付汇出行，并填写汇款申请书。汇出行接受申请后，根据申请书内容向汇入行发出支付授权书（payment order，P. O.），在代理行协议内，指示汇入行解付相关款项给指定收款人（通常指出口商）。汇入行严格按照汇出行的 P. O. 要求，将相应款项转入收款人账户或通知收款人收款。具体流程如图 8—11 所示。

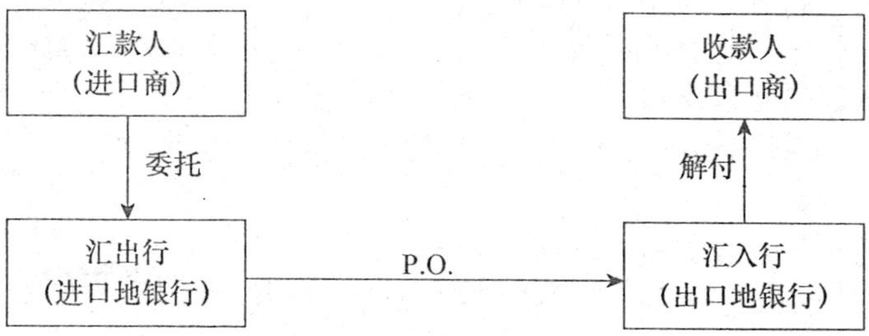

图 8—11　汇款业务示意

（四）汇款的种类

汇款业务根据 P. O. 传递方式可以分为电汇、信汇和票汇三种。

（1）电汇（telegraphic transfer，T/T）。是指汇出行以电信的方式将 P. O. 发送给汇入行。世界上任何地点间的电汇款项到账仅需 1～2 个银行工作日。现在银行常用可以自动加押的 SWIFT 标准报文格式传递 P. O.，例如在汇款中通常使用 MT103 标准汇款格式。由于 SWIFT 系统的普及，电汇速度快，费用逐渐降低，安全系数高，因此成为最常用的汇款方式。电报方式因费用高、易发生错误遗漏等原因逐渐被淘汰。

（2）信汇（mail transfer，M/T）。是指银行间使用银行信函，通过航邮（by airmail）传递 P. O. 的方式。信汇方式成本低廉，但是由于邮寄信件速度慢，资金在途时间长，收款迟缓，故现在很少使用这种方式。

（3）票汇（demand draft，D/D）。是指应汇款人申请，汇出行开出银行汇票交给汇款人，由汇款人转交收款人以向汇入行提示付款。票汇中的 P. O. 是一张以汇出行为出票人，以汇入行为付款人的即期银行汇票。尽管使用银行汇票，但票汇业务仍然基于商业信用，即收款人收款成功与否最终取决于汇款人的信用，而非银行的承诺。由于使用银行汇票，因此票汇业务可以利用票据带来的流通便利。但汇票的传递环节多，速度较慢，并且存在被窃、丢失等风险，因此其使用范围不如电汇方式普及。

汇款方式常用于国际贸易中预付货款和货到付款的情况。由于汇款方式属于单纯支付，货款流动与货物的转移相互分离，因此给卖方收款和买方收货带来了较大的风险。

二、托　收

(一) 托收的概念

1. 托收的定义

托收（collection）是委托收款的简称。正式定义来自《托收统一规则》（URC522）第2条：托收意指银行根据所收到的指示，处理金融单据和/或商业单据，目的在于取得付款和/或承兑，凭付款和/或承兑交单，或按其他条款及条件交单。

上述定义中所涉及的金融单据（financial documents）是指汇票、本票、支票或其他用于付款的类似凭证；商业单据是指发票、运输单据、物权单据或其他类似单据，或除金融单据之外的任何其他单据。

托收业务中出口商除了使用票据外，通常还会附带代表物权的货运单据，一并交付银行委托其向进口商收款。此时，托收业务中涉及的货款支付和货权转让形成相互制约，有效降低了交易中的履约和信用风险。

《托收统一规则》是目前国际上规范托收结算方式的国际惯例。

2. 托收的当事人

托收方式中的主要当事人有以下四个：

(1) 委托人。指开出汇票委托银行办理托收业务的出口商。

(2) 托收行。指接受出口商委托承办托收业务的银行，通常是出口商的往来银行。

(3) 代收行。指在托收过程中，接受托收行指示，向进口商交单收款的银行。通常是托收行在进口商所在地的代理行或进口商的往来银行。

(4) 付款人。即国际贸易合同中的买方。

根据实际业务的需要，托收业务中还可能会出现其他当事人，如提示行、需要时的代理等。提示行（presenting bank），即向付款人提示单据的银行，也称交单行，通常由代收行充当，但也可以由付款人的往来银行充当。如果托收失败，进口商拒绝付款或承兑，出口商的货物到达目的港后可能会处于无人接收的状况。出口商可事先指定某一代理人来照料货物并办理投保、转运或转售等必要手续。通常出口商会直接指定代收行作为“需要时的代理”。

(二) 托收的类型

在实际业务中，根据托收目的、随附单据和交单条件的不同，托收可以分为以下几种。

1. 光票托收

光票托收是指不附带商业单据的金融单据的托收。出口商出具汇票，或附带发票、垫款清单等其他单据，但不包括代表物权的运输单据，交付并委托银行向进口商收款。

由于在光票托收中出口商缺乏对货物所有权的控制，因此收款风险较大。我国的光票托收一般只用于收取出口货物的尾款、样品费、定金、佣金、代垫费用和其他贸易小额费用等。

2. 跟单托收

跟单托收是指附带商业单据的金融单据的托收，或不附带金融单据的商业单据的托收。根据跟单托收的交单条件不同，跟单托收又分为付款交单和承兑交单两种。

（1）付款交单（documents against payment，D/P）。

付款交单是指出口商在托收委托书中指示托收银行，在买方付清货款后方可将商业单据交付给买方，即银行的交单以买方付款为条件，付款后才交单，不付款不交单。由于商业单据中包含代表物权凭证的运输单据，故持有方可凭此实际控制货物。要求付款后才交单，体现了“一手交钱、一手交货”的“货”“款”对流原则，有效保护了贸易双方的利益。按照付款时间的不同，付款交单有即期和远期之分。

即期付款交单（D/P at sight）是指付款交单方式下代收行第一次向进口商提示单据时，进口商应立即付款赎单。即期付款交单中出口商应开立见票即付的汇票。

远期付款交单（D/P after sight）是指代收行第一次提示单据时，进口商并不付款，而是对单据中的远期汇票予以承兑。代收行继续持有全套单据，票据到期时代收行再次提示付款，进口商付款赎单。由于远期付款交单方式下经常出现货物已到达目的港而汇票尚未到期的现象，进口商因无法及时提货而容易造成损失，故《托收统一规则》中不提倡使用远期付款交单。

（2）承兑交单（documents against acceptance，D/A）。

在承兑交单中，代收行向进口商交单的条件是进口商对出口商出具的远期汇票进行承兑，即进口商承兑后即可从银行取得商业单据并据以提货，待票据到期后再付款。

在承兑交单中，出口商在未获支付时就提前交单，放弃了货权，因而承担了极大的风险。

（三）托收业务的流程

（1）进出口商在合同中约定采用托收方式支付货款。出口商备货、装运，并取得货运单据，制作汇票并缮制其他单据。

（2）出口商填写托收申请书，开立以进口商为付款人的汇票，连同全套单据一并交给托收行。

（3）托收行根据托收申请书制作托收指示书，连同其他单据寄交代收行。

（4）代收行按照托收指示书要求向进口商进行提示。

（5）进口商检验无误后付款赎单。

（6）代收行收款后向进口商交单。

（7）代收行收妥货款后将款项划拨托收行。

（8）托收行将相应款项交付出口商，完成托收。

托收业务（以 D/P at sight 为例）的流程如图 8—12 所示。

（四）托收的特点

（1）基于商业信用。银行接受出口商的收款委托，是托收业务的实际完成人，但是无论是托收行还是代收行，都未对托收提供担保，即托收成功与否完全依靠买卖双方的商业信用。银行仅依据托收委托书和托收指示书的指令行事，并不保证一定会收到款项。

（2）具有比较强的安全性。在付款交单方式下，银行交单以进口商付款为条件。相对汇款这种单纯支付方式来讲，托收结算方式有助于降低交易中的信用风险，能较好地保障

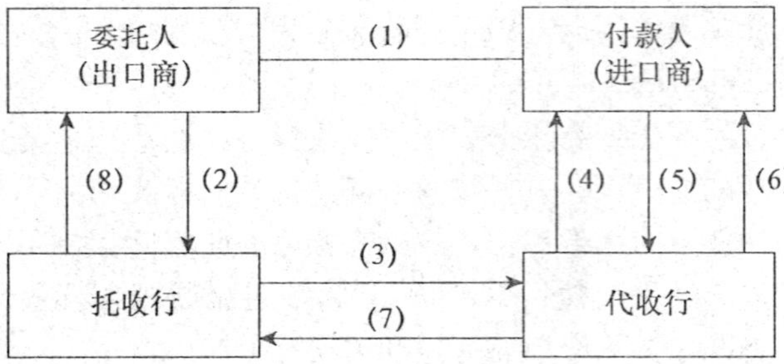

图 8—12　托收业务流程

双方的利益。

(3) 资金负担不平衡。在托收业务中，出口商需要先行安排货运，然后才能缮制汇票和单据，并委托银行向进口商收取货款。出口商要负担从货物装运到收回货款期间的全部资金压力，而进口商相当于在此期间占用了出口商的资金。因此，出口商在托收业务中实质上对进口商给予了资金融通。

(4) 风险承担不平衡。出口商在托收业务中承担较大的风险。除了货物运输风险外，出口商还要面临市场价格变化或其他原因导致的进口商拒付或借机要求降价的风险。

三、信用证

信用证是目前相对比较完善的结算方式，在国际贸易结算中占据极其重要的地位。它集货款支付与贸易融资于一体，为进出口商提供比较充分的银行信用保障和全方位的服务。

(一) 信用证的定义

在《跟单信用证统一惯例》(2007 修订，国际商会第 600 号出版物) 中，信用证被定义为：一项不可撤销的安排，无论其名称或描述如何，该项安排构成开证行对相符交单予以承付的确定承诺。

简单来说，信用证 (letter of credit) 是指由银行开立的有条件的承诺付款的书面文件。在信用证业务中，开证银行 (即开立信用证的银行) 应进口商请求，以出口商为受益人，开立以银行为最终付款人的付款承诺。这里的条件是指受益人须向银行提交符合信用证要求的单据，银行取代进口商承担第一性付款责任。

信用证有信开和电开两种形式。信开信用证是指以信函格式开立的信用证。开证行将信用证正本用邮寄的方式寄给通知行，由其转递给受益人。电开信用证是指以电报、电传等电讯形式开立的信用证。通过专用计算机系统和网络传递的 SWIFT 信用证，具有标准化、格式统一、效率高、出错率少、费用合理等优点，受到了各国银行的青睐。

(二) 信用证的性质

信用证方式反映了当事人之间即进出口商与开证行之间的三种契约关系。第一个契约关系是进出口商之间的买卖契约关系，由他们之间的销售合同约束。按合同的约定，出口商应向进口商按时、按质、按量履行交货义务，而进口商则应支付货款。第二个契约关系是由进口商向银行申请开立信用证时填写的开证申请书约束，是进口商与开证行之间就付款赎单达成的约定。开证行保证向进口商提交符合信用证要求的全套单据，进口商则应立即付款赎单。若单据与约定不符，进口商可拒绝付款。第三个契约关系是开证行与出口商之间的契约关系，其内容体现为信用证内的各项条款。若出口商提交的单据构成相符交单（complying presentation），则开证行必须兑现其在信用证中的付款承诺。信用证中的契约关系决定了信用证具有独特的性质。

（1）信用证是一种银行信用。信用证业务中银行承担第一性付款责任。出口商发出货物后，是向开证银行而不是进口商收取货款。如果进口商拒绝或无力支付货款，出口商依然能够从开证行得到支付，只要能做到相符交单即可，相关风险和损失由开证行负担。因此，信用证业务中出口商设立汇票时，应以开证行或其指定的付款银行作为票据中的付款人。

（2）信用证是独立文件。虽然信用证的开立基于销售合同，但其一经开出，便不再依附于销售合同，成为独立的、自足的文件。开证行只对信用证负责，对进出口商是否真实履行合同义务不承担任何责任。

《跟单信用证统一惯例》第 4 条规定：信用证与可能作为其开立基础的销售合同或其他合同是相互独立的。即使信用证中含有任何对合同的援引，银行也与合同无关。

（3）信用证是一种单据买卖。在信用证业务中，银行处理的是单据，而非销售合同中的货物、服务或履约行为。因此，银行只关注出口商提交单据的表面真实性和完整性，要求做到“单单一致”和“单证一致”。至于实际货物是否符合合同中的描述，银行既不关心，也不承担任何责任。进口商在信用证中列出的针对出口商履约的各种条件，也必须要具体化到能以单据来证明，即信用证条款的“单据化”。银行对不能“单据化”的信用证条款将不予理会。

（三）信用证当事人

相对汇款和托收方式，信用证业务流程复杂、环节多，涉及当事人也比较多。

1. 开证申请人

开证申请人（applicant）是指向银行申请开立信用证的当事人，一般指销售合同中的买方（进口商）。

2. 开证行

开证行（issuing bank or opening bank）是指应申请人请求开立信用证，并对受益人承担第一性付款责任的银行。

3. 受益人

受益人（beneficiary）是指有权使用信用证，从开证行或其指定银行获取款项的当事人，一般为销售合同中的卖方（出口商）。

4. 通知行

信用证业务中的通知行（advising bank）是指受开证行指示，向受益人（出口商）转递信用证的银行。通知行通常是由开证行选定的、受益人所在地的代理行。通知行负责将信用证和可能的修改通知转递给受益人，并须审核信用证的表面真实性，以保护受益人的利益。

5. 议付行

议付行（negotiation bank）是指被开证行授权从受益人手中购入汇票及全套单据的银行。通过议付，议付行向受益人提供了资金融通。议付行可向开证行、付款行、保兑行或偿付行进行索偿以收回向受益人垫付的款项。《跟单信用证统一惯例》中取消了“议付行”的定义，但是在实践中议付业务仍然被广泛应用。承做议付业务的银行往往就是通知行。

在信用证业务中，经常会出现其他一些比较重要的当事人，如保兑行、付款行和偿付行等。保兑行（confirming bank）是指应开证行的要求在信用证上加具保兑的银行。保兑行的付款责任同开证行完全一样。一些小银行往往寻求实力强的大银行加具保兑以增加其签发信用证的信用。付款行（paying bank）是指开证行在信用证中指定的另外一家充当信用证项下汇票付款人或偿付信用证项下款项的银行。付款行与开证行具有相同的审单和付款责任。偿付行（reimbursing bank）是指根据开证行发出的偿付授权书提供偿付的银行，是开证行指定的对议付行或付款行进行偿还的代理人。偿付行仅偿付款项，不承担付款责任，也不审核单据。

（四）信用证的种类

信用证的使用方式灵活多样。根据对随附单据的要求、付款期限和贸易方式等方面的不同，信用证在实践中存在以下几种分类。

1. 光票信用证和跟单信用证

（1）光票信用证（clean credit）是指仅要求随附一张汇票（即光票），不随附商业单据的信用证。由于光票信用证对货权没有要求，因此通常仅适用于一些小额资金的清偿。

（2）跟单信用证（documentary credit）是指开证行要求凭汇票、商业单据及其他单据付款的信用证，在国际贸易结算领域中的使用最为广泛。

2. 不可撤销信用证和可撤销信用证

（1）不可撤销信用证（irrevocable L/C）是指开证行一经签发信用证，在有效期内，未经受益人同意，不得单方面撤销或修改信用证。

（2）可撤销信用证（revocable L/C）是指开证行有权随时撤销或修改信用证，不必征得受益人或相关当事人的同意。

信用证的可撤销与否直接关系到银行付款承诺的有效性，事关信用证受益人的利益，因此在实践中人们普遍接受不可撤销信用证，可撤销信用证则非常少见。《跟单信用证统一惯例》中规定，“信用证是不可撤销的，即使未如此表明”“未经开证行、保兑行及受益人同意，信用证既不能修改，也不能撤销”。

3. 即期信用证、远期信用证和假远期信用证

这些信用证的区别主要在于付款时间的不同。

（1）即期信用证（sight L/C）是指开证行在收到受益人提交的、符合要求的单据后，立即予以付款的信用证。即期信用证中要求受益人开具见票即付的即期汇票。由于即期信用证收款迅速，在实践中被广泛使用。

（2）远期信用证（usance L/C）是指受益人按信用证要求出具远期汇票，开证行凭受

益人提交的、符合信用证要求的单据进行远期付款的信用证。

(3) 假远期信用证（usance L/C payable at sight），又称买方远期信用证，是指销售合同规定即期结算，买方向银行申请开立远期信用证，受益人提交符合信用证要求的单据就可即期获得款项，由此产生的利息和承兑费用由买方负担。其实质是银行为买方提供资金融通。

4. 保兑信用证和不保兑信用证

保兑信用证（confirmed L/C）是指加具另外一家银行保证兑付表示的信用证，开证行与保兑行同时对该信用证承担保证付款责任。不保兑信用证（unconfirmed L/C）是指只有开证行本身承担付款责任的信用证。

保兑信用证下的收款更有保障，但是也需承担额外的保兑费用。信用证加具保兑与否经常基于对风险和费用的权衡考虑，以及不同国家和地区有关信用证的习惯做法。

5. 即期付款信用证、延期付款信用证、承兑信用证、议付信用证

(1) 即期付款信用证（sight payment L/C）是指信用证要求受益人提交符合要求的单据即可获得款项，一般不要求受益人开立汇票。

(2) 延期付款信用证（deferred payment L/C）与即期付款信用证一样，不要求受益人开立汇票，仅凭受益人提交合格单据就可获得远期付款。付款期限一般有两种情况：一是提交单据后若干天付款；二是自装运日后若干天付款。

即期付款信用证与延期付款信用证中均不要求受益人开立汇票，其缘由是可以避免因使用汇票而产生的“印花税”费用。但受益人和相关当事人也因此失去了利用票据进行融资的便利。

(3) 承兑信用证（acceptance L/C）要求有一张以指定银行为付款人的远期汇票。承兑信用证必须注明“acceptance”字样。

(4) 议付信用证（negotiating L/C）是指信用证上注明允许受益人通过议付从议付行获得垫付资金。允许议付的信用证必须有“negotiate”“negotiation”和“negotiable”字样。根据开证行允许参与议付的银行范围大小，又可分为限制议付和自由议付两种。

6. 可转让信用证与不可转让信用证

这种分类是根据使用信用证的权利是否可以转让来划分的。

(1) 可转让信用证（transferable L/C）允许受益人将信用证上的权益转让给他人。按惯例，信用证只能转让一次。

(2) 不可转让信用证（non-transferable L/C）的利益只能是受益人本人享有，受益人不能将信用证权利转让给他人。

7. 循环信用证、对开信用证和对背信用证

(1) 循环信用证（revolving L/C）是指一经开出，可以反复使用的信用证，通常适用于具有分批装运条款的销售合同，可以避免反复申请开证的麻烦。

(2) 对开信用证（reciprocal L/C）是指销售合同双方分别作为申请人，各开出一份以对方为受益人的信用证。两张信用证互为条件，同时生效，同时失效。常用于“三来一补”的加工贸易。

(3) 对背信用证（back to back L/C）是指受益人以信用证为担保，要求银行开出一

份内容相似的新的信用证。对背信用证常见于中间商贸易。

(五) 信用证的内容

信用证包含了有关销售合同、商品、运输、保险、汇票等方面的信息，相比汇款和托收，其涉及内容更加丰富，专业性更强，阅读和审核难度较大。

大多数信用证主要包括以下几部分组成。

1. 信用证本身的内容

(1) 开证行 (issuing bank)；

(2) 通知行 (advising bank)；

(3) 信用证种类 (form of credit)；

(4) 信用证号码 (credit number)；

(5) 开证日期 (date of issue)；

(6) 受益人 (beneficiary)；

(7) 开证申请人 (applicant，accountee)；

(8) 信用证金额与使用货币 (amount and currency)；

(9) 有效期限 (expiry date，validity)。

其中，信用证号码非常重要，许多单据中都要求引用信用证号码。信用证种类一般为“不可撤销的” (irrevocable)、“跟单的” (documentary) 信用证。

2. 有关汇票的内容

(1) 出票人 (drawer)；

(2) 受票人 (payee)；

(3) 汇票期限 (tenor)；

(4) 汇票金额 (draft amount)。

3. 商品、运输及单据

(1) 商品的描述 (description)、唛头 (marks)、数量 (quantity)、包装 (packing)、单价 (unit price)、贸易条件 (price term) 等；

(2) 运输装运港、目的港 (port of loading，port of destination)；

(3) 转运、分批运输 (transshipment，partial shipment)；

(4) 最迟装运期限 (latest date of shipment)；

(5) 所需单据 (documents required)：商业发票 (commercial invoice)、运输单据 (transport documents)、保险单据 (insurance certificate or policy)、其他单据 (other documents)。

4. 特别事项

记载有关银行费用承担、货物包装、索偿方法等注意事项。

5. 开证行保证付款的责任文句

如：We hereby engage with drawers and/or bona fide holders that draft (s) drawn and negotiated on presentation and that draft (s) accepted within the terms of this credit will be duly honored at maturity. (我行兹对出票人及/或善意持票人保证：凡按本信用证所列条款开具及议付的汇票一经提交，即予承兑；凡依本证条款承兑的汇票，到期即予

付款。）

6. 引用《跟单信用证统一惯例》文句

如：This credit is subject to the Uniform Customs and Practice for Documentary Credits. UCP (2007 Revision) International Chamber of Commerce publication No. 600.（本信用证服从国际商会 2007 年修订本第 600 号出版物《跟单信用证统一惯例》的约束。）

目前，信用证最新的标准格式由《标准跟单信用证格式》（国际商会第 516 号出版物）(The New Standard Documentary Credit Forms for the UCP500，ICC516）制定。多数银行的信用证格式是在自有格式基础上参照 ICC516 略加修改而成。

信用证样例见图 8—13。

BANK OF COMMERCE

PULAU PINANG BRANCH
15 LEBUH PANTAI
10300 PENANG.
MALAYSIA

DOCUMENTARY CREDIT

ORIGIINAL

PAGE 1 OF 3
CREDIT NO : 0703LC961177
DATE OF ISSUE : 24/09/96
DATE OF EXPIRY: 24/11/96
EXPIRES AT : CHINA
AMOUNT : USD 8,364.00
EIGHT THOUSND
THREE HUNDRED
SIXTY FOUR DOLLARS
TOLERANCE : +5%， -5%

ADVISING BANK :
23 ZHONG SHAN DONG 1 LU
SHANGHAI 200002, CHINA

BENEFICIARY :
SHANGHAI TECHNOLOGY IMP. AND EXP.
CORP. OF SCIENCE AND EDUCATION,
ROOM NO. 4413, NO. 47 NANCHANG ROAD,
SHANGHAI ,CHINA

APPLICANT :
CHAI HENG SENG SDN BHD
368 BEACH STREET
10300 PENANG
MALAYSYA

We hereby issue an Irrevocable Documentary Credit in favor of the above beneficiary.

Credit available with ANY BANK by negotiation of your draft drawn at SIGHT on ourselves bearing the clause "Drawn under Bank of Commerce (M) Berhad Credit No: 0703LC961177 ".

Shipment/dispatch/taking in charge from Shanghai, China to PENANG, MALASYA not later than 24/11/96.
Partial Shipment: ALLOWED
Transshipment: ALLOWED

Evidencing shipment of :
ONE LOT OF TOP POINT BRAND AIR POT AS PER SALE CONFIRMATION NO. 96SS0017 DATED 16.9.96 CFR (Incoterms 1990)

Documents Required :
1. SIGNED COMMERCIAL INVOICES IN TRIPLICATE.
2. FULL SET OF (3 / 3) CLEAN ON BOARD B/L MADE OUT OR ENDORSED TO THE ORDER OF BANK OF COMMERCE (M) BHD MARKED FRREIGHT PREPAID NOTIFY APPLICANT.

(a) 信用证第 1 页

BANK OF COMMERCE

PULAU PINANG BRANCH
15 LEBUH PANTAI
10300 PENANG.
MALAYSIA

DOCUMENTARY CREDIT

ORIGIINAL

PAGE 2 OF 3
CREDIT NO : 0703LC961177
DATE OF ISSUE : 24/09/96

3. INSURANCE COVERED BY APPLICANT. THE SHIPPER MUST GIVE NOTICE OF SHIPMENT BT AIRMAIL TO M/S SAFETY INSURANCE SDN BHD, WISMA SAFETY, JALAN MELAYU, P.O.BOX 12449, 50780 KUALAAND A COPY OF THE SAME TOO ACCOMPANY DOC.
4. CERTIFICATE OF ORIGIN IN TRIPLICATE.
5. PACKING LIST AND WEIGHT LIST REQUIRED.

At sight/maturity, the negotiating bank is authorized to reimburse by drawing on our Kuala Lumpur head office accounts with

UNION BANK OF CALIFORNIA INTL
NEW YORK BRANCH
2 WORLD TRADE CENTRE SUITE 1410
NEW YORK NY 10048

Together with their certificate that all the terms of the credit have been complied with.

Instruction to Paying/Accepting/Negotiating Bank :
1. ALL BANKING CHARGES OUTSIDE MALAYSYA INCLUDING NEGOTIATION AND ADVISING CHARGES ARE FOR ACCOUNT OF BENEFICIARY.
2. EACH DRAWING UNDER THIS CREDIT MUST BE ENDORSED.
3. ALL DOCUMENTS ARE TO BE DESPATCHED IN TWO LOTS CONSECUTIVELY BY COURIER TO APPLICANT BNAK.
4. A FEE OF USD25.00 OR EQUIVALENT WILL BE DEDUCTED FROM PROCEEDS FOR DISCREPANT DOCUMENT.

This documentary credit is subject to the Uniform Customs and Practice of Documentary Credits 1993 revision, International Chamber of Commerce Publication No 500.

The amount of each drawing must be endorsed on the reverse of this credit. All documents are forwarded to us in two sets by consecutive registered airmail.

(b) 信用证第 2 页

BANK OF COMMERCE

PULAU PINANG BRANCH
15 LEBUH PANTAI
10300 PENANG.
MALAYSIA

DOCUMENTARY CREDIT

ORIGIINAL

PAGE 3 OF 3
CREDIT NO : 0703LC961177
DATE OF ISSUE : 24/09/96

We hereby engage with drawers and/or bona fide holders that drafts drawn and negotiated in conformity with terms of this credit will be dully honoured on presentation and that drafts accepted within the terms of this credit will be dully honoured on maturity.

Your faithfully,
For BANK OF COMMERCE (M) BHD

NORBANI /0703LC961177 **ZAINAL MD. YATIM (Z18)**
OFFICER

(c) 信用证第 3 页

图 8—13 信用证样例

（六）信用证使用流程

信用证的使用流程较汇款和托收复杂，大致有如下几个环节：

（1）申请人申请开证。贸易双方在销售合同中约定使用信用证结算。

（2）进口商填写开证申请书，交纳押金和开证手续费，向开证行申请开证。

（3）开证行开立信用证。开证行按照开证申请书的要求和内容开出信用证，寄交受益人（出口商）所在地通知行转递。

（4）通知行转递信用证。通知行确认信用证真实性后，向受益人转递信用证。

（5）受益人审证、发货。受益人收到通知行转来的信用证后，审核信用证中条款是否与合同相符。如发现问题，可通知开证申请人修改信用证。如审核无误，受益人按信用证要求备货、发货。

（6）受益人交单。受益人取得和缮制符合信用证要求的全套单据，开立汇票，在规定时间内连同信用证一并提交指定银行。

（7）议付。议付行（通常为通知行）审核单据无误后，为受益人垫付货款。

（8）寄单索偿。议付行办理议付后，将单据寄给开证行索偿，或按信用证的规定，将单据寄开证行的同时向偿付行索偿。

（9）偿付。开证行或付款行收到单据后根据信用证审核单据。如未发现不符点，开证行或付款行应在规定时间内（5个银行工作日）向议付行付款。偿付行应在授权范围内立即偿付议付行。

（10）提示付款赎单。开证行履行偿付责任后，立即通知开证申请人（进口商），向其提示单据，并要求付款赎单。

（11）付款赎单。进口商核验单据无误后，向开证行付款，取得单据，到码头提取货物。

信用证使用流程如图8—14所示。

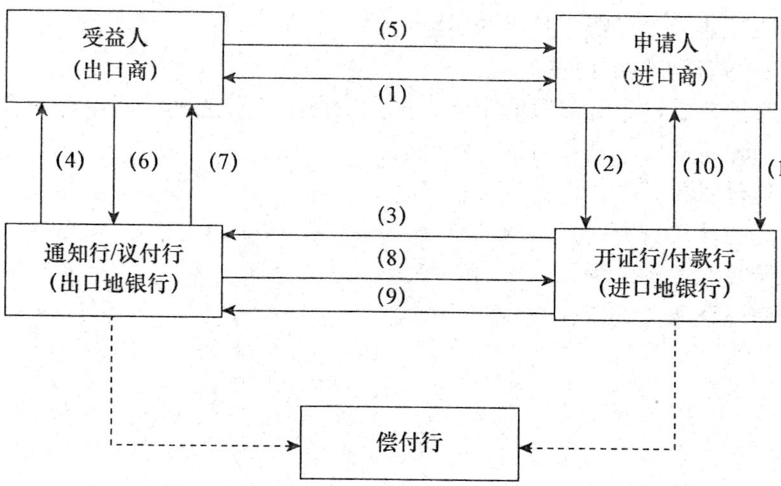

图8—14 信用证使用流程

本章小结

1. 国际结算是指通过银行体系进行的国际货款支付和融资等业务。票据代替现金成为现代国际结算的基本工具。国际票据的使用离不开国际法律和惯例的支持。目前，世界上影响力最大的有关票据的国际惯例有《日内瓦统一票据法》和《英国票据法》。我国现行的《票据法》于1996年颁布实施，并于2004年修订。

2. 票据权利是指持票人享有的索取一定金钱的权利。票据权利具有设权性、无因性、要式性、文义性和流通转让性等基本特征。善意持票人又称正当持票人，是指善意受让票据并支付了对价的人。善意持票人的票据权利不受前手权利缺陷的影响。

3. 票据一般包括汇票、本票和支票三种。汇票是一种无条件的支付委托，其使用包括出票、提示、承兑、付款、背书、保证、追索等票据行为。本票是一种无条件的支付承诺。支票则是以银行为付款人的即期汇票。

4. 汇款、托收和信用证是三种常见的结算方式。在信用证业务中，开证银行承担第一性付款责任，对买卖双方的保障比较合理，是当今国际贸易结算中应用最为广泛的结算方式。但信用证业务专业性较强，涉及当事人多，使用流程相对复杂。

思考题

1. 名词解释

国际结算；代理行；汇票；本票；支票；善意持票人；汇款；托收；信用证。

2. 简答题

(1) 国际票据法律主要有哪些?

(2) 国际结算业务中有哪些常用的国际惯例?

(3) 请回答并简要解释票据的特征。

(4) 请回答汇票、本票和支票的定义，试归纳总结三者之间的联系与不同。

(5) 汇票的绝对必要记载项目都有哪些?

(6) 什么是善意持票人?

(7) 信用证的性质有哪些?

(8) 简述托收业务的流程。

(9) 简述信用证业务的流程。

第九章　国际资本流动

学习目标

通过本章的学习，掌握国际资本流动的分类、原因、特点及对经济的影响，了解国际债务问题、利用外资方式和利用外资应注意的问题。

学习方法

(1) 预习法。通过预习了解本章的内容，对国际资本流动的现状与发展趋势有一个初步的把握。

(2) 联系学习法。将国际资本流动与国际收支、国际金融市场、国际贸易融资联系起来学习，有助于更好地把握本章内容。

(3) 完成本章后面的思考题。

完成本章的学习后，可以进一步巩固相关章节所学的知识，掌握国际资本流动的方式及发展趋势。

案例导读

东南亚发生金融危机以后，国内许多学者都对金融危机发生的原因进行了探讨。时任马来西亚首相的马哈蒂尔曾指责国际投机商为造成危机的罪魁祸首。虽然大多数学者都认为内部因素是造成危机的主要原因，但是不能否认危机是与国际资本流动密切相关的。因此，对资本引进国来说，不仅要考虑是否引进外资的问题，更重要的是要考虑如何引进外资的问题。纵观 20 世纪 80 年代的债务危机和 90 年代的金融危机，一个明显的事实是，80 年代的债务危机与资本引进国大量利用外国银行商业贷款有关，而 90 年代的东南亚金融危机不仅与金融机构的贷款有关，而且与证券市场上外资的流动有关。

资料来源：根据百度文库的资料整理。

思考：

1. 什么是国际资本流动？
2. 国际资本流动有哪些类型？
3. 国际资本流动会带来哪些影响？

第一节　国际资本流动概述

国际资本流动额以较高的增长速度发展着，对世界经济已经产生并将继续产生重要的影响。

一、国际资本流动

（一）国际资本流动的概念

国际资本流动是指由于国际经济交易或其他原因引起的资本从一个国家或地区转移到另一个国家或地区。

一国在一定时期内同其他国家或地区之间的资本流动状况，一般反映在该国国际收支平衡表的资本账户中。资本从国外流入本国，称为资本流入。资本从本国流到国外，称为资本流出。国际资本流动除了反映在资本账户中，还反映在经常账户中的单方转移项目和平衡账户中的官方储备项目中。

（二）国际直接投资的动机及特点

1. 动机

国际直接投资的动机表现在以下几方面：

（1）追求高额利润。资本的流动首先是为了谋求更高的利润，使投资利润增大的因素有两个方面，即产品成本降低或产品收益增多。实现的方式包括：第一，寻求更便宜的原材料和生产要素。一些资源丰富的国家由于缺乏资金或缺乏一体化经营管理的知识与技能，无法充分利用本国资源，如石油、矿产、土地租金、劳动力成本等定价偏低，成为投资国可加以充分利用的有利条件。第二，减少运输成本。有些产品在运往国外的途中容易损坏变质，把生产这类产品的企业设在国外主要市场及其附近地区，就地生产，就地销售，既减少损耗，又节约运输成本，有利于投资者占领当地市场。第三，避开关税和非关税的贸易壁垒。如果一个国家的关税税率高，贸易保护措施多，则向该国出口产品的成本较高，产品的竞争力变差，出口国可通过在该国投资生产，以降低产品成本。

（2）追求新技术。许多国家的投资者在国外开展投资经营活动的目的是获取投资国的技术和管理技能。如德国的跨国公司购买美国本土的电子公司，主要动机在于获取技术。

（3）寻求政治稳定，规避国际风险。政治稳定的国家一般不会发生干涉私人企业经营活动、冻结资产等事件，因此往往成为外国投资者首选的投资目标。

（4）避开本国市场的竞争。投资在本国市场上，若产品竞争已非常激烈，特别是当本身优势不明显时，为了避开锋芒，投资者把目标投向海外市场。

（5）开拓海外市场。投资者投资于海外市场，一方面是为其零部件及机器设备等产品创造市场，另一方面是为充分利用过时机器设备等闲置资源。与此同时，还可使其专有技术资本化。

除此之外，还有利率、汇率和经济政策等因素。利率的高低在很大程度上决定了金融资产的收益水平，汇率的高低与变化改变了资本的相对价值，而一国政府为吸引或控制国际资本的流入或流出制定的经济政策，也会对国际资本流动产生较大影响。

2. 特点

（1）投资者以其所投资的比例取得所投资企业的部分或全部控制权。

（2）由于提供“一揽子”的资本、技术和管理经验，如果被投资者策略运用正确，将会在很大程度上推动本国经济的发展。

（3）对被投资者来说，并没有构成或增加对外债务。直接投资的企业只有在能够取得纯利润的情况下，才有按企业章程履行对外国投资者支付与汇出利润的义务。

二、国际资本流动的类型

随着经济国际化的趋势加强，国际资本流动的规模不断扩大，国际资本流动的类型和流向都发生了重大变化。国际资本流动是由很多因素决定的，因而国际资本流动有不同的类型。最常用的分类方法是划分为长期资本流动和短期资本流动。

(一) 长期资本流动

长期资本流动是指期限在一年以上的资本流动。

I. 直接投资

直接投资是指一国居民或企业对另一国的企业直接进行的，可以取得东道国企业的全部或部分管理权或控制权的投资。

(1) 国际上的直接投资形式。

1) 创办新企业。是指一国投资者在另一国开办新企业，如设立子公司、附属机构，或与他国投资者在东道国创办合营企业或独资企业等。这类直接投资往往并不局限于货币形态资本的投资，特别是创办合资企业时，机器设备、存货甚至专利技术、商标权等都可以折价入股。

2) 收购国外企业股份达到一定比例。一国投资者收购东道国企业的股份达到一定比例以上为直接投资。如美国商务部规定，美国公司拥有外国企业 10%以上有投票权的股份或外国公司拥有美国企业 10%以上有投票权的股份，即为直接投资。

3) 用投资利润再投资。一国投资者不将其在国外投资所得汇回国内，而是以投资利润再投资，这种行为也属于直接投资。这种投资形式实际上不涉及国际资本流动。

(2) 按资本构成划分。

国际上的直接投资可分为单一的资本方式，如跨国公司；联合的资本方式，如股权式的合营企业和契约式的合营企业。

(3) 按投资形式构成划分。

直接投资可分为垂直型直接投资和水平型直接投资。垂直型直接投资是跨国公司与其设在国外的子公司、分公司在生产的不同阶段实行专业化分工合作而进行的投资。这主要是以获得有关国家和地区的自然资源和廉价劳动力为目的的投资。水平型直接投资是指跨国公司在国外的子公司、分公司从事和母公司一样的生产经营活动而进行的投资。这种投资一般是跨国公司为绕开关税壁垒，扩大产品销售市场而进行的投资。

实际上，直接投资不仅包括国际上的资本流动，还包括企业的管理权限和方法、生产技术、市场营销渠道、专利权和商标等多种无形要素的转移。

2. 证券投资

证券投资是指投资者在国际证券市场上以购买外国政府或企业发行的中长期债券或公司股票的方式进行的投资。对于一个国家来说，在国际证券市场上买进债券或股票意味着资本流出；反之，在国际证券市场上卖出或发行债券或股票意味着资本流入。

证券投资和直接投资是相对而言的，主要从是否行使企业、公司的经营管理权利来区分。直接投资是以获得企业、公司的控制权为标志。证券投资的特点包括：(1) 证券投资的目的在于凭债券、股票等证券获取债息、股息或红利；(2) 证券市场上债券的发行构成发行国，即筹资国的外债；(3) 证券投资必须有上市及交易机制自由灵活的国际证券市场，允许随时转让国际债券。至于在证券市场上买卖股票以赚取差价收益的人，不是真正的投资者，这种资本流动属于短期资本流动性质。

3. 国际信贷

国际信贷是指政府之间、国际金融机构之间以及政府、银行、企业在国际金融市场上的信贷活动，可分为政府贷款、国际金融机构贷款和其他贷款。

（1）政府贷款。

政府贷款是指各国政府或政府机构之间的贷款。这种贷款一般都有优惠条件，因而具有援助的性质。如发达国家的政府或政府机构以优惠利率对发展中国家提供的用于经济建设或指定用途的双边贷款。发达国家之间为扭转国际收支逆差相互提供的互惠信贷也属于政府贷款。

（2）国际金融机构贷款。

国际金融机构贷款是指世界性的国际金融机构和区域性的国际金融机构对其会员国提供的各种贷款。贷款利率比私人金融机构的贷款利率低，期限也较长。

（3）其他贷款。

其他贷款是指上述形式以外的其他国际性贷款，如出口信贷和跨国银行信贷等。

国际信贷与直接投资相比，是单纯的借贷货币资本活动。它既不涉及在外国创办企业或收购企业股权，也不涉及国际证券的发行买卖。贷款的收益以利息及有关费用来体现，贷款风险由贷款者承担。

（二）短期资本流动

1. 短期资本流动的概念

短期资本流动是指期限在一年以内（含一年）的资本流入与流出。一国对外短期资本流动一般都借助于各种票据等信用工具进行。这些信用工具包括短期政府债券、商业票据、银行承兑汇票、银行活期存款凭单、大额可转让定期存单等。

2. 短期资本流动的方式

（1）贸易资本流动。

国际上的贸易往来会形成国际债权债务关系，为结清这些债权债务所使用的货币资本，必然从一个国家或地区流向另一个国家或地区，从而形成了贸易资本流动。这种贸易资本流动一般是从商品进口国向商品出口国方向移动，并带有不可逆转性。随着经济开放程度的提高和国际经济活动的多样化，贸易资本在国际流动资本中的比重大大降低。

（2）银行短期资本流动。

银行短期资本流动是指因各国经营外汇的专业银行和金融机构相互之间的资金调拨而引起资本在国际上的转移。这些银行和金融机构为调剂资金余缺，会在国际上进行资金调拨或拆借，并通过银行之间进行套汇、套利、掉期等行为形成银行资本流动。

（3）保值性资本流动。

保值性资本流动是指短期资本的所有者为了短期资本的安全性与盈利性，采取各种避免或防止损失的措施而引起的资本在国际上的转移。形成保值性资本流动的主要原因是由于国内政治动荡、经济恶化以及严格的外汇管制而发生的资本外逃。

（4）投机性资本流动。

投机性资本流动是指因各投机者利用国际市场千变万化的汇率、利率变动及黄金、证券和其他金融商品等价格波动而引起的资本在国际上转移。这种资本流动的特点是利用市场上出现的资产价格差异获取差价收益。

3. 短期资本流动的特点

短期资本流动是国际资本流动中数量最多、形式最多样、内容最复杂、次数最频繁的一种资本流动形式。与长期资本流动相比具有以下特点：

（1）复杂性。

短期资本流动的方式不仅多种多样，而且使用的工具也多种多样，除包括货币现金和银行活期存款外，还包括货币市场上的各种信用工具。短期的融资与投资等活动一般都以各种短期的证券、票据运用为前提。

（2）政策性。

短期资本流动与货币政策有密切联系。一般来说，凡是短期资本流动量较大的国家，往往都是没有外汇管制或外汇管制较松的国家。资本流动与外汇政策密切相关。在浮动汇率制下，各国的利率及汇率差比较容易引起资本流动。运用正确的汇率政策，对限制资本流动和稳定金融会起到一定的作用。

（3）投机性。

很多短期资本以追逐高额利润为目的，在各国金融市场间挪移，具有漂移不定的特点，具有极强的投机性。

第二节　国际资本流动的原因及特点

一、国际资本流动的原因

引发国际资本流动的原因很复杂，概括起来主要有以下几个方面。

（一）过剩资本的形成

随着劳动生产率和资本积累率的提高，资本积累获得了迅速增长，故产生了过剩资本。大量的过剩资本被输往国外以追求国外高额利润，从而造成资本在国际上的转移。随着经济的发展，资本在国外取得的利润也大量增加。这反过来又加速了资本积累，加剧了资本过剩，并且进一步扩大了资本的对外输出，加剧了国际资本流动。近年来，随着现代通信技术的发明与广泛运用，国际资本流动快捷而频繁。过剩资本的存在是国际资本流动的根本原因。

（二）利率、汇率两大经济杠杆的影响

利率和汇率是作用于一个国家经济或世界经济的两大杠杆，同时是导致和推动国际资本流动的两大基本因素。

1. 利率

利率水平的高低不仅制约着资本的收益率，而且直接影响资本的流动方向。

各国经济发展与富裕程度不一，各国之间因利率水平的不同而存在利差。这样，资本就会在逐利机制的驱动下，从利率较低的国家或地区流向利率较高的国家或地区，直至利差消失为止。投资的利润也在这个过程中达到最大化。

2. 汇率

汇率的高低与稳定与否决定着资本的流动及其方向。实行浮动汇率制后，各国货币汇率经常波动且幅度较大。如果一个国家汇率不稳定，本国资本持有者可能预期到所持有的资本实际价值将会降低，则会把手中的资本或货币资产转换成另一种货币资产而存于国外，从而使资本向汇率较为稳定的国家或地区流动。如果一国货币发生贬值，同样会使非居民把存放在这一国家的货币资产转换成另一国的货币资产，把资本调往国外，以避免可能遭受的汇率波动损失。

（三）财政赤字与通货膨胀

财政赤字与通货膨胀在一定条件下是相通的，两者都会引起国际资本流动。如果一个国家发生财政赤字，而这个赤字又以发行纸币来弥补，必然会造成通货膨胀压力。一旦发生严重的通货膨胀，居民为避免持有的资产贬值和减少通货膨胀所带来的损失，就会把国内资产转换为外国债权。如果一个国家发生了财政赤字，而这个赤字以出售债券或向国外借款来弥补，也会导致国际资本流动。因为居民预期在将来某个时期，政府又会靠印发纸币来抵偿债务或征收额外赋税来偿付债务，居民就会把资产从国内移向国外。

（四）政治、经济风险

政治、经济风险的存在对国际资本流动的影响是极大的。“安全港”理论的盛行对国际资本流动方向产生了重要的影响。这种理论认为，虽然在发展中国家投资所获得的收益可能比发达国家高，但发展中国家在很大程度上存在着政治、经济风险，投资者宁愿把资本投向相对低收益而较稳定的发达国家，从而造成了国际资本在发达国家之间流动的新现象。这个现象也是国际资本流动的新特征。

（五）发展中国家利用外资战略

发展中国家以各种形式利用外资，是发展本国民族经济的一种趋势，也是导致国际资本流动的一个原因。发展中国家或地区出于历史的原因，一般都是处于经济相对落后、建设资金短缺、产业结构不合理以及管理经验缺乏的状况。因此，许多发展中国家都积极引进外资，并从中获取先进技术、管理经验乃至部分世界市场，以推动本国经济的发展。

（六）跨国公司发展

跨国公司是以本国为基础的、拥有或控制生产和劳务设施的经济体。跨国公司的生产、销售和整个经营活动都具有国际性，资本和收益也都由两个以上国家占有和分享。正是由于跨国公司雄厚的经济实力和全球性的经营活动，才使国际资本流动的总量随着跨国公司的迅猛发展而迅速增长。

（七）其他因素

其他因素包括资本预期收益、外汇管制以及国际金融市场状况等。

1. 资本预期收益

资本预期收益既是企业资本追求的目标，又是影响一国乃至国际资本流动的直接因素。当一国的资本预期收益高于他国时，资本就会从他国流向这一国；反之，资本就会从该国流向他国。

2. 外汇管制

外汇管制的松紧直接或间接地影响国际资本流动。一个国家外汇管制较宽松或没有外汇管制，国际资本就容易输出输入；而一国外汇管制严格，则必然会使资本流动在运用范围、规模及方式方面受到制约，从而阻碍资本在该国自由地流出流入。

3. 国际金融市场状况

国际上短期与长期资金市场的运作加速了资金全球性的转移。近年来，无论是市场业务量、资金周转的数量与速度，还是各种外汇远期交易、远期利率交易和股市活跃程度，都获得了前所未有的发展。但是，国际货币体系不健全和金融投机活动猖獗也给国际金融市场运作投下了发展失衡的阴影。

二、国际资本流动的特点

近年来，国际资本流动在质和量上都发生了巨大的变化，对各国经济也产生了巨大的影响。

（一）金融资本移动占据主导地位

随着国际金融市场规模日益扩大，国际金融市场达到了前所未有的规模。金融市场资本量每年的递增率已远远超过世界贸易每年的增长率。金融资本流动替代了原来商品和劳务在世界经济中的主导地位，成为当代国际资本流动的一个重要特征。

（二）投资主体呈多元化发展

国际资本投资主体多元化是指随着各国经济的发展和国际资本流动的新变化，在国际市场上出现多国不同程度地向外输出资本的趋势。这种多层次投资主体现象打破了个别国家垄断资本输出的局面。这种多元化表现在：

（1）西方工业国作为投资主体并构成投资主体的第一层次。其特点是资本雄厚、投资迅速且涉及面广。

（2）石油输出国组织成员国、阿拉伯海湾产油国和新兴工业化经济群先后跻身于海外投资者行列，构成投资主体的第二层次，是主要的投资力量。这些国家或地区都加快了海外投资步伐，尤其亚洲新兴工业化经济群，包括新加坡、韩国、中国等努力向欧美拓展。这些投资主体的特点是潜力大、开拓性强。

（3）其他发展中国家，列为投资主体的第三层次，是补充的投资力量。其特点是资本较少，实力较薄弱，只能小规模、有条件地向外输出资本。

（三）国际投资结构发生转变

国际投资结构发生转变是指直接投资与间接投资势头的此消彼长。随着资本证券化趋势的发展，间接投资的规模在不断扩大，其中证券投资十分活跃，间接投资有不断扩大之势。此外，间接投资的内部结构也在发生变化，即以银行贷款为主转变为以债券为主，国际债券投资大规模地增长。

（四）国际资本流动产生逆流之势

国际资本从资本充裕的发达国家流向资本缺乏的发展中国家，传统上称为资本顺流。发达国家减少或停止向资本较缺乏国家或发展中国家输出资本，甚至把资本从这些国家抽回后，转投至发达国家，从而形成资本在发达国家之间的流动现象，称为资本逆流或资本在发达国家的双向流动。这是国际资本流动的新特点。

（五）风险资本投资发展迅速

风险资本投资可分为传统意义的风险资本投资和现代意义的风险资本投资。传统意义的风险资本投资是指投向新产业、开办新企业的投资。现代意义的风险资本投资是指把资本用于借助最新科学技术成就开发新产品的投资。前者着重于产品的经营，后者着重于新产品的开发。

随着风险资本投资的迅速增长，风险资本投资也日益国际化。风险资本投资之所以迅速发展，其主要原因有：(1) 新技术革命为风险资本投资的兴起创造了条件；(2) 高技术开创的新产业部门形成了新的投资市场，其投资利润比传统投资市场的投资利润高出许多倍，诱使风险资本投资迅速兴起；(3) 大量过剩资本和游资需寻找新的投资场所，为风险资本投资提供了大量资本；(4) 西方国家通过立法形式对风险资本投资予以税收、贷款条件优惠，进一步刺激了风险资本投资的迅速发展；(5) 新技术革命兴起所形成的新企业家，为进行风险资本投资提供了管理人才。

风险资本投资在国际资本流动中的地位日益重要，它加速了新产业革命的进程，促进了新技术、新产品的形成、发展和应用，有利于调整旧的产业结构，对增强一个国家的经济实力发挥极其重要的作用。

三、国际资本流动对经济的影响

国际资本流动对资本输出国和资本输入国乃至整个世界经济都产生了多方面且极其深刻的影响。

(一) 长期资本流动对经济的影响

长期资本流动包括国际投资与贷款两大方面，长期投资的目的主要在于创建新企业或扩大再生产。因此，长期资本流动对资本输出国、输入国与世界经济都会产生极大的影响。

1. 长期资本流动对资本输出国的影响

长期资本流动对资本输出国的影响有积极与消极两个方面。

(1) 对资本输出国的积极影响主要表现在：

1) 可以提高资本的边际效益。长期资本输出国一般是资本比较充裕或某些生产技术具有优势的国家。这些国家由于总投资额或在某项生产技术领域的投资额增多，其边际效益就会递减，由此使新增加投资的预期收益率降低。如果将这些预期收益率较低的投资额转投资于资本较少或某项技术较落后的国家，便可提高资本使用的边际效益，增加投资的总收益，进而为资本输出国带来较可观的利润。

2) 可以带动商品出口。长期资本输出会对输出国的商品出口起推动作用，从而增加出口贸易收入，刺激国内的经济增长。如某些国家采用出口信贷方式，使对外贷款与购买本国的成套设备或某些产品出口相联系，从而达到了带动出口的目的。

3) 有利于提高国际地位。资本输出意味着输出国的物质基础较为雄厚，意味着该国有能力加强同其他国家的政治与经济联系，从而有利于提高自己的国际声誉或地位。

(2) 对资本输出国的消极影响表现在：

1) 承担资本输出的经济和政治风险。由于世界经济和世界市场日益错综复杂，资本输出稍有不慎，就会导致投资方向错误，从而造成经济损失。此外，还需承担投资的政治风险。这体现在资本输入国如果发生政变，就有可能实施不利于资本输出的法令，如没收投资资本，甚至拒绝偿还外债等。

2）对本国经济发展造成压力。在货币供应总量一定的条件下，资本输出会使本国的投资下降，从而减少国内的就业机会，影响国内的经济发展。

2. 长期资本流动对资本输入国的影响

长期资本流动对资本输入国同样具有积极与消极的影响。

(1) 对资本输入国的积极影响表现在：

1）解决输入国资金不足问题。资本输入国获得间接投资，则可通过市场机制或其他手段使资金流向资金缺乏的部门和地区；获得直接投资，在一定程度上会弥补国内某些产业的空心化现象。其结果既解决了该国资金不足问题，也促进了经济的发展。

2）引进先进的技术设备和获得先进的管理经验。长期资本流动的很大一部分是直接投资，直接投资的特点就是能给输入国直接带来技术和设备，甚至是销售市场。因此，只要输入得当，政策科学，资本输入无疑会提高劳动生产率，增加经济效益，加速本国的经济发展进程。

3）增加就业机会。资本输入的目的在很大程度上是创建企业或改造老企业，有利于增加就业机会，增加国民生产总值，从而增加国家财政收入，提高国民的生活水平。

4）改善国际收支。输入的资本通过建立外向型企业，实现出口替代与出口导向，有利于扩大出口，增加外汇收入，进而起到改善国际收支的作用。

(2) 对资本输入国的消极影响表现在：

1）可能会引发债务危机。输入国若利用贷款或间接投资过多，超过本国承受能力，则可能会出现无法偿还债务的情况，导致债务危机的爆发。

2）可能使输入国经济陷于被动境地。如果输入资本过多、管理不善，并且不能使本国经济获得强劲发展，输入国就会对外资产生很强的依赖性。一旦境外资本停止输入或抽回，输入国经济发展就会陷入被动的境地。

3）加剧国内市场竞争。大量外国企业如果把产品就地销售，必然会使国内市场竞争加剧，对同行业国内企业形成冲击。

3. 长期资本流动对世界经济的影响

长期资本流动对世界经济的影响是多方面、多层次的，主要表现在以下几方面：

(1) 带来全球利润最大化。

长期资本流动会使世界经济的总产值或总利润增加，并趋于最大化。资本在国际上进行转移的一个原因就是资本输出的盈利大于资本留守在国内的盈利。这意味着输出国因资本输出，在资本输入国创造的总产值会大于资本输出国因资本流出而减少的总产值，最终会促使全球利润最大化。

(2) 加速世界经济的国际化。

生产国际化、市场国际化和资本国际化是经济国际化的主要标志。全球金融市场的建立与完善、高科技的发明与运用，都使资本流动规模大增，流速加快，影响更广。

(3) 加深了货币国际化。

1）加深了金融业的国际化。资本在国际上的转移，促使了金融业尤其是银行在世界范围内广泛建立，银行网络遍布全球；同时促使了跨国银行的发展与国际金融中心的建立。这些都为国际金融市场增添了丰富的内容。

2）促使了国际资本遍布全球。国际资本流动使得以借贷形式和证券形式体现的国际资本发展迅速，渗透到了世界经济发展的各个角落。

（二）短期资本流动对经济的影响

短期资本流动是指国际上的短期资金融通或信用活动。短期资本流动对世界经济同样具有正负双面的影响。

1. 有利于国际贸易顺利进行

在国际贸易中，买卖双方提供的短期资金融通，如预付货款、延期付款及票据贴现等，有利于国际贸易双方获得资金便利，从而有利于国际贸易的顺利进行。

2. 对各国国际收支产生影响

短期资本，尤其是一些投机性的短期资本，对一国的国际收支会产生重大的影响。

（1）当一国出现暂时性的国际收支失衡时，投机性资本流动有利于调节失衡。当一国的国际收支出现暂时性逆差时，该国的货币汇率就会下跌。如果投机者意识到这种汇率下跌仅是暂时的，预期不久就会回升，于是就按较低汇率买进该国货币，等待汇率上升后再以较高的汇率卖出，这样就形成了该国的短期资本流入之势，从而调节该国的国际收支逆差；反之亦然。

（2）当一国出现持续性国际收支不平衡时，投机性和保值性短期资本流动会加剧该国的国际收支失衡状态。若一个国家出现持续性逆差，该国的本币汇率会持续下跌。如果投机者预期到该国货币汇率还会进一步下跌，他就会卖出该国货币，买进其他货币，以期该国货币贬值和其他货币升值后获利，这种投机行为会使该国资本流出，从而会扩大逆差，加剧国际收支逆差和国际收支失衡；反之亦然。

3. 加剧国际金融市场动荡

短期资本流动会加剧国际金融市场动荡，表现在它会造成汇率大起大落，投机更加盛行。当一国发生短期性国际收支不平衡时，汇率将发生波动。投机性资本流动既有利于国际收支平衡的调节，又有利于保持市场汇率的稳定。但当一国发生持续性国际收支失衡时，投机者会在外汇供不应求时买进外汇，而在外汇供过于求时卖出外汇，这种行为不利于国际收支平衡，也不利于汇率的稳定，这种投机行为会加剧国际金融市场的动荡不安。

第三节　利用外资

一、利用外资的作用

随着外资投资规模的迅速扩大和投资领域的进一步拓宽，吸引外资对一国经济的促进作用日益明显，主要表现在以下两方面。

（一）弥补投资缺口

一国要发展经济必须引进外资。通过利用外资，一国可以超出本国储蓄额进行投资，扩大资本规模，加速经济的发展。一个国家的发展主要靠本国的储蓄来实现，外资只是起辅助作用。国外资金所起的作用是补充国内储蓄的不足。

(二) 促进经济增长

积极有效地利用外资对一国经济建设的发展起了良好的促进作用，有利于扩大国内就业机会、改善国际收支，对国内经济增长起到推动作用。

二、利用外资的方式

国际上利用外资主要有以下几种方式。

(一) 国际金融机构贷款

国际金融机构贷款，主要是指国际货币基金组织、世界银行、国际金融公司、国际开发协会对其会员国和其他国家的贷款。

1. 国际货币基金组织贷款

主要包括国际货币基金组织向会员国提供的各种中短期贷款，贷款主要用于解决会员国国际收支不平衡。各会员国借款额度取决于认缴份额大小。

2. 世界银行贷款

世界银行贷款主要是对发展中国家的政府和私人企业提供的长期贷款。对会员国私人企业提供贷款，则需借款国政府担保。贷款利率随国际金融市场利率水平定期调整。

3. 国际金融公司贷款

国际金融公司只对其会员国私人企业提供长期贷款，贷款无须借款国政府担保，贷款利率接近国际金融市场利率水平。

4. 国际开发协会贷款

国际开发协会主要为了帮助世界上欠发达地区会员国经济发展，提高生产力，从而提高生活水平，以比通常贷款更为灵活、负担较轻的条件提供资金，以解决会员国在经济发展方面的需要。

(二) 政府贷款

政府贷款就是一国政府向另一国政府提供的优惠性贷款。这种贷款一般在友好国家之间进行，贷款期限长达 20 年～30 年。贷款列入贷款国政府预算支出。不少国家建立独立金融机构办理此项贷款。政府贷款往往带有经济援助的性质，贷款中赠与成分占贷款额 25%以上。政府贷款往往有附加条件，即采购限制，就是借款国必须将贷款的全部或部分用于向贷款国购买设备和物资。

(三) 直接投资

直接投资是指一国居民或企业对另一国的企业直接进行的，可以取得东道国企业的全部或部分管理权或控制权的投资。(具体内容参见本章第一节)

(四) 市场筹资

市场筹资主要方式有银行贷款、发行债券和吸收存款。

1. 银行贷款

银行贷款是指一国银行为了支持本国经济建设，从国际金融市场上借入的贷款，一般是两家银行之间签订贷款协议的双边贷款。长期贷款期限在 5 年以上，金额为 1 亿到 5 亿美元之间。由于长期贷款时间长、金额大，一家银行承担不起，为了减少风险，一般由一家银行牵头，多家银行参加，组成国际性的银团进行贷款，故这种贷款也称银团贷款。借款银行只与银团的牵头银行发生关系，不与其他参加的银行发生关系。取得银团贷款，除了支付利息外，还要支付管理费、代理费和杂费。如果借款人没有按期使用贷款，还要支付承担费。银行贷款可以到期一次偿还，也可以分次偿还。签订贷款协议时，要规定宽限期和还款期。

2. 发行债券

一国政府当局及其部门、银行和企业在国际债券市场上发行中长期债券筹资，是利用外资的一种重要形式。发行债券筹集资金的来源比较广，资金使用期限比较长，用途不受限制。债券期限一般在5年以上，最长可达20年～30年。债券利率和中长期贷款利率相当。由于债券持有人随时可以在债券市场出售债券变现，因而债券推销比较方便。其缺点是发行手续复杂，发行成本较高。

3. 吸收存款

一国银行及海外分行吸收的银行同业存款和客户的外币存款，也可作为利用外资的一个来源。存款的流动性较强，由于存款存在相当部分的稳定余额，在充分保障支付能力的情况下，稳定余额部分可以作为外资来利用，一般用于期限短、见效快的项目。

（五）出口信贷

出口信贷是指为支持和扩大本国出口和加强国际竞争，由本国商业银行向本国出口商或外国进口商、进口商银行提供利率较低的贷款。不少国家大型成套设备出口和大型工程项目的投资都普遍采用这种信贷方式。

1. 卖方信贷

卖方信贷是在大型机械装备与成套设备出口中，为便于出口商以延期付款方式出卖设备，出口商所在地银行以优惠利率向出口商提供的信贷。利用卖方信贷成交时，进口商在订货时要按照合同金额支付一定比例的现金，其余由出口商银行以贷款的方式代进口商垫付资金，进口商分期偿还。卖方信贷要由出口商支付贷款利息、信贷保险费、承担费、管理费，这些费用最后会加在货价上，使得卖方信贷的货价高于用其他方式成交的货物价格。

2. 买方信贷

买方信贷是指在大型机械装备或成套设备贸易中，由出口商所在地银行贷款给外国进口商（买方）或进口商的银行以给予融资便利，扩大本国设备出口的国际贸易融资方式。采用买方信贷方式，出口商可以及时得到货款，对商品以现汇报价，进口商对支付的信贷保险费、承担费、管理费具体金额比较清楚，便于了解真实货价。

3. 福费廷

福费廷是指在延期付款的大型设备贸易中，出口商把经进口商承兑的、期限在半年到5年以上的远期汇票，无追索权地卖断给出口商所在地的银行（或大金融公司），以提前取得现款的资金融通方式。

（六）补偿贸易

补偿贸易就是出口企业向进口企业提供机器、设备、技术知识、专利、各种服务、培训人员等，并将其作为贷款，待项目投产后，用该项目产品或商定的其他商品归还贷款。用投产项目的全部产品或部分产品分期偿还，称为回购或返销；也可以用原料或其他产品分期偿还，称为返购；如果是投资于服务或其他无产品的项目，就用该项目的收入或利润分期偿还。

补偿贸易还有另外一种方式，就是来料加工、来样加工、来件装配，也称对外加工装配。该方式是利用国内劳动力和加工装配能力，由国外企业提供原材料、零部件、半成品及生产设备，为国外企业加工装配，产品归国外企业，收取工缴费，并用工缴费偿还国外企业提供的设备费用。

（七）合资经营、合作开发

合资经营是指两个或两个以上国家的投资者以一定的股份合资办企业，共同经营管理，按注册资本分享利润，分担亏损和风险。合资经营也称股权式经营，就是投资双方彼此利用对方的有利条件合资办企业。外方利用技术管理上的优势提供机器设备、专利、技术和培训人员；主方提供场地、厂房、部分设备、辅助设施和劳动力。主方、外方共同经营，分享利润和分担风险。

合作开发主要用于地质矿产勘探开发。由外方提供技术、设备、人力、财力、物力进行勘探，如勘探成功，有开采价值，再签订开发合同。如果勘探失败，则由外方承担全部费用和风险。

（八）融资租赁

融资租赁也称融资性租赁，是指由当事人双方约定，承租人选定机器设备，由出租人购置后出租给承租人使用，承租人按期交付租金，设备的维修一般由承租人负责，租赁期满后可退租、续租或把设备转给承租人的一种融资方式。融资租赁是国际租赁中最常见、最基本的租赁形式。

融资租赁对承租人来说，是百分之百地融通资金，并取得了对设备的使用权，等于利用了一笔长期贷款。这可以避免因购置设备而占压资金，有利于加速资金周转；同时可以及时更新设备，采用新技术。对出租人来说，因保有对设备的所有权，投资风险较小。但租赁手续比较复杂，租赁信贷成本较高。

（九）BOT 方式

BOT 是政府将一个基础设施项目的特许权授予承包商（一般为国际财团），承包商在规定期限内负责项目设计、融资、建设和运营，并回收成本、偿还债务、赚取利润，期满后将设施移交地方政府或主管部门的一种融资方式。

（十）国际项目融资

国际项目融资是指国际上为某一特定的工程项目提供贷款，贷款人以该项目所产生的现金流和收益作为偿还贷款的资金来源，并将该项目或经营该项目机构的资产作为贷款的担保。国际项目融资是国际上为一些大型工程项目融资的方式，贷款人要承担项目风险，风险担保则限于该项目，还款来源是该项目的未来收益。

以上几种利用外资的方式，不同国家和同一国家在不同时期，要根据世界经济和本国经济状况，从实际出发，有所侧重地选择采用，才能取得较好的经济效益。

三、利用外资应注意的问题

利用外资时，若要产生较好的经济效益、实现促进本国经济发展的目的，必须注意以下几个问题。

(一)利用外资规模要适度

一国利用外资发展经济并不是无限度的，其规模与一国经济发展速度、投资规模、预算水平、信贷规模、国际收支平衡情况密切相关；同时受外债偿还能力、生产要素配套能力、技术和管理消化能力的制约。

利用外资既要考虑客观需要，又要考虑偿还能力。根据偿还外债能力标准和国际惯例，利用外资时要考虑负债率、债务率、偿债率等具体指标。

(二)利用外资的货币和外汇收入的货币币种保持一致

既要能保证外债偿还的支付能力和避免汇率风险，又要能避免利用外资的国别构成过于集中，以防止造成经济损失。

(三)利用外资的资金结构和债务结构比例保持一致

外资的资金结构是由直接投资和间接投资的比例决定的。直接投资以生产性投资为主，是利用外资增加外汇收入，从而增加偿还外债的能力；直接投资是投资双方分享收益，共同承担风险，能给主方带来先进设备和经营管理经验，无论是从近期还是从远期来看，其经济效益都比较好。

(四)利用外资的资金结构和债务结构期限保持一致

债务结构是由外资贷款期限结构决定的，合理的外资贷款期限结构能大大改善债务结构，从而减轻债务负担。保持债务结构合理，就要使中长期贷款和短期贷款比例保持在适当水平。短期贷款的期限短，就要求利用短期贷款的企业在短期内形成较好的经济效益和出口创汇能力，如果短期外债贷款的比重过大，就会加大偿还外债的难度。

专栏9—1：中国外债状况

中国证券网讯：国家外汇管理局公布2014年末中国外债数据。为进一步提高我国外债统计质量，逐步与最新国际标准接轨，2014年末，国家外汇管理局按照国际货币基金组织“数据公布特殊标准”(SDDS)的分类标准公布我国外币外债数据，并将特别提款权(SDR)分配纳入外债统计。

截至2014年末，我国外债余额为54 793亿元人民币(等值8 955亿美元，不包括香港特区、澳门特区和台湾地区对外负债，下同)，按可比口径(含SDR分配，下同)计算，同比增长2.5%。

从期限结构看，中长期外债余额为16 788亿元人民币(等值2 744亿美元)，占30.6%，同比增长7.5%；短期外债余额为38 005亿元人民币(等值6 211亿美元)，占69.4%，同比增长0.4%。短期外债余额中，与贸易有关的信贷占70.5%。

从机构部门看，广义政府债务余额为3 379亿元人民币(等值552亿美元)，占6%；中央银行债务余额为619亿元人民币(等值101亿美元)，占1%；银行债务余额为18 470亿元人民币(等值3 018亿美元)，占34%；其他部门债务余额为26 741亿元人民币(等值4 371亿美元)，占49%；直接投资：公司间贷款债务余额为5 584亿元人民币(等值913亿美元)，占10%。

从债务工具看，贷款余额为20 749亿元人民币（等值3 391亿美元），占38%；贸易信贷与预付款余额为20 462亿元人民币（等值3 344亿美元），占37%；货币与存款余额为6 663亿元人民币（等值1 089亿美元），占13%；债务证券余额为674亿元人民币（等值110亿美元），占1%；特别提款权（SDR）分配为619亿元人民币（等值101亿美元），占1%；直接投资：公司间贷款余额为5 584亿元人民币（等值913亿美元），占10%；其他债务负债余额为42亿元人民币（等值7亿美元）。

从币种结构看，登记外债余额中，美元债务占80%，欧元债务占6%，日元债务占4%，特别提款权和港币等其他外币债务合计占比10%。

据初步计算，2014年末，我国外债负债率为8.64%；债务率为35.19%；偿债率为1.91%；短期外债与外汇储备的比例为17.78%。以上指标均在国际公认的安全线以内，我国外债风险总体可控。

资料来源：根据中国证券网相关资料整理。

第四节　国际债务危机

一、外　债

（一）外债的含义

外债是任何给定时刻，一国居民欠非居民的，已使用但尚未清偿的，具有契约性偿还义务的全部债务。

这一概念包含四个要素：（1）外债是以居民和非居民为标准，是居民对非居民的债务，这里的居民和非居民包括自然人和法人。（2）必须是具有契约性偿还义务的外债，通过具有法律效力的文书明确偿还责任、偿还条件、偿还期限等，而不是由口头协议或意向性协议所形成的债务。（3）必须是到一个时点的外债余额。（4）所谓全部债务，既可以是外币表示的债务，也可以是本币表示的债务，还可以是以实物形态构成的债务。

（二）外债的衡量指标

（1）负债率$=\frac{\text{外债余额}}{\text{GNP}}<8\%$；

（2）债务率$=\frac{\text{外债余额}}{\text{年出口创汇额}}<100\%$；

（3）偿债率$=\frac{\text{年还本付息额}}{\text{年出口创汇额}}<20\%$；

（4）$\frac{\text{外债余额}}{\text{国际储备额}}<300\%$；

（5）$\frac{\text{短期外债}}{\text{外债余额}}<25\%$；

（6）国际储备足以支付三个月进口额的需要。

二、国际债务危机爆发的原因

债务国国内经济发展战略的失误和外债管理方针的不当，使外债规模的膨胀超过了国民经济的承受能力，是危机爆发的内因。而世界经济的衰退、发达国家的贸易保护主义以及国际金融市场的动荡等，则是诱发债务危机的直接原因。

（一）债务危机爆发的内因

1. 债务国不切实际地盲目借取大量外债

20 世纪 70 年代的世界经济衰退和石油价格上涨，使许多非产油发展中国家出现了严重的国际收支赤字。两次石油大幅提价后，石油输出国手中积累了大量的“石油美元”。它们被投入欧洲美元市场后，使国际商业银行的贷款资金非常充裕，急于寻找贷放对象，因而国际金融市场的利率很低。于是，很多国际收支发生赤字的发展中国家都转向国际金融市场借取大量外债，盲目地追求经济增长，不断扩大投资，使发展中国家的外债总额开始加速积累。

20 世纪 80 年代初，工业国家为反通货膨胀而采取了紧缩性货币政策，这使国际市场利率急剧上升，利率的上升加重了获得贷款的发展中国家的利息负担。而经济严重衰退，主要工业国家总需求下降，使得债务国的出口变得更加困难；此外，美元的升值又使许多负有美元债务而出口收入为其他币种的发展中国家的境况雪上加霜。

2. 国内的经济政策失误

许多重债国一直采取扩张性的财政和货币政策，再加上不适当的汇率和外汇管制措施，使得几乎所有的重债国货币定值过高，不切实际的定值过高不仅严重削弱了本国出口商品的国际竞争能力，加重了国际收支的不平衡，而且促使国内资金不断地外逃，以躲避日后不可避免的贬值。一方面，国内资金加速外逃，国际储备资金枯竭；另一方面，国内通货膨胀率的迅速升高使偿付外债难度加大。

3. 外债利用率低

陷入债务危机的主要国家都是在国际贸易和世界经济形势有利以及国际金融市场蓬勃发展之时，借入了超出自身偿还能力的大量贷款，但并未形成合理的债务结构。短期债务的增加和商业银行贷款的比重过大，加重了外债的负担。同时，这些国家的外债统计和监测机构效率低下。在主要借款来源从优惠的官方贷款转为私人商业银行贷款以及短期债务比重突然增高时，不能迅速形成反馈并影响国内的有关政策。

更为严重的是，陷入严重债务危机国家的外债资金利用效率都极低，未能把外债资金全部有效地用于生产性和创汇盈利性的项目，不能保证外债资金投资项目的收益率高于偿债付息率。外债没有给国家带来生产能力的增长，当世界经济突变时，则难以应付，无法按期偿还债务。

（二）债务危机爆发的外部条件

1. 世界性经济衰退

在世界经济衰退中，以美国为首的发达国家为了转嫁危机，纷纷实行严厉的贸易保护主义，利用关税和非关税贸易壁垒，减少从发展中国家的初级产品进口，使发展中国家的出口收入突然下降，其偿债能力自然下降。

2. 国际金融市场美元利率和汇率的上浮

发展中国家的借款主要是由商业银行以美元形式提供的。国际金融市场高利率和美元汇率上升都大大加重了债务国的偿债负担。

3. 国际商业银行贷款政策的收紧

国际商业银行对发展中国家的贷款迅速增加，使得债务国的私人债务比重上升。但随着国际贷款的风险增大，商业银行大幅减少了对发展中国家的贷款，这也加剧了发展中国家的资金周转困难，对国际债务危机的形成和发展起到了推波助澜的作用。

三、解决国际债务危机的方案

国际金融机构对发展中国家的债务问题采取了一些应急措施。债务国本身也实行了经济调整，各方纷纷提出一些解决方案。

(一) 国际金融公司的设想

为债务国建立一项投资基金。该投资基金负责发行美元债券，向国际银行换取债权。投资基金的证券可以在证券交易所开价转让，债务国则保证在需要时，这些债权可以兑换成私人或公共企业的股票。此方法实行的结果：(1) 国际银行至少可能收回大部分美元贷款；(2) 债务不再冻结，有关资本可以重新动用；(3) 借款国不再为借新债还旧债而苦恼；(4) 当地企业会获得新的资金。

(二) 国际货币基金组织总裁的战略

债务问题不是全球性的问题，只需根据债务国的具体情况分别处理，而不需要一个综合性的解决方案。国际货币基金组织总裁主张强制性的调整措施，并认为合作战略包括：(1) 债务国积极地调整；(2) 国际融资机构的支持与合作；(3) 世界贸易的复兴。

(三) 美国前财政部长贝克的计划

贝克在国际货币基金组织和世界银行第 40 届年会上提出建议，由国际型大商业银行提供 200 亿美元，由世界银行、美洲开发银行等机构提供 90 亿美元，贷给 15 个重债国；由国际货币基金组织从信托基金中拨出 27 亿美元，专门提供给低收入债务国。接受贷款的债务国必须实行经济改革和调整财政政策，并且在三个方面采取结构性改革，即贸易自由化、外国直接投资政策自由化、国有企业私有化。贝克计划实际上有两个主要内容：一是要求发展中国家进行全面的宏观经济调整，将其作为增加贷款的条件；二是规定了一个大致的贷款数额，银行在三年内对 15 个大的、被债务困扰的国家的新增贷款需达到 200 亿美元。这一建议得到了国际货币基金组织、世界银行和一些国际银行的支持，它已成为发达国家在债务问题上的共同立场。但这个计划实施难度大，周期长，难以完全实现。

(四) 二十四国集团的建议

发展中国家认为贝克计划具有积极因素，但需要进一步修改和补充。1985 年，二十四国集团在汉城举行的第 32 次部长级会议上指出，解决债务问题需要债务国、债权国、商业银行和国际金融机构通力合作，债务问题的解决已超出市场机制的能力。他们建议建立某种机制，对债务的大部分利息予以滚转；增加多边金融机构和地区性银行的资本股权等。

（五）布雷迪计划

布雷迪计划实际上是贝克计划的延伸，主要包括：（1）债务国应继续实施以增长为导向的调整方案，并采取措施来鼓励外逃资本的调回；（2）国际货币基金组织与世界银行应为债务国提供资金，通过债务回购、按一定的折扣用旧债交换附有担保品的新债券、以旧债交换面值不变但利率降低的新债券等方式削减债务；（3）商业银行将为债务削减和新贷款提供保证，并通过各种方式对当前债务加速削减；（4）债权国政府继续通过贷款重新安排或调整，并为具备健全调整方案的国家提供出口信贷保险。

布雷迪计划受到债务国的热烈欢迎。但西方金融界认为解决债务的妥善办法是债权—股权转换，即将原贷款转换为债务国的货币，然后投资于当地企业。这将帮助商业银行减少债务风险，使国际投资者从廉价资金中得到好处。发展中国家虽不能从债权转换成股权中获得更多的外资，却可以减轻债务负担，并通过把新的投资吸引到有效的经济部门来促进经济增长。

（六）宫泽计划

宫泽计划的设想是由大型银行将部分债务转换成有担保的债券，债务国以本币形式存入相当债务转换额度的担保存款，余额可再进行谈判。这种方案实际上是将债务资本化。具体做法是：投资者按贴现方式买进债务，并在债务国当地投资。这个方案对债务国来说，是用本币支付代替了以外币支付还债的义务，节省了外汇；还可以促进出口导向和进口替代企业的发展，有效地利用债务国的储蓄和防止资本外逃，并能促进债务国股票市场的发展。

上述各种缓解国际债务危机方案的实施对减轻发展中国家的债务负担起了一定的积极作用。但距离债务危机的根本解决还相距甚远，所以债务问题仍是世界经济的一大隐患，对国际金融体系的影响不能低估。

第五节　金融危机

一、金融危机及其起因

（一）金融危机的含义

金融危机是指市场参与者通过外汇市场操作导致该国汇率制度崩溃和外汇市场持续动荡的事件。

（二）金融危机的起因

金融危机一般是由投机性资金流动造成的投机性冲击引起的，具体原因有：

（1）经济环境变动带来的投机性冲击。爆发金融危机的最基本原因是政府因过度的扩张性财政、货币政策导致经济环境恶化。如果一国政府持续通过央行国内信贷来弥补财政赤字，不仅会带来货币供给的扩张，无法维持汇率的稳定，还会导致金融危机发生，汇率大幅贬值。如果投机者能对经济基本面有比较正确的预期，则会对未来汇率的大幅贬值提前做出反应，加速外汇储备的耗竭。国际上发生的金融危机大都属于这一类型。

（2）心理预期造成的投机性冲击。20 世纪 90 年代以来，投机性资金流动对一国经济的冲击越来越大，甚至在经济基本面尚未恶化时，也会发生投机性冲击，进而爆发金融危机。在国际短期资金流动中，心理预期因素也可导致投机性冲击发生，其关键因素是利率。投机者往往先在本国货币市场上借入本币，再在外汇市场上抛售本币买入外币资产，本币贬值后投机者会再用外汇购回本币，归还本币借款。这样，投机者的攻击成本是根据本国货币市场上的利率所确定的利息，其预期收益是持有外汇资产期间外国货币市场上的利息收益以及根据预期本币贬值幅度所确定的汇率差价收入。投机者能否成功，取决于投机者掌握的投机资金数量、“羊群效应”发生与否、政府是否通过提高利率抵御投机态度的坚决性，以及政府之间的国际协调和合作是否及时、有效。除上述主要原因外，金融体系是否健全也影响金融危机发生的可能性。如 1997 年由泰国金融危机引发的东南亚金融危机即属于此类。

二、金融危机的效应与作用

（一）金融危机的效应

在金融一体化的今天，一国发生金融危机极易传播到其他国家，即形成“蔓延型金融危机”。金融危机更易传播到与金融危机发生国联系密切的国家，如有较密切的贸易联系或在出口上存在竞争关系的国家，有着较为相近的经济结构和发展模式，尤其是存在潜在经济问题的国家。另外，过度依赖资本流入的国家在其他国家发生金融危机后，会出现资金流出现象，也有可能发生金融危机。

（二）金融危机的作用

金融危机的消极影响表现在：（1）大量资金的频繁流动会扰乱一国的金融市场稳定；（2）金融危机发生后被迫采取的浮动汇率因缺乏政府有效管理而波动过大，不利于进出口贸易的开展；（3）外资的大举撤出使国家经济发展乏力；（4）不稳定的局势干扰居民的正常生产经营活动，经济秩序陷入混乱状态，容易诱发经济、金融危机，严重时，甚至出现政治、社会危机；（5）金融危机发生国政府为抵御投机性冲击采取紧缩性的财政、货币政策，不利于该国的经济复苏；（6）为获得国外资金援助，被迫接受援助所附加的种种条件，如开放本国商品、金融市场等，这会给本国经济带来不利影响。

金融危机的积极作用表现在：（1）金融危机的危害无疑是严重的，但金融危机暴露了发生国许多被掩盖的经济问题，可能使之得到根本解决；（2）该国货币的大幅贬值，有利于国际收支状况的改善；（3）推动国际金融体系的管理与完善，促进国家间的协调，对于防止货币危机的发生有积极作用。

专栏 9—2：金融危机理论

20 世纪 70 年代以来，国际金融市场危机频繁发生，促进了金融危机理论的大发展。金融危机理论主要解释货币汇率大幅波动甚至引发汇率制度更替的原因和机制。按时间的先后顺序，其发展大体可划分为三个阶段：第一阶段，以保罗·克鲁格曼（Paul Krugman）模型为主，称为第一代货币危机理论；第二阶段从20世纪80年代中期开始，以莫里斯·奥波斯特费尔德（Maurice Obstfeld）的“预期自我实现型货币危机”为代表，称为第二代货币危机理论；第三阶段从1997年东南亚金融危机开始，对此次危机的解释观点众多，可称为第三代货币危机理论。

1. 第一代货币危机理论

第一代货币危机理论是克鲁格曼于1979年率先提出的，并由罗伯特·费拉德（Robert P. Flood）和彼得·加伯（Peter M. Garber）改进。该理论有两个隐含的假设：一是只有在一国的基本面出现问题时，投机者才会对一国的货币发起冲击；二是政府的行为似乎相当无理性，盲目地通过信贷扩张来弥补财政赤字，面对货币冲击，中央银行不顾现实情况而顽固地维持固定汇率制。

克鲁格曼货币危机理论的主要观点有：

（1）货币危机的成因。货币危机的发生是由政府宏观政策与固定汇率制的维持这两种政策目标之间发生冲突引起的，其中为弥补财政赤字的国内信贷扩张引发的国际储备下降是最重要的原因。

（2）货币危机的机制。强调投机者对货币的攻击使储备量下降至最低限是货币危机发生的一般过程。在这一过程中，中央银行为维持汇率稳定，基本上处于被动地位；投机者的预期会使货币危机发生的时间提前，储备存量的多少也会直接影响货币危机发生的时间。

（3）紧缩性的财政、货币政策是防止货币危机发生的关键。货币危机发生的根本原因在于经济基础的削弱，也正因为如此，才产生了投机者对货币汇率贬值的预期。因此，抑制投机的短期措施只能实现汇率的暂时稳定，从根本上来讲，汇率的稳定有赖于财政、货币政策的调整。

2. 第二代货币危机理论

第二代货币危机理论的主流代表人物是莫里斯·奥波斯特费尔德等。该理论对第一代货币危机理论的假设进行了扩展，认为投机者之所以对货币发起攻击，主要是由贬值预期的自我实现导致的。在此过程中，存在着货币当局与投机者之间的多重博弈。投机者和货币当局都在对自己的行为进行成本—收益分析。

第二代货币危机理论重点强调了以下三点：

（1）市场预期在货币危机中的作用。当市场预期货币汇率贬值时，该种货币汇率的波动就会出现，政府为维护汇率的稳定不断地提高利率水平，直至最终放弃固定汇率制，形成货币危机。贬值预期一旦出现，就会不断加强，并引发投机使预期得以实现，因此，这种货币危机又称为“预期自我实现型货币危机”。

（2）货币危机的发生过程是投机者与政府之间的博弈过程。不仅投机者是否对货币发起攻击以及攻击到什么程度，是投机者对攻击行为进行成本—收益权衡的结果，而且对政府为抵御投机所采用的利率政策也要进行成本—收益分析，其中利率水平的高低是政府决定是否放弃固定汇率制的中心变量。

（3）防范货币危机的主要政策措施是提高政府政策的可信度。可信度越高，货币危机发生的可能性就越小。

3. 第三代货币危机理论

第三代货币危机理论主要是针对1997年爆发的东南亚金融危机所做的各种解释的统称，其中比较有代表性的观点有以下三种：

(1) 道德风险论。道德风险论最初出现于20世纪80年代初美国存贷款危机的研究文献中。它认为在金融危机中，道德风险表现为政府对存款者所做的担保，促使金融机构进行高风险的投资，导致产生巨额的呆坏账，引发公众的信心危机和金融机构的偿付力危机，最终导致金融危机的发生。罗纳德·麦金农（Ronald I. McKinnon）和保罗·克鲁格曼是持这种观点的重要代表人物。

由此得出的道德风险论的结论是：政府的隐含担保导致的道德风险是引发金融危机的真正原因，货币价值的波动只不过是危机的一个表现。防范金融危机的关键在于减少政府与金融机构之间的裙带关系和过于密切的往来，并加强对金融体系和资本市场的监管。

(2) 基本因素论。基本因素论是最为经典和古老的金融危机理论之一。亚洲金融危机爆发以后，以多米尼克·萨尔瓦多（Dominick Salvatore）和考赛提（Corsetti）等为代表的学者将金融脆弱性问题引入基本因素论，并进行了修正，增强了它的解释力。

该理论主要从影响经济增长和稳定性的基本因素方面来分析金融危机爆发的原因。基本论点是：

1）一国的基本面是决定危机是否爆发的最关键因素，也是导致危机蔓延和恶化的根本原因。

2）基本面的恶化包括外部不平衡和内部不平衡。一国基本面的状况可以通过一系列的指标予以反映和预期。

3）根据基本面不能准确地预测一国何时爆发金融危机，但能表明危机的趋势。

4）在许多条件下，投机攻击、政治危机或政治问题是引发金融危机的催化剂。

(3) 金融恐慌（financial panic）论。金融恐慌论最早是由戴孟德（Dybvig Diamond）等经济学家在1983年提出来的，对美国存贷款危机进行了解释。1998年，美国经济学家瑞得立特（Steven Radelet）和萨克斯（Jeffrey Sachs）将此理论用于对亚洲金融危机的解释。金融恐慌是指由于某种外在的因素，使得国际短期资本突然大规模地从尚具清偿能力的债务人那里撤回的现象。一般认为，导致金融恐慌的原因主要有：一国或某金融机构的短期债务大于短期资产，使得流动资金难以偿还短期债务；同时，没有任何经济单位能完全承担起最后贷款人的职责。在这种情况下，一个债权人的撤资行为必然诱发其他债权人的跟风，从而产生大规模的金融恐慌，引起金融危机爆发。

三、国际金融危机

20世纪90年代以来，随着各国金融市场的迅速对外开放，国际资本的大规模、高速度、多样化流动，以及其他因素的影响，金融危机频繁爆发，例如墨西哥金融危机、东南亚金融危机以及美国次贷危机引发的国际金融危机等。

（一）墨西哥金融危机

1994年12月19日，墨西哥新政府突然宣布本国货币比索的汇率贬值15%，突破了允许比索每日贬值的下限，引发墨西哥金融市场的急剧动荡，比索汇率持续失控，至1994年底，比索兑美元的汇率贬值幅度达60%。比索汇率的暴跌对投资者的信心打击极大，墨西哥资本市场上撤资严重，股市暴跌。这场货币金融危机迅速波及其他拉美国家，并引发了世界资本市场和外汇市场的动荡。

墨西哥金融危机引起了世界各国及国际金融机构的广泛关注。与墨西哥同属北美自由贸易区的美国和加拿大帮助墨西哥克服危机，提出了提供贷款资金的担保和稳定股市的方案；IMF专门建立了紧急贷款机制；拉美国家也积极参与了援助。

（二）东南亚金融危机

东南亚金融危机始于泰国并在整个东南亚地区迅速蔓延，形成如多米诺骨牌效应的一场金融风暴。1997年2月，外汇市场上的投机者开始大量抛售泰铢，引起泰国金融市场动荡，泰国中央银行动用120亿美元干预外汇市场来维持泰铢的币值，但因没有解决危机方案的有效配合，外汇储备急剧下降，银行坏账不断上升，金融危机影响加剧。同年6月，泰铢在外汇市场上再度遭受攻击，泰国外汇储备告罄，被迫于7月2日宣布放弃已实行了14年的与美元挂钩的汇率制度，汇价旋即下跌20%。至1997年11月初，泰铢较年初已贬值54.6%。

（三）美国次贷危机

美国次贷危机又称次级房贷危机（subprime lending crisis），也译为次债危机，是指一场发生在美国，因次级抵押贷款机构破产、投资基金被迫关闭、股市剧烈震荡引起的风暴。它致使全球主要金融市场出现流动性不足危机。美国次贷危机是从2006年春季开始逐步显现的。2007年8月席卷美国、欧盟和日本等世界主要金融市场。

2007年爆发的美国次贷危机对全球金融市场和经济增长造成了严重冲击。此次危机并不是短期形成的，与其他金融危机一样，经历了从酝酿、集中爆发到扩散蔓延的较长过程。美国次贷危机对加强金融风险管理提出了如下启示：

第一，长期扩张性政策埋下危机隐患，宏观经济政策应适时调整。美国次贷危机形成的根本原因在于：随着美国经济的不断增长，美国长期实行扩张性货币政策，低廉的融资成本刺激了居民对住房的过度需求，金融机构放宽借款条件，大量发行次级房贷，房地产市场风险大量累积，最终导致次贷危机全面爆发。实证经验表明，宏观经济政策应及时调整，修正经济运行过程中宏观和微观层面的不平衡；否则，不平衡可能会不断加剧，为危机的最终爆发埋下隐患。

第二，当经济活动呈现长期单边走势时，尤其要警惕风险。美国居民房屋价格从2003年下半年开始持续上涨，房产增值为贷款人的偿付能力提供了支撑，次级房贷的违约率降至较低水平，很多金融机构和投资者因此错误地低估了此类贷款的风险，放松了风险控制，风险敞口急剧放大。

第三，金融体系关联复杂，应对系统性危机的关键在于预防。美国次级房贷通过资金链，使得借款人、抵押贷款机构、投资银行、投资者、融资者、担保者、实体经济等各个环节层层关联。危机发生时，各金融机构陆续出现问题，虽然极力对冲风险头寸，但是由于风险关联性太强，牵扯众多环节，以至于整个金融系统难以通过市场弥补迅速增加的投资亏损。

第四，对金融衍生产品过度依赖和风险控制不当，会进一步加快危机的产生。美国资产证券化导致金融衍生产品迅猛发展，原本由贷款机构持有的、流动性和信用等级较低的次级房贷，经包装销售给各类投资者，转移了信用风险，无形中鼓励贷款机构由关注贷款质量转向数量扩张，助长了次级房贷的膨胀，为危机爆发埋下了隐患。金融衍生产品为金融体系提供了分散风险的有效手段，同时，金融衍生产品极其复杂，缺乏对其进行合理评估和定价的成熟方法，几乎都具有高杠杆效应，风险管理稍有失误，监管不力，极易酿成重大损失，增加了金融体系发生系统性风险的可能性。

专栏 9—3：欧洲主权债务危机的成因

欧洲主权债务（欧债）危机的爆发既有深层次的制度与竞争力的原因，又与全球金融危机的直接冲击有关。

政府部门与私人部门的长期过度负债行为是欧债危机爆发的直接原因。除西班牙与葡萄牙在 20 世纪 90 年代经历过净储蓄盈余外，“欧猪五国”在 1980—2009 年均处于负债投资状态，长期的负债投资导致了巨额政府财政赤字。欧盟《稳定与增长公约》规定，政府财政赤字不应超过国内生产总值的 3%，而自金融危机发生以来，欧元区尤其是“欧猪五国”的赤字率和债务率均大幅度上升。统计显示，欧元区各国债务率从 2008 年的 62.3% 一路攀升至 2011 年的 82.5%。长期过度负债行为直接导致了欧债危机的发生。

全球金融危机是欧债危机的外部诱因。美国次贷危机发生后，各国政府为应对全球性的经济衰退，纷纷出台积极的财政政策，以刺激经济增长，直接造成了公共支出急剧增加。同时，全球经济增长疲软，欧元区各国财政收入锐减。支出的大幅增加和收入的大幅减少导致政府债务急剧增长、赤字迅速上升。特别是次贷危机的爆发，部分国家的银行业因无法解决短期流动性问题，政府为稳定本国金融市场而全面接管了银行业，导致银行债务直接升级为国家主权债务。

专栏 9—4：西方国际资本流动理论

一、完全竞争说

完全竞争说是由麦克杜加尔在 1969 年根据赫克歇尔—俄林的贸易模型得出来的理论。这一理论的要点为：(1) 国际投资主要属于国际资本理论范畴，它是一个套利过程；(2) 资本从富裕国向短缺国流动的原因是各国之间的利率差异，利差一旦消失，流动就会终结；(3) 在利差消失时，投资利润达到最大化。

二、产业内双向投资论

该理论是根据国际资本流向发生的重大变化，特别是资本在发达国家之间流动并集中利用于相同产业内部的现象提出来的。E. M. 格雷汉提出，之所以会出现双向投资，是由于跨国公司产业分布的相似性，相似的东西容易接近。

J. H. 邓宁则指出双向投资主要集中在技术密集型部门，传统部门的投资比例甚低。这是因为：(1) 发达国家间水平相近，但没有一个企业拥有独占的所有权特定优势，而只有若干个公司才能拥有几乎相近的所有权优势；(2) 各公司为了获得纵向联合优势，以及获得规模经济的利益，同时为得到东道国较低成本的好处，就实行双向投资；（3）发达国家收入水平相近，需求结构也基本相似，这样对异质产品的需求不断扩大，就会产生发达国家之间的产业内国际贸易倾向，一旦产业内贸易受到阻碍，市场内部化的要求就会导致产业内双向投资的出现。

此外，近年来出现的安全港理论也能解释双向投资的行为。该理论的核心观点是，投资于发展中国家获得的收益虽较发达国家高，但安全性弱，法律保障小，要承担极大的政治经济风险。因此，投资者宁愿把钱投向发达国家，产业投资见效快，利润获得速度快，能取得长期的稳定收益。这种理论运用的结果很容易导致双向投资的增多。

三、市场内部化理论

该理论最早是由R. H. 科恩于1937年提出的，后来巴克雷、卡森和拉格曼对其内容进行了补充和发展，并成为这一理论的代表人物。所谓市场内部化，是指把市场建立在公司内部的过程，以内部市场取代原来固定的外部市场。

这个理论的要点在于：（1）市场内部化的核心是要找到一种最有效的市场机构和取得最低的交易成本；（2）直接投资所产生的跨国公司就是一种使贸易成本极小化的机构，同时公司内的资源转移使得交易成本达到最小化；（3）通过市场内部化，减少了正常贸易的风险，因为交易在贸易公司内部进行，这样可使买卖双方对产品质量和定价都有准确的认识，也可充分利用知识与技术，从而大大减少了贸易的风险；（4）内部化的决定因素，包括产业特定因素（地理距离、文化差异、社会特点等）、国家特定因素（国家的政治制度、财政制度等）和公司特定因素（不同企业组织内部市场管理能力等），其中最关键的是产业特定因素。

四、国际生产综合说

该理论是由J. H. 邓宁教授于1976年提出，并于1981年在《国际生产和跨国企业》中将其系统化。该理论突破了传统理论侧重于资本流动的研究，而是把直接投资、国际贸易以及区位选择综合起来研究。

该理论指出一个国家的企业从事国际经济活动有三种形式：直接投资、出口贸易和技术转移。直接投资必然引起成本的提高与风险的增加。跨国公司之所以愿意并能够发展海外直接投资，是因为跨国公司拥有当地竞争者所没有的所有权特定优势、将所有权特定优势内部化的能力和区位特定优势三个比较性优势。前两个是对外直接投资的必要条件，最后一个是充分条件。这三种优势及其组合，决定了一个公司在从事经济活动中到底选择哪一种活动形式。

五、产品生命周期说

该理论是由哈佛大学教授R. 维农于1966年提出的。它实际上是从时间顺序的角度深化了海默的垄断优势理论。所谓产品生命周期，是指一项改革或产品经历的三个阶段。直接投资就是这三个阶段通过跨国公司来进行的一种行为。这三个阶段是：（1）新产品阶段。在这一阶段，产品全部在国内生产，并用于国内消费。（2）成熟产品阶段。这一阶段中，企业把工艺和生产方法扩散到其他地区，跨国公司把技术转让给自己在国外的子公司，通过直接投资抢占当地市场。（3）标准化产品阶段，也叫离岸生产阶段。这时，产品与生产因激烈竞争而完全标准化。跨国公司用直接投资的方式，把标准化的工艺转移到工资和成本较低的地区，满足本国和世界市场的需求。当成熟的工艺不能再图利而又有新工艺发明时，跨国公司就以许可证方式出售陈旧工艺。

六、证券投资国际分散理论

20世纪50年代末，美国经济学家J.托宾和马科威茨提出证券投资国际分散理论。这种理论认为，国际范围内的投资分散化和多样化，使投资者将其资本分别安排在不同国家投资，可以减少仅在一国投资的常规风险，从而引起国际资本流动。

这种理论揭示了引起国际资本流动的一个重要原因是减少投资风险，并认为，投资者进行投资面临两种风险：一是常规风险，二是非常规风险。常规风险是因一国商业循环周期引起经济全面衰退导致的所有企业投资收益减少的投资风险。非常规风险与商业循环周期无关，是由不同企业自身特点造成的产品销售前景不佳或竞争对手实力过强导致的投资收益减少的经营性风险。如果投资者仅在一国范围内分散投资，那他对常规风险无能为力；而在不同国家投资，既可减少常规风险，也可因不同国家商业循环周期不同步、经济衰退程度不同或不同国家企业各方面的差异性而减少非常规风险。为避免或减少投资风险，就引起了国际资本流动。

本章小结

1. 国际资本流动是指由于国际经济交易或其他原因引起的资本从一个国家或地区移动到另一个国家或地区。按资本流动期限的不同，国际资本流动可以分为长期资本流动和短期资本流动。前者是指流动期限在一年以上的资本流动；后者是指期限在一年以下（含一年）的资本流入与流出。

2. 引发国际资本流动的原因很复杂，概括起来主要有以下几个方面：过剩资本的形成；利率、汇率两大经济杠杆的影响；财政赤字与通货膨胀；政治、经济风险；发展中国家利用外资战略；跨国公司发展；包括资本预期收益、外汇管制以及国际金融市场状况等其他因素。

3. 国际资本流动对资本输出国和资本输入国乃至整个世界经济都产生了多方面且极其深刻的影响。

4. 随着外资投资规模的迅速扩大和投资领域的进一步拓宽，吸引外资对一国国民经济的促进作用日益明显。利用外资时，若要注意发挥较好的经济效益、实现促进本国经济发展的目的，必须注意的问题有：利用外资规模要适度；利用外资的货币和外汇收入的货币币种保持一致；利用外资的资金结构和债务结构比例保持一致；利用外资的资金结构和债务结构期限保持一致。

5. 外债是任何给定时刻，一国居民欠非居民的，已使用但尚未清偿的，具有契约性偿还义务的全部债务。债务危机的形成原因包括内因和外部条件两方面。

6. 金融危机是指市场参与者通过外汇市场操作导致该国汇率制度崩溃和外汇市场持续动荡的事件。爆发金融危机的最基本原因是经济环境变动带来的投机性冲击、心理预期造成的投机性冲击。

思考题

1. 名词解释

国际资本流动；外债；债务率；偿债率；金融危机。

2. 简答题

(1) 国际资本流动的概念是什么？

(2) 简述国际资本流动的类型。

(3) 短期资本流动的特点是什么？

(4) 简述国际资本流动的原因及特点。

(5) 简述国际资本流动的经济影响。

(6) 国际上利用外资的主要方式有哪些？

(7) 简述金融危机的概念、效应及影响。

第十章　国际货币体系

学习目标

通过本章的学习，理解国际货币体系的演变进程、国际金本位制最终崩溃的原因、布雷顿森林体系产生和崩溃的原因、三次美元危机的爆发和拯救方式、牙买加体系的主要内容和特点、现行国际货币体系存在的问题和欧洲货币体系的影响，了解当前对国际货币体系的研究内容和主要改革方向。

学习方法

（1）预习法。通过预习，对本章主要内容有初步了解，了解国际货币体系所包括的主要内容以及演进过程。

（2）精读细思，联系学习法。理解国际货币体系的演进，以及不同时期国际货币体系所起到的作用，以及它们为什么最终走向崩溃，并进而考虑以后国际货币体系需要改革的地方。

(3) 完成本章后面的思考题，认真阅读相关参考资料。

完成本章的学习后，可以巩固相关章节的知识，同时对国际货币体系的相关知识获得全面深入的理解。

案例导读

在人类数千年的货币史上，使用范围最广、历史最长的货币就是黄金，黄金在金融史中的资历，和“元始天尊”的级别差不多。黄金是一种非常典型的超主权货币，直到近代史上的大英帝国崛起，由英格兰银行独家发行的、代表英国国家权利的英镑替代黄金在全球通用，人类历史上第一个具有主权性质的国际储备货币诞生了。此后，美元、德国马克、日元以及欧元，为了争夺更多经济话语权引发了一场又一场的国际货币争夺战。这些主权货币为什么成为全球硬通货？它们成功的路径是什么？又是哪些因素导致了它们的衰败？

思考：

1. 国际货币体系的起源是什么？
2. 国际货币体系的作用有哪些？
3. 国际货币体系的构成是什么？

第一节 国际货币体系概述

一、国际货币体系的概念

国际货币体系也称国际货币制度，是调整国际货币关系的一系列规则和惯例的总称。其主要内容包括汇率制度的确定、各国货币的兑换性和国际结算原则的确定、国际储备资产的确定和黄金、外汇是否自由流动与转移等。一种国际货币体系的产生，主要是因为各参加国在政治上是独立的，而在经济上是相互依赖的，这就需要一种货币体系来协调各个独立的国家的经济活动，促进贸易和支付过程的顺利进行，加速国际贸易和国际金融的发展，使世界生产和就业达到更高的水平。

二、国际货币体系的发展

国际货币体系是随着历史的发展而不断演变的。国际货币体系的形成有两种途径：一种是通过经济自发形成内外均衡的一些国际准则（如国际金本位制）；另一种是在很短的时期内，经过国际性会议建立起来（如金汇兑本位制和布雷顿森林体系），这种体系经常要随着时间的推移而进行修正和发展。在现代社会条件下，后一种途径更为多见。国际货币体系是国际经济交往和合作发展到一定时期的产物。从 1870 年的国际金本位制至今，国际货币体系依次经历了国际金本位制、金汇兑本位制、布雷顿森林体系和牙买加体系等几个阶段。尽管对国际货币体系改革的探索一直都在进行，但总体来说，每当国际经济的发展与国际货币体系不相协调甚至阻碍国际经济的发展时，要求改革国际货币体系的呼声就较高。但在如何改革国际货币体系的问题上，各国政府官员和各种流派的经济学家的观点不尽相同，因而在这一时期对国际货币体系的研究也进入一个高潮，各方纷纷推出了国际货币体系改革的方案。

第二节　国际金本位制

国际金本位制是人类历史上最早的国际货币制度。国际金本位制以黄金作为本位币，同时由于黄金在一定程度上可以自由输入输出，从而使得依据各国货币的含金量确定汇率存在现实基础，这也导致国际收支具有自动调节机制。

一、国际金本位制的类型

（一）金币本位制

金币本位制是以黄金作为货币金属，并且国家规定货币法定含金量的一种货币制度。这种制度在 19 世纪末 20 世纪初的西方资本主义国家被广泛使用，促进了这一时期资本主义国家经济的发展。金币本位制有以下四个特点：

（1）用黄金来规定货币所代表的价值。每种货币都有法定的含金量，各国货币之间的汇率按照货币的含金量来确定。

（2）金币可以自由铸造。任何人可以将自己所持有的黄金交到国家造币厂铸成金币，同样可以将金币换成金块以方便运输。自由铸造使得金币面值与含金量保持一致，从而保持了金币的币值稳定，不会引发通货膨胀和通货紧缩。

（3）金币是无限法偿的货币，具有无限制支付的手段和权利。

（4）各国的货币储备是黄金，国际结算也使用黄金，黄金可以自由输入输出。黄金的自由输入输出使得各国货币之间的汇率稳定存在基础，当一国货币币值被高估时，外国投资者可以通过输入黄金，并将等值黄金铸造为该国货币的形式免去汇兑损失。

第一次世界大战使得帝国主义国家军费开支猛增，国内经济秩序紊乱，世界格局动荡，使得各国纷纷停止了金币铸造，并且禁止黄金输出，从而在根本上破坏了金币本位制赖以存在的基础，导致金币本位制彻底崩溃。

（二）金块本位制

第一次世界大战之后，各个国家之间的黄金分配比例严重不均，而如果恢复金币本位制，必然导致黄金匮乏国家经济重建面临巨大压力，因此此时已经难以恢复金币本位制。

1922年，在意大利热那亚城召开的国际金融会议上决定采用“节约黄金的原则”，施行金块本位制和金汇兑本位制。

实行金块本位制的国家有英国、法国、美国等。在金块本位制下，货币单位仍然规定含金量，但是黄金只作为货币发行的准备并集中于中央银行。中央银行不再铸造金币进行流通，取而代之的是银行券，中央银行以一定的黄金准备发行超过黄金准备的银行券，从而弥补了因为黄金不足所带来的通货紧缩的影响。银行券在一定限额以上可以兑换为黄金，同时黄金的自由输入输出也被限制，由中央银行统一负责黄金的输入输出。

（三）金汇兑本位制

金汇兑本位制又称虚金本位制，其特点是：国内不能流通金币，只能流通具有法定含金量的纸币，而且纸币不能直接兑换黄金，可以兑换外汇，外汇可以在国外兑换黄金。实行金汇兑本位制的国家货币一般与另一个实行金块本位制的国家货币保持固定比价，并且在该国存放外汇和黄金作为储备资产，以备随时出售维持固定比价。国家禁止黄金自由输出，黄金的输入输出由中央银行负责办理。第一次世界大战前的印度、菲律宾、马来西亚、一些拉美国家和地区以及20世纪20年代的德国、意大利、丹麦、挪威等国家均实行过这种制度。

金块本位制和金汇兑本位制都是被削弱了的国际金本位制。在金汇兑本位制下，国家虽规定了货币的含金量，但流通中的货币是不能与黄金保持兑换的纸币，黄金已不能发挥自发地调节货币流通的作用，使货币流通失去了调节机制和稳定的基础，从而削弱了货币制度的稳定性。因为，如果纸币流通量超过了流通对货币的需要量，就会发生货币贬值。假如国家为弥补财政赤字而大量发行纸币，就会引起通货膨胀，导致物价上涨，影响经济的发展。而实行金汇兑本位制的国家，其货币与某大国货币保持固定比价，其对外贸易和金融政策又必然受到与之相联系国家的货币政策的影响与控制。1929—1933年世界经济危机的爆发，迫使各国放弃金块本位制和金汇兑本位制，金本位制度彻底瓦解，退出了历史舞台。

二、国际金本位制的特点

国际金本位制其实是按照各国货币含金量确定的一个固定汇率比价的货币体系，可以看成一个固定汇率制度。这一以货币含金量为基础关系确定的固定汇率制度具有以下几点特征。

（一）黄金充当国际货币是国际货币制度的基础

19世纪末20世纪初，世界上主要的资本主义国家在国内都实行金本位制，其典型的特征就是金币可以自由铸造，银行券可以自由兑换金币，而且国家之间的黄金可以自由输入输出。金币可以自由铸造使得金币的面值和法定的含金量能够保持一致，金币数量就能够自发满足流通中的需要；银行券可以自由兑换金币，使得银行券能够完全等同于黄金，从而保持了本国银行券币值的稳定，进而维持了国内的物价水平稳定；黄金的自由输入输出，使得各国货币的比价能够按照法定含金量确定，从而保持了外汇市场汇率的稳定。黄金充当国际货币，使得货币的对内价值物价水平以及对外价值汇率都能够保持相对稳定，金本位制是一种较为稳定的货币制度。

（二）各国货币由其法定平价决定，形成固定汇率制度

在国际金本位制下，各国货币之间的汇率由它们各自的法定含金量来决定，也称为法定平价。例如，1925—1931 年，每英镑金币的重量为 123.274 47 格令，成色 11/12，即含 113.001 6 格令纯金；每美元金币的重量为 25.8 格令，成色 9/10，即含 23.22 格令纯金，则英镑与美元之间的法定平价是 4.86，即 1 英镑=4.86 美元。实际上，外汇市场的汇率有可能由于黄金输入成本的存在而有一定程度的偏离，但是这种偏离以黄金输入输出点为界限。

当时，国际上存在两种并行的国际结算方式：一种是以汇票为支付手段的非现金结算；另一种是以黄金为基础的直接结算。当采用汇票的非现金结算方式对其中一方不利时，就变回采用直接支付或收取黄金的方式来进行结汇，因此各国货币之间的汇率波动范围很小，从而就形成了自发的固定汇率制度。

假设当时英、美两国之间运送 1 英镑黄金的成本（包括包装费、运输费、报销费、检验费等）为 3 美分，那么铸币平价决定的英镑的黄金输入点和黄金输出点分别为 4.89 美元和 4.83 美元。当英镑汇率超过黄金输入点 4.89 美元时，美国的进口商将选择直接运送黄金到英国的方式来偿还债务，而不会直接在外汇市场上购买英镑，从而使得外汇市场上英镑的需求减少，导致英镑价格下降到合理区间；反之，如果英镑汇率低于黄金输出点 4.83 美元，英国的进口商同样会采取直接使用黄金支付的形式来完成国际结算，而不会直接支付美元，从而导致美元需求降低，汇率再度回到合理区间。

（三）具有自动调节国际收支的作用

在国际金本位制下，内外均衡可以通过自动调节机制实现，而不需要政府对经济进行干预。这一机制就是英国经济学家大卫·休谟提出来的"物价—现金流动机制"。"物价—现金流动机制"是国家经济自动调节机制，该机制发挥作用需要以下三个前提条件：第一，政府严格按金本位制要求实施货币政策，保持黄金的自由兑换、自由铸造、自由输入输出，当国际收支因素带来黄金储备变动进而影响货币供给时，不得采取冲销措施；第二，不存在国际资金流动；第三，商品价格具有完全弹性。

当一国面临国际收支逆差时，该国黄金会出现净流出的情况，黄金外流导致国内黄金存量下降，国内货币供给下降，同时在商品具有完全弹性的情况下，商品价格下降，国内物价水平下降。国内物价水平降低，本国货币实际汇率下降，本币贬值，本国商品在国外的竞争力上升，于是出口改善，国际收支逆差得到缓解，直至最终消除。当出现国际收支顺差时，调整的过程刚好相反。上述过程可以用图 10—1 来表示。

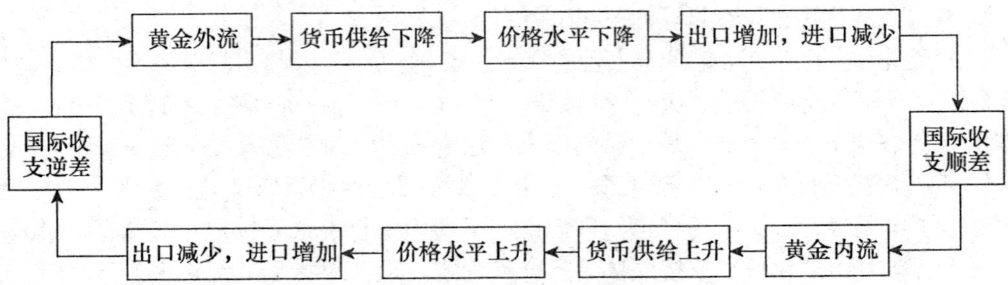

图 10—1　金本位制下国际收支的自动调节过程

三、国际金本位制的崩溃

国际金本位制是人类历史上最早的国际货币体系。1880—1914 年，西方各主要资本主义国家实行的是典型的国际金本位制——国际金铸币本位制。在国际金本位制下，实行固定汇率制，各国的内外均衡目标可以在政府不对经济进行干预的条件下，通过经济的自动调节机制而实现。世界经济在这一时期得到了较快的发展。但随着资本主义矛盾的发展，绝大部分黄金为少数强国占有，这就大大削弱了其他国家货币制度的基础，破坏国际货币体系稳定性的因素日益增长。1914 年第一次世界大战的爆发，各参战国均实行黄金禁运和纸币停止兑换黄金的做法，国际金本位制被暂时停止实行。

战争结束以后，世界经济状况发生了很大的变化。首先，英国、德国、法国的海外资产损失严重，由债权国变为债务国；美国则通过军火贸易大发战争财，由债务国摇身变成当时最大的债权国，并掌握了世界黄金储备的 40%。国际金融格局发生了巨大的变化。其次，战争时期各国为了融通战争经费，均发行了大量不能兑现的纸币，这些纸币在战后大大贬值，并造成了严重的通货膨胀。但在物价普遍上涨的过程当中，黄金价格保持原有水平，于是 1915 年到 1922 年黄金生产下降了 1/3，黄金数量对世界生产与国际贸易的比率低于战前。在这种情形下，传统的金本位制很难恢复，各国纷纷允许汇率浮动。一些国家为了重建经济，在放弃金本位制后，利用通货贬值实行汇兑倾销这种"以邻为壑"的政策，其他国家为了防止汇兑倾销，除加强外汇管制外，还对贸易施加种种限制，这就进一步限制了世界贸易的范围，严重影响了世界经济的稳定，国际货币体系的重建问题引起了各国的普遍重视。

但是在国际货币体系重建方面，西方国家就是否恢复金本位制展开争论，争论在英国最为激烈。英国财政部和英格兰银行在争论中持赞同态度，时任英格兰银行行长的蒙塔古·诺曼力主恢复金本位制，并力谏当时的财政大臣温斯顿·丘吉尔把实行国际金本位制的纪律作为一项以国家的外部需要为着眼点的政策保证。他们认为国际金本位制有利于汇率的稳定和国际收支的调节，而且有利于维护英国在国际经济、金融领域的地位。但是凯恩斯持反对意见，凯恩斯认为恢复战前的金本位制是愚蠢的，因为黄金本身已不再是独立因素，而要服从于少数中央银行的决策，特别是要取决于美国这个最大黄金拥有国的意见，因此恢复到战前金本位制的自动机制是不可能的；另外，英国在第一次世界大战后，已经由债权国变为债务国，黄金所存无几，因而他反对用黄金作为币值的基础，并称"金本位是'野蛮的遗迹'"。不过凯恩斯的意见在当时未得到充分重视，因为当时各国最主要的问题是：汇率波动过于频繁，导致国际贸易难以顺利开展，影响了世界经济的稳定。

1922 年，在意大利热那亚城召开了国际金融会议，该次会议的主题是如何恢复国际金本位制，实现黄金再货币化，以防止因黄金存量不足而引起世界经济紧缩。在讨论重建有生命力的货币体系问题时，金汇兑本位制被认为是可行的方式，各国决定采用。金汇兑本位制的主要内容是：

（1）仍然对各国纸币规定含金量，代替黄金执行支付和清算职能，黄金依然是国际货币体系的基础。

(2) 本国货币与黄金挂钩或通过另一种同黄金挂钩的货币（主要是指英镑、美元、法国法郎）与黄金间接挂钩，即与黄金保持直接或间接的固定比价。各国国内不再流通金币，以国家发行的银行券当作本位币流通。

(3) 银行券只能购买外汇，这些外汇可在国外兑换黄金。

(4) 本国货币同另一实行金本位制国家的货币保持固定的比价，并在该国存放大量外汇或黄金作为平准基金，以便随时出售外汇来稳定外汇行市。

(5) 主要金融中心维持其通货同黄金外汇（即可兑换黄金的通货）的可兑换性，黄金只有在最后关头才能充当支付手段，以维持汇率的稳定。

国际金融会议后，除英国、美国、法国实行与黄金直接挂钩的货币制度外，其他欧洲国家的货币均通过间接挂钩的形式实行了金汇兑本位制，国际金汇兑本位制遂于 1925 年建立起来。但是，战后所恢复的金本位制并不是 1914 年以前的纯粹金本位制，这是一种不受单一货币统治的货币体系，这种货币体系可以节约黄金，满足国际清偿需要，但是，由于纸币不能直接兑换黄金，只能兑换实行金本位制国家的货币，然后再按该国的规定兑换黄金，因而这种金本位制是残缺不全的，如价值的稳定、自动调节货币供给量、国际收支的自动调节作用等都受到了一定的限制。这种金汇兑本位制并未使经济得到发展，国际上的货币关系也没有因此获得稳定。

1929—1933 年爆发的世界经济危机，导致各国国际收支发生严重困难，政府不得不停止黄金的兑换。同时，通货（黄金）的短缺，导致世界性的通货紧缩，世界经济步入衰退。因而在狭小的黄金基础上建立的这一脆弱的国际货币体系，不得不宣告解体，各国在 20 世纪 30 年代中期先后放弃了金汇兑本位制。

金汇兑本位制崩溃以后，正常的国际货币秩序遭到破坏，资本主义各国组成相互对立的货币集团。

英国于 1931 年组成英镑集团，1939 年 9 月又进一步组成具有法律约束力的国际货币集团，即“英镑区”（sterling area），它包括英国、英联邦国家以及与英国经济联系密切的国家。它规定各成员国货币对英镑保持固定比价，可以自由兑换，区内资金流动不受限制，贸易、信贷等一律用英镑结算，成员国所得黄金、外汇要卖给英国，集中在“黄金美元总库”作为共同储备。这就形成一种英镑汇兑本位的运行机制。

美国于 1933 年放弃金本位制后建立了美元集团，1939 年这个货币集团发展成为“美元区”（dollar area），参加的有美国及其属地、加拿大、菲律宾、利比里亚以及中南美一些国家。它是一个比较松散的非正式组织，只规定区内各国货币盯住美元，贸易和非贸易结算均以美元结算，各国黄金外汇大部分存放在美国，一般不实行外汇管制。

法郎集团成立于第二次世界大战期间，是以法国法郎为中心的货币集团，在固定比价、自由兑换、资金流动和黄金外汇储备等方面的规定与“英镑区”大体相同。这就形成一种法郎汇兑本位的运行机制。

各货币集团的内部成员之间保持货币比价的固定，资金也可自由调拨，但三大货币集团之间彼此对立，各集团为了自身的利益纷纷加强外汇管制，实行竞争性贬值和外汇倾销，这就是所谓的“货币战”，这使得国际贸易受到严重损害。同时，由于汇率变化无常，汇率风险较大，直接影响到对外贸易的进行，这些都促使了 20 世纪 30 年代的世界经济大危机演变成了严重的萧条。整个国际货币体系基本处于无秩序状态。

为了恢复国际货币秩序，英、美、法三国进行了一系列的协商和谈判，于 1936 年 9 月达成“三国货币协定”（Tripartite Agreement），随后，比利时、荷兰与瑞士也相继加入。这个协定未提到金本位与固定比价，也没有谈协调各国政策的正式机制，三国只是同意尽力维持协定成立时的汇价，减少汇率的波动，共同合作以保持货币关系的稳定。同年 10 月又签订了三国相互自由兑换黄金的“三国黄金协定”。根据规定，汇率逐日商定，三国外汇稳定基金协同干预市场，并决定买卖某一共同的通货，每天用黄金进行结算。

“三国货币协定”和“三国黄金协定”虽然后来被西方国家为准备战争购买军用物资而引起黄金外流冲垮，但它为建立新的国际货币体系奠定了基础。

第三节 布雷顿森林体系

一、布雷顿森林体系的建立

鉴于第二次世界大战前没有一个统一的国际货币体系，汇率波动极其频繁，经济极其萧条凋敝，国际金融领域极端混乱，各国从维持本国经济利益出发，早在第二次世界大战结束前夕，就酝酿战后的国际经济合作计划，以建立一个稳定的国际货币体系，希望能够避免两次世界大战之间的那种混乱的世界经济秩序，促进战后经济的恢复和发展。

由于英、美两国在当时经济实力最为强大，所以，重建国际货币体系的谈判实际上是在英国和美国之间进行的。英、美两国都为此倾入了很大力量，成立了专门的班子进行研究。1943 年 4 月，出具了两份代表两国政府意图的报告，即以当时英国财政部顾问凯恩斯为首拟就的“关于国际清算联盟的建议”（后称“凯恩斯计划”）和以美国财政部货币研究室主任亨利·怀特牵头拟就的“关于联合国国际稳定基金建议的初步方案”（后称“怀特计划”）；1943 年 5 月，英国上、下议院分别就战后国际货币体系问题进行了辩论；随后在华盛顿又召开了有 30 多个同盟国代表参加的非正式国际会议；1943 年 6 月，加拿大专家提交了一份“关于国际交易联盟的探讨性建议草案”；1944 年 4 月 21 日，美国专家组发表了一份“关于组建国际货币基金组织的联合专家陈述”。随着这些官方和半官方以及民间专家讨论的深入，各种观点的妥协逐步形成。

这时，美国认为正式召开国际会议的时机已经成熟，便于 1944 年 7 月，在美国新罕布什尔州的布雷顿森林召开了有 44 国参加的联合和联盟国家国际货币金融会议。该会议于 7 月 1 日正式开幕，7 月 22 日闭幕。在会议召开期间，与会 44 国代表进行了激烈的辩论，辩论的核心最后集中在重建国际货币体系的两个方案上：是采用“凯恩斯计划”还是采用“怀特计划”？

（一）“怀特计划”和“凯恩斯计划”

1. “怀特计划”

“怀特计划”是美国财政部官员怀特提出的国际货币稳定基金方案。这个方案采取存款原则，建议设立一个国际货币稳定基金，资金总额为50亿美元，由各会员国用黄金、本国货币和政府债券缴纳，认缴份额取决于各国的黄金外汇储备、国民收入和国际收支差额的变化等因素，根据各国缴纳份额的多少决定各国的投票权。基金组织发行一种名为“尤尼他”（Unita）的国际货币，作为计算单位，其含金量为137又1/7格令，相当于10美元。“尤尼他”可以兑换黄金，也可以在会员国之间相互转移。各国要规定本国货币与“尤尼他”之间的法定平价，平价一经确定，非经基金组织同意不能任意改动。基金组织的任务是稳定汇率，并对会员国提供短期信贷以解决国际收支不平衡问题。会员国为了应付临时性的国际收支逆差，可用本国货币向基金组织申请购买所需要的外币，但是数额最多不得超过它向基金组织认缴的份额。美国设计这个方案的目的，显然是要由美国一手操纵和控制基金组织，从而获得国际金融领域的统治权。

2. “凯恩斯计划”

“凯恩斯计划”是由著名的经济学家、英国财政部顾问凯恩斯制订的。他提出了一个“国际清算同盟”的方案，极力主张降低黄金在国际结算中的作用而采取更灵活的国际货币体系，他主张采取透支原则，设立一个叫做“国际清算同盟”（International Clearing Union）的世界性中央银行，由该银行发行一种以一定量黄金表示的国际货币“班柯”（Bancor），将其作为清算单位。“班柯”等同于黄金，各国可以用黄金换取“班柯”，但不得以“班柯”换取黄金。会员国的货币直接同“班柯”联系，并允许会员国调整汇率。各国在“国际清算同盟”中所承担的份额，以战前三年进出口贸易的平均数计算，会员国并不需要缴纳黄金或现款，而只需在清算机构中开设往来账户，通过“班柯”存款账户的转账来清算各国官方的债权债务。当一国国际收支发生顺差时，就将盈余存入账户，发生逆差时，则按规定的份额申请透支或提存，各国的透支总额为300亿美元。这实际上是将两国之间的支付扩大为国际多边清算，如果清算后，一国的借贷余额超过份额的一定比例，无论是顺差国还是逆差国，均须对国际收支的不平衡采取措施，进行调节。“国际清算同盟”总部设在伦敦和纽约两地，以使英国和美国能分享国际金融领域的领导权。这一方案反对以黄金作为主要储备，强调顺差国和逆差国共同负担调节的责任。这对国际收支经常发生逆差的英国是十分有利的。

“怀特计划”和“凯恩斯计划”的主要目标都是稳定战后各国货币的汇价，促进国际贸易的发展，但在实现这个目标的原则和方法上存在着严重的分歧。前者强调黄金权势，后者强调贸易权势；前者主张较大的汇率稳定性，用“尤尼他”作为国际货币，主张回到某种形式的金本位，而后者则希望增加汇率变动的灵活性，主张用“班柯”作为国际货币（实际上“班柯”和“尤尼他”都未被采用，而是以美元作为国际货币），采取多边清算制，不主张回到金本位。英国人认为，美国方案对其他国家主权侵犯太大，同时他们反对给予美元以国际货币的特权。美国人认为，凯恩斯极力反对外汇汇率稳定而大力主张通货贬值，膨胀信用。

（二）布雷顿森林体系的建立

尽管各方意见分歧很大，但与会的各方代表都意识到，如果战后各国再不达成一致意见，必将会影响联盟各国的“士气”，从而影响全球经济的发展。最后，由于美国在政治上和经济上的实力大大超过英国，英国被迫放弃“凯恩斯计划”而接受美国的方案，美国也对英国做了一些让步。7月22日会议闭幕，会议最后通过了《国际货币基金协定》和《国际复兴开发银行协定》，总称《布雷顿森林协定》，从而建立起布雷顿森林体系。布雷顿森林体系的产生是战后国际货币合作的一个成功事例，我们可以说它是历史上至今最大胆的一次国际货币合作的成果。

二、布雷顿森林体系的内容及对其运行政策效果的评价

(一) 布雷顿森林体系的基本内容

布雷顿森林体系的根本宗旨是建立一种汇率制度，以稳定汇价，促进世界贸易的增长，从而有助于保持高水平的就业和实际收入；建立一种世界性的货币，这种货币应该能够适应世界经济发展的要求；制定国际收支不平衡的调节政策，包括调节作用和金融作用。这个体系包括以下基本内容。

1. 建立了一个永久性的国际金融机构，即国际货币基金组织（IMF）

国际货币基金组织对货币事项进行国际磋商，旨在促进国际货币合作。国际货币基金组织为国际政策协调提供了适当的场所，它还对各会员国的汇率政策进行监督，为会员国提供短期资金融通，从而成为国际体系的核心，在一定程度上维持着国际金融形势的稳定。

2. 实行以黄金—美元为基础的、可调整的盯住汇率制

布雷顿森林体系以黄金为基础，把美元作为最主要的国际储备货币，实行黄金—美元本位制。根据协议，美元直接与黄金挂钩，各国确认1934年美国规定的35美元折合1盎司黄金的官价，各国政府或中央银行随时可用美元向美国政府按官价兑换黄金。其他国家的货币可与美元直接挂钩，以美元的含金量作为各国规定货币平价的标准，各国货币与美元的汇率则按各国货币的含金量确定，或不规定含金量而只规定与美元的比价，间接与黄金挂钩。这样，各国货币均与美元保持固定汇率，各国货币对美元的波动幅度为平均上下各1%，各国当局有义务在外汇市场上进行干预以保持汇率的稳定。只有当一国国际收支发生“根本性不平衡”时，经IMF批准才可以进行汇率调整（通常是平价变动大于10%时），所以叫做可调整的盯住汇率制（adjustable peg）。

3. 取消对经常账户交易的外汇管制，但是对国际资本流动进行限制

在20世纪30年代国际金本位制崩溃后，各国都采取了严厉的外汇管制措施，给对外贸易交流造成严重的损害。为了改变这一状况，《国际货币基金协定》第8条规定会员国不得限制经常项目的支付，不得采取歧视性的货币措施，要在兑换性的基础上实行多边支付。但是鉴于两次世界大战期间，国际资本流动投机色彩浓厚，给国际货币体系的稳定带来了非常大的冲击，因此布雷顿森林体系允许对国际资本流动进行控制，各国均严格限制资金的国际流动。

4. 制定了稀缺货币条款（Scarce-currency Clause）

当一国国际收支持续盈余，并且该国货币在IMF的库存下降到其份额的75%以下时，IMF可将该国货币称为稀缺货币。IMF可按逆差国的需要实行限额分配，其他国家有权对稀缺货币采取临时性兑换限制，或限制进口该国的商品和劳务。这一条款的设置是希望

顺差国能够主动承担国际收支调整的义务。

从以上的介绍可知，布雷顿森林体系实际上是一种国际金汇兑本位制，但它和战前的金本位制不同，它的根本特点在于美元成为一种关键货币，它既是美国的货币，同时因为它是储备货币和国际清偿力的主要来源而成为世界各国的货币。

（二）布雷顿森林体系的政策效果

布雷顿森林体系可以说是历史上至今为止最为大胆的一次国际货币合作的成果，其基本运行规则是采取了“双挂钩”的兑换安排。它的建立在相当长的时期内得以维持，从而使国际金融领域克服了战前的混乱状态，获得了一个相对统一和稳定的局面。在布雷顿森林体系实行时期，世界经济增长迅速，国际贸易和投资也有很大的发展，技术不断得到革新而且实现了高水平就业。因此有人把这段时期称为资本主义世界的“黄金时代”。确实，布雷顿森林体系的建立，对世界经济的发展起了较大的促进作用。

（1）布雷顿森林体系是国际货币合作的产物。它规定了会员国统一的行为规则，从而消除了战前各个货币集团之间的相互对立，相互的汇率战、货币战，稳定了战后国际金融混乱的动荡局势。特别是对会员国提供各种类型的中短期贷款暂时缓解了会员国国际收支逆差所造成的问题，从而有助于世界经济的稳定和增长。

（2）由于布雷顿森林体系是以黄金为基础，故黄金仍然发挥世界货币的作用。美元是重要的国际货币储备，它等同于黄金，可以作为黄金的补充，在战后黄金生产停滞、产量减少的情况下，美元的供应弥补了国际清偿能力的不足，在一定程度上解决了国际储备的短缺问题。

（3）布雷顿森林体系实行固定汇率制，汇率的波动受到严格限制、约束，所以，汇率相对稳定，因而为国际贸易和国际投资提供了极大的便利，使战后国际贸易和国际投资的增长大大超过从前。如世界出口贸易在1948—1976年平均每年增长7.7%，而在1913—1918年平均每年只增长0.7%。

但是，布雷顿森林体系从一出台，就是源自英、美的妥协和为了发达国家的利益，赋予美元成为国际货币体系中心以法律效力，正是这种把一个国家的货币作为维系各国货币交往支柱的做法，必然使整个国际货币体系受到该国政治、经济政策的影响，因而孕育着潜在的不稳定因素。

三、布雷顿森林体系的崩溃

布雷顿森林体系从表面上看，似乎完美无缺，完全满足国际货币体系的三个要素，即国际货币（美元）、汇率安排（双挂钩）、调节机制（IMF），但由于在每一个要素安排上的固有缺陷，该体制能否有效运行，从一开始就受到各种意见的挑战，并且在实际运行中随着一次次美元危机的爆发，布雷顿森林体系也暴露出越来越多的问题。

（一）对布雷顿森林体系的批评

一种批评意见认为，单靠IMF来调节国际货币体系，无以维持国际货币稳定。只有各国内部平衡财政预算，稳定货币对内的价值，并谋求国际收支平衡，稳定货币对外价值，才能最终自动达到国际货币稳定，而且这样做也不会损害各国货币主权。为此，持这种意见的人主张恢复第一次世界大战前的国际金本位制，以此作为真实的价值基础。这种意见自然受到许多人（包括凯恩斯、罗伯特·特里芬等著名经济学家）的反对，他们认为随着国际生产与贸易的增长，相对短缺的黄金不可能真正担当世界货币的职能，恢复金本位制只能对一些黄金储备大国（如美国）和生产大国（如苏联、南非）有利，而对其他国家不公平。

另一种批评意见认为，布雷顿森林体系过于保守，应该彻底地抛弃黄金的影响，实行"黄金非货币化"。持这种意见的人认为"双挂钩"仅仅只对美国有利，而会损害其他国家货币与信贷政策的自主权；同时他们认为，在战后充分就业应该被各国优先考虑，即使为此要牺牲物价稳定，或放弃多边贸易也在所不惜。

以上两种批评意见都是认为布雷顿森林体系的安排会损害各国国家经济主权，即货币与汇率调控权。

更多的经济学家则担忧：从技术上考虑，布雷顿森林体系过于依赖美国，一旦美国因出现经济萧条而导致美元贬值，就可能会连带影响全球经济和导致整体货币体系的瓦解。为此，凯恩斯主张在进行资本控制的同时，给予各国在汇率调整上相对大一些的自由（凯恩斯主张的波幅是最多贬值5%，而布雷顿森林体系规定是1%）。其他经济学家如杰克伯·维勒（Jacob Viner）也认为，"怀特计划"过于谨慎，"它是想在世界需要一个防爆掩体的时候提供一个防护伞"。

在众多的批评中，对"双挂钩"体制的弊端研究得最为深透的是美国耶鲁大学经济学家罗伯特·特里芬。他认为：布雷顿森林体系下美国与其他国家的外部均衡目标是完全不同的。美国的外部均衡目标体现为保证美元与黄金之间的固定比价和可自由兑换，这就要求美国控制美元向境外输出。而其他国家的外部均衡目标体现为尽可能地积累美元储备，这就要求美元大量向境外输出。显然，这两者之间是完全矛盾的，这种矛盾使得美元处于一种进退两难的状况中。为了满足世界各国发展经济的需要，美元供应必须不断增长；而美元供应的不断增长，使美元同黄金的兑换难以维持。美元的这种两难，称为"特里芬难题"（Triffin Dilemma）。"特里芬难题"指出了布雷顿森林体系的内在不稳定性及危机发生的必然性。那就是：随着美元流出美国的日益增加，美元同黄金之间能否维持固定比价必将日益受到人们的怀疑，这最终必然会引发人们对美元可兑换的信心危机。

为解决这样一种两难，IMF在特里芬等人的大力推动下，于1968年开始发行一种以黄金做保证的"特别提款权"（SDR），经济学家罗伯特·蒙代尔称之为"一种用来在黄金短缺时补充和替代黄金的流动性黄金的形式"。但SDR同样没有解决问题，布雷顿森林体系依旧危机重重。

（二）三次美元危机及其拯救

在20世纪50年代前半段，资本主义世界还存在着"美元荒"，各国都需要美元来扩充国际储备，所以美元仍然保持相对稳定，处于优势地位。但从50年代后半段起，美国国际收支由于对外扩军等因素变成慢性赤字，各国对美元的可兑换性产生怀疑。同时期，西欧和日本经济开始步入繁荣。因此，美元对黄金的兑换要求越来越强烈，美国的黄金储备也越来越少，这又加深了各国对美元的不信任，如此恶性循环，最终于1960年导致了美元危机的爆发，国际货币体系遂进入动荡的阶段。

1. 第一次美元危机及其拯救

第一次比较大规模的美元危机是1960年爆发的。在危机爆发前，美国的黄金储备开始外流，美国对外短期债务首次超过了它的黄金储备额。人们纷纷抛售美元，抢购美国的黄金和其他经济处于上升阶段国家的硬通货，如德国马克。

为了维持外汇市场的稳定，保持美元的可兑换性和固定汇率制，美国要求其他国家在国际货币基金组织的框架内与之合作来稳定国际金融市场，各主要工业国家虽然同美国有意见分歧和利害冲突，但关键货币的危机影响到国际货币体系的运转，关系到它们的切身利益。它们通过各种国际金融协作的形式来稳定美元的地位，避免国际货币体系的动荡，这些措施主要有：稳定黄金价格的协定；《巴塞尔协定》；建立黄金总库；签订互惠信贷协定；签订借款总安排。

(1) 稳定黄金价格的协定。

第一次美元危机引起黄金买卖的投机活动异常猖獗，使美元、英镑承受了较大的压力，欧洲各国的外汇市场也受到了严重的威胁。在这种情况下，欧洲各国的中央银行在美国的策划下订立了一个君子协定，相互规定以不超过35.20美元/盎司的价格购买黄金。这个协定表面上是抑制金价的上扬，实际上是为了制止美元的下跌，维持国际货币制度的运转。

(2)《巴塞尔协定》(Basel Agreement)。

为了减缓国际投机资本对外汇市场的冲击，稳定美元汇率，英国、德国、法国、意大利、荷兰、比利时、瑞士、瑞典八国在国际清算银行所在地——瑞士巴塞尔达成一项不成文的君子协定，协定规定：各国应在外汇市场上合作来维持彼此汇率的稳定，当某国货币发生危机时，其他国家不但要在一定时间内保持该国货币头寸，而且应把该国所需要的黄金和外汇贷给该国，这就是《巴塞尔协定》。

(3) 建立黄金总库 (gold pool)。

1961年12月，美国联合英国、法国、意大利、荷兰、比利时、瑞士和德国，建立一个"黄金总库"，以干预伦敦黄金市场，把伦敦自由市场的金价维持在35美元/盎司的官价水平，避免黄金价格的暴涨暴跌。

(4) 签订互惠信贷协定 (swap agreement, reciprocal agreement)。

这是美国和其他14个国家的中央银行之间签订的双边备用信贷协定，其内容是：两国中央银行相互开立对方货币的账户，当某一会员国货币受到压力时，它随时可用本国货币换取对方货币，用于干预外汇市场，维持汇价。

(5) 签订借款总安排 (general agreement to borrow, G. A. B)。

这原是国际货币基金组织总裁Per Jacobson提出的一项建议。由于人们对国际货币基金组织的有限资金感到忧虑，而重新议定份额既复杂又费时，于是1961年11月，以美国为首的西方十国在巴黎成立了"十国集团"(Group of Ten)，达成"借款总安排"，规定十国出资总额为60亿美元，在一定条件下贷给国际货币基金组织，以应付会员国可能发生的货币危机。

上述拯救布雷顿森林体系的几大措施都是操作性的，它们的目标全都集中在这一点上，即双挂钩引起的美元的两难。由于这些措施的局限性，布雷顿森林体系的内在缺陷根本不可能得到纠正。

2. 第二次美元危机及其拯救

20世纪60年代中期，越南战争使得美国财政金融状况明显恶化，国内通货膨胀加剧，美元对内不断贬值，美元同黄金的固定比价又一次受到严重威胁。1968年，伦敦等地抛售美元抢购黄金风潮极其猛烈，美元再次爆发严重危机。黄金总库会员国决定解散已无力维持金价的黄金总库，并实行黄金双价制（two-tier gold price system），即各国货币当局按35美元/盎司的官价向美国兑换黄金，而黄金市场私人交易价格完全由市场供求决定。这实际上就意味着以黄金—美元为中心的布雷顿森林体系的局部崩溃。

第二次美元危机爆发后，各国已认识到布雷顿森林体系的缺陷和危机的性质。为了摆脱这一困境，经过十国集团的长期讨论，国际货币基金组织于1969年创设了特别提款权，又称“纸黄金”，作为对美元的一种补充，以重整国际货币秩序。在基金组织范围内，特别提款权和黄金、美元一起作为国际储备货币，遇到国际收支逆差时可以用来代替黄金进行结算，它是人类历史上首次由国际协调和国际纪律而产生的一种国际信用储备资产。基金组织创设和发行特别提款权的根本目的不是用特别提款权本位来最终取代黄金—美元本位，而是以特别提款权来补充黄金—美元本位，从而使国际货币体系由黄金—美元本位转向黄金—美元/特别提款权本位。

3. 第三次美元危机及其拯救

特别提款权的创立也没有能够挽救布雷顿森林体系。1971年，美国国际收支更趋恶化，西欧市场再度掀起了抛售美元抢购黄金和德国马克等西欧货币的风潮。这次美元危机的来势更加凶猛，美元暴跌，黄金猛涨。面对强烈的危机，尼克松政府不得不于8月15日宣布实行“新经济政策”，停止外国中央银行以官价向美国兑换黄金，对进口商品征收10%的临时附加税，以限制美国的进口，并压迫德国和日本等国实行货币升值，以避免美国的国际收支恶化。这样，布雷顿森林体系的两大支柱之一——美元可以兑换成黄金就此倒塌了。

美国的“新经济政策”引起了许多西方国家的不满，国际金融市场陷入一片混乱。大多数国家开始实行浮动汇率制，即对汇率不规定上下波动幅度，任其按市场供求自由涨落，中央银行不加干预。这样，固定汇率制受到了严重的威胁，支撑布雷顿森林体系的另一支柱——其他国家货币与美元保持固定汇率正处在摇摇欲坠之中。

在国际金融市场极度混乱的情况下，十国集团经过四个多月的激烈争论，于1971年12月18日在华盛顿史密森学会大厦举行的国际金融会议上达成了《史密森协定》(Smithsonian Agreement)。该协定要求恢复国际货币安排的稳定，制定新的中心汇率，把汇率波动的幅度由原来的上下1%扩大到2.25%。这个协定虽然勉强维持了布雷顿森林体系的固定汇率，但它破坏了布雷顿森林体系的基本原则，它是以美元为中心的布雷顿森林体系瓦解的重要里程碑。

《史密森协定》并没能阻止美元危机的继续发展，当1973年2月外汇市场再度爆发危机时，这个协定寿终正寝。于是，各主要资本主义国家的货币进入了普遍浮动时期，不再承担维持美元汇率的义务，美元也不再成为各国汇率所围绕的中心，布雷顿森林体系彻底崩溃。

一般认为，布雷顿森林体系崩溃的直接导火索是越南战争引起的“美元灾”，但实际上，从根本上讲，是与上述各派经济学家分析的布雷顿森林体系的体制性弊病分不开的。

正如蒙代尔的评述："《布雷顿森林协议》创造了一个新的国际货币体系，但的确，这个协议几乎使其不可能实际运行。"

四、布雷顿森林体系时期的各种货币改革方案

随着布雷顿森林体系不稳定性的增加，从20世纪60年代初开始，一些主要工业国家的政府官员和经济学家就纷纷研究对策，提出了形形色色的改革方案。

（一）恢复金本位制

这个方案由法国经济学家吕埃夫（J. Ruff）提出。他建议将金价提高两倍以上，以便美国用黄金兑换各国所持有的美元，各国国际收支逆差全部用黄金结算。金价提高后，将会刺激黄金生产，从而保证国际储备的适当增长，不致发生国际清偿能力问题。但大部分国家认为，黄金的美元价格提高后，各国美元储备的黄金价值就要减少，对美元的汇率也须重新调整，这将产生不利的影响。这个方案不仅遭到英、美等国的反对，而且有实际困难，因为随着经济的发展，黄金的生产赶不上市场的需求。

（二）彻底改革国际货币基金组织，把它变成中央银行

这个方案由美国经济学家特里芬提出，它基本上是以1943年的凯恩斯计划为蓝本，其要点是：（1）降低黄金在世界货币制度中的作用；（2）建立某种世界性的超级银行，逐步集中各国的黄金储备；（3）用一种"国际货币"来代替美国境外流通的美元，这种"国际货币"采取在世界中央银行存款的形式，以便保证货币储备按照适当的速度增加，克服一国货币作为国际储备资产所带来的困难。实际上，这是一种"国际管理通货制度"。由于它要取消美元的国际储备货币地位，所以遭到美国的强烈反对。

（三）建立"混合储备单位"（composite reserve unit）

这一方案由曾任美国财政部和国际货币基金组织高级官员的伯恩斯坦（E. M. Bernstein）于1963年提出。他主张保持美元作为储备货币的地位，但美国要消除国际收支赤字，各国中央银行所持有的美元不能增加，另外建立一种混合储备单位来满足国际储备的需要，这种储备资产由11种主要货币按商定的比例组成，并以一定的黄金价值来保证，但不能兑换黄金，它具有黄金的世界货币职能，可以用于国际结算，创设特别提款权的想法可以说是以此作为依据的。

（四）扩大金汇兑本位制

瑞士经济学家E. A. Lutz提出这一方案，即把布雷顿森林体系改为"多种货币储备体系"，也就是说，把德国马克、瑞士法郎等硬通货作为新的"关键货币"，由各国中央银行进行合作，以保证各种储备资产在比率上能够互相配合，使这个货币体系的发展不致因国际收支结构的变化而遭到破坏。例如，当美国国际收支发生逆差时，美国对外债务并不增加，而是通过出售外国通货来进行调节，这样就保证了世界储备的增长。但是，这一解决方案存在两个缺陷：（1）世界储备的增长取决于各国国际收支的赤字，但当一国国际收支出现大量赤字时，它的通货供应增加，从而使这种通货的储备作用减少；（2）由于各国经济发展水平不一致，在多种货币体系下，要保持各种储备资产的适当比例是非常困难的。

第四节 牙买加体系

布雷顿森林体系崩溃后，世界经济动荡不安。首先是1973—1974年和1979—1980年先后两次爆发了石油危机，石油价格增长了几倍，大多数石油进口国的国际收支出现了巨大的不平衡。其次是西方国家在长期推行凯恩斯的膨胀性经济政策之后，开始出现“滞胀”：一方面生产衰退，失业增加；另一方面出现严重通货膨胀、物价高涨。先后在1973—1975年、1979—1982年爆发了两次第二次世界大战后最严重的经济危机。石油危机和经济危机又使得国际金融关系更加动荡混乱：美元的国际地位不断下降，出现国际储备多元化状况；通货膨胀加剧，国际金融市场上利率猛涨；主要货币的汇率剧烈波动，国际贸易保护主义盛行；全球性国际收支失衡现象日益严重。因而布雷顿森林体系崩溃后，各国都在探寻国际货币制度改革新方案。

一、牙买加体系的形成

1971年尼克松宣布美元实行自由浮动后，各国货币仍尽力维持与美元的固定汇率，形成一个所谓的“全球美元区”（the global dollar area）。但由于美元本身的过度膨胀，美元在此之后又爆发了多次“美元危机”，再加上1973年开始并持续两年的“石油危机”，最终使得这种体制难以为继。1973年6月，“二十国委员会”不得不宣布《改革大纲》计划失败，各国彻底放弃固定汇率，国际上一度希望建立“永久性固定汇率体系”的梦想也最终破灭。于是有关浮动汇率制的构想开始浮出水面。

其实，浮动汇率早在20世纪50年代就已经被提出。1953年，货币主义经济学家弗里德曼就此曾进行过经典的阐述。他认为在工资和物价呈现刚性的情况下，固定汇率制将使任何旨在消除通货膨胀的政策努力失败：这些政策要么会加剧通货膨胀，要么会增加失业。只有实行浮动汇率制，通过改变货币对外价格来改善贸易条件，并进而影响实际工资，才能减少资源重新配置的成本。这个理论一经提出就引起了很大的反应，因为现实中大多数国家的工资、物价确实呈现刚性。1961年，爱根·舒曼对浮动汇率制做了更系统的研究。后来这一理论逐步被美国政府所接受，并在当时的财政部长乔治·舒尔茨的推动下转化成尼克松政府的国家政策。

主张浮动汇率制的经济学家希望各国货币均自由浮动，用外汇价格自动调节以实现各国的国际收支平衡。但实际情况是，大国总是可以利用其强大的货币资金实力使国际货币汇率按照有利于自己的目标汇率运行，这明显对小国不利。为此，从20世纪70年代初开始，各种区域性货币区如美元区、英镑区、马克区等不断涌现，单独浮动（美、日、加）、联合浮动（欧盟）、盯住浮动（盯住美元、法郎、马克等强势货币，或盯住“一篮子货币”）等多种浮动形式层出不穷。浮动汇率制最初设计的各国货币均自由浮动的情形并未真正出现过。相反，美国纽约华尔街资本、外汇市场上每日的行情变动对国际汇率的影响越来越大，美元区内美元汇率在华尔街产生，其他货币区主导货币汇率变化在很大程度上也受美元区的影响。

这种自发的浮动汇率状况客观上使 IMF 原先确定的对国际上汇率及资产流动性进行评估和安排的调节机制无法运作，但作为一个协调机构，IMF 仍然感到有必要作出适当的规范。于是，1976 年 4 月底经 IMF 理事会通过决议，就浮动汇率体系提出原则性的安排，后经 60%以上会员国和总投票权的 85%多数票通过，从 1978 年 4 月 1 日起生效，于是国际货币体系进入了一个新的阶段——牙买加体系，货币改革告一段落。

二、牙买加体系的主要内容及政策评价

（一）牙买加体系的主要内容

1. 将业已形成的浮动汇率制度和其他浮动汇率制度合法化

牙买加体系正式确立了浮动汇率制度的合法化，承认固定汇率制度和浮动汇率制度并存的局面，会员国可以根据自身经济情况自行选择汇率制度；同时，IMF 对汇率政策进行监督，并且协调会员国的经济政策，促进全球金融稳定，缩小汇率波动幅度。

2. 黄金非货币化

《牙买加协议》做出了黄金不再担当国际货币的决定，取消黄金官价，各会员国中央银行根据市价对黄金进行自由买卖；取消会员国相互之间以及会员国与 IMF 之间必须用黄金清算债权债务的规定，IMF 对其持有的黄金进行逐步处理。

3. 国际储备资产多元化，并建议以特别提款权作为主要储备资产

在牙买加体系下，美元仍然是主导货币，但是以欧元、日元为首的其他国家货币正在逐渐挑战美元的霸主地位，它们在国际贸易中已经作为交易媒介被广泛使用，同时构成其他国家外汇储备的重要部分。近年来，随着人民币汇率的稳步升值以及人民币国际化进程的快速推进，人民币作为交易媒介和价值储藏手段的功能也日益突出。

4. 国际收支调节形式多样化

在布雷顿森林体系下，发生国际收支逆差时，主要通过支出增减和支出转换等政策进行调节。而在牙买加体系下，可以通过汇率机制、利率机制、IMF 的干预和贷款以及动用国际储备资产等多种方式调节国际收支逆差。

（二）对牙买加体系的评价

（1）牙买加体系的运行正式宣告了平价制度的终结，它对有关黄金、特别提款权和汇率等条款都作了重大修改，成为国际货币制度发展史上一个新的里程碑。它建立了一个专门机构以促进货币体系的改进与协调，如各国广泛的汇率安排；它为会员国确定一些目标，有助于决定将来变化的方向，如把物价稳定和经济增长作为稳定汇率体系的手段；它确定一个机构应对国际货币体系中的种种问题，如监督各国的外汇政策；它把特别提款权作为主要国际储备资产；等等。但它只是承认既成的事实，并没有从根本上进行重大的改革。时任国际货币基金组织执行董事的 F. 德弗雷就曾直率地指出：牙买加体系并不是自觉改革的结果，而是把布雷顿森林体系中的平价制由于逐渐崩溃而造成的状况予以合法化，是对既成事实的承认。同时，牙买加体系为国际货币关系提供了最大限度的弹性，它没有建立稳定货币体系的机构，没有指定硬性的规则或自动的制裁办法，各国政府可以根

据自己的考虑和责任来履行它们的义务。鉴于这种情形，不少经济学家和国际法学家认为，牙买加体系是一种“没有体系”（nonsystem）的体系。

（2）牙买加体系的核心是浮动汇率制。从牙买加体系实际运行情况来看，自广泛实行浮动汇率制以来，外汇市场情况良好，没有对外汇实行大规模的限制，金融管制有不断放松的趋势。许多人认为浮动汇率制的最大风险在于竞争性的货币贬值，但这种情形不曾发生，浮动汇率制也不曾对国际贸易产生不利的影响。在浮动汇率制下，世界贸易增长迅速（根据国际货币基金组织的统计，自 1973 年实行管理浮动汇率制后，世界出口贸易从 1972 年的 3 900 亿美元增加到 1982 年的 17 314 亿美元、1992 年的 37 000 亿美元，20 年之内增长了近 9 倍；而布雷顿森林体系时期的 1952—1972 年，20 年间世界出口贸易共增加了 455%）。同时，国际金融市场的扩充和效率也没有受到损害，市场的扩大甚至超出一般意料之外。牙买加体系下国际贸易和国际金融的迅速发展，除了各国经济依存性的加强这一根本因素在起作用外，这一体系灵活多样的制度设计也发挥了很大的推动作用。但汇率的发挥也不像主张弹性汇率的人们所预料的那样稳定。在过去的几十年时间内，汇率曾发生剧烈的波动，如 1977 年的外汇危机、1992 年的里拉和英镑危机、1994 年的墨西哥货币与金融危机以及 1998 年的亚洲金融危机。

（3）在国际收支不平衡的调节方面，牙买加体系对国际收支的调节有汇率调整与资金流动弥补两种方式。由于实行浮动汇率制，所以汇率机制应该是国际收支调节的主要方式。汇率机制调节的主要方式是：当一国经常账户收支发生赤字时，该国货币汇率便趋于疲软下跌，于是有利于增加出口、减少进口，从而改善国际收支状况；反之亦然。但是在实际中，汇率机制调节的作用并没有预期的那么大。对于发展中国家来说，其进出口需求弹性一般都很低，出口供给弹性也不大，满足不了“马歇尔—勒纳条件”，而且不少发展中国家采用盯住美元等单一货币的汇率安排，这就使汇率机制的调节功能更难发挥。同时，对发达国家来说，汇率机制的调节也不会立即产生效果，而是有所谓的“J 曲线效应”，汇率贬值对国际收支的调节作用也不是那么灵敏，贬值只有同国内紧缩政策相结合才能收到预期的效果。

但是，我们看到某些国家在较长的时期内国际收支长期出现逆差，但这些逆差国实行国内调节政策的压力在相当长的时期内是比较缓和的，这是因为弥补国际收支赤字所需资金绝大部分是从国际金融市场筹借来的，而不是靠国际储备。国际清偿能力的增加大部分决定于逆差国在国际金融市场上的信誉。但通过市场给予慷慨的信贷以弥补国际收支赤字的做法有重大缺陷：一方面，它导致了 20 世纪 80 年代发展中国家的债务危机，使这些国家通胀猖獗，失业率居高不下，社会动荡；另一方面。提供贷款的发达国家商业银行运转出现困难，威胁到了国际金融市场的稳定。

（4）在牙买加体系下，国际储备的创造大部分是由需求引起的，而不像布雷顿森林体系下是供给决定的。所形成的以美元为中心的多元化储备体系具有一些优点：1）摆脱对美元的过分依赖；2）容易调节外汇储备；3）国际金融不受一国的操纵，可以促进国际合作与协调。

但是这种多元化的货币储备体系存在着内在的不稳定性：1）软通货和硬通货经常发生变化，外汇储备从一种货币转向另一种货币，从而加剧外汇市场的动荡；2）各国国内有关货币数量和利率水平的金融政策更加难以贯彻；3）储备分散化导致各国外汇储备过多，从而加剧世界性的通货膨胀。

专栏 10—1：索罗斯狙击英镑

第二次世界大战后的英国金融业，因缺乏竞争力和活力而面临失去全球领先地位的危机。为挽救颓势，在 20 世纪的后 20 年，英国进行了两次重大金融改革，即 1986 年以金融自由化为特征的第一次金融"大爆炸"和 90 年代末以混业监管体系为核心的第二次金融"大爆炸"。这两次改革使得金融家的创造性被释放出来，金融业组织形态发生巨大变化，各种金融产品层出不穷，同时金融监管机构更独立，也更有效率，由此奠定了目前英国金融业繁荣的坚实基础。曾经一度被认为衰落的伦敦金融城迅速壮大势力，伦敦重新获得并强化了国际金融中心的地位，甚至在某些方面超过了纽约华尔街。此时，无论是对于英镑还是对于正在酝酿中的欧元，美国都已经沉不住气了。

1974 年，美国单方面宣布取消美元与黄金的自由兑换，美国加快了用纸美元掠夺世界财富尤其是欧洲财富的步伐。美元是催生大量国际投机资本的始作俑者，以金融大鳄索罗斯的量子基金为代表的国际游资的全球出击正是以美元作为武器。历史上，美元博弈英镑，用的是黄金，而索罗斯等国际游资于 1992 年成功狙击英镑，用的却是美元。

索罗斯，长久以来已经成为"神"一样的人物，各国媒体都把他刻画成一个神秘的"刺客"，专门"刺杀"一国货币。著名经济学家格鲁曼曾开玩笑地说，这个正反读起来都一样的姓氏（Soros）的确与众不同。索罗斯是美国外交事务委员会董事会前成员，参与过格鲁吉亚的颜色革命。政治永远和金融不分家，索罗斯与美国政治和金融权力中心的关系同样不言而喻。这个出生在匈牙利的美籍犹太人，确实是个天生的"杀手"，他的嗅觉格外地灵敏。早在 1990 年英国加入欧洲汇率体系（ERM）之时，索罗斯就在等待。

为了摆脱对美元的依赖，1990 年，英国决定加入西欧国家创立的新货币体系——欧洲汇率体系，这是欧元的前身。

欧洲汇率体系使西欧各国的货币不再盯住黄金或美元，而是相互盯住；以德国马克为核心，每一种货币只允许在一定的汇率范围内波动，一旦超出了规定的汇率波动范围，各会员国的中央银行就有责任通过买卖本国货币进行市场干预，使该国货币汇率稳定到规定的范围之内；在规定的汇率波动范围内，会员国的货币可以相对于其他会员国的货币进行波动。

这种欧洲共同体内的以德国马克为中心货币的欧洲汇率体系，实际上就相当于当今以美元为中心货币的国际金融体系，附属货币与中心货币的汇率有名不副实的矛盾。国际炒家、美国的金融大鳄索罗斯就认为英国犯了一个决定性的错误。因为 ERM 要求会员国的货币必须盯住德国马克。索罗斯认为，当时英国的经济并不强劲，加入 ERM，就等于把自己和刚刚实现统一后的德国联结在了一起，英国将为此付出代价。

的确，索罗斯的判断是准确无误的。1992 年，索罗斯主持的量子基金已经初露峥嵘，不但拥有一批出色的分析、交易人员，而且已经拥有了在一定程度上影响市场、操纵市场的能力。再加上对冲基金特有的保证金交易（简单地说就是买空、卖空），60 亿美元资本完全可以发挥其10倍的作用。

就在此时，英国政府的不作为使英镑处于一个空前脆弱的位置上，实际上已经不堪一击，加一根致命稻草就会轰然倒下，全面崩溃。索罗斯当然不会对这个机会视而不见，事实上，他从1990年就开始注意到这个机会。当时，东、西德统一，在许多人看来，统一的德国将会很快复兴和繁荣起来，而1992年2月7日，欧盟12个成员国签订的《马斯特里赫特条约》更是让大家大受鼓舞：一个“大欧洲”的概念即将形成。在这样一个美好前景面前，几乎所有人都认为欧盟的未来一片光明。但索罗斯经过冷静的分析，认为统一后的德国由于需要重建东德，必将经历一段经济拮据时期。德国将会更加关注自己的经济问题，而无暇帮助其他欧洲国家渡过经济难关，这将对其他欧洲国家的经济及货币带来深远的影响，货币联盟并不一定就是好事。人云亦云从来不是金融大鳄的风格，索罗斯一针见血的分析，正是站在战略的高度审视金融市场，对于英格兰银行而言，这样的对手实在太可怕了。

1992年夏季，英国当时的首相梅杰和财政大臣虽然在各种公开场合一再重申坚持现有政策不变，英国有能力将英镑留在欧洲汇率体系内，但索罗斯深信英国不能保住它在欧洲汇率体系中的地位，英国政府只是虚张声势罢了。

外汇市场上，英镑兑马克的比价在不断地下跌，从2.95跌至2.85，又从2.85跌至2.7964。英国政府为了防止投机者使英镑兑马克的比价低于欧洲汇率体系中所规定的下限2.7780，下令英格兰银行购入33亿英镑来干预市场。但政府的干预并未产生好的预期，这使得索罗斯更加坚信自己以前的判断，他决定在危机凸显时出击。

1992年9月15日，索罗斯决定在外汇市场上大量抛售英镑。英镑兑马克的比价一路下跌至1∶2.80，虽有消息说英格兰银行购入33亿英镑，但仍未能挡住英镑的跌势。到傍晚收市时，英镑兑马克的比价差不多已跌至欧洲汇率体系规定的下限。英镑已处于退出欧洲汇率体系的边缘。

英国财政大臣采取了各种措施来应付这场危机。首先，他再一次请求德国降低利率，但德国再一次拒绝了；无奈，他请求首相将本国利率上调2%～12%，希望通过高利率来吸引货币的回流。一天之中，英格兰银行两次提高利率，利率已高达15%，但仍收效甚微，英镑的汇率还是未能站在兑2.7780马克的最低限上。

在这场捍卫英镑的行动中，英国政府动用了价值269亿美元的外汇储备，但最终还是遭受惨败，被迫退出欧洲汇率体系。英国人把1992年9月15日——退出欧洲汇率体系的日子称作“黑色星期三”。

索罗斯却是这场袭击英镑行动中最大的赢家。他在英镑空头交易中获利接近10亿美元，在英国、法国和德国的利率期货上的多头和意大利里拉上的空头交易，使他的总利润高达20亿美元。在这一年，索罗斯的基金财富增长了67.5%，索罗斯也因此被《经济学家》杂志称为“打垮了英格兰银行的人”。

索罗斯成功狙击英镑，是现代国家货币战争的缩微版。也正是索罗斯所代表的国际投机资本，在全球外汇市场发动了一次又一次的不见硝烟的“战争”，1997年发生的东南亚金融危机就是这次欧洲汇率体系内货币战争的翻版。

三、牙买加体系下的国际货币体系改革方案

由于牙买加体系只是对既成事实的一种法律承认，而没有建立稳定货币体系的机构，没有制定硬性的规则或自动的制裁办法，各国可以根据自己的考虑和责任来履行其义务，因此很多人都认为牙买加体系只是一个暂时的权宜之计，在不久就会有一个新的国际货币体系来取代它。因而在这一时期，有关国际货币体系改革的争论不断，各种学派、各个国际组织纷纷提出了自己的见解。

（一）勃兰特委员会报告

1977年12月，联合国成立了“国际发展问题独立委员会”（又称“南北委员会”），简称“勃兰特委员会”（Brandt Committee），该委员会由时任西德总理的维利·勃兰特为首，成员包括来自西方国家和第三世界国家的著名政治活动家共21人。该委员会于1980年春发表了名为《争取世界的生存——发展中国家与发达国家经济关系研究》的专门报告，报告内有专门论述世界货币秩序一章。

该报告对1974年二十国委员会拟定的《改革大纲》所提出的建议做了充分的肯定，并在此基础上提出了“走向一种新的国际货币秩序”的国际货币体系改革的建议，其内容如下。

1. 关于汇率体制

委员会认为，应该以各种国际货币更大程度地稳定作为目标，降低主要货币浮动后对国际贸易运行和外债管理的难度；同时必须对国际资本市场的境外活动加以控制，并加强基金组织对汇率的监督，尤其需要国内的政策与国际上的合作密切配合，以保持汇率的相对稳定。

2. 关于储备制度

委员会认为，今后的国际货币制度不能建立在任何一种占统治地位国家的货币基础之上，而应使特别提款权成为国际货币体系中的主要国际储备资产。在特别提款权的分配上，应将大部分无条件使用的新储备分配给发展中国家，而不必按照国际货币基金组织“份额”制度的规定进行分配。

3. 关于国际收支的调节

委员会认为，无论是顺差国还是逆差国，都有对国际收支进行调节的义务。具体办法包括：减少对顺差国特别提款权的分配；适当放宽国际货币基金组织对发展中国家的贷款条件，同时进一步扩大并改善补偿资金供应设施等。

勃兰特委员会报告还指出，新的国际货币体系应多元化，建立一个具有广泛基础的领导力量来进行管理，并明确发展中国家应更多地发挥作用。但由于发达国家作为既得利益者，反对对国际货币体系进行结构性的改革，故这份报告很难得以实施。

（二）《阿鲁沙倡议》

1980年，在坦桑尼亚的阿鲁沙召开的“关于国际货币体系与国际新秩序的南北会议”提出了《阿鲁沙倡议》（Arusha Initiative）。这一倡议呼吁对现行国际货币体系进行根本性变革，建立一个经全球国家协商的新的国际货币体系。

《阿鲁沙倡议》要求在国际货币事务的管理中实行民主和普遍的原则；创立一种国际货币单位用作国际交换的工具和主要储备；设立世界中央银行，并发行国际货币；改善国际货币基金组织的贷款设施、贷款条件和决策机构，限制国际货币基金组织的不适当权利。

该倡议所设想的国际货币单位由"一篮子初级商品"决定价格，这就要求储存大量的初级商品，并确保初级商品的国际价格保持稳定，这是相当困难的；同时，建立世界中央银行在技术上、政治上和经济上的条件都不成熟。但它提出了改革国际货币体系的一系列合理主张，尤其是关于建立一个国际通货单位的构想具有积极的作用。

（三）《二十四国集团公报》

1984 年 9 月，二十四国集团在《蓝皮书计划》的基础上完成了《二十四国集团公报》，要求对现行的国际货币体系进行改革。

该公报的内容包括：改革当前的浮动汇率制，对主要货币的汇价规定一个目标范围；加强国际货币基金组织对主要工业国家货币政策的监督，以支持世界经济尤其是发展中国家的经济增长，促进对称的协调过程；国际货币基金组织特别提款权的分配应同发展中国家对资金的需要相联系，放宽对发展中国家的贷款条件，增加发展中国家在国际货币基金组织的投票权；重新安排发展中国家的债务等。

这一时期，发展中国家要求国际货币体系改革的呼声很高，但发达国家认为，现行的国际货币体系的基本结构是健全的，没有必要进行重大改革，只需要克服一些缺陷即可。在这一问题上，发展中国家和发达国家争论不休。

同一时期，除了上述的各项计划外，世界各国的经济学家也对国际货币体系改革问题发表了许多见解，其中最著名的有库珀的"单一通货制"、特里芬的《2000 年的国际货币制度》以及威廉森的"汇率目标区提议"。

（四）库珀的"单一通货制"（The Single Currency Regime）

哈佛大学教授理查德·库珀（Richard Cooper），于 1984 年在其《国际货币体系》一书中提出在 2010 年实行"单一通货制"的建议。他认为：今后国际货币体系改革的方向是逐步在世界范围内建立起一个货币体系，实行统一的货币政策，并建立一个统一的独立的货币发行银行。库珀认为，单一通货制具体可分两步走：第一步，先在主要工业国家实行汇率目标区；第二步，在 2010 年前后实行由美国、日本和欧洲共同体三方组成的单一货币制度，其他国家如果愿意并承担责任，可以自愿参加，形成包括世界各国在内的单一货币制度。至于"单一通货"，不能由任何一个国家的货币充当，只能由特别提款权来充当，但要解决一些关键问题：必须成立一个超国家的世界中央银行，统一国际货币的发行，统一管理国际储备，而且能有效地直接干预和调节国际货币金融领域中各种不协调的政策和行为；要改变特别提款权不合理的分配原则，并扩大其使用范围；对原有储备货币必须进行妥善处理。

库珀的"单一通货制"是使国际货币体系走向世界货币体系的构想。"单一通货制"所提出的建立一个新的国际通货制单位是纠正过去以及当前让一个国家使自己的通货起国际交易手段和主要储备资产的作用的不合理、不公正做法的一个有力措施。但是，库珀企图用特别提款权作为单一通货是一厢情愿，是得不到当今美国以外工业大国的政府领导人的积极支持的，因为特别提款权是纸，绝不是“纸黄金”，而美元、日元等主要货币都有黄金作后盾。

（五）建立集中的国际信用储备制度

特里芬教授在《2000年的国际货币制度》一文中提出了“建立集中的国际信用储备制度”的设想。他认为，国际货币体系改革的基本出路在于建立超国家的国际信用储备制度，并在此基础上创立国际储备货币。他主张，应将各国持有的国际储备以存款方式交存国际货币基金组织，这种储备货币不应由黄金、其他贵金属和某个国家货币来充当，IMF将成为各国中央银行的清算机构。如果IMF或其他类似的国际金融机构能将所有的国家都吸收成为会员国，那么，国际上的支付活动就反映为IMF的不同会员国储备存款账户金价的增减。IMF所持有的国际储备总量应由各国共同决定，并按国际贸易和生产、发展的需要加以调整。储备的创造可以通过对会员国的放松，介入各国金融市场购买金融资产，或定期分配新的特别提款权来实现，但不应受黄金生产或任何国家国际收支状况的制约。他指出，集中储备资产的过程将在2000年完成，储备中心建立后，就有可能创立国际中心货币，并使之在国际范围内流通。

特里芬教授的这一设想反映了他对国际货币体系改革的一贯主张，即以一种由国际机构统一发行的储备资产取代黄金和现有的储备货币。特里芬又指出，应以特别提款权作为唯一的国际储备资产，以逐步取代黄金和其他储备货币。特里芬的主张很有见地，在诸多储备货币改革方案中影响也最大。但是，他的主张要求各国中央银行服从于一个超国家的国际信用储备机构，这需要很密切的国际货币合作，目前似乎还不现实，并且将来用统一的世界货币来取代其他储备货币后，也会遇到相当大的阻力，因为各储备货币发行国必须放弃使用本国印钞机的特权。

（六）设立汇率目标区

1983年，美国学者约翰·威廉森（John Williamson）和伯格斯坦（Bergsten）共同提出设立汇率目标区，使实际汇率对基本汇率的偏离幅度不超过10%的建议。此后，他们又不断完善、补充，并提出了汇率目标区的行动计划。所谓汇率目标区，是指有关国家的货币当局选择一组可调整的基本参考汇率，制定出一个围绕其上下波动的幅度并加以维持。

汇率目标区的种类主要可以分为“硬目标区”和“软目标区”。前者的汇率波动幅度小，不常修订，目标区的内容也对外公开，一般是通过货币政策将汇率维持在目标区；后者则正好相反。汇率目标区与现行的管理浮动汇率制的区别在于：汇率目标区为一定时期内汇率波动幅度设立了一个目标范围，并且根据汇率变动的情况调整货币政策，防止汇率波动超出目标区。汇率目标区与固定汇率制的区别主要在于实行汇率目标区的国家当局没有干预外汇市场的承诺，并且目标区本身可以随时根据经济形势变化的需要进行调整。

汇率目标区的特点是综合了浮动汇率制的灵活性和固定汇率制的稳定性，而且能促进各国宏观经济政策的协调，但要实施起来存在许多技术性的困难，如均衡参考汇率的确定、基期的确定等，并且发达国家和发展中国家对它的期望实现目标也不一致。但总的来说，如果主要西方国家能在此基础上协调宏观政策，那么，这个方案还是有助于促进汇率的稳定，并推动汇率制度改革的。此外，这一方案是欧元建立的基础，获得了巨大的成功。

第五节 区域货币一体化

欧洲货币体系的诞生是20世纪末国际金融领域内的重要事件，它被公认为是自布雷顿森林体系崩溃以来在国际货币安排上非常有意义的，是国际政策协调方面最为重要的典范，也是迄今为止国际货币安排最为成功的实践结果，对现行国际货币体系产生了深远的影响。

一、最适度货币区理论（The Theory of Optimum Currency Areas，OCA 理论）

随着欧洲政治经济一体化的发展，以及对现行国际货币体系缺陷的认识，欧洲一直致力于追求自身货币的单一化，并最终取得了迄今为止共同货币的最高成就——欧元的诞生。欧元诞生的理论依据是由蒙代尔、麦金农、肯南等人创立和发展的最适度货币区理论。最适度货币区理论最早见于对固定汇率安排和浮动汇率安排的争论中，其内容主要是结合某种经济特征来判断汇率安排的优劣，并说明何种情况下实行固定汇率安排和货币同盟或货币一体化是最佳的。

（一）蒙代尔的要素流动性分析

蒙代尔是供给学派的创始人之一，他于1961年提出了最适度货币区理论，该理论被认为是欧元问世的理论基础，因此蒙代尔被人称为“欧元之父”，他也因该成就获得了1999年度诺贝尔经济学奖。

蒙代尔认为：多种货币的存在隐含着汇率的变化。在国际贸易的现实中，假定有A、B两个区域，并且A区域对应A国，B区域对应B国。如果产品需求从B国向A国转移，B国货币贬值或A国货币升值，可以纠正因需求转移导致的国际收支的不平衡，并缓解B国的失业及A国的通货膨胀，这是以国家货币为基础的浮动汇率机制最理想的效果。但是这种“理想的效果”在不同区域因产品需求转移出现不均衡而不一定有效：假定A、B是同一国家内的两个区域，它们使用同一种货币，则汇率变动无法同时解决A区域的通货膨胀、B区域的失业。因此，蒙代尔认为浮动汇率只能解决两个不同通货区之间的需求转移问题，而不能解决同一通货区内不同地区之间的需求转移。

在论证了浮动汇率制仅在区域之间有效的前提下，蒙代尔进一步分析了生产要素流动性在对内、对外平衡中的作用。他认为，如果按照传统的“李嘉图假说”（The Ricardian Assumption），假设生产要素在国际上不流动，则浮动汇率的效用有限，甚至是负面的，因为如果劳动力不流动，即使货币贬值，也无法刺激出口增加（出口需求增长得不到劳动力增加的配合），相反还会提高劳动力成本，推高通货膨胀水平；如果生产要素在国际上充分流动，即使汇率固定，也可以渐进实现收支平衡。再回到上面的例子：如果产品需求从B国向A国转移，B国的过剩劳动力向A国转移，B国就业压力得以缓解，A国生产了更多的产品，通货膨胀压力也会随之下降。

总之，浮动汇率制只有在生产要素对内完全流动、对外不流动的情况下才有效。

(二) 麦金农等人的发展与完善

1963 年，麦金农提出以经济的高度开放性作为确定最适度货币区的标准，从而进一步发展了蒙代尔的理论。

麦金农认为：当涉及单一货币区内国家集团的不同情况（如在欧共体内），或者当单个国家内资源流动性极低时，蒙代尔论述了有必要研究是什么经济特征决定了单一货币区的最佳大小。因此，麦金农将社会总产品区分为可贸易商品和不可贸易商品。一般来说，经济开放性与可贸易商品在社会总产品中的比重呈正相关关系，该比重越高，说明该国经济越开放。麦金农认为，一个经济高度开放的小国难以采用浮动汇率制，其原因在于：一是由于经济高度开放，市场汇率稍有波动，就会引起国内物价的剧烈波动；二是在一个进口在消费中占有很大比重的高度开放的小国中，汇率波动对居民实际收入的影响非常大，使得存在于封闭经济中的货币幻觉消失，进而，汇率变动在纠正对外收支失衡方面失去作用。为此，麦金农强调，一些相互间贸易关系密切的经济开放的国家应组成一个相对封闭的共同货币区，在区内实行固定汇率安排，而与区外国家之间实行浮动汇率安排。

继麦金农之后，又有不少经济学家从不同角度提出了最适度货币区的标准，其中有重要影响的有：彼得·凯南（Peter Kenen）的低程度的产品多样性分析；詹姆斯·萨格拉姆（James Ingram）的国际金融一体化程度分析；爱德华·托尔（Edward Tower）以及托马斯·威莱特（Thomas Willett）的政策一体化程度分析；G. 哈伯勒（G. Harberler）和 J. M. 弗莱明（J. M. Flemming）的通货膨胀率相似性分析。

专栏 10—2：一国是否加入货币区的决策——*GG*—*LL* 模型

20 世纪 90 年代以来，最适度货币区理论随着宏观经济学理论在其他方面的发展而有所修正，这些修正集中于加入货币区的收益和成本分析上，并且经济学家也开始从这个角度来判断一个地区是否适宜实行货币一体化。

如图 10—2 所示，*GG* 曲线是一条向右上方倾斜的曲线，它反映了一国同实行固定汇率安排货币区的经济一体化程度与其加入货币区的货币效率收益之间的关系。*LL* 曲线是一条向右下方倾斜的曲线，它表明一国加入固定汇率安排货币区的经济稳定性损失与它同货币区经济一体化程度呈负相关关系。*GG* 曲线和 *LL* 曲线相交于 E_1 点。

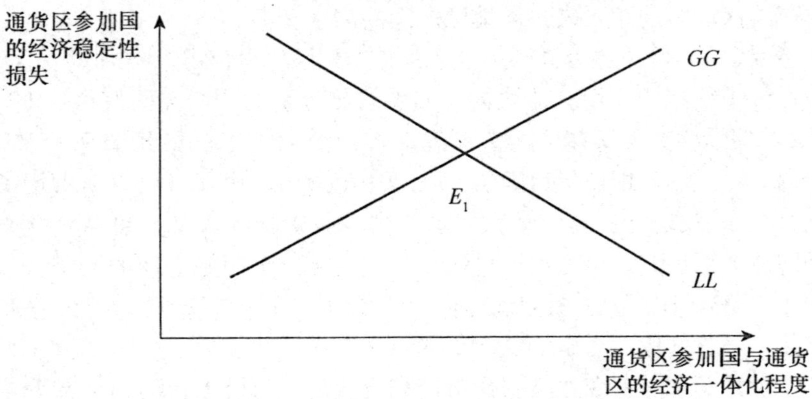

图 10—2　*GG*—*LL* 模型

分析图10—2，我们可以发现，一国的经济一体化程度高于（或至少等于）水平 E_1 时，会决定加入货币区。这是因为，若经济一体化程度小于水平 E_1，LL 曲线位于 GG 曲线上方，加入货币区所经历的产出与就业不稳定性损失要高于（或等于）从中获得的货币收益，该国会选择继续留在货币区之外；若经济一体化程度高于（或至少等于）水平 E_1 时，GG 曲线表示加入货币区的货币效率收益高于（或等于）LL 曲线表示的加入货币区所损失的稳定性，该国会选择加入货币区。由此可知，决定一国加入货币区的最低经济一体化水平为 E_1。

图10—3展示了一国经济环境的变动如何影响该国加入货币区并实行固定汇率安排的意愿。假定外部经济环境的变化推动 LL 曲线由 LL_1 右移至 LL_2，则在同一经济一体化水平上，曲线 LL_2 上的产出与就业不稳定性损失较曲线 LL_1 有所提高，因而决定该国加入货币区的最低经济一体化水平也相应地由 E_1 提升至 E_2，即曲线 GG 与曲线 LL_2 的交点。

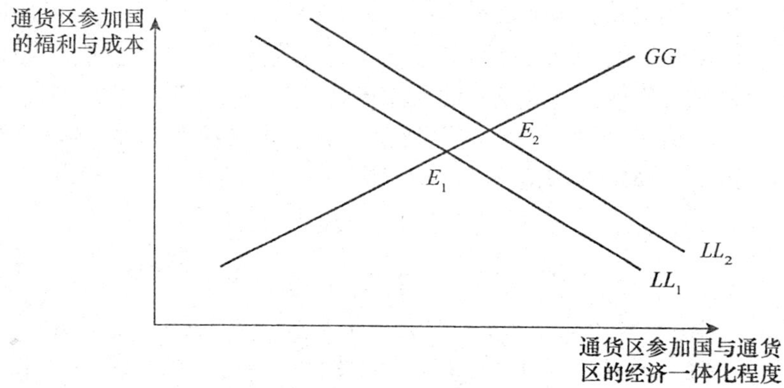

图10—3　是否加入通货区的决策与外部经济环境变动影响

二、欧元的出现对现行国际货币体系的影响

欧元的出现是20世纪国际金融领域内的一件大事，它发展了多元化的国际货币体系，有利于世界范围内汇率的稳定，同时它也为国际货币体系改革提供了一条重要的思路。它的出现，对现行的国际货币体系将产生深远的影响。

（一）对国际储备体系的影响

可将欧元出现以前的多元化国际储备体系概括为：美元主导下的美元、日元、德国马克和特别提款权并存的体系。欧元在2002年6月30日正式成为欧洲货币联盟范围内的唯一合法通货后，带来对美元在国际储备体系中主导地位的挑战以及对特别提款权作为国际储备地位存在的挑战。

统一货币后的欧盟国家从总体上讲，经济实力强于美国，其GDP也超过美国。因此，欧元在短期内将很快在国际储备体系中挤出美元所占的一部分份额，再加上原有的德国马克份额，欧元将在中长期内动摇美元作为国际储备货币的主导地位，从而形成未来国际储备体系中非对称三极（美、欧两极强，日本一极弱）的局面。正如欧盟外委会主席布里坦所言："格林斯潘现在不得不承认欧元将成为重要的世界货币。美国政府担心，美元占世界支付往来的60%时代结束了，许多国家的中央银行会使其外汇储备多样化，在不久的将来，欧元会与美元平起平坐，将各占国际支付的40%。"

特别提款权在设立之初的目标就是成为世界主要清偿力，但这一目标至今尚未达成，原因就在于特别提款权的内在缺陷性。而同样作为跨国界的具备国际清偿力的欧元，其在天然禀赋上优于特别提款权，这是因为：（1）从作为信用货币的价值所必须依靠的信用源泉来讲，统一的中央银行显然要比 IMF 在国际储备货币创造上的作用强大得多；（2）从货币流通手段的角度考察，在非官方结算之中，特别提款权至今的作用可以忽略不计，而欧元在非官方结算中广受欢迎。因此，在欧元的挑战之下，特别提款权将会更加暴露其内在缺陷性，从而动摇其作为国际储备货币的地位。

（二）挑战目前所谓的"无体系（nonsystem）"，为世界货币的发展起到示范作用

汇率制度安排多样化、黄金非货币化以及国际协调艰难，是目前牙买加体系之所以被称为"无体系"的重要原因。欧元将以其汇率稳定、跨国界的协调及统一的中央银行对这一"无体系"直接提出挑战，并且统一的欧元将是人类历史上第一次可用于非官方结算的跨国界信用本位货币的一种创造。它的诞生及以后的发展将为未来统一世界货币准备经验，并将为其他区域性经济合作组织起到示范作用。

专栏 10—3："欧元之父"——罗伯特·蒙代尔

罗伯特·蒙代尔于1932年出生于加拿大的金斯敦市。1997年获美国经济学会颁发的杰出人士奖，1998年被评选为美国艺术和科学院院士。早在20世纪60年代，蒙代尔就富有远见地预言，在一个更加开放的经济体系中，汇率变动和资本高度流动对经济政策会产生极大影响。他以一篇论及"最优货币区"的文章奠定了欧元理论，最终促使欧元顺利出台。

1999年10月13日，瑞典皇家科学院将该年度的诺贝尔经济学奖授予了蒙代尔；瑞典皇家科学院长达7页的赞词，更肯定了他"欧元之父"的地位。蒙代尔的贡献在于开放条件下宏观经济稳定政策分析以及对最优货币区的分析。尽管几十年过去了，蒙代尔教授的贡献仍显得十分突出，并构成了国际宏观经济学教学的核心内容。

开放条件下宏观经济稳定政策理论认为不同汇率制度对宏观经济的影响存在巨大差别。在浮动汇率制下，货币政策效果明显，财政政策软弱无力；而在固定汇率制下，结果与此相反。这个结论对各国的金融实践有很深远的影响。它很清楚地表明了一个原则，即当一国面临的外部冲击主要是由国际资本的流动造成的时候，固定汇率制应该是较为理想的汇率制度。

东南亚金融危机的爆发对该理论作了一个佐证。大多数东南亚国家太快地开放了本国金融市场，在资本市场完全开放的前提下，本国脆弱的金融体系不能抵挡来自国际游资的大规模冲击，造成整个汇率体制的崩溃。所以，应该像中国所做的那样，资本市场的开放是有计划的、渐进的。

蒙代尔做出的另一个重要的贡献是对最优货币区的分析。1855 年，法国大文豪维克多·雨果在一篇文章中提到，欧洲币种繁多，弊多利少，他说：“增加币种，就是增多摩擦，增多摩擦，就是减少流通。”他憧憬有一天欧洲出现一种通用的单一货币。1999 年 1 月 1 日，欧洲统一货币——欧元正式诞生。在经过 3 年的过渡期之后，2002 年 1 月 1 日，欧元纸币和硬币已正式进入流通领域，成为欧元区唯一合法的流通货币，雨果的梦想在 100 多年后终于变成了现实。

欧元的诞生得益于蒙代尔在 1961 年提出的观点。当时只有 30 岁的蒙代尔在自己的文章里提出这样一个问题：“一些国家什么时候会愿意放弃货币主权，而去使用一个共同货币呢?”按照他的设想，西欧各国经济水平相近，相互之间要素流动性较高，可以组成一个货币区，区域内各成员的货币相互之间实行固定汇率，甚至使用同一货币。他的这个设想指引欧洲的决策者把欧元从一个纸面上的概念变成今天的现实，因此，人们都把蒙代尔称为“欧元之父”。

本章小结

1. 国际货币体系的主要内容包括汇率制度的确定、各国货币的兑换性和国际结算原则的确定、国际储备资产的确定和黄金、外汇能否自由流动与转移等。从 1870 年的国际金本位制至今，国际货币体系依次经历了国际金本位制、金汇兑本位制、布雷顿森林体系和牙买加体系等几个阶段。

2. 布雷顿森林体系的主要内容有：(1) 建立了一个永久性的国际金融机构，即国际货币基金组织（IMF）；(2) 实行以黄金—美元为基础的、可调整的固定汇率制；(3) 取消对经常账户交易的外汇管制，但是对国际资本流动进行限制；(4) 制定了稀缺货币条款（Scarce-currency Clause）。在布雷顿森林体系下，美国与其他国家的外部均衡目标是完全不同的。美国的外部均衡目标体现为保证美元与黄金之间的固定比价和可自由兑换，这就要求美国控制美元向境外输出。而其他国家的外部均衡目标体现为尽可能地积累美元储备，这就要求美元大量向境外输出。显然，这两者之间是完全矛盾的，这种矛盾就是著名的“特里芬难题”，特里芬难题最终导致布雷顿森林体系的崩溃。

3. 现行国际货币体系为牙买加体系。牙买加体系的核心内容包括：一是将业已形成的浮动汇率制度和其他浮动汇率制度合法化；二是黄金非货币化；三是国际储备资产多元化，并建议以特别提款权作为主要储备资产；四是国际收支调节形式多样化。一方面，牙买加体系相对以前的货币体系对促进国际贸易发展，调节国际收支起到了积极的作用，但另一方面，浮动汇率制度导致汇率波动剧烈从而诱发金融危机，同时国际收支调节机制并不健全，仍然存在持久性顺差和逆差的状态。

4. 欧元的出现是 20 世纪国际金融领域内的一件大事，它发展了多元化的国际货币体系，有利于世界范围内汇率的稳定，同时它也为国际货币体系改革提供了一条重要的思路。它的出现，对现行的国际货币体系产生了深远的影响。

5. 在经历了国际货币体系的不断演进过程中，以往和现行的国际货币体系的缺点不断暴露，而针对这些缺点，学者们提出了一系列的改革方案：(1) 建立单一世界货币及世界中央银行；(2) 恢复金本位制；(3) 建立汇率目标区制度；(4) 建立区域性货币联盟；(5) 在现行的 IMF 体系下继续推行金融自由化。

思考题

1. 名词解释

国际货币体系；金本位制；布雷顿森林体系；特里芬难题；汇率目标区。

2. 简答题

(1) 简述国际货币体系的主要内容。

(2) 简述国际金本位制的特点和崩溃的主要原因。

(3) 什么是特里芬难题？

(4) 简述牙买加体系的主要内容以及优缺点。

(5) 简述欧元的出现对国际货币体系的影响。

(6) 简述现行国际货币体系下的主要改革方案，并进行简要评价。

第十一章　全球化与互联网金融

学习目标

通过本章的学习，理解国际金融全球化发展的表现形式、程度及利弊，了解金融领域的新生事物——互联网金融的含义、原理和主要模式，重点掌握现有的主要国际金融组织及其业务。

学习方法

（1）预习法。通过预习了解本章的内容，对国际金融机构和国际金融发展的趋势有一个初步的把握。

（2）联系学习法。将互联网金融与传统金融联系起来，有助于把握互联网金融的独特之处；将国际金融组织与国际货币体系联系起来，可以更好地理解主要的国际金融组织的功能；将互联网金融、国际金融组织与金融全球化联系起来，可以更好地把握金融全球化的发展方向。

(3) 完成本章后面的思考题。

完成本章的学习后，可以巩固第十章介绍的国际货币体系，掌握现有的主要国际金融组织及其业务，对当前比较热的互联网金融也会有比较全面深入的认识，明白金融全球化发展是不可阻挡的趋势。

案例导读1

2009 年 10 月，希腊政府忽然对外宣布 2009 年政府财政赤字和公共债务占国内生产总值的比例预计将分别达到 12.7%和 113%，远超欧盟《稳定与增长公约》规定的 3%和 60%的上限。2009 年 12 月开始，全球三大信用评级机构惠誉、标准普尔和穆迪相继调低希腊主权信用评级，希腊债务危机正式拉开序幕。

2009 年债务危机爆发后，希腊为避免违约，一直接受国际救助，于 2010 年和 2012 年分两轮先后获得欧盟、欧洲央行和国际货币基金组织提供的 1 100 亿和 1 300 亿欧元的救助资金，条件是在国内进行一系列改革，如对效率低下的国有企业进行私有化、发起针对失业青年人和失业家庭的就业计划、向无保险者提供免费医疗服务等；实行财政紧缩法案，如减少政府开支、削减社会福利和养老金等。

希腊政府对改革和紧缩政策的执行力度虽远远不够，却进一步加剧了希腊的经济衰退，希腊与国际债权人之间的关系变得微妙，多次处在违约的边缘。2015 年 6 月底，相关的救助计划到期，希腊必须偿还 15.5 亿欧元的贷款，但因极左翼政府对公众承诺政府不会大幅削减公务员和国有企业雇员的薪资，也不会减少社会福利，造成与国际债权人将近 5 个月的谈判未果。希腊因无力偿还国际货币基金组织 15.5 亿欧元的贷款，成为国际货币基金组织 70 年历史上首个违约的发达国家。

思考：

在希腊的债务危机中，国际货币基金组织充当的是什么角色？为什么说“人们仅仅在发生危机时才想到国际货币基金组织，而这些危机往往是政府不愿尽早采取行动的结果”？

案例导读2

美国微软公司创始人比尔·盖茨在 1998 年提出：传统银行不能对电子化做出改变，将成为 21 世纪行将灭绝的恐龙。20 世纪 90 年代以来，伴随着以互联网为代表的现代信息技术，如社交网络、搜索引擎、移动支付、大数据及云计算等的飞速发展，大众的消费方式及金融理念发生了改变，互联网与金融业的相互融合和渗透更加深化。目前，许多基于互联网的金融服务已经产生，并对传统金融业产生巨大的影响和冲击。P2P 网贷发展迅猛，截至 2014 年底，我国网贷运营平台达 1 575 家，累计成交额超过 3 829 亿元；众筹以惊人的速度蔓延，2014 年市场融资总规模达到 4.4 亿元，项目数量达到 4 494 个，项目支持用户规模达到 79.08 万人；第三方支付规模迅速膨胀，2014 年总交易量约 23 万亿元，截至 2015 年 5 月 21 日，央行获准许可经营的第三方支付机构已有 270 家。

2013 年 6 月 2 日，马云在“2013 外滩国际金融峰会”上的关于“金融行业需要搅局者”的言论，吹响了互联网公司全面进军互联网金融的“号角”。2014 年 9 月 19 日，阿里巴巴正式在美国纽约证券交易所挂牌，再度掀起国内讨论“互联网金融”的热潮。

思考：

1. 什么是互联网金融？
2. 互联网金融为何发展如此迅猛？

案例导读3

进入工业时代后，经济、金融危机始终伴随着人类经济发展间歇性爆发。20 世纪以来，全球发生的重大经济危机和金融危机主要包括以下几项。

一、1929 年至 1939 年：大萧条

随着 1929 年 10 月美国华尔街股市崩盘，一场毁灭性的经济大萧条席卷了几乎所有工业化国家，并在一些国家持续十年之久。大萧条期间，美国最高失业率达到 25%，德国、澳大利亚和加拿大的失业率一度接近 30%。美国经济在 1933 年陷入谷底，工业产出下降到衰退前的 65%。

二、1973 至 1975 年：石油危机引发的经济危机

1973 年 10 月，第四次中东战争爆发。为打击以色列及其支持者，阿拉伯石油输出国组织宣布对美国等国家实行石油禁运，同时联合其他产油国提高石油价格，从而导致石油危机爆发。这场危机在主要工业国引发了第二次世界大战以来最严重的经济危机。美国的工业生产下降了 14%，日本的工业生产下降超过 20%。

三、20 世纪 80 年代：拉丁美洲债务危机

自 20 世纪 60 年代起，拉美国家大量举借外债发展国内工业，外债总额在 80 年代初超过 3 000 亿美元。1982 年，墨西哥宣布无力偿还外债，触发了震动全球的债务危机。债务问题严重阻碍了拉美地区的经济发展，拉美国家 1988 年的人均国内生产总值只有1 800 美元，退回到 70 年代的水平。

四、20 世纪 90 年代：日本泡沫经济崩溃

1990 年，日本的房地产和股票市场在持续数年的过度增长后，开始出现灾难性下跌。由于资产全面缩水，日本在 10 年中经历了漫长的通货紧缩和经济衰退。90 年代中期，日本经济增长停滞，进入“零增长阶段”。

五、1997 至 1998 年：亚洲金融危机

在美国提高利率、美元升值的背景下，货币与美元挂钩的亚洲国家出口不断下降。1997 年 7 月，随着泰国宣布泰铢实行浮动汇率制，亚洲国家普遍出现货币贬值，爆发金融危机。此次危机中，印度尼西亚、泰国和韩国是遭受损失最为严重的国家。三国 GDP 在两年内分别缩水 83.4%、40%和 34.2%。

六、2007 年至 2011 年：美国次贷危机及全球金融危机

美国金融机构盲目地向次级信用购房者发放抵押贷款。随着利率上涨和房价下降，次贷违约率不断上升，最终导致 2007 年夏季次贷危机的爆发。这场危机导致过度投资次贷金融衍生品的公司和机构纷纷倒闭，并在全球范围引发了严重的信贷紧缩。

美国次贷危机最终引发了波及全球的金融危机。2008 年 9 月，雷曼兄弟破产和美林公司被收购标志着金融危机的全面爆发。

思考：

一次又一次的金融危机促使人们不断反思，金融全球化究竟意味着什么？金融全球化对发达国家和新兴市场国家有哪些影响？

第一节　国际金融组织

一、国际金融组织概述

（一）国际金融组织的产生与发展

国际金融组织又称国际金融机构，是指从事国际金融经营与管理等业务活动，并具有超国家性质的金融组织。多以银行形式出现，少数采取了基金组织、协会或金融公司等形式。

第一次世界大战前没有国际金融组织。当时实行金本位制，货币汇率比较稳定，主要资本主义国家的国际收支多为顺差，并且货币信用关系及国际结算制度尚未真正建立起来，国际金融领域的矛盾并不尖锐。

第一次世界大战结束后，德国按照《凡尔赛条约》从 1924 年起支付战争赔款。到 1928 年，德国声称发生经济危机，无力赔付逐年增加的战争赔款，要求减少。1930 年 1 月，为处理德国无力赔款问题，由英国、法国、意大利、德国、比利时和日本六国的中央银行，以及代表美国利益的摩根银行、纽约花旗银行和芝加哥花旗银行三大银行组成的银团在瑞士巴塞尔共同联合成立了国际清算银行，这是建立最早的国际金融组织。

第二次世界大战后，多数西方国家的经济遭受了严重的破坏，各国普遍希望建立一个稳定的国际货币金融体系，为各国的经济复兴提供资金。1944 年 7 月，44 个国家在美国布雷顿森林举行联合国货币金融会议，通过了《国际货币基金协定》和《国际复兴开发银行协定》。

1945 年 12 月，国际货币基金组织和国际复兴开发银行这两个国际性金融组织正式成立。后来，国际复兴开发银行（世界银行）又设立四个附属机构，统称为世界银行集团。至此，以国际清算银行、国际货币基金组织、世界银行集团为主体的国际金融组织体系初步形成。

20 世纪 50 年代末到 70 年代，许多发展中国家为了经济发展，迫切需要解决资金短缺问题。为此，发展中国家联合组建了许多区域性的金融机构。与此同时，西方国家为适应

资本国际化流动及世界经济一体化和全球化发展的趋势，也纷纷建立各种形式的区域性国际金融组织。

1957年，西欧共同体创立的欧洲投资银行是最早出现的区域性国际金融机构。后来，拉美的泛美开发银行、亚洲的亚洲开发银行、非洲的非洲开发银行和中东的阿拉伯货币基金组织先后成立，这些区域性的国际金融机构的出现，标志着区域性国际金融组织的产生。

（二）国际金融组织的分类

1. 按地区范围划分

国际金融组织按地区范围划分，可分为全球性金融组织和区域性金融组织。

（1）全球性金融组织由遍及全球的会员国构成，以国际货币基金组织和世界银行集团为代表。

（2）区域性国际金融组织主要由某一地区的会员国组成，又可细分为以亚洲开发银行、非洲开发银行、泛美开发银行、欧洲开发银行等为代表的区域范围的国际金融组织和以欧洲中央银行、亚洲清算联盟、阿拉伯货币基金组织、西非开发银行、中非国家开发银行、加勒比开发银行等为代表的局部地区的国际金融组织。

2. 按职能划分

国际金融组织按其职能来划分，主要可分为：

（1）从事国际金融事务的行使协调和监督职能的国际金融组织，如国际货币基金组织和阿拉伯货币基金组织等。

（2）从事各种国际信贷业务的国际金融组织，如世界银行集团和亚洲开发银行等。

（3）从事国际清算活动的国际金融组织，如国际清算银行、亚洲清算联盟等。

（4）以提供贸易融资为基本业务的国际金融组织，如拉丁美洲出口银行、阿拉伯—拉美银行等。

（三）国际金融组织的目的及作用

1. 目的

国际金融组织的主要目的是进行国际金融协调，以维持国际货币金融体系的稳定。

2. 作用

国际金融组织的作用主要体现在：

（1）制定并维护共同的国际货币制度，稳定汇率，保证国际货币体系的正常运转，促进国际贸易增长。20世纪70年代之前，国际金融组织协调并维护布雷顿森林体系下的固定汇率制度；布雷顿森林体系崩溃后，国际金融组织承担了监控汇率波动及解决汇率争端的重任，以避免汇率过度波动带来的经济冲击。

（2）承担最后贷款人的角色。为出现短期国际收支逆差的国家提供短期资金，以在一定程度上缓和国际支付危机。1997年亚洲金融危机时，国际金融组织为危机国家和地区提供紧急援助，避免这些国家的经济走向崩溃。

（3）为发展中国家的经济发展和改革计划提供长期资金帮助，促进发展中国家的经济发展。如国际开发协会提供的开发信贷。

（4）创造国际支付工具，调节国际清偿能力，应对世界经济发展的需要。如国际货币基金组织发放的普通提款权和特别提款权。

二、国际货币基金组织

国际货币基金组织是根据1944年7月在美国布雷顿森林召开的联合国货币金融会议上通过的《国际货币基金协定》而设立的。1945年12月正式成立，总部设在美国首都华盛顿，是联合国的一个专门机构，已有188个国家或地区加入了该组织。我国于1980年4月恢复了在国际货币基金组织的合法席位。

（一）国际货币基金组织的责任和宗旨

1. 责任

国际货币基金组织的主要责任是确保国际货币体系，即各国相互交易所依赖的汇率体系及国际支付体系的稳定。

2. 宗旨

按照《国际货币基金协定》第1条的规定，国际货币基金组织的宗旨可概括为：

（1）就国际货币问题进行磋商与协作，从而促进国际货币领域的合作。

（2）促进国际贸易的扩大和平衡发展，从而提高和保持高水平的就业和实际收入以及各会员国生产性资源的开发，并以此作为经济政策的首要目标。

（3）促进汇率的稳定，保持会员国之间有秩序的汇兑安排，避免竞争性通货贬值。

（4）协助在会员国之间建立经常性交易的多边支付体系，取消阻碍国际贸易发展的外汇限制。

（5）在具有充分保障的前提下，向会员国提供暂时性普通资金，以增强其信心，使其有机会在无须采取有损本国和国际繁荣措施的情况下，纠正国际收支失衡。

（6）根据上述宗旨，缩短会员国国际收支失衡的时间，减轻失衡的程度。

3. 基本职能

（1）向会员国提供短期信贷。

（2）调整国际收支的不平衡。

（3）维持汇率的稳定。

（二）国际货币基金组织的组织结构

《国际货币基金协定》第12条约定了国际货币基金组织的组织与管理，国际货币基金组织由理事会、执行董事会（执董会）、总裁及工作人员构成。

1. 理事会

理事会是国际货币基金组织的最高决策机构。它由每个会员国的一名理事和一名副理事组成。理事由会员国任命，通常是财政部长或中央银行行长。理事会将其大部分权力授予执董会，但保留以下权力，即批准增加份额、分配特别提款权、接受新会员国、强制取缔会员国资格，以及修订《国际货币基金协定》及其附则。

理事会负责选举或任命执董，并对与《国际货币基金协定》解释有关的问题作出最终裁决。

2. 执董会

由24名成员组成的基金组织执董会负责开展基金组织的日常业务，并行使由理事会授予的权力。执董会讨论基金组织工作的所有方面，包括从基金组织工作人员对会员国经济平衡状况的年度检查到与全球经济有关的政策问题。

3. 总裁及工作人员

国际货币基金组织总裁是执董会主席，也是基金组织工作人员的首领。总裁由执董会任命，任期5年，可连任，并由3名副总裁协助。基金组织的理事和执董可以提名基金组织任何会员国的公民担任总裁。尽管执董会可以通过多数票选方式选出总裁，但过去一直是按协商一致原则任命的。

4. 决策机制

国际货币基金组织通常根据协商一致原则作出决定，但重大决策由会员国投票表决。每个会员国的总票数等于基本票数和以份额为基础的票数之和。以份额为基础的票数是按每10万特别提款权份额分配一票。也就是说，会员国认缴的份额越多，所获票数越多，表决权也就越大。

（三）国际货币基金组织的资金来源

国际货币基金组织用于贷款的大部分资金是由会员国提供的。

1. 会员国认缴的份额

会员国认缴的份额是国际货币基金组织最基本的资金来源，以基金组织的记账单位特别提款权计值。

国际货币基金组织对每个会员国分配一个份额，份额大致基于会员国在世界经济中的相对规模确定。份额决定了会员国对基金组织资金的最大出资规模，更决定了会员国投票权的多少以及会员国可以从IMF借款或提款额度的多少。会员国认缴的份额中有25%以普遍接受的货币或特别提款权缴付，其余75%以本国货币缴付。份额中的外汇存放于有关国家的中央银行，本币则存放于本国中央银行在基金组织的账户中，基金组织可随时调用。

2. 借款

国际货币基金组织设有两项常备多边借款安排：借款总安排和扩大的新借款安排。若基金组织认为其份额资源无法满足会员国的需要，如遭遇重大经济危机，基金组织可以启动这些安排。

借款总安排又称借款总协定，是国际货币基金组织和美国、英国、德国、法国、日本、比利时、意大利、荷兰、加拿大、瑞典十个发达国家（即十国集团）于1962年达成的金融协定。国际货币基金组织在国际短期资本发生大规模流动、可能引起货币危机时，有权从这十个国家借入资金，贷给国际收支有困难的国家。

扩大的新借款安排是国际货币基金组织于1997年1月与25个会员国和地区达成的金融协定，参加的会员国和地区可以使用基金组织的340亿特别提款权，从而解决了重债务国的债务危机。2010年4月，扩大的新借款安排扩大至3 675亿特别提款权，新增13个出资会员国，包括一些新兴市场国家，它们向这项大规模增资行动提供巨额资金。扩大的新借款安排于2011年3月11日生效，已启动7次，最长期限为6个月，最近一次启动的起始日为2014年4月1日。

另外，国际货币基金组织还签署多个双边贷款协议和债券购买协议，以作为份额资源的补充。截至2014年9月4日，共有32项协议生效，总额为4 180亿美元。这些资金作为基金组织份额和新借款安排资源的第二道防线。

3. 出售黄金

国际货币基金组织持有约 9 050 万金衡制盎司（2 814.1 公吨）的黄金，是全球第三大黄金官方持有者。《国际货币基金协定》严格限制黄金的使用，但如果获得会员国投票权85%的多数同意，基金组织可以出售黄金或接受会员国以黄金支付，但基金组织不能购买黄金或参与其他黄金交易。

此外，捐款和经营收入也构成 IMF 少量的资金来源。

（四）国际货币基金组织的业务

1. 监督

为了保持稳定，防止国际货币体系发生危机，国际货币基金组织对各国、地区和全球经济与金融发展进行检查。基金组织的监督工作有两个方面：对各会员国政策进行评估并提供建议的双边监督以及多边监督。

（1）双边监督。基金组织的经济学家每年会访问会员国一次，与政府和央行交换意见，并研讨该国是否存在威胁内部和外部稳定的风险，从而需要在经济或金融政策方面做出调整。返回总部后，工作人员向基金组织执董会提交一份报告。执董会的意见随后转交该国有关当局。

（2）多边监督。基金组织对全球和区域经济发展趋势进行检查，分析会员国政策对全球经济产生的溢出效应。其多边监督的主要手段是定期出版相关刊物，包括《世界经济展望》《全球金融稳定报告》和《财政监测报告》。

2. 金融贷款

基金组织的核心职责是向面临实际或潜在国际收支困难的会员国提供贷款。通过贷款帮助会员国重新建立国际储备、稳定本国货币、恢复强劲经济增长所需的条件。

（1）贷款程序。

基金组织通常应会员国的要求提供资金。根据所使用的贷款工具，会要求会员国为解决国际收支问题实施具体的经济政策和措施。执董会批准后，基金组织的资金会随措施的实施分阶段发放。

（2）贷款工具。

多年来，基金组织针对各会员国的具体情况制定了各种贷款工具，主要分为两类：针对低收入会员国的优惠贷款工具和收取与市场挂钩利率的非优惠贷款工具。优惠贷款工具有中期信贷（ECF）、备用信贷（SCF）和快速信贷（RCF）等；非优惠贷款工具有备用安排（SBA）、灵活信贷额度（FCL）、预防性和流动性额度（PLL）、中期贷款（EFF）、快速融资工具（RFI）等。

1）优惠贷款工具。基金组织对低收入国家的新的优惠贷款机制于 2010 年 1 月在减贫与增长信托（PRGT）下生效，目的是使基金组织的资金支持更加灵活，并更好地适应低收入国家的不同需要。

中期信贷是基金组织向长期面临国际收支问题的低收入国家提供中期支持的主要工具。中期信贷下的贷款利率为零，宽限期为 5.5 年，最终期限为 10 年。

备用信贷向面临短期国际收支需要的低收入国家提供资金援助。备用信贷下的贷款利率为零，宽限期为 4 年，最终期限为 8 年。

快速信贷向面临紧急国际收支需要的低收入国家提供贷款条件有限的、迅速的资金援助。快速信贷简化了基金组织对低收入国家的紧急援助，可在多种情况下灵活使用。快速信贷下的贷款利率为零，宽限期为 5.5 年，最终期限为 10 年。

2）非优惠贷款工具。基金组织的所有非优惠贷款均收取与市场挂钩的利率，对超过一定贷款限额的大额贷款还收取附加费，费率以特别提款权利率为基础。会员国可向基金组织借款的最高数额称作贷款限额。贷款限额因贷款类型而异，但通常是会员国在基金组织份额的倍数。

备用安排的目的是帮助各国解决短期国际收支问题，是为帮助会员国解决短期国际收支问题而设计的。基金组织的拨款以会员国是否实现规划目标为条件。备用安排的期限通常为 12～24 个月，还款在拨款之后的 3.25～5 年进行。基金组织的非优惠贷款大多是通过备用安排提供的。

灵活信贷额度是针对那些经济基本面、政策及政策实施记录良好的国家。申请国家必须达到事先确定的资格标准。灵活信贷额度的期限为 1 年或 2 年，贷款限额在个案基础上决定，不受贷款限额限制。

预防性和流动性额度是针对那些具有稳健的经济基本面及政策实施记录较好的国家。有资格获得预防性和流动性额度的国家可能面临轻度脆弱性，不符合灵活信贷额度资格标准，但它们不需要实施备用安排，通常要进行重大的政策调整。

中期贷款于 1974 年设立，其目的是帮助会员国解决长期国际收支问题，而且这些问题是由严重扭曲所致，要求会员国采取重大经济改革。中期贷款安排的贷款限额为会员国认缴份额的 140%，期限通常不超过 3 年。还款一般在拨款之后的 4.5～10 年进行。

快速融资工具向所有面临紧急国际收支需要的会员国提供附带条件有限的快速资金援助。快速融资工具的年度贷款限额为份额的 50%，累计贷款限额为份额的 100%，贷款须在 3.25～5 年偿还。

3. 技术援助和培训

基金组织提供技术援助和培训，其目的是帮助会员国增强其设计和有效实施政策的能力，包括税收政策和征管、支出管理、货币和汇率政策、银行和金融体系监管、立法框架和统计等领域。技术援助帮助各国建立更有效的机构、法律框架和政策，以促进经济稳定增长。

三、世界银行集团

世界银行集团（World Bank Group，WBG）由五个独立的机构组成，即国际复兴开发银行（International Bank for Reconstruction and Development，IBRD）、国际开发协会（International Development Association，IDA）、国际金融公司（International Finance Corporation，IFC）、多边投资担保机构（Multilateral Investment Guarantee Agency，MIGA）和国际投资争端解决中心（International Center for the Settlement of Investment Disputes，ICSID）。

国际复兴开发银行是根据1944年7月布雷顿森林会议通过的《国际复兴开发银行协定》，于1945年12月27日与国际货币基金组织同时成立的。设立之初旨在帮助第二次世界大战后的重建，目前主要负责向中等收入和具有良好信用的低收入国家提供低息贷款。

国际开发协会成立于1960年，是世界银行集团的一个机构，以减少贫困为目标，主要针对教育、卫生、基础设施、农业以及经济和制度建设等方面，面向全世界最贫困国家（其中包括约一半的非洲国家）提供长期无息贷款（称为信贷）和赠款。

国际金融公司成立于1956年，是世界银行集团分管私营部门的机构，负责为发展中国家及转型经济体的私营企业提供长期贷款、股本金、结构化和证券化产品、咨询和风险缓解服务。

多边投资担保机构成立于1988年，是世界银行集团成立最晚的一个机构，负责提供技术援助以及政治风险保险或担保，以促进发展中国家的外国直接投资流动。

国际投资争端解决中心是根据1966年10月颁布的《解决国家与他国国民间投资争端公约》建立的世界上第一个专门解决国际投资争议的仲裁机构，负责为外国投资者与东道国之间的国际投资争端提供调解和仲裁。

（一）国际复兴开发银行

IBRD是全球发展合作机构，与会员国密切合作，推动各国实现平等、可持续经济增长，解决区域和全球经济、环境可持续发展等重要领域的紧迫问题。IBRD通过提供贷款、担保、风险管理产品和发展经验，协调区域和全球行动，以实现消除绝对贫困，促进共享繁荣的目标。在国际金融市场上，通常将IBRD称为世界银行。

1. IBRD的宗旨

《国际复兴开发银行协定》第1条规定了IBRD的宗旨，概括如下：

（1）促进生产事业性投资，协助会员国境内的复兴与建设。

（2）提供担保和参与私人贷款及投资的方式，促进外国私人投资。

（3）鼓励国际投资以发展会员国生产资源的方式，促进国际贸易长期均衡发展和国际收支平衡，提高生产能力和生活水平，改善劳动条件。

（4）对与其他国际性贷款有关的更有用和更迫切的项目，优先提供贷款和担保。

（5）注意国际投资对会员国商业情况的影响，促使战争时经济平稳地过渡到和平时期的经济。

2. IBRD的组织结构

《国际复兴开发银行协定》约定IBRD应设置理事会、执董会、一名行长、其他官员和工作人员。

（1）理事会。

理事会由每个会员国任命的一名理事和副理事组成。如果一个国家同时是世界银行、国际金融公司或国际开发协会的会员国，其任命的理事和副理事同时担任国际金融公司和国际开发协会理事会的理事和副理事，也在国际投资争端解决中心行政理事会中担任本国的代表。多边投资担保机构的理事和副理事单独任命。

世界银行的所有权力由其最高决策机构——理事会掌管，理事会将大部分权力下放给了执行董事。

（2）执董会。

理事会下设执董会，负责处理银行的日常业务，行使理事会所委托的一切权力。执董会成员包括世界银行行长和25名执行董事。执董会以简单多数方式选举世界银行行长兼董事会主席。

（3）行长、其他官员和工作人员。

行长由执董会选出，为银行工作人员的主管，在执行董事的指导下处理银行日常业务，并在执董会的管理下负责官员和工作人员的组织、任命及辞退工作。行长、官员和工作人员在执行其任务时，应完全对世界银行负责，而不对其他官方负责。

（4）决策方式。

世界银行和国际货币基金组织一样，采用加权投票制，会员国通过投票参与决策活动。根据IMF给予会员国的配额确定配给每个世界银行新会员国的股份数量。

3. IBRD的资金来源

（1）会员国实际缴纳的股本。

世界银行的会员国都需认股，认缴额按申请国的经济和财政力量分摊。《国际复兴开发银行协定》规定，世界银行会员国资格面向IMF的所有会员国开放，按照IMF分配给该国的份额确定分配给每个世界银行新会员国的股份数量。

（2）借款。

借款是世界银行的主要资金来源，主要有两个渠道：直接向会员国政府、政府机构或中央银行发行中短期债券；在国际资本市场上通过投资银行、商业银行等中间包销商向私人投资者出售中长期债券。

（3）债权转让。

20世纪80年代以来，世界银行经常将贷出的债权有偿转让给以商业银行为主的私人投资者，以提前收回一部分资金，转为新贷款的资金来源，扩大贷款能力。商业银行也借此机会利用世界银行的投资能力获得比较安全的投资渠道。

（4）留存的业务净收益。

世界银行几乎年年都有巨额的净收益，它除将一部分净收益以赠款形式拨给国际开发协会外，其余均充作本身的储备金，成为发放贷款的一个资金来源。

4. IBRD的主要业务

（1）发放贷款。

世界银行有两种基本贷款工具：投资贷款和发展政策贷款。

1）投资贷款。未拖欠世界银行集团贷款的国际复兴开发银行和国际开发协会借款国可以获得投资贷款。投资贷款为减贫与可持续发展所需的各类工程性和社会基础设施建设活动提供资金。绝大部分投资贷款属于特定投资贷款或部门投资与维护贷款。技术援助贷款、金融中介贷款以及紧急恢复贷款均属于此类。

2）发展政策贷款。未拖欠世界银行集团贷款的国际复兴开发银行和国际开发协会借款国及同意实行可监测的政策与制度改革、有效的宏观经济管理的国家可以获得发展政策贷款。发展政策贷款向需要外部融资的国家提供快速援助，以支持某个部门或整个经济领域的结构性改革。此类贷款支持营造有利于持续和公平增长的环境所必需的政策和制度改革。恢复贷款、结构调整贷款、部门调整贷款、地方调整贷款和规划型结构调整贷款等均属于此类。

（2）赠款。

世界银行的赠款由世界银行直接资助，或通过伙伴合作方式管理。大部分赠款旨在鼓励创新、同其他组织合作以及各利益相关方在国家和地方层面的合作。捐赠机构委托世界银行管理的信托基金与世界银行资金分开，设有单独账户。包括技术援助和咨询服务、减债和冲突后过渡。

（3）担保。

世界银行的担保工具基本上提供三种方式：第一，部分风险担保（PRG），对商业贷款的债务偿还违约提供担保，通常用于私营部门项目，这种违约是由政府未能履行对项目具体的合同义务造成的；第二，部分信用担保（PCG），对商业贷款特定部分的债务偿还违约提供担保，通常用于公共部门项目；第三，基于政策担保（PBG），为帮助借款人获得外部融资用于与政策和机构改革相关的一般性预算借款的部分提供信用担保。这三种方式都可向有资格获得国际开发复兴银行贷款的国家提供，但目前只有部分风险担保只能向获得国际开发协会贷款的国家提供。所有世界银行担保都要求会员国的反担保。

（4）技术援助。

向会员国提供技术援助是世界银行业务活动的重要组成部分。这种技术援助是与贷款结合在一起的，世界银行派出人员、专家帮助借款国进行项目的组织和管理，提高项目资金使用效益。世界银行经常帮助会员国制订社会经济发展计划，为特殊问题提供咨询意见和解决方案。

（二）国际开发协会

IDA作为世界银行的附属机构，是全球最大的提供多边优惠贷款机构，也是世界银行集团帮助最贫困国家消除绝对贫困与促进共享繁荣两大目标的主要机构。

1. IDA的宗旨

《国际开发协会协定》第1条规定协会的宗旨是帮助世界上欠发达地区的会员国经济发展，提高生产力，从而提高生活水平，特别是以更为灵活、在国际收支方面负担较轻的条件提供资金，以解决会员国在重要的发展方面的需要，从而进一步发展国际复兴开发银行的开发目标并补充其活动。

2. IDA的组织结构

《国际开发协会协定》中的对协会组织结构的约定基本与世界银行一致，从会长到内部机构的人员均由世界银行相应机构的人员兼任，世界银行的工作人员即协会的工作人员。IDA与世界银行实际上是两块牌子、一套机构。

协会会员国通过投票参与决策，投票权的大小同其认缴的股本成正比。

3. IDA的资金来源

IDA的资金主要来自会员国缴纳的股金、合作伙伴政府定期捐资、IBRD净收入转移、IFC赠款和借款国偿还IDA信贷的回流资金。

(1) 股金。

国际开发协会的初始法定认缴股本金原为10亿美元，其中，发达国家应认缴的股本必须以黄金和可自由兑换的货币交付；发展中国家认缴的股本中，10%须用黄金和可自由兑换的货币支付，其余90%用本国货币支付。

(2) 合作伙伴政府捐资。

合作伙伴政府捐资是国际开发协会资金的主要来源。由于会员国认缴的股本数额较少，这部分资金不能满足会员国的借款需要。而且国际开发协会曾规定不能在国际金融市场通过发行债券筹集资金，所以，不得不要求会员国，主要是第一类会员国（发达国家）定期捐款以提供补充资金，共同承担对不发达国家的援助任务。

(3) IBRD净收入转移。

世界银行从其净收入中拨一部分款项给国际开发协会，作为协会贷款的资金来源。

4. IDA的主要业务

IDA的主要业务是向贫困和发展中国家的基础教育、基本医疗卫生服务、清洁水源和环境卫生、环境安全保障、农业、企业营商环境改善、基础设施和体制改革等项目提供无息或低息贷款，还款期长达25～40年，还包括5～10年的宽限期。

国际开发协会的贷款政策与世界银行的贷款政策基本相同。但两者在贷款对象方面存在着显著差别。由于协会贷款条件具有较大的优惠性，其贷款对象只限于最贫穷的会员国，一个国家能否取得IDA开发信贷首先取决于该国的贫困程度。

由于国际开发协会的贷款基本上都是免息的，故称为软贷款，而条件较为严格的世界银行贷款则称为硬贷款。

(三) 国际金融公司

IFC是世界银行因原有国际金融组织体系缺乏刺激民间投资的手段，而于1956年设立的专门对会员国私人企业提供贷款的国际金融机构。国际金融公司的政策由会员国共同决定。目前，IFC在100多个发展中国家开展工作，为新兴市场的企业和金融机构创造就业、创造税收、改善企业治理，为环境绩效提供支持。

1. IFC的宗旨

《国际金融公司协定》第1条规定了IFC的宗旨：通过鼓励会员国，特别是欠发达地区会员国私营企业的增长来促进经济发展，并以此作为国际复兴开发银行各项活动的补充。

2. IFC的组织结构

《国际金融公司协定》对IFC组织结构的规定基本与世界银行保持一致，公司的内部机构和人员多数由世界银行相应的机构、人员兼任，其执董会主席由世界银行行长兼任，履行监督职责，但日常具体工作由总裁负责执行。IFC与IDA最大的不同就在于拥有自己的总裁和一些独立机构。

国际金融公司在法律和财务上虽是独立的国际金融组织，但实际也是世界银行的附属机构。

3. IFC的资金来源

国际金融公司的资金来源有：

（1）会员国认缴的股金。这是 IFC 最主要的资金来源。

（2）通过发行国际债券，在国际资本市场借款。IFC 每年在国际市场上筹集大量资金，这些资金一部分是在发达国家市场筹集，同时来自很多发展中国家市场。

（3）世界银行与会员国政府提供的贷款。

（4）贷款与投资的利润收入。

4. IFC 的主要业务

IFC 在帮助私营部门以能够增加价值的方式创造机会方面拥有特殊的优势。

（1）投资服务。

1）贷款。国际金融公司使用自有资金，以贷款的方式向项目和企业提供融资，期限一般为 7～12 年。国际金融公司的贷款一直都是以发达国家的货币作为计价货币。

2）股权投资。股权投资为私营企业的发展提供长期成长资本。国际金融公司对企业投资参股，持股比例一般为 5%～20%。

3）全球贸易计划。国际金融公司全球贸易计划为经过核准的金融机构提供与贸易相关的付款义务担保。

4）联合贷款计划。联合贷款计划是多边发展银行中历史最悠久、规模最大的联合贷款计划，是为满足发展需求而筹集资本的一个重要工具。联合贷款大部分是借给基础设施建设部门的借款人。

5）结构化融资。国际金融公司运用结构化和证券化产品，提供客户无法轻易从其他渠道获得、具有高成本效益的融资形式。包括部分信用担保、结构化流动性贷款、组合风险转移、证券化融资。

6）客户风险管理。国际金融公司向客户提供衍生产品，使其用于应对对冲利率、货币或初级商品价格风险。国际金融公司作为发展中国家的客户与衍生产品做市商之间的中介，让客户得以全面参与风险管理产品市场。

7）混合融资。国际金融公司将优惠资金与自有资金结合在一起，用于资助开展各类计划，取得原本无法实现的发展实效。

（2）咨询服务。

IFC 的咨询服务工作包括为中央及地方政府改善投资环境和建设基础设施出谋划策；帮助企业改进企业治理、强化风险管理，并提高财务、环境和社会的可持续发展。

（3）资产管理。

IFC 下设的国际金融公司资产管理公司负责筹集和管理资金，让投资者能够利用国际金融公司的新兴市场投资渠道并扩大对新兴市场的长期资本供应，从而利用国际金融公司的全球网络、标准、投资模式和业绩记录，在推进国际金融公司长期发展目标的同时，为投资者创造利润。

（四）多边投资担保机构

MIGA 是世界银行集团最新的成员，主要任务是鼓励会员国之间，尤其是向发展中会员国融通生产性投资，以补充世界银行、国际金融公司和其他国际开发金融机构的活动。为达到这些目标，MIGA 的业务包括：（1）当一个会员国从其他会员国得到投资时，对投资的非商业性风险予以担保，包括共保和分保；（2）开展合适的辅助性活动，以促进向发展中会员国和在发展中会员国间的投资流动；（3）为推进其目标，行使其他必要和适宜的附带权力。

MIGA 设有理事会、执董会、主席、总裁和职员，以履行机构所确定的职责。执董会主席由世界银行行长兼任，履行监督职责，但日常具体工作由总裁负责执行。

MIGA 提供担保的非商业性风险包括：（1）由于投资所在国政府对货币兑换和转移的限制而造成的转移风险；（2）由于投资所在国政府的法律或行政行动而造成投资者丧失其投资所有权、控制权的风险；（3）在投资者无法求助司法或仲裁机关，或司法及仲裁机关未能在合理期限内做出裁决，或虽有裁决，但无法实施时，政府撤销与投资者签订的合同而造成的风险；（4）武装冲突和国内动乱造成的风险。

作为担保业务的一部分，多边投资担保机构也帮助投资者和政府解决可能对其担保的投资项目造成不利影响的争端，防止潜在索赔要求升级，使项目得以继续。

另外，MIGA 还与 IFC 合作开发了政策与咨询服务，为发展中会员国制定投资法、政策和规划，提供咨询和技术援助。

（五）国际投资争端解决中心

ICSID 是世界银行下属的非财务机构，根据《解决国家和他国国民之间投资争端公约》设立，是一个绝对的国际性法人组织。其任务是制定调解或仲裁投资争端规则，受理调解或仲裁投资纠纷的请求，处理投资争端等问题，为解决会员国和外国投资者之间争端提供便利，促进投资者与东道国之间的互相信任，从而鼓励国际私人资本向发展中国家流动。

ICSID 设有行政理事会和秘书处，行政理事会主席由世界银行行长担任，负责中心各项规章制度的拟订，确定秘书长和副秘书长的服务条件及有关中心的重要决策事宜。

ICSID 解决争端的程序分为调停和仲裁两种。

四、国际清算银行

国际清算银行（Bank for International Settlement，BIS）是世界上最早的国际金融组织，是 1930 年 5 月 17 日根据《海牙国际协定》由英国、法国、意大利、德国、比利时和日本六国的中央银行，及摩根银行、纽约花旗银行和芝加哥花旗银行三大银行共同出资组建的国际金融组织，总部设在瑞士巴塞尔。

1944 年，根据布雷顿森林会议的决议，国际清算银行的使命已经完成，应当解散，但美国仍把它保留下来，作为国际货币基金组织和世界银行的附属机构。

（一）BIS 的职责

BIS 的职责是为中央银行维护货币与金融稳定提供服务，促进国际合作并为中央银行提供银行服务。为实现这一宗旨，BIS 进行的活动如下：推动并促进各中央银行的交流与合作；支持与其他负责金融稳定的机构进行对话；就中央银行和金融监管当局面临的政策问题开展研究；作为中央银行金融交易的主要交易对手；在国际金融合作中发挥代理人的作用。

（二）BIS的组织机构

BIS是以股份公司的形式建立的，组织机构包括股东大会、董事会、办事机构。股东大会决定国际清算银行的红利和利润分配，批准年报和国际清算银行的账户，决定董事会成员津贴的调整并挑选国际清算银行的外部审计机构。董事会设主席一名，同时担任银行行长。董事会的主要职责是决定整个机构的战略及政策发展方向并监督国际清算银行的管理。董事会根据主席建议任命一名总经理和一名副总经理，就银行的业务经营向银行负责。

（三）BIS的资金来源

虽然BIS的自身定位是非营利性国际金融组织，但它毕竟是中央银行的银行，而且具备一般商业银行的组织构架和运行机制，所以持续、稳定、充足的资金来源是BIS实现其宗旨、履行其职责的重要基础和保证。BIS的资金来源于以下四个方面。

1. 会员国中央银行缴纳的股本金

会员国加入BIS需缴纳一定的股本金，作为BIS的启动资金，各会员国的股本金在总股本中的比重反映了其在BIS的权利分配关系。随着会员国数量的增加，股本金的规模也在变大。

2. 吸收的存款

吸收的存款是BIS的主要资金来源，主要是吸收各国中央银行的存款，包括货币存款和黄金存款。

3. 发行金融市场融资工具

BIS的金融市场融资工具主要有三种：回购协议、固定利率投资工具及期限为1～5年的中期投资工具。

4. 储备基金

BIS将运营收入转化为利润，并累积形成储备基金。其中一般储备金主要用于弥补BIS的日常营运损失，如果不足以弥补，就启动法定储备基金；自由储备基金可以被董事会用于任何目的；特别股息储备基金用来支付全部或部分的红利。

（四）BIS的主要业务

1. 处理国际清算事务

BIS成立之初主要承担德国战争赔款的清算业务。第二次世界大战后，先后成为欧洲经济合作组织、欧洲支付同盟、欧洲煤钢联营、黄金总库、欧洲货币合作基金等国际机构的金融业务代理人，承担着大量的国际结算业务。

2. 办理或代理有关银行业务

BIS目前可从事的业务主要有：接受会员国中央银行的黄金或货币存款，买卖黄金和货币，买卖可供上市的证券，向会员国中央银行贷款或存款，也可与商业银行和国际机构进行类似业务，但不得向政府提供贷款或以其名义开设往来账户。目前，世界上很多中央银行在国际清算银行存有黄金和硬通货，并获取相应的利息。

3. 定期举办中央银行行长会议

BIS经常召集会员国中央银行的行长举办会议，商讨有关国际金融问题，协调有关国家的金融政策，促进各国中央银行的合作。

第二节　区域性国际金融机构

一、亚洲开发银行

亚洲开发银行（Asian Development Bank，ADB）创建于1966年11月24日，总部设在菲律宾首都马尼拉，是致力于促进亚洲及太平洋地区发展中成员的经济和社会发展的区域性政府间金融开发机构。日本和美国并列为第一大出资国，拥有一票否决权。

（一）ADB的宗旨

建立ADB的宗旨是通过发展援助帮助亚太地区发展中成员消除贫困，促进亚太地区的经济和社会发展。

（二）ADB的组织结构

ADB宪章第28章规定，机构的一切决策权归亚行理事会所有，除宪章中规定必须由理事会执行的权力外，其他由理事会授权给董事会执行。亚行理事会成员每年在亚行年会中正式会晤一次。

亚行行长即董事会主席，在董事会的领导下开展亚行的各项业务。行长负责根据董事会制定的规章制度组织、任命和解雇官员和职员。行长由理事会选举产生，任期5年，可连任。同时，行长还是亚行的法定代理人。以行长为首的管理层包括六名副行长和一名管理总干事，负责监督管理亚行业务部门、行政部门和知识部门的工作。董事对亚行的财务报告进行监督管理、核准管理预算、复核并批准所有的政策文件和全部贷款和技术援助项目。

（三）ADB的资金来源

ADB的运营资金来源于普通资金和专项基金。ADB宪章规定了普通资金和专项基金在任何时候都可以单独持有和使用。

1. 普通资金

普通资金是亚行开展业务活动的主要资金来源，由股本、储备、净收益以及从国际资本市场的借款构成，主要用于亚行的硬贷款业务，在接近市场利率的情况下提供给中等收入成员。

2. 专项基金

专项基金设立之初便指定用途，主要用于向低收入国家提供专项基金优惠贷款和赠款。目前，专项基金主要由以下基金组成：（1）亚洲发展基金；（2）技术援助特别基金；（3）日本特别基金；（4）亚洲开发银行研究所；（5）巴基斯坦地震基金；（6）区域合作和一体化基金；（7）气候变化基金；（8）亚太灾害应急基金；（9）金融业发展伙伴关系专项基金。

（四）ADB的主要业务

亚行通过提供贷款，促进发展中成员经济的增长和社会进步；通过提供技术援助，开展政策性对话，加强发展中成员的构建能力。

目前，亚行贷款和技术援助赠款所支持的主要领域包括：农业和以农业为基础的工业、运输、通信、供水和卫生、城市发展、健康和人口、工业、能源、电力以及金融行业，促进发展中成员金融体系、银行体制和资本市场的管理、改革和开放。

1. 贷款

亚行发放的贷款按条件划分，有硬贷款、软贷款和赠款三类。硬贷款的贷款利率为浮动利率，每半年调整一次，贷款期限为10～30年。软贷款也就是优惠贷款，只提供给人均国民收入低于670美元（1983年）且还款能力有限的会员国或地区成员，贷款期限为32～40年，没有利息，仅收1%的手续费。

2. 技术援助赠款

亚行的技术援助赠款主要向成员提供项目准备技术援助、政策建议和能力建设技术援助、研究与发展援助、小额技术援助和技术援助便利贷款等。

二、非洲开发银行

非洲开发银行于1963年成立，行址设在科特迪瓦首都阿比让，中国于1985年加入该行，成为正式会员国。其宗旨是为会员国经济和社会发展服务，提供资金支持；协助非洲大陆制定发展规划，协调各国的发展计划，以期达到非洲经济一体化的目标。

三、加勒比开发银行

加勒比开发银行是地区性、多边开发银行。1969年10月18日，16个加勒比国家和2个非本地区会员国在牙买加金斯敦签署协议，成立加勒比开发银行（Caribbean Development Bank，CDB）。1970年1月26日，该协议生效。总部设在西印度群岛的巴巴多斯首都布里奇顿。该行的宗旨是促进加勒比地区会员国经济的协调增长和发展，推进经济合作及本地区的经济一体化，为本地区发展中国家提供贷款援助。

四、欧洲复兴开发银行

欧洲复兴开发银行简称欧银，成立于1991年，建立欧洲复兴开发银行的设想是由时任法国总统的密特朗于1989年10月首先提出来的。设立宗旨是：在考虑加强民主、尊重人权、保护环境等因素的情况下，帮助和支持东欧、中欧国家向市场经济转化，以调动上述国家个人及企业的积极性，促使他们向民主政体和市场经济过渡。投资的主要目标是东欧、中欧国家的私营企业和这些国家的基础设施。

五、欧洲投资银行

欧洲投资银行是欧洲经济共同体成员国合资经营的金融机构。根据1957年《建立欧洲经济共同体国际金融机构体系条约》的规定，于1958年1月1日成立，1959年正式开业，总行设在卢森堡。其宗旨是：欧洲投资银行不以营利为目的，对在欧洲共同体内落后地区兴建的项目、对有助于促进工业现代化的结构改革的计划和有利于共同体或几个会员国的项目提供长期贷款或保证；也对共同体以外的地区输出资本，但贷款兴建的项目须对共同体有特殊意义（如改善能源供应），并须经该行总裁委员会特别批准。对与共同体有联合或订有合作协定的国家和地区，一般按协定的最高额度提供资金。

六、美洲开发银行

美洲开发银行成立于1959年12月30日，是成立最早的和最大的区域性、多边开发银行，总行设在华盛顿，是美洲国家组织的专门机构，其他地区的国家也可加入，但非拉美国家不能利用该行资金，只可参加该行组织的项目投标。其宗旨是集中各会员国的力量，对拉丁美洲国家的经济、社会发展计划提供资金和技术援助，并协助它们单独地和集体地为加速经济发展和社会进步做出贡献。

七、亚洲基础设施投资银行

亚洲基础设施投资银行（Asian Infrastructure Investment Bank）简称亚投行，是一个政府间性质的亚洲区域多边开发机构，重点支持基础设施建设，法定资本1 000亿美元，总部设在北京。亚洲基础设施投资银行于2014年10月24日在北京成立，首批意向创始会员国包括中国、印度、新加坡等在内的21个国家。截至2015年4月1日，法国、德国、意大利、卢森堡、瑞士、韩国、巴西、俄罗斯、荷兰、格鲁吉亚、丹麦等已同意加入亚洲基础设施投资银行，这使亚投行扩围至51个成员国，其中31个国家已成为正式的意向创始会员国。

第三节　金融全球化

一、金融全球化的内涵

金融全球化是指金融业跨国境发展并趋于全球一体化的趋势。伴随着生产的全球化，生产要素在全球范围内进行配置，资金作为重要的生产要素，也跨越国界，在全球范围内流动，构成了金融全球化。

金融自由化、金融国际化和金融一体化与金融全球化密切相关，从不同角度反映出金融全球化的程度。

（一）金融自由化

金融自由化也称金融深化，主张改革金融制度，改革政府对金融的过度干预，放松对金融机构和金融市场的限制，增强国内的筹资功能以改变对外资的过度依赖，放松对利率和汇率的管制使之市场化，从而使利率能反映资金供求，汇率能反映外汇供求，促进国内储蓄率的提高，最终达到抑制通货膨胀、刺激经济增长的目的。金融自由化的产生一方面是为了适应跨国公司的发展，另一方面是因为金融创新造成金融管制失效，迫使金融当局放松管制，加快金融自由化。金融自由化是金融全球化发展的前提和条件，没有金融自由化，就不可能有金融全球化。

（二）金融国际化

金融国际化是指一国的金融活动超越本国国界，脱离本国政府金融管制，在全球范围展开经营、寻求融合、求得发展的过程。金融自由化为金融国际化提供了制度基础；现代计算机技术和信息技术，特别是互联网技术的发展，消除了各国市场之间和国际市场之间金融信息传递的时空障碍，使得高速度、低成本处理大规模金融交易成为可能；为规避金融管制而进行的金融创新进一步促进了金融国际化的发展。金融国际化是金融全球化发展的过渡阶段，是实现金融全球化的必经过程。

（三）金融一体化

金融一体化是指国与国之间的金融活动相互渗透、相互影响而形成一个联动整体，在这个整体内部，同一金融资产在不同国家或地区同一时点上获得的收益率相同。金融一体化是金融自由化和金融国际化发展的必然结果，也是金融全球化的最终目标。

二、金融全球化的表现形式

金融活动是投资者和融资者通过一定的金融机构、利用金融工具在金融市场进行的资金交易活动，因此金融全球化就是金融活动的全球化。具体表现为以下几方面。

（一）资本流动全球化

实现金融自由化之后，投资者和融资者可以在全球范围内选择最符合自己要求的金融机构和金融工具，资本流动表现出全球化的趋势。20 世纪 80 年代以后，国际资本流动呈现出不断加速和扩大的趋势。

（二）金融机构全球化

金融机构是金融活动的组织者和服务者。金融机构全球化包括本国金融机构的准出和外国金融机构的准入两个方面。表现突出的是发展中国家逐步放宽了对外资金融机构的限制，鼓励本国金融机构积极开展国际业务，设立国外分支机构，从而推动了跨国金融机构的蓬勃发展，形成全球范围的经营网络。1997 年末，世界贸易组织会员国签署《金融服务协议》，把允许外国在其境内建立金融服务公司并将按竞争原则运行作为加入该组织的重要条件，进一步促进了金融机构全球化。

（三）金融市场全球化

金融市场是金融活动的载体，金融市场全球化就是金融交易的市场超越时空和地域的限制而趋向于一体。目前，全球主要国际金融中心已连成一片，全球各地以及不同类型的金融市场趋于一体，金融市场的依赖性和相关性日益密切。随着信息通信技术的高度发达和广泛应用，全球金融市场已经开始走向金融网络化，即全球金融信息系统、交易系统、支付系统和清算系统的网络化。全球外汇市场和黄金市场已经实现了每天 24 小时连续不间断交易。世界上任何一个角落有关汇率的政治、经济信息，几乎同步显示在世界任何一个角落的银行外汇交易室计算机网络终端的显示器上。远隔重洋的地球两端以亿美元为单位的外汇交易在数秒钟之内就可以完成。

（四）金融监管和协调全球化

金融全球化客观上要求有相应的国际金融监管的协调机制和机构，以确保国际货币和金融体系的正常运作。因此，国际货币基金组织、世界银行集团、国际清算银行等全球性金融组织应运而生。

三、金融全球化的利弊

金融全球化是一把双刃剑，客观上会产生积极和消极两个方面的作用。

（一）积极作用

（1）促进国际贸易和国际投资的发展以推动世界经济增长。

（2）可以促进全球金融业自身效率的提高。促进金融机构的适度竞争，降低流通费用；实现全球范围内的最佳投资组合来合理配置资本，提高效率；增强金融机构的竞争能力和金融发展能力。

（3）加强了国际监管领域的国家协调与合作，可以适当降低并控制金融风险。

（二）消极作用

（1）增加了金融风险。金融全球化加深了金融虚拟化程度。衍生金融工具本身是作为避险工具而产生的，但过度膨胀和运用不当滋生了过度投机，剥离了金融市场与实体经济的联系，反而成为产生金融风险的原因。

（2）削弱了宏观经济政策的有效性，降低了国家对宏观经济的干预能力。当一国采取紧缩性货币政策，使得国内金融市场利率提高时，国内的银行和企业可方便地从国际货币市场获得低成本的资金，紧缩性货币政策的有效性就会下降，国家对宏观经济的干预能力降低。

（3）加快金融危机在全球范围内的传递，增加了国际金融体系的脆弱性。

四、金融全球化对不同国家的影响

金融全球化对不同国家的影响是不同的。

（一）对发达国家的影响

发达国家是金融国际化的主要受益者。发达国家拥有充裕的资金和高度发达的金融市场，在国际金融业的竞争中拥有绝对的优势；但在宏观管理、税收、培养竞争者等方面有不利影响。

（二）对新兴市场国家的影响

（1）积极影响表现在：可以充分利用市场比较充裕的资金和先进的技术促进经济迅速发展；促生一批新兴的国际金融中心，从而改变了单纯依赖发达国家金融市场的局面；有利于建立国际经济新秩序。

(2) 消极影响表现在：首先，一旦经常项目连续出现赤字或国内经济出现问题，国际资本匆匆撤离，严重冲击新兴市场经济国家的经济发展；其次，发达国家转移夕阳产业和过时技术，影响了新兴市场国家的可持续发展。

(三) 对欠发达国家的影响

欠发达国家由于经济落后，对国际资本缺乏吸引力，这些国家金融市场国际化的步伐远远落后于新兴市场国家，有被边缘化的倾向。尽管金融全球化带来了部分资金，但许多现代经济部门被外资牢牢控制，容易变成发达国家的组装工厂，金融国际化正在逐步加大欠发达国家与发达国家甚至新兴市场国家的贫富差距。

第四节　互联网金融

一、互联网金融

互联网金融（internet finance），是2012年8月由中国投资有限责任公司副总经理谢平先生等人率先提出的概念，它涵盖了受互联网技术和互联网精神影响的所有金融交易和组织形式。

互联网金融主要包含两个层面：第一，主要是金融机构利用互联网技术提高业务处理效率，属于传统金融的互联网化。传统金融业运用互联网技术来提升服务，让传统柜台业务通过互联网来办理，使得业务效率得到了很大提升。网上银行、手机银行、证券公司远程开户和网上下单等都是传统业务互联网化的成果。第二，主要是互联网企业和金融机构利用互联网资源进行金融创新，拓展业务模式和服务模式。第三方支付、P2P贷款以及众筹等业务都属于这一范畴。一般意义的互联网金融主要针对的是第二个层面。

互联网技术的影响主要体现在移动及第三方支付、云计算、大数据、社交网络和搜索引擎等方面。互联网精神的核心是“开放、自由、创新、平等、协作和分享”，互联网金融受互联网精神的影响使得金融的分工和专业性淡化，金融产品简单化，使金融呈现脱媒、去中介化及普惠化的趋势。

互联网金融不是简单的“互联网技术的金融”，不是传统金融技术的升级，不同于传统的以物理形态存在的金融活动，而是“基于互联网精神的金融”，存在于电子空间中，形态虚拟化，运行方式网络化，是一种新的参与形式。

二、互联网金融的基本原理

(一) 支付模式

1. 概念

支付是金融的基础，由移动支付和第三方支付构成的支付模式是互联网金融的基础。移动支付主要通过移动通信设备，利用无线通信技术来转移货币价值以清偿债务。

2. 发展趋势

移动支付的发展体现了支付的三大发展趋势：(1) 终端离散化；(2) 身份数字化；(3) 服务通用化。移动支付的核心是只有一个支付中心的账号就可以支付，而不必有银行卡，这改变了人类基本的交易方式。

智能手机和掌上电脑的普及，为移动支付的发展奠定了基础；移动互联网和多网融合进一步促进了移动支付的发展；云计算保障了移动支付所需的存储和计算能力，保证了移动支付的效率；第三方支付将移动支付的发展推上了一个新的高度。

3. 特点

在互联网金融环境下，支付系统具有以下几个特点：(1) 所有市场参与者均在中央银行的支付中心设立账户；(2) 金融资产的支付和转移通过移动终端和移动互联网进行；(3) 支付清算完全电子化，基本不需要现钞流通；(4) 二级商业银行账户体系失去了存在的必要性。

(二) 信息处理

资金供需双方的信息，特别是资金需求方的信息是金融信息处理的核心。传统金融信息处理的方式有两类：一类是由专门机构搜集并生产可以区分资金需求者好坏的信息，然后卖给资金供给者，典型的有证券公司和信用评级机构。商业银行既是信息的生产者也是资金的供给者，也归为此类。另一类是政府要求或鼓励资金需求者披露真实的信息，如政府执行严格的会计准则，加强对上市公司信息披露的监管。

互联网金融利用大数据进行信息处理，提高了风险管理和风险定价的效率，显著缓解了信息不对称的现象。在互联网金融环境下，资金供需双方的信息通过社交网络体现和传播（形成大数据），搜索引擎对大数据进行组织和标准化，在云计算对海量信息高速处理能力的保障下，形成时间连续、动态变化的信息序列，由此可以给出任何资金需求者的风险定价和动态违约概率，而且成本低廉。在交易的信息得到满足后，金融交易就可以进行。

在互联网金融环境下，信息处理具有五个特点：(1) 私人信息公开化；(2) 软信息转化为硬信息；(3) 分散信息集中化；(4) 信息可充分统计并被有效反映；(5) 信息以自愿分享和共享形式传播。这也正是互联网金融在信息处理方面与商业银行的间接融资和资本市场的直接融资最大的区别。

(三) 资源配置

金融资源配置是指通过各种方式将金融资源从供给者配置给需求者，从而使金融资源实现最佳效益。资源配置是金融活动的根本目标，效率高低决定金融活动的成败与否。传统金融市场中，因为信息不对称，个人没有能力进行金融资源的配置，只能通过银行、证券公司和交易所等金融中介和市场匹配资金供求的信息，完成金融资源的配置。这一过程往往需要较长的时间，并伴随较高的成本（佣金、中介费等）。

在互联网金融环境下，由于金融产品与实体经济结合得更加紧密，交易的可能性边界被极大拓展，信息较为对称，因此，资金的供求双方完全可以自己获取供求信息，快速匹配资金供求的期限和数量，以完成交易，实现资源的最佳配置。这一过程因为摆脱了传统的金融中介和市场，仅通过互联网就可以完成，所以成本低廉，交易时间短。

互联网金融中资源配置的特点是：资金供需信息直接在网上发布并匹配，供需双方不需要经过银行、证券公司和交易所等金融中介和市场，可直接联系和交易。股票、债券等的发行和交易以及资金的融通未来都有可能在互联网上进行，也就是说，金融未来的发展趋势是去中介化、脱媒化。

三、互联网金融的特点

互联网金融的特点主要表现在以下几个方面。

（一）成本低

在互联网金融模式下，资金供求双方可以通过网络平台自行完成信息甄别、匹配、定价和交易，无传统中介、无交易成本、无垄断利润。一方面，金融机构可以避免开设营业网点的资金投入和运营成本；另一方面，消费者可以在开放透明的平台上快速找到适合自己的金融产品，削弱了信息不对称的程度，更省时、省力。

（二）效率高

互联网金融业务主要由计算机处理，操作流程完全标准化、无纸化，客户不需要排队等候，业务处理速度更快，用户体验更好。

（三）覆盖广

在互联网金融模式下，客户能够突破时间和地域的约束，在互联网上寻找需要的金融资源，金融服务更直接，客户基础更广泛。

（四）管理弱

（1）风控弱。互联网金融没有接入监管机构的征信系统，也不存在信用信息共享机制，不具备类似银行的风控、合规和清收机制，容易发生各类风险问题。

（2）监管弱。互联网金融尚处于起步阶段，监管和法律约束弱，缺乏准入门槛和行业规范，整个行业面临诸多政策和法律风险。

（五）风险大

（1）信用风险大。我国信用体系尚不完善，互联网金融的相关法律还有待配套，互联网金融违约成本较低，容易诱发恶意骗贷、卷款跑路等风险问题。

（2）网络安全风险大。我国互联网安全问题突出，网络金融犯罪问题不容忽视。一旦遭遇黑客攻击，互联网金融的正常运作会受到影响，危及消费者的资金安全和个人信息安全。

四、互联网金融的主要模式

现有的互联网金融模式根据其在支付、信息处理、资源配置三个方面的差异，可以大体分为六种主要模式。

（一）传统金融互联网化

传统金融互联网化，即将传统金融活动从线下向线上转移，体现了互联网对金融中介和市场的物理网点、人工服务等的替代。传统金融互联网化是一个必然趋势，一方面，由于金融机构需要通过互联网化来满足客户的需求以替代传统的柜台办理业务方式；另一方面，互联网技术的发展有助于金融机构降低交易成本。

网上银行具有两层含义：一种是机构概念，指通过信息网络开办业务的银行，这种银行一般无分支机构，绝大部分业务只能通过网络办理；另一种是业务概念，是指依托信息技术和互联网的发展，基于互联网平台开展各种银行服务的业务形式。我们常说的网上银行即第二种概念，是银行为适应网络时代的需要推出的突破实物媒介的空间和时间局限性的新型金融服务方式，如手机银行、网络证券业务、网络保险及金融产品的网络销售等。

（二）移动支付与第三方支付

移动支付主要通过移动通信设备，利用无线通信技术来转移货币价值以清偿债权债务关系，其最大的特色是可移动性。移动支付的模式依据提供移动支付的主体可分为两种：由银行提供移动支付的称为手机银行；由第三方支付公司提供移动支付的称为第三方移动支付。

第三方支付是通过互联网，在客户、第三方支付公司和银行之间建立连接，帮助客户快速实现货币支付、资金结算等，同时起到信用担保和技术保障等作用。第三方支付诞生后，客户不直接与银行进行支付清算，而由第三方支付公司代替客户与银行进行清算。清算过程中，第三方支付公司采用二次结算的方式，先通过在不同银行设立的中间账户对大量小额交易进行轧差，只有少量的跨行支付需要通过中央银行的支付清算系统完成，这样便大幅降低了交易的成本，提高了支付清算的效率。

移动支付产生前，客户与第三方支付公司主要通过计算机端建立联系，移动支付产生后，客户与第三方支付公司的联系逐渐转移到手机端。第三方移动支付充分利用了移动支付的可移动性这一优点，进一步放大了第三方支付成本低、效率高的优点，使得人们的交易方式发生巨大改变。目前，支付宝和微信支付已经用于投资理财、生活缴费、打车、购物等。随着 WiFi 及 4G 技术的发展，以移动互联网为代表的多网融合将进一步促进移动支付的发展。相信在不久的将来，移动支付不仅可以完成日常生活的小额支付，也可以完成企业之间的大额支付。未来的移动支付将更加便捷、更加人性化，真正做到“随时、随地、随心”。

（三）众筹融资

“众筹”是英文 crowd funding 的中文意思，是指汇集多人的投资力量，支持他人的奋斗和努力。众筹融资是通过互联网接受来自多方零散的投资为一个具体的项目提供资金，主要是股权和类股权融资。首先，对于生产者来讲，在发生成本之前就获得了未来消费者的资金，得到了白手起家的机会。其次，可以通过众筹资金的反应，判断项目的市场前景，有助于节省投资成本。再次，可以缓解大型出资者因为风险问题对生产者的设想加以约束的问题，有利于创造出更好的产品。最后，对于消费者来讲，可以根据自身收入水平和对众筹项目价值的判断选择参与份额，并在最终产品生产出来之前就与生产者接触，获得最新的产品。众筹融资不仅是获得资金的渠道，更是一个评价、判断产品设计及市场前景的平台。

（四）P2P 网贷

P2P 网贷是近年来兴起的一种在互联网上进行的个人对个人贷款模式，是借款者与投资者直接发生借贷关系，实现资金直接融通的一种贷款模式。P2P 网贷平台主要起到信息展示和供需对接等服务作用，并不介入双方的资金流通过程。P2P 网贷模式与传统银行借贷模式的对比如图 11—1 及图 11—2 所示。

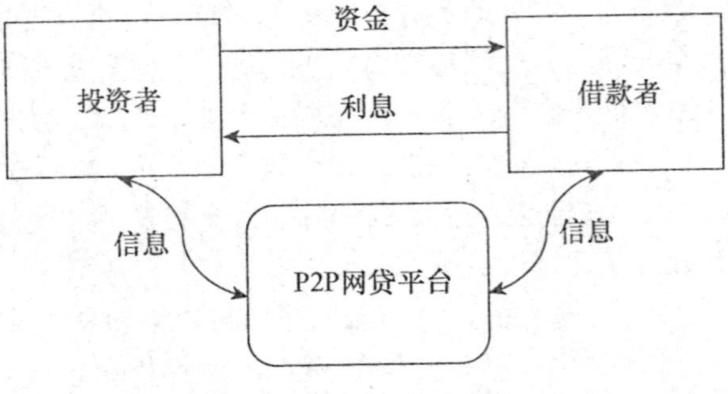

图 11—1　P2P 网贷模式

图 11—2　传统银行借贷模式

P2P 网贷模式最大的特点是消除了借贷过程中的银行中介作用，由借款者和投资者直接进行交易，因为被称为 P2P——点对点或个人对个人。P2P 网贷具有覆盖范围广、信息公开透明、风险分散、速度快、门槛低、交易直观、用户体验好的特点，它不仅仅是传统民间个人借贷的公开化和网络化。

（五）互联网货币

互联网货币（internet currency）是由信誉良好、有支付功能的网络社区发行的货币，目前已经产生的比特币、Q 币、Facebook Credits、Amazon Coins、魔兽世界 G 币等，都是互联网货币的雏形。2013 年 8 月 19 日，德国政府正式承认比特币的合法“货币”地位，比特币可用于缴税和其他合法用途，德国也成为全球首个认可比特币的国家，这意味着比特币开始从极客的玩物走入大众的视线。

互联网货币主要具有六个特征：(1) 由某个网络社区发行和管理，不受监管或很少受监管，特别是不受或较少受到中央银行的监管；(2) 以数字形式存在；(3) 网络社区建立了内部支付系统；(4) 被网络社区的成员普遍接受和使用；(5) 可以用来购买网络社区中的数据商品或实物商品；(6) 可以为数据商品或实物商品标价。互联网货币具有一般货币的交易媒介、计价单位、价值储藏三大功能，因为互联网没有国界，所以互联网货币天生就是国际性的。

（六）大数据金融

大数据金融是指依托于海量、非结构化的数据，通过互联网、云计算等信息化方式，对数据进行专业化的挖掘和分析，形成大数据征信系统，并与传统金融服务相结合，开展相关资金融通工作。目前，大数据金融主要分为平台模式和供应链金融模式。

采用平台模式的企业平台上聚集了大大小小的众多商户，企业凭借平台多年的交易数据积累，利用互联网技术，向企业或者个人提供诸如网络贷款的金融服务。国内典型的企业就是阿里巴巴，推出的比较重要的金融产品主要有支付宝、余额宝、阿里小贷。

供应链金融模式是在海量交易数据的基础上，围绕核心企业，根据从原材料采购到制成中间及最终产品，最后由销售网络把产品送到消费者手中这一供应链链条，将供应商、制造商、分销商、零售商直到最终用户连成一个整体，通过和银行等机构合作全方位地为链条上下游企业进行金融服务的模式。这一模式以电商或行业龙头企业为主导，国内典型的企业就是京东，京东向其供应商提供应收账款融资、订单融资、供应商委托贷款融资等服务。

五、互联网金融的优势

业务规模和用户规模的快速增长，反映出与传统金融业务相比，互联网金融业务具有独特的优势。这些优势可以总结归纳为以下三个方面。

（一）高普惠性降低融资门槛

互联网金融依托于互联网平台，降低了传统金融行业的门槛，灵活性强，更加便捷。小微企业从银行获得贷款是一件较为困难的事情。我国国有银行基于审慎监管的考虑，对小微企业这类风险较高的贷款主体，发放贷款较为谨慎。虽然国家政策不断推动小微企业贷款，但是短时间内改变现状的可能性较小。而互联网金融则可以很好地弥补这一点。通过互联网金融，小微企业可以及时获得可贵的资金，为公司发展带来资金。

（二）高脱媒化提高融资效率

金融脱媒是指进行金融交易时，交易双方不经过交易媒介而直接进行交易。传统金融活动很大程度上要通过金融中介来进行。银行贷款就是通过金融中介进行交易的实例。企业的发展离不开资金，许多企业在发展过程中需要通过向银行贷款来提高流动性，从而为企业发展提供必要支持。传统的金融市场中，市场参与者的信息渠道较为闭塞，存在信息不对称的现象。所以，金融中介的出现为实现资金流通提供了很大帮助。此外，金融中介的出现还会产生规模效应，降低资金融通成本，也能够为融资方提供足够的市场信息。

随着互联网技术的不断发展，传统的金融媒介的优势逐渐被互联网技术所取代。与资本市场直接融资和商业银行间接融资不同，互联网金融提供了另一种融资方式。以“人人贷”为例，在“人人贷”平台上，消费者可以自由决定将自己的钱投向工薪贷、生意贷和网商贷三个方向中任意的方向，更可以选择将资金投向具体的某个人，也可以根据自己的实际需要发布贷款申请。这种信贷方式极大地提高了交易效率，也摆脱了传统金融媒介所带来的信息不对称。

（三）高信息化优化服务模式

无论是传统金融市场还是互联网金融市场，资金融通离不开风险控制。而风险控制的根本在于通过已掌握的信息对融资主体进行风险评估。在当前这个信息化时代，人们在网络生活中总会留下各自的足迹。其中包含着丰富的个人信息，比如信用记录和交易记录等。这些信息为金融市场的风险评估提供了很大帮助。

“大数据”和“云计算”是互联网金融的两大重要工具。这两者的有效结合，为互联网金融的信息挖掘和处理提供了极大帮助，风险评估难度得以降低。通过云计算，可以合理估计融资需求方的信用状况。以阿里金融为例，在这一平台中，阿里巴巴公司会将电商客户的行为数据进行建模，从而反映到信用评价中。此外，通过大数据进行统计，更可以为客户量身定制产品。虽然量身定制产品在银行的私人银行业务中早已屡见不鲜，但是仅仅针对于高净值客户。而互联网金融的云计算则改变了这一现状，既提高了服务深度也优化了服务模式。

六、互联网金融的主要风险

互联网金融在向人们提供更便捷、更多元化的投融资方式的同时，也蕴含着更高的风险，其作为互联网与金融结合的产物，既具有传统金融领域的信用风险、流动性风险和市场风险，又具有因互联网而产生的特殊风险，如互联网信息技术风险、虚拟金融服务风险和法律监管缺乏的风险。

（一）互联网信息技术风险

互联网金融依托互联网进行，相应的风险控制由互联网信息技术和计算机软硬件共同完成。因此，互联网信息技术是否安全与互联网金融能否有序运行密切相关，互联网信息技术是互联网金融最重要的技术风险。互联网传输故障、黑客攻击、计算机病毒、互联网技术解决方案的设计缺陷以及互联网支持技术响应的时效性，都会阻碍全国乃至全球互联网金融的正常开展。

（二）虚拟金融服务风险

虚拟金融服务是一种依托互联网为客户提供的虚拟的金融服务，其反映在信息科技领域就是数据传递。人为粉饰或恶意抹黑、个体非理性和集体非理性行为的发生，容易造成数据传递失真，加大信息的不对称性。虚拟金融业务几乎全部在互联网上完成，交易对象不明确，容易因为信息不对称造成业务选择风险，进而造成客户流失、信誉受损。另外，互联网金融运行平台系统故障、操作失误或违规操作等，容易引发客户信息泄密、信息被篡改、盗用或被非授权组织使用，从而造成资产损失。

（三）法律监管缺乏的风险

我国有关金融的法律法规监管的对象主要是传统金融领域，对互联网金融领域的企业准入标准、运作方式合法性认定、交易者身份合法性认证等方面，尚无系统明确的法律规范。互联网金融企业极易游走于法律盲区和监管漏洞之间，进行非法经营，甚至出现非法吸收公众存款、非法集资等现象。网民在享受互联网金融服务的过程中，也面临法律缺失和监管缺乏的风险。

本章小结

1. 各类国际性和区域性金融机构的发展为加快各国经济发展提供了帮助。

2. 金融管制的放松，使金融机构实现跨国扩张，形成全球范围的营业网络；金融网络系统的建设和发展，实现了全球范围的信息资源共享，改变了传统金融市场的形态；金融创新的发展，为金融业务的国际化和全球化发展提供了多样的金融工具；互联网金融的异军突起，加速了国际金融全球化的进程。

3. 区域性和全球性的金融监管和协调机构的产生和分工，确保了一系列国际金融活动的有序和健康发展。另外，金融国际化的发展催生了一批专为套利而参与买卖的机构投资者，他们为了获利而频频出没于全球各国的金融市场，寻找获利机会。这种频繁的交易更加促进了各国市场间的联系，进一步促进了国际金融的全球化发展。

4. 互联网技术在金融领域的应用，使得金融活动突破了时空和地域的限制，为国际金融的全球化发展创造了技术条件；经济全球化发展和金融自由化改革，消除了国际资本流动的制度障碍，促进了资本的国际化流动。

思考题

1. 名词解释

国际金融组织；国际货币基金组织；世界银行集团；国际清算银行；亚洲开发银行；金融全球化；互联网金融。

2. 简答题

(1) 比较 IMF 与 IBRD 的基本职能与业务活动。

(2) IBRD、IDA、IFC 的贷款对象有什么不同?

(3) 国际清算银行的主要职能是什么?

(4) 举例说明目前有哪些全球性金融组织、区域性金融组织。

(5) 金融全球化有哪些积极作用?

(6) 简要说明金融全球化的表现形式。

(7) 简要说明互联网金融的特点。

(8) 互联网金融目前采用的发展模式有哪些?

参考文献

1. 王玉珍主编. 国际金融. 北京：北京工业大学出版社，2005.

2. 李贺，冯晓玲，赵昂编著. 国际金融——理论·实务·案例·实训. 上海：上海财经大学出版社，2015.

3. 邓立立主编. 国际金融. 北京：清华大学出版社，2011.

4. 刘金波主编. 国际金融实务. 北京：中国人民大学出版社，2009.

5. 刘舒年等编著. 国际金融. 北京：中国人民大学出版社，2008.

6. 杨峰，贾宪军主编. 国际金融实务. 北京：清华大学出版社，2014.

7. 陈长民主编. 国际金融. 北京：中国人民大学出版社，2010.

8. 王晓光主编. 国际金融. 北京：清华大学出版社，2011.

9. 黄梅波等主编. 国际金融实务. 北京：高等教育出版社，2011.

10. [美] 托马斯·A·普格尔著. 国际金融. 北京：中国人民大学出版社，2012.

11. 姜波克编著. 国际金融新编. 上海：复旦大学出版社，2012.

12. 张礼卿主编. 国际金融. 北京：高等教育出版社，2011.

13. [澳] 亚历克斯·道格拉斯等著. 外汇交易：从入门到精通. 北京：机械工业出版社，2014.

14. 张碧琼主编. 国际经济学. 北京：电子工业出版社，2015.

15. 陈雨露主编. 国际金融. 北京：中国人民大学出版社，2015.

16. [美] 雷·奥古斯特等著. 国际商法. 北京：机械工业出版社，2013.

17. 陈岩，刘玲主编. 国际结算. 北京：高等教育出版社，2012.

18. 庄乐梅，李菁著. 国际结算实务精讲. 北京：中国海关出版社，2013.

19. 梁琦编著. 国际结算. 北京：高等教育出版社，2014.

20. 冯文伟编著. 国际金融学. 上海：立信会计出版社，2014.

21. 雷仕凤，王芬主编. 国际金融学. 北京：经济管理出版社，2014.

22. 谢平，邹传伟，刘海二著. 互联网金融手册. 北京：中国人民大学出版社，2014.

23. 李耀东，李钧著. 互联网金融：框架与实践. 北京：电子工业出版社，2014.

24. 何国华著. 国际金融理论最新发展. 北京：人民出版社，2014.

25. 帅青红主编. 电子支付与结算. 大连：东北财经大学出版社，2015.

26. 罗明雄，唐颖，刘勇著. 互联网金融. 北京：中国财政经济出版社，2014.